国家公務員・地方初級
オープンセサミシリーズ

4 数学・理科

東京アカデミー編

はじめに

緩やかに或いは急激に，絶えることなく変転するのが時代の流れですが，特に近時は，社会情勢・経済情勢の基調の変化に伴い，私達を取り巻く環境は著しい変貌の最中にあります。よりハイレベルな豊かさを目指す現代にあって，確かな職業選択として諸君が公務員の道を志したことに敬意を表します。

公共のために直接貢献する公務員は国の主柱です。いかなる場合にあっても，その制度・機能は全体がより良くなるために，確固とした役割を担ってきました。1949年１月に，戦後始めての公務員採用試験が実施されて以来，一般職公務員の唯一の登竜門として，いささかの断絶もなく，その魅力と地位を高めつつ運営されてきました。この傾向は今後さらに強まり，採用試験そのものが，青春を賭けるにふさわしい高き門となっていくでしょう。

本書はこうした状況をふまえて，採用試験にチャレンジする諸君に，より効率よく，より合理的に学習できるよう，長年の受験指導経験を土台に編集されたものです。公務員採用試験は就職試験であることを肝に銘じて下さい。就職試験であるからには，受験者の職務遂行に必要な能力を相対的に判定することが目的です。それ故，単なる教科書の復習や受験テクニックだけでは的確な対策はおろか確かな手ごたえで合格を射程圏に捉えることはできません。

公務員の適性とは，“幅広く，バランス良く，正確に，迅速に”業務を遂行する能力がこれにあたります。試験項目のうち，特に重要な教養試験の対策には，この心構えがとりわけ要求されております。本書はこの点も勘案し，繰り返し学習することにより，自ずと合格レベルの実力が身につくよう工夫されています。

どうか採用試験の実施意図を認識した上で，勉強優先の潔い日々を送り，栄冠を獲得されることを祈ります。たたけ！されば青春の門は高らかな音と共に開かれよう。

東京アカデミー編集部スタッフ一同

テキストに関する正誤情報等は，右の二次元コード，または下記のURLからご確認いただけます。なお，正誤情報等は随時更新いたします。
https://www.tanetwork.info/ta/seigo/syo.html

本書の特色と利用方法

◈ 「数学・理科」の重要性

数学・理科は一般教養科目の自然科学分野として，例年数学は１～３題，理科は４～８題出題されている。また，数学は，公務員試験の最も重要な科目である一般知能における数的推理（数的処理），判断推理（課題処理），空間把握等の基礎科目として確実に履習しておくことが必要である。出題分野は，「２次関数（２次方程式・不等式を含む)」と「図形（図形と式，三角比)」にほぼ集中している。理科については，物理，化学，生物，地学の４分野からそれぞれ２題程度出題されているが，受験生にとって得点力の高い科目とはいえないようだ。しかし，高得点を得るためには，ここで少しでも点を稼いでおきたい。基本的な問題も出されるので，難しいといって避けるのではなく，基礎から始めよう。

◈ 本書の特色と利用方法

(1) 本書の構成

各節ごとに重要事項のまとめおよび例解つきの例題を数題こなした後，練習問題で演習という形をとっている。例題，練習問題とも過去に出題された問題，あるいはそれらの傾向を踏まえた類題で構成されている。したがって形式，レベルとも本試験に則したものになっている。練習問題については，★の数で難易度を示している。★…やや易，★★…普通（本試験レベル)，★★★…やや難　を表す。(国家公務員[旧国家Ⅲ種]・地方初級の本試験を基準とする。)

(2) 内容が的確である

本書は過去10年間以上の出題を分析研究し，その成果を編集したものである。出題が広範囲にわたる理科については，どの領域まで学習すれば良いのかなどといった疑問が生じるものである。本書では，そういった場合の指針にもなるよう必要なことを過不足なく示してある。本書を信頼し，繰り返し学習していただきたい。

また問題を解くにあたっては，答えがあっていれば良いという考え方ではなく，選択肢１つ１つを理解しているかどうかチェックして欲しい。応用力をつけるため是非お願いしたい。

毎年卓越した合格率を誇る本学編集の本書を充分活用され，合格の栄冠を勝ち取られることを切望する次第である。

目　　次

第1編　数　　学

第2編　物　　理

第3編　化　　学

第4編　生　　物

第5編　地　　学

★ 第1編 数　学

第 1 章　数と式

因数分解

●おもな公式

因数分解の公式

① $ma+mb=m(a+b)$

② $a^2+2ab+b^2=(a+b)^2$

③ $a^2-b^2=(a+b)(a-b)$

④ $x^2+(a+b)x+ab=(x+a)(x+b)$

⑤ $acx^2+(ad+bc)x+bd=(ax+b)(cx+d)$

⑥ $a^3+3a^2b+3ab^2+b^3=(a+b)^3$

⑦ $a^3+b^3=(a+b)(a^2-ab+b^2)$

例題 1

次の式を因数分解せよ。

(1) $9a^2-24ab+16b^2$　　(2) $2a^2-50b^2$

(3) $x^2-9x+20$　　(4) $6x^2+7x-3$

(5) $x^3+6x^2+12x+8$　　(6) x^3-27y^3

解答

公式②▶ (1) $9a^2-24ab+16b^2=(3a)^2+2\cdot 3a\cdot(-4b)+(-4b)^2$

$=(3a-4b)^2$

公式①▶ (2) $2a^2-50b^2=2(a^2-25b^2)$

公式③▶ $=2\{a^2-(5b)^2\}$

$=2(a+5b)(a-5b)$

公式④▶ (3) $x^2\underset{和}{\underline{-9x}}+\underset{積}{\underline{20}}$ ⇒ 和が -9，積が 20 となる 2 数は？

⇓

-4 と -5

$\therefore\ x^2-9x+20=(x-4)(x-5)$

公式⑤▶ (4) $\underline{6x^2}\ \underline{+7x}\ \underline{-3}$「たすきがけ」をする

まず↓　最後に ↓次に

$3x$ ╲╱ -1 → $-2x$

$2x$ ╱╲ $+3$ → $+9x$

$+7x$ ←最後に 1 次の項と一致するか確認

$\therefore\ 6x^2+7x-3=(3x-1)(2x+3)$

公式⑥▶ (5) $x^3+6x^2+12x+8=x^3+3\cdot x^2\cdot 2+3\cdot x\cdot 2^2+2^3$

$=(x+2)^3$

公式⑦▶ (6) $x^3-27y^3=x^3+(-3y)^3$

$=\{x+(-3y)\}\{x^2-x\cdot(-3y)+(-3y)^2\}$

$=(x-3y)(x^2+3xy+9y^2)$

指数法則

●指数法則

指数法則

m，n が整数で $a\neq 0$ のとき

① $a^m\times a^n=a^{m+n}$　② $(a^m)^n=a^{m\cdot n}$

③ $(ab)^m=a^m\cdot b^m$　④ $a^m\div a^n=a^{m-n}$

⑤ $a^{-n}=\dfrac{1}{a^n}$　⑥ $a^0=1$

例題 2

次の式を整理せよ。

(1) $a^3\times a^2$　(2) $(a^2)^3$

(3) $(ab^2)^3$　(4) $a^5\div a^2$

(5) $a^2\div a^5$

解答

公式①▶ (1) $a^3\times a^2=a^{3+2}=a^5$

公式②▶ (2) $(a^2)^3=a^{2\times 3}=a^6$

公式③▶ (3) $(ab^2)^3=a^3\times(b^2)^3=a^3b^6$

公式④▶ (4) $a^5\div a^2=a^{5-2}=a^3$

公式④，⑤▶ (5) $a^2\div a^5=a^{-3}=\dfrac{1}{a^3}$ $\left(a^2\div a^5=\dfrac{a^2}{a^5}=\dfrac{1}{a^3}\right)$

平方根

●平方根

P $(\pm\sqrt{a})^2=a$　$a\geqq 0$

◆ 2 乗すると a になる数を a の**平方根**といい，そのうち，正の数を $\sqrt{a}$，負の数を $-\sqrt{a}$ と表す。

平方根の性質

$a>0$，$b>0$ のとき

$$\sqrt{a}\times\sqrt{b}=\sqrt{ab}\qquad \frac{\sqrt{b}}{\sqrt{a}}=\sqrt{\frac{b}{a}}$$

●分母の有理化

分母の有理化

① $\dfrac{a}{\sqrt{b}}=\dfrac{a\times\sqrt{b}}{\sqrt{b}\times\sqrt{b}}=\dfrac{a\sqrt{b}}{b}$

② $a \neq b$ のとき

$$\frac{c}{\sqrt{a}\pm\sqrt{b}}=\frac{c(\sqrt{a}\mp\sqrt{b})}{(\sqrt{a}\pm\sqrt{b})(\sqrt{a}\mp\sqrt{b})}$$
$$=\frac{c(\sqrt{a}\mp\sqrt{b})}{a-b}$$

（複号同順）

● 2 重根号

2 重根号のはずし方

$a>b>0$ のとき

$$\sqrt{\underbrace{(a+b)}_{\text{和}}\pm 2\sqrt{\underbrace{ab}_{\text{積}}}}=\sqrt{a}\pm\sqrt{b}$$ （複号同順）

例題 3

分母を有理化せよ。

(1) $\dfrac{6}{\sqrt{3}}$　　(2) $\dfrac{\sqrt{5}+\sqrt{2}}{\sqrt{5}-\sqrt{2}}$

解答

公式①▶

(1) $\dfrac{6}{\sqrt{3}}=\dfrac{6\times\sqrt{3}}{\sqrt{3}\times\sqrt{3}}=\dfrac{6\sqrt{3}}{3}=2\sqrt{3}$

公式②▶

(2) $\dfrac{\sqrt{5}+\sqrt{2}}{\sqrt{5}-\sqrt{2}}=\dfrac{(\sqrt{5}+\sqrt{2})(\sqrt{5}+\sqrt{2})}{(\sqrt{5}-\sqrt{2})(\sqrt{5}+\sqrt{2})}$

$$=\frac{(\sqrt{5})^2+2\sqrt{5}\cdot\sqrt{2}+(\sqrt{2})^2}{(\sqrt{5})^2-(\sqrt{2})^2}$$
$$=\frac{5+2\sqrt{10}+2}{5-2}$$
$$=\frac{7+2\sqrt{10}}{3}$$

例題 4

2 重根号をはずして整理せよ。

(1) $\sqrt{11+2\sqrt{18}}$　　(2) $\sqrt{8-\sqrt{60}}$

解答

公式にあてはめる▶

(1) $\sqrt{11+2\sqrt{18}}=\sqrt{9}+\sqrt{2}$

（11：和　18：積）$=3+\sqrt{2}$

$\left.\begin{array}{l} a+b=11 \\ a\times b=18 \end{array}\right\}$ より　a と b は 9 と 2

P まず$\sqrt{\square\pm2\sqrt{\triangle}}$の形にする →

(2) $\sqrt{8-\sqrt{60}}=\sqrt{8-2\sqrt{15}}=\sqrt{5}-\sqrt{3}$

（8：和　15：積）

$\left.\begin{array}{l} a+b=8 \\ a\times b=15 \end{array}\right\}$ より，a と b は 5 と 3

負のときは大きい数が前（∵　$\sqrt{3}-\sqrt{5}<0$ となるので）。

比例式

●比例式の解法

P k は計算しやすい数にしてよい →

$\dfrac{a}{b}=\dfrac{c}{d}$ のとき（$abcd\neq0$），ある式の値を求める。

$$\boldsymbol{\frac{a}{b}=\frac{c}{d}=k\ \ (k\neq0)}$$

とおき，$a=bk$，$c=dk$ として与式に代入する。

ただし，公務員試験では，答えを求めるための過程の論理性は問われないので，$k=1$ など特殊な値にしてもよい。

例題 5

$\dfrac{x}{2}=\dfrac{y}{3}=\dfrac{z}{4}$ のとき（x，y，$z\neq0$），$\dfrac{2x-5y+2z}{x+y+z}$ の値はいくらか。

解答

$\dfrac{x}{2}=\dfrac{y}{3}=\dfrac{z}{4}=1$ とする。$x=2$，$y=3$，$z=4$ より

$$与式=\frac{2\times2-5\times3+2\times4}{2+3+4}=\frac{-3}{9}=-\frac{1}{3}$$

整式の除法

●整式の除法の筆算

P 係数が 0 の項のところは，空けておく

（次数をそろえるため）

例題 6

$(2x^4-3x^2+4x+1)\div(x^2+2x-1)$ の商と余りを計算せよ。

解答

$$
\begin{array}{rrrrrr}
 & & & 2x^2 & -4x & +7 \\ \cline{2-6}
x^2+2x-1 \big) & 2x^4 & & -3x^2 & +4x & +1 \\
 & 2x^4 & +4x^3 & -2x^2 & & \\ \cline{2-6}
 & & -4x^3 & -x^2 & +4x & \\
 & & -4x^3 & -8x^2 & +4x & \\ \cline{3-6}
 & & & 7x^2 & & +1 \\
 & & & 7x^2 & +14x & -7 \\ \cline{4-6}
 & & & & -14x & +8
\end{array}
$$

$$
\begin{cases}
\text{商} \cdots\cdots 2x^2-4x+7 \\
\text{余り} \cdots -14x+8
\end{cases}
$$

対称式

●対称式

◆x^2+y^2，x^3+y^3 などのように，x と y を入れかえても元と同じ式を**対称式**という。すべての対称式は**基本対称式**（$\boldsymbol{x+y}$，$\boldsymbol{xy}$）で表せる。

●対称式の値の求め方

① $x+y$，xy を計算する。

② 与式を $x+y$，xy で表す。

③ ①を②に代入する。

●よく使う式変形

頻出式変形

- $\boldsymbol{x^2+y^2=(x+y)^2-2xy}$
- $\boldsymbol{x^3+y^3=(x+y)^3-3xy(x+y)}$
- $\boldsymbol{(x-y)^2=(x+y)^2-4xy}$

例題 7

$x=\dfrac{\sqrt{2}-1}{\sqrt{2}+1}$，$y=\dfrac{\sqrt{2}+1}{\sqrt{2}-1}$ のとき，x^2+y^2 の値を求めよ。

解答

手順①▶ $$x+y=\frac{(\sqrt{2}-1)^2+(\sqrt{2}+1)^2}{(\sqrt{2}+1)(\sqrt{2}-1)}$$

P 通分すれば，分母の有理化もできる

$$=\frac{(2-2\sqrt{2}+1)+(2+2\sqrt{2}+1)}{(\sqrt{2})^2-1^2}=\frac{6}{2-1}=6$$

$$xy=\frac{\sqrt{2}-1}{\sqrt{2}+1}\times\frac{\sqrt{2}+1}{\sqrt{2}-1}=1$$

P x と y は逆数

手順②▶ $x^2+y^2=(x+y)^2-2xy$

手順③▶ $=6^2-2\times1$

$=34$

（直接 x，y の値を代入するよりは，上のように計算する方が楽なので，対称式のときは，この手順でやろう。）

練習問題

（72ページより解答・解説）

★
No.1 次の式を因数分解せよ。

(1) $x^2+14x+49$
(2) $x^2-8xy+16y^2$
(3) x^4-16
(4) $x^2+7x+10$
(5) x^2-9x+8
(6) $x^2-2x-63$
(7) $x^2+5x-14$
(8) $6x^2+11x+4$
(9) $4x^2-16x+15$
(10) $2x^2+5x-3$
(11) $x^3+9x^2+27x+27$
(12) x^3-3x^2+3x-1
(13) x^3+125
(14) x^3-64

★
No.2 202×198 を計算せよ。

★
No.3 次の式を負の指数を使わない形に整理せよ。

(1) $(a^3b^{-2})\times(ab)^3$
(2) $(-a^2)^3\times a^{-4}$
(3) $a^5\div b^3\times a^{-2}\times b^2$
(4) $a^0\div a^3\times a^5\div a^2$

★★
No.4 $a^{2n}=5$ のとき $\dfrac{a^{3n}+a^{-3n}}{a^n+a^{-n}}$ の値はいくらか。

★
No.5 分母を有理化せよ。

(1) $\dfrac{4}{\sqrt{7}}$
(2) $\dfrac{\sqrt{3}}{2+\sqrt{3}}$
(3) $\dfrac{\sqrt{6}-\sqrt{2}}{\sqrt{6}+\sqrt{2}}$
(4) $\dfrac{\sqrt{2}+1}{\sqrt{3}-1}$

No.6 ★ $\sqrt{3}$ の小数部分を a とするとき，$\dfrac{a^2+1}{a^2-1}$ の値はいくらか。

1　$-\dfrac{1+2\sqrt{3}}{3}$

2　-2

3　$-\dfrac{2+3\sqrt{3}}{3}$

4　$-\dfrac{3+4\sqrt{3}}{3}$

5　$-\dfrac{5}{3}$

No.7 ★ 2重根号をはずせ。

(1)　$\sqrt{9+2\sqrt{14}}$

(2)　$\sqrt{13-2\sqrt{30}}$

(3)　$\sqrt{7+\sqrt{48}}$

(4)　$\sqrt{15-4\sqrt{14}}$

(5)　$\sqrt{5-\sqrt{21}}$

No.8 ★ $x=\sqrt{3-\sqrt{5}}$，$y=\sqrt{3+\sqrt{5}}$ のとき，$2x+4y$ の値はいくらか。

1　$2\sqrt{10}+\sqrt{2}$

2　$3\sqrt{10}+\sqrt{2}$

3　$2\sqrt{5}+\sqrt{2}$

4　$3\sqrt{5}+2\sqrt{2}$

5　$3\sqrt{10}+2\sqrt{2}$

No.9 ★ $\dfrac{x}{2}=\dfrac{y}{4}=z$ のとき，$\dfrac{x^3+y^3+3x^2y+3xy^2}{y^3-z^3+3yz^2-3y^2z}$ の値はいくらか。ただし，$z\neq 0$ とする。

1　6

2　7

3　8

4　9

5　10

★ No.10 $3x=4y=6z$ のとき，$\dfrac{xy-yz-zx}{x^2-y^2+z^2}$ の値はいくらか。ただし，$z \fallingdotseq 0$ とする。

1 $\dfrac{1}{9}$

2 $\dfrac{3}{10}$

3 $-\dfrac{2}{11}$

4 $-\dfrac{4}{15}$

5 $-\dfrac{30}{29}$

★ No.11 $(x^4+x^3-4x^2+9x-4)\div(x^2-2x+3)$ を計算し，余りを求めよ。

1 $x+2$

2 $-x+3$

3 $2x-1$

4 $-2x-1$

5 $2x+3$

★★ No.12 $\sqrt{5}$ の小数部分を a とするとき，$a^4+a^3-11a^2+12a-5$ の値はいくらか。

1 $\sqrt{5}+1$

2 $2\sqrt{5}-3$

3 $\sqrt{5}+4$

4 $2\sqrt{5}-4$

5 $\sqrt{5}-5$

★ No.13 $x=\dfrac{1}{\sqrt{3}-1}$，$y=\dfrac{1}{\sqrt{3}+1}$ のとき，$\dfrac{y}{x}+\dfrac{x}{y}$ の値はいくらか。

1 4

2 $2\sqrt{3}$

3 5

4 $3\sqrt{3}$

5 6

No.14 ★ $x+y=\sqrt{10}$, $xy=\sqrt{2}$ のとき，$\dfrac{y}{x^2}+\dfrac{x}{y^2}$ の値はいくらか。

1　$5\sqrt{10}-\sqrt{2}$

2　$5\sqrt{10}-2\sqrt{2}$

3　$5\sqrt{10}-3\sqrt{5}$

4　$10\sqrt{10}-4\sqrt{5}$

5　$10\sqrt{10}-6\sqrt{5}$

No.15 ★ $a+\dfrac{1}{a}=3$ のとき，$a^2+\dfrac{1}{a^2}$ と，$a^3+\dfrac{1}{a^3}$ の値はそれぞれいくらか。

	$a^2+\dfrac{1}{a^2}$	$a^3+\dfrac{1}{a^3}$
1	6	18
2	7	18
3	7	24
4	9	24
5	9	27

第2章　2次関数・2次方程式

2次関数のグラフ

● 2次関数のグラフ

① $\boldsymbol{y = ax^2}$ $(\boldsymbol{a \neq 0})$ のグラフ

頂点$(0,\ 0)$　　軸 $x = 0$ (y 軸)

$a > 0$ のとき

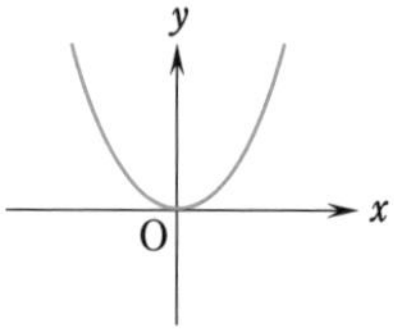

$a < 0$ のとき

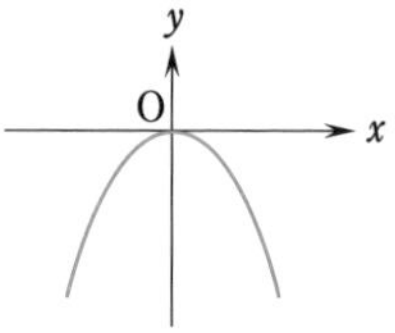

② $\boldsymbol{y = a(x-p)^2+q}$ $(\boldsymbol{a \neq 0})$ のグラフ　(標準形)

頂点$(p,\ q)$　　軸 $x = p$

$y = ax^2$ のグラフを **x 軸方向へ p，y 軸方向へ q** だけ平行移動したもの。

③ $\boldsymbol{y = ax^2+bx+c}$ $(\boldsymbol{a \neq 0})$ のグラフ　(一般形)

頂点や軸を求めたいときは②の形に変形(平方完成)する。

例題 8

次の放物線の頂点の座標および軸の方程式を求め，そのグラフをかけ。

(1)　$y = x^2 - 4x + 3$　　　　(2)　$y = -x^2 + 2x - 4$

解答

$y = a(x-p)^2 + q$ の形に変形する。

(1) $y = x^2 - 4x + 3$

$= \{(x-2)^2 - 4\} + 3$

$= (x-2)^2 - 1$

頂点$(2,\ -1)$，軸 $x = 2$

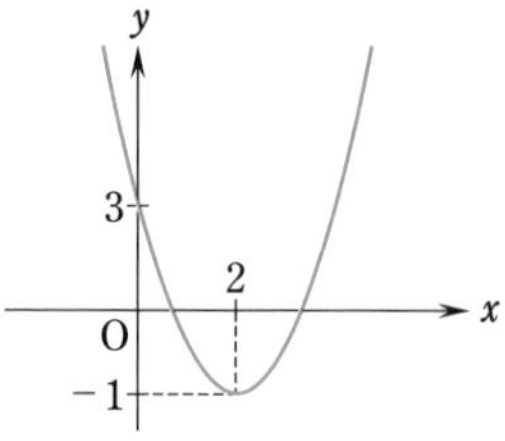

(2) $y=-x^2+2x-4$

$=-(x^2-2x)-4$

$=-\{(x-1)^2-1\}-4$

$=-(x-1)^2+1-4$

$=-(x-1)^2-3$

頂点 $(1,\ -3)$，軸 $x=1$

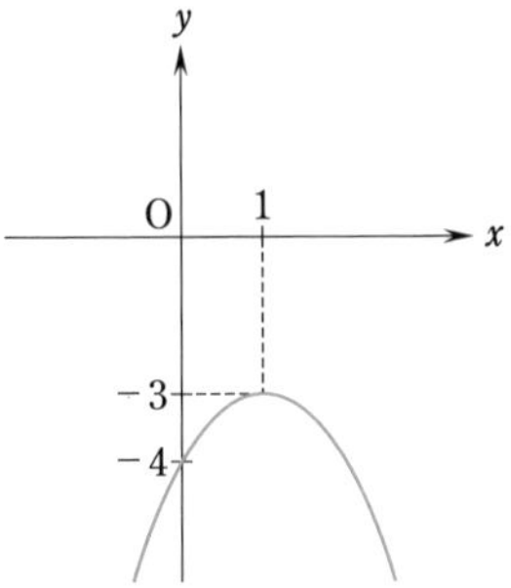

例題 9

グラフが次の条件を満たすような 2 次関数を求めよ。

(1) 頂点が $(-2,\ -3)$ で，点 $(0,\ 1)$ を通る。

(2) 3 点 $(-1,\ 4)$，$(0,\ -1)$，$(1,\ -4)$ を通る。

解答

P 頂点の条件が与えられているときは標準形に

(1) 頂点が $(-2,\ -3)$ なので求める 2 次関数は

$$y=a(x+2)^2-3\ (a\neq 0)$$

とおける。これが $(0,\ 1)$ を通るので

$$1=a(0+2)^2-3$$

これを解いて　$a=1$

よって求める 2 次関数は

$$y=(x+2)^2-3$$

$$y=x^2+4x+1$$

P 3 点が与えられているときは一般形に

(2) 求める 2 次関数を

$y=ax^2+bx+c\ (a\neq 0)$　とおく。

点 $(-1,\ 4)$ を通るので　$4=a-b+c$　…①

点 $(0,\ -1)$ を通るので　$-1=c$　…②

点 $(1,\ -4)$ を通るので　$-4=a+b+c$　…③

①−③より

$$8=-2b \qquad \therefore\ b=-4$$

$c=-1$，$b=-4$ を①に代入して

$$4=a+4-1 \qquad \therefore\ a=1$$

よって求める 2 次関数は

$$y=x^2-4x-1$$

2次関数のグラフと係数の正負の判定

● 2次関数の係数の正負

$y=f(x)=ax^2+bx+c\quad(a\neq 0)$ のとき

a ：グラフが下に凸か上に凸かで判定する。

b ：グラフの軸 $-\dfrac{b}{2a}$ の正負で判定する。または $b=f'(0)$ （$x=0$ における接線の傾き）の正負で判定する。

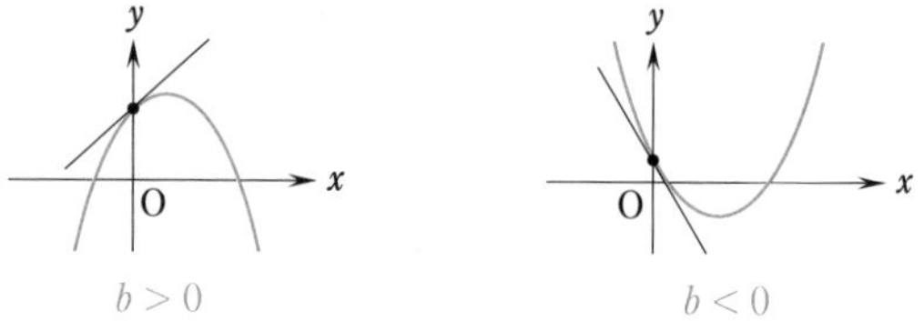

c ：$c=f(0)$ （グラフと y 軸との交点の y 座標）の正負で判定する。

例題10

グラフが次のようである2次関数 $y=ax^2+bx+c$ の，係数 a，b，c の正負を判定せよ。

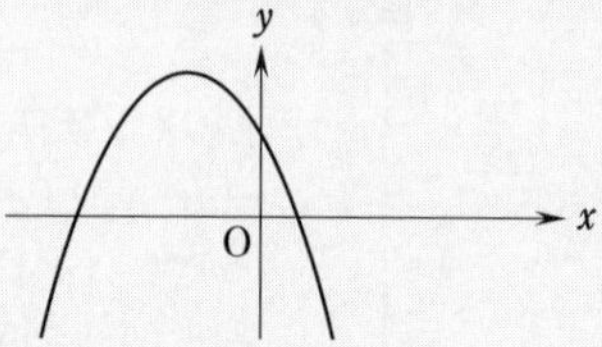

解答

グラフが上に凸なので，$a<0$ …①

軸 <0 なので，$-\dfrac{b}{2a}<0$ …②

①，②より，$b<0$

または

$x=0$ における接線の傾きが負なので，$b<0$

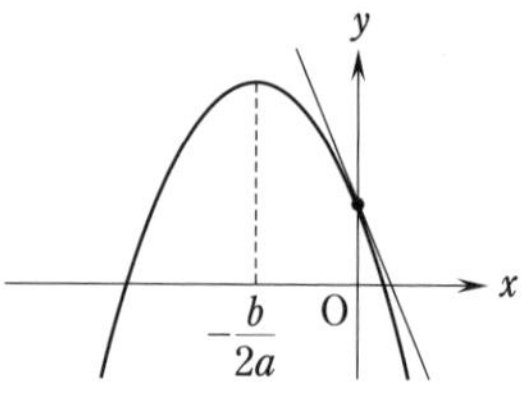

グラフと y 軸の交点の y 座標が正なので，$c>0$

以上より

$a<0,\ b<0,\ c>0$

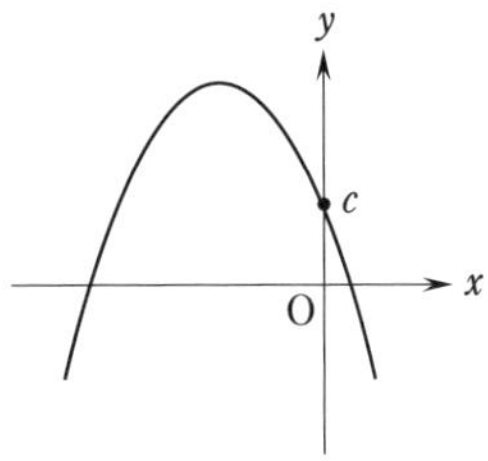

2 次関数の最大・最小

●最大・最小

◆ 2 次関数の最大・最小を求めるときは

$$y=a(x-p)^2+q$$

の形に変形し，グラフをかいて考える。

定義域（x の変域）があるときは，その定義域内のグラフをかく。

例題11

次の 2 次関数の最大・最小値を求めよ。

(1)　$y=2x^2+12x+4$

(2)　$y=-x^2+4x\quad(0\leqq x\leqq 5)$

解答

$y=a(x-p)^2+q$ の形に変形してグラフをかく。

(1) $y=2x^2+12x+4$

$=2(x^2+6x)+4$

$=2\{(x+3)^2-9\}+4$

$=2(x+3)^2-18+4$

$=2(x+3)^2-14$

頂点 $(-3,\ -14)$ で下に凸のグラフ

最小値　-14（$x=-3$ のとき）

最大値　なし

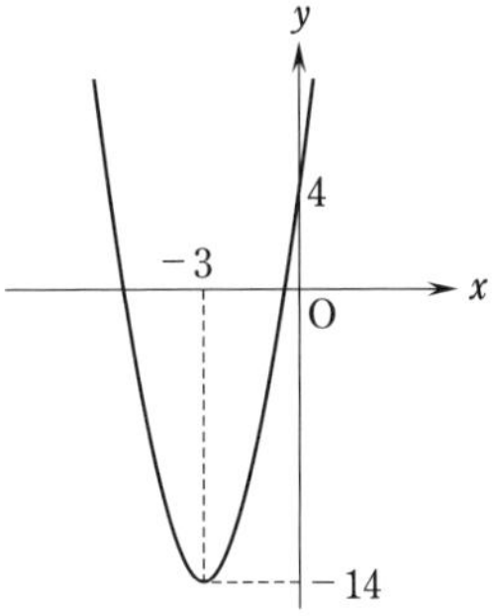

(2) $y=f(x)$

$=-x^2+4x$

$=-(x^2-4x)$

$=-\{(x-2)^2-4\}$

$=-(x-2)^2+4$

頂点(2，4)で上に凸のグラフ。定義域が $0\leqq x\leqq 5$ より，最小値は

$f(5)=-5^2+4\times5=-5$

$\begin{cases}\text{最小値}\quad -5\ (x=5\text{ のとき})\\ \text{最大値}\quad 4\ (x=2\text{ のとき})\end{cases}$

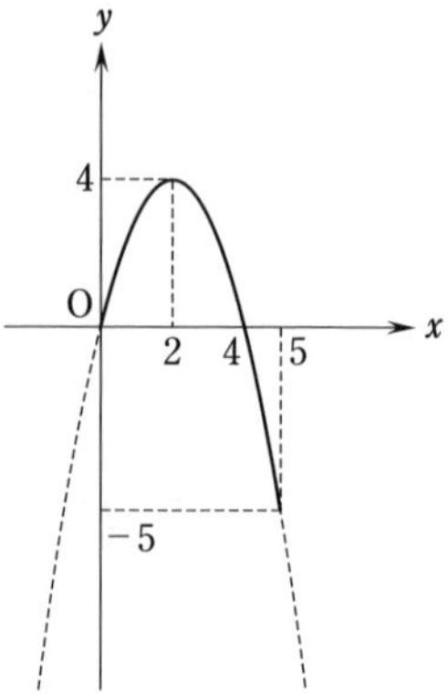

グラフの移動

●平行移動

◆$y=f(x)$ を x 軸方向に p，y 軸方向に q だけ平行移動して得られるグラフの方程式は，もとの方程式に

$x\ \rightarrow\ x-p\qquad y\ \rightarrow\ y-q$

を代入した式となる。すなわち

$$\boldsymbol{y-q=f(x-p)}$$

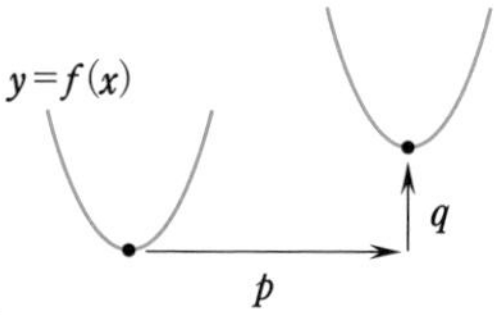

P 符号がマイナスであることに注意

●対称移動

◆$y=f(x)$ を対称移動させた後のグラフの方程式は次のとおり。

① **x 軸に関して対称移動**

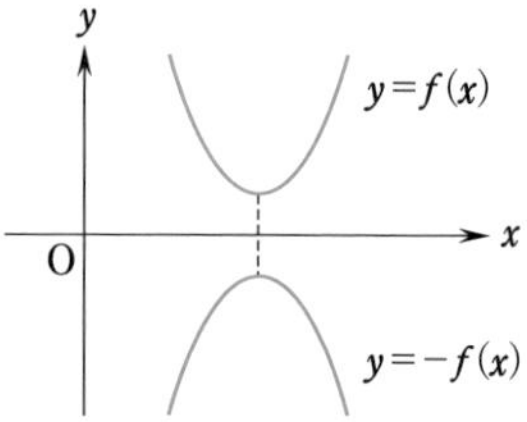

y の符号のみ逆にする。

($y\ \rightarrow\ -y$ を代入)

$-y=f(x)$ すなわち

$$\boldsymbol{y=-f(x)}$$

P 逆のものの符号が変わることに注意

② **y 軸に関して対称移動**

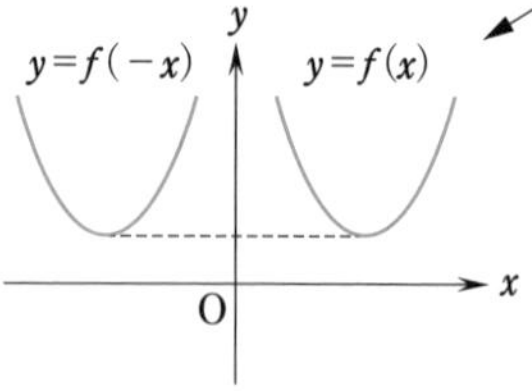

x の符号のみ逆にする。

($x\ \rightarrow\ -x$ を代入)

$$\boldsymbol{y=f(-x)}$$

③　**原点に関して対称移動**

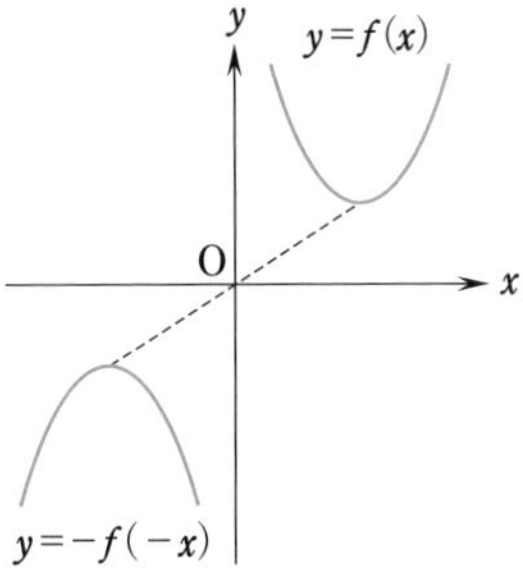

x，y の符号を逆にする。

（$x \to -x$，$y \to -y$ を代入）

$-y=f(-x)$ すなわち

$$\boldsymbol{y=-f(-x)}$$

例題12

$y=x^2-4x$ のグラフを x 軸方向に -3，y 軸方向に 2 だけ平行移動したグラフの方程式を求めよ。

解答

$x \to x+3$，$y \to y-2$ を代入する。

$$y-2=(x+3)^2-4(x+3)$$

$$y=x^2+6x+9-4x-12+2$$

$$\boldsymbol{y=x^2+2x-1}$$

例題13

$y=x^2-4x$ のグラフを(1)〜(3)に関して対称移動したグラフの方程式を求めよ。

(1)　x 軸　　　(2)　y 軸　　　(3)　原点

解答

(1) $y \to -y$ を代入する。

$$-y=x^2-4x$$

$$\boldsymbol{y=-x^2+4x}$$

(2) $x \to -x$ を代入する。

$$y=(-x)^2-4(-x)$$

$$\boldsymbol{y=x^2+4x}$$

(3) $x \to -x$，$y \to -y$ を代入する。

$$-y=(-x)^2-4(-x)$$

$$-y=x^2+4x$$

$$\boldsymbol{y=-x^2-4x}$$

2次方程式の解法

●因数分解による解法

◆x の2次式　ax^2+bx+c　$(a \neq 0)$　が

$$ax^2+bx+c=(px-q)(rx-s)$$

と因数分解できるとき

$$\begin{aligned} ax^2+bx+c=0 &\iff (px-q)(rx-s)=0 \\ &\iff px-q=0 \quad \text{または} \quad rx-s=0 \\ &\iff \boldsymbol{x=\frac{q}{p},\ \frac{s}{r}} \end{aligned}$$

●解の公式による解法

解の公式

① $\boldsymbol{ax^2+bx+c=0\ (a \neq 0)}$ **の解**

$$\boldsymbol{x=\frac{-b \pm \sqrt{b^2-4ac}}{2a}}$$

ここで，$\boldsymbol{b}$ が偶数のとき，次式を使うと計算が楽になる。

② $\boldsymbol{ax^2+2b'x+c=0\ (a \neq 0)}$ **の解**

$$\boldsymbol{x=\frac{-b' \pm \sqrt{(b')^2-ac}}{a}}$$

例題14

次の2次方程式を解け。

(1)　$x^2-4x+3=0$　　(2)　$6x^2-13x-5=0$

(3)　$2x^2+5x+1=0$　　(4)　$2x^2-4x-1=0$

解答

(1) 因数分解すると

$(x-1)(x-3)=0$　より，$x=1,\ 3$

(2) 因数分解すると

$6x^2-13x-5=0$

$$\begin{array}{cccc} 2x & \diagdown\!\!\!\diagup\ -5 & \rightarrow & -15x \\ 3x & \quad 1 & \rightarrow & 2x \\ \hline & & & -13x \end{array}$$

← たすきがけ

より

$$(2x-5)(3x+1)=0$$

$\therefore$　$2x-5=0$　または　$3x+1=0$

$$x=\frac{5}{2},\ -\frac{1}{3}$$

(3) 因数分解できないときは解の公式を使う。公式①にあてはめて

$2x^2+5x+1=0$ （⇒ $a=2,\ b=5,\ c=1$）

$$x=\frac{-5\pm\sqrt{5^2-4\times2\times1}}{2\times2}=\frac{-5\pm\sqrt{25-8}}{4}$$

$$=\frac{-5\pm\sqrt{17}}{4}$$

(4) 公式①にあてはめる。

$2x^2-4x-1=0$ （⇒ $a=2,\ b=-4,\ c=-1$）

$$x=\frac{-(-4)\pm\sqrt{(-4)^2-4\cdot2\cdot(-1)}}{2\times2}$$

$$=\frac{4\pm\sqrt{16+8}}{4}=\frac{4\pm\sqrt{24}}{4}$$

$$=\frac{4\pm\sqrt{2^2\times6}}{4}=\frac{4\pm2\sqrt{6}}{4}=\frac{2\pm\sqrt{6}}{2}$$

〈別解〉

公式②にあてはめる。

$2x^2-4x-1=0$ （⇒ $a=2,\ b'=-2,\ c=-1$）

$$x=\frac{-(-2)\pm\sqrt{(-2)^2-2\times(-1)}}{2}=\frac{2\pm\sqrt{6}}{2}$$

2次方程式と2次関数の関係

● 2次方程式と2次関数の関係

◆ 2次方程式　$ax^2+bx+c=0$　$(a\neq0)$ の解

⇕

2次関数　$y=ax^2+bx+c$　のグラフと x 軸 $(y=0)$ との共有点の x 座標

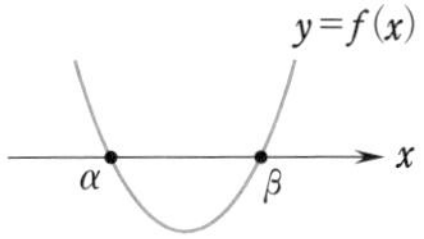

$f(x)=0$ の解が $x=\alpha,\ \beta$

● 2次方程式の解の判別

◆$ax^2+bx+c=0$　$(a\neq0)$ の解は　$x=\dfrac{-b\pm\sqrt{b^2-4ac}}{2a}$ なので，$\sqrt{\quad}$ の中，$\boldsymbol{b^2-4ac=D}$ とおくと，D の正負により解を判別することができる。これより，D を**判別式**という。

判別式

$ax^2+bx+c=f(x)$ とおくと

(i) $D>0 \iff f(x)=0$ は異なる 2 つの実数解をもつ

$\iff y=f(x)$ は x 軸と異なる 2 点で交わる

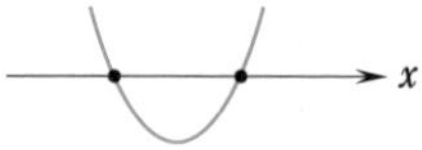

(ii) $D=0 \iff f(x)=0$ は実数の重解をもつ

$\iff y=f(x)$ は x 軸と接する

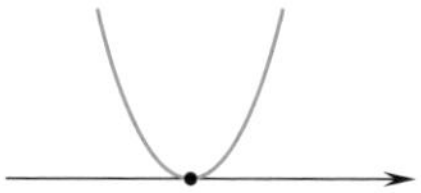

上の(i)(ii)をあわせて，$D \geqq 0 \iff f(x)=0$ は実数解をもつ

(iii) $D<0 \iff f(x)=0$ は実数解をもたない

$\iff y=f(x)$ は x 軸と共有点をもたない

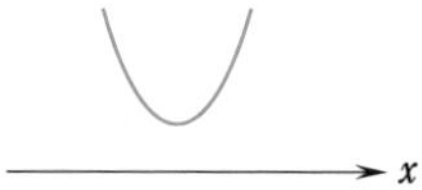

P

$ax^2+2b'x+c=0$ のときは

$x=\dfrac{-b'\pm\sqrt{(b')^2-ac}}{a}$

なので

$\dfrac{D}{4}=(b')^2-ac$

で判別するとラク

例題15

$x^2+2x+k=0$（k は定数）が(1)〜(3)となるときの k の値，または値の範囲を求めよ。

(1) 異なる 2 つの実数解をもつ。

(2) 重解をもつ。

(3) 実数解をもたない。

解答

$D=2^2-4\cdot1\cdot k=4-4k=4(1-k)$ なので

(1) $D>0$ より　$1-k>0$　　$\therefore\ k<1$

(2) $D=0$ より　$1-k=0$　　$\therefore\ k=1$

(3) $D<0$ より　$1-k<0$　　$\therefore\ k>1$

P

$\dfrac{D}{4}=1^2-k$

を調べるとラク

例題16

$y=x^2-kx+k+3$ のグラフが x 軸と接するときの，定数 k の値を求めよ。

解答

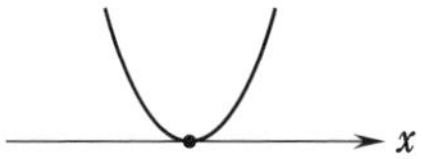

右図より，$D=0$

$D=(-k)^2-4\cdot1\cdot(k+3)$　より

$k^2-4k-12=0$

$(k-6)(k+2)=0$

$\therefore\ k=6,\ -2$

2 次不等式の解法

● 2 次不等式の解法

・2 次不等式は 2 次関数のグラフと関連させて考える。

・x^2 の係数が負のときは式全体に -1 をかけて，x^2 の係数を正にしてから解く。

・$ax^2+bx+c=0$ $(a>0)$ の判別式を D とすると，$D>0$，$D=0$，$D<0$ により，次のようになる。

●一般の 2 次不等式

P まずは 2 次の係数を正にして

⇓

P 次に，グラフが $y>0$ か $y<0$ か

(i) $\boldsymbol{D>0}$ のとき $\alpha<\beta$ とすると

$a(x-\alpha)(x-\beta)>0$ の解

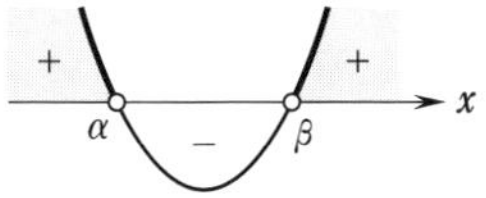

$\boldsymbol{x<\alpha,\ \beta<x}$

（グラフが $y>0$（x 軸より上）にあるときの x の値の範囲）

$a(x-\alpha)(x-\beta)<0$ の解

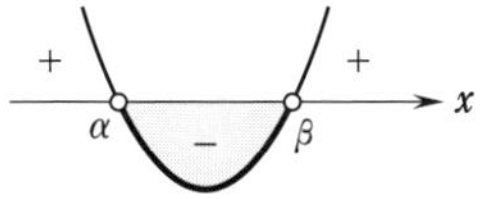

$\boldsymbol{\alpha<x<\beta}$

（グラフが $y<0$（x 軸より下）にあるときの x の値の範囲）

●特殊な 2 次不等式

(ii) $\boldsymbol{D=0}$ のとき

$a(x-\alpha)^2>0$ の解

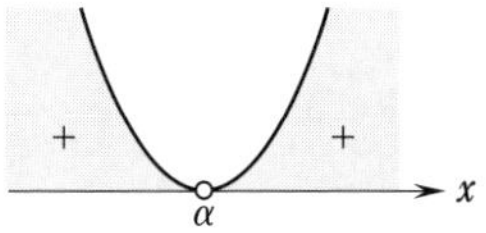

$x=\alpha$ 以外のすべての実数

$a(x-\alpha)^2<0$ の解

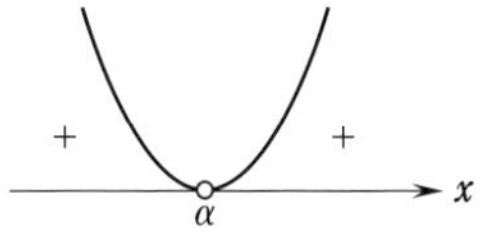

$y<0$ となる x はないので

解なし

(iii) **$D<0$ のとき**

$ax^2+bx+c>0$ の解

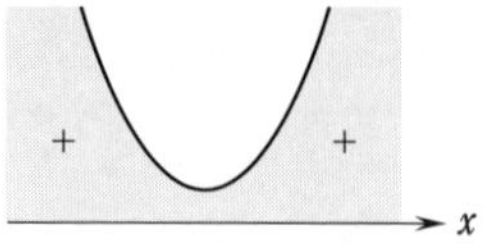

常に $y>0$ なので

すべての実数

$ax^2+bx+c<0$ の解

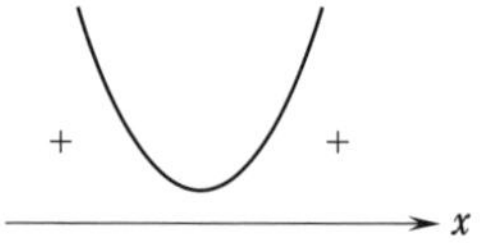

$y<0$ となる x はないので

解なし

例題17

次の2次不等式を解け。

(1)　$x^2+x-12>0$

(2)　$-3x^2+5x-1\geqq 0$

(3)　$x^2-3x+5>0$

解答

(1) $x^2+x-12>0$

$(x+4)(x-3)>0$

$x<-4,\ 3<x$

$y>0$ となるのは

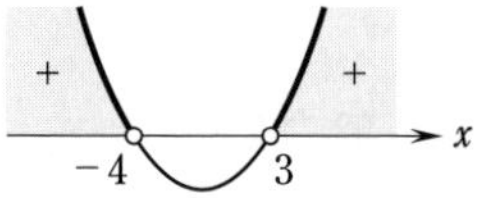

(2) $-3x^2+5x-1\geqq 0$

両辺に -1 をかけて x^2 の係数を正にする。

P まずはコレ！

$3x^2-5x+1\leqq 0$

P 不等号の向きが逆になることに注意

因数分解できないので

解の公式を使う。

$3x^2-5x+1=0$ の解は

$$x=\frac{-(-5)\pm\sqrt{(-5)^2-4\cdot 3\cdot 1}}{2\times 3}=\frac{5\pm\sqrt{13}}{6}$$

$$3\left(x-\frac{5-\sqrt{13}}{6}\right)\left(x-\frac{5+\sqrt{13}}{6}\right)\leqq 0$$

となるので

$$\frac{5-\sqrt{13}}{6}\leqq x\leqq\frac{5+\sqrt{13}}{6}$$

$y\leqq 0$ となるのは

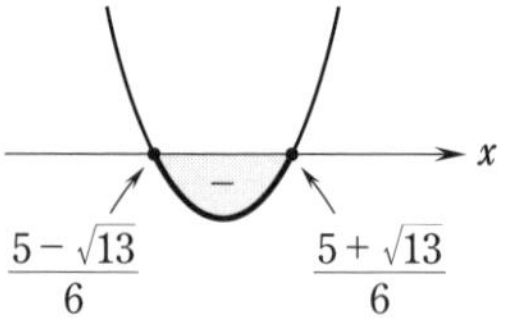

(3) $x^2-3x+5>0$

$D=(-3)^2-4\cdot1\cdot5=-11<0$

なので，グラフは右のようになる。よって，すべての実数において

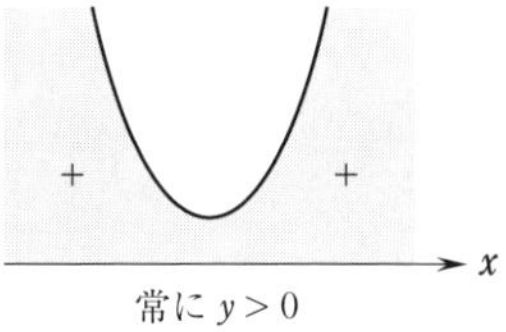

$x^2-3x+5>0$　なので，

$x^2-3x+5>0$　の解はすべての実数

2次方程式の解の配置

●グラフで判定

Ⓟ これが基本

◆2次方程式　$ax^2+bx+c=0$ の解　α，β

⇕

2次関数　$y=ax^2+bx+c$ のグラフと x 軸との交点の x 座標なので

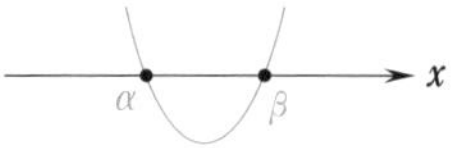

2次方程式の解の配置は，グラフが x 軸とどの範囲で交わるかで考える。

●解と係数の関係の利用

iii)のとき，$\dfrac{c}{a}<0$ より $ac<0$ よって，$D=b^2-4ac>0$ が自動的に成り立つ。▶

「10. 解と係数の関係」参照▶

◆$ax^2+bx+c=0$ $(a\neq0)$ の判別式を D，2解を α，β とすると

i) **2解とも正 $\Longleftrightarrow$ $D\geqq0$ かつ $\alpha+\beta>0$ かつ $\alpha\beta>0$**

ii) **2解とも負 $\Longleftrightarrow$ $D\geqq0$ かつ $\alpha+\beta<0$ かつ $\alpha\beta>0$**

iii) **2解が異符号 $\Longleftrightarrow$ $\alpha\beta<0$**

$\left(\alpha+\beta=-\dfrac{b}{a},\ \alpha\beta=\dfrac{c}{a}\right)$

例題18

2次方程式　$x^2-2ax-a+2=0$　の2解がともに -1 より大となるような a の値の範囲を求めよ。

解答

$y=f(x)=x^2-2ax-a+2$ とおくと $y=f(x)$ のグラフは右図のようであればよいので $D\geqq0$ かつ 軸>-1 かつ $f(-1)>0$ であればよい。

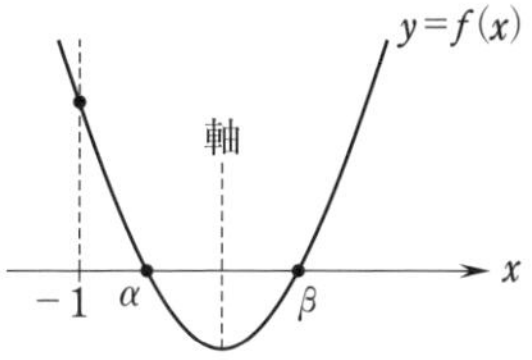

$D=(-2a)^2-4\cdot1\cdot(-a+2)=4(a^2+a-2)$

$=4(a+2)(a-1)\geqq0$ より　　$a\leqq-2,\ 1\leqq a$　…①

$f(x)=(x-a)^2-a^2-a+2$ より

$$軸：x=a>-1 \quad \cdots②$$

$f(-1)=(-1)^2-2a\cdot(-1)-a+2>0$ より

$$a>-3 \quad \cdots③$$

①，②，③より，求める a の値の範囲は　**$1 \leqq a$**

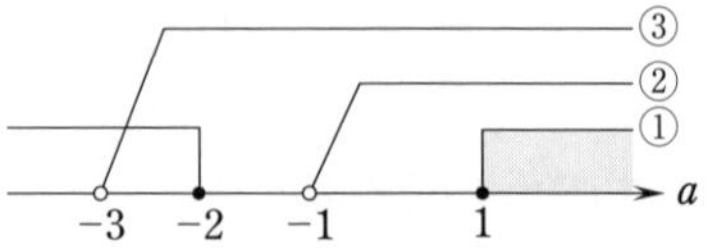

例題19

2次方程式　$x^2-x+k^2+k-2=0$　が正と負の2解をもつような k の値の範囲を求めよ。

解答

2解を α，β とすると，$\alpha\beta<0$ であればよい。

$$\alpha\beta=k^2+k-2<0$$

$$(k+2)(k-1)<0$$

$$\mathbf{-2<k<1}$$

〈別解〉

$y=f(x)=x^2-x+k^2+k-2$

とおくと，$y=f(x)$ のグラフが右図のようであればよい。

よって $f(0)=k^2+k-2<0$

以下，本解と同じ。

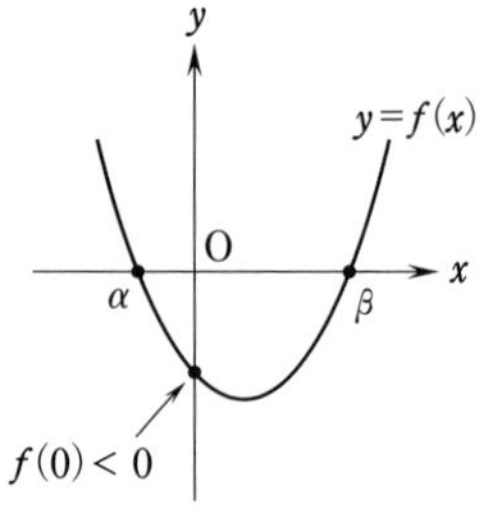

P　グラフが下に凸で $f(0)<0$ であれば必ず，x 軸の正の部分，負の部分と1つずつ交点をもつので，$D>0$ の条件を調べなくてもよい。

虚数解

●虚数単位

◆ 2乗すると -1 になる数を i と表し，これを**虚数単位**という。

（$(実数)^2 \geqq 0$ なのでこのような数は実数範囲には存在しない）

P　$i^2=-1$

●複素数

◆実数 a，b と虚数単位 i を用いて，$a+bi$ の形で表される数を**複素数**という。

●負の数の平方根

◆$a>0$ のとき，

$$\sqrt{-a}=\sqrt{a}\,i$$

●虚数解

◆2 次方程式 $ax^2+bx+c=0$ $(a\neq 0)$ の判別式を D とすると，$D<0$ のとき実数解をもたない。複素数の範囲まで広げると，**虚数解をもつ**。

例題20

次の 2 次方程式を解け(複素数の範囲で)。

(1) $x^2-3x+5=0$　　(2) $x^2-4x+6=0$

解答

解の公式にあてはめる。

(1) $x^2-3x+5=0$ $(\Rightarrow\ a=1,\ b=-3,\ c=5)$

$$x=\frac{-(-3)\pm\sqrt{(-3)^2-4\cdot 1\cdot 5}}{2\times 1}$$

$$=\frac{3\pm\sqrt{-11}}{2}=\frac{3\pm\sqrt{11}\,i}{2}$$

(2) $x^2-4x+6=0$ $(\Rightarrow\ a=1,\ b'=-2,\ c=6)$

$x=\dfrac{-b'\pm\sqrt{(b')^2-ac}}{a}$ ▶

$$x=\frac{-(-2)\pm\sqrt{(-2)^2-1\times 6}}{1}$$

$$=2\pm\sqrt{-2}=2\pm\sqrt{2}\,i$$

解と係数の関係

● 2 次方程式の解と係数の関係

◆2 次方程式 $ax^2+bx+c=0$ $(a\neq 0)$ の 2 解を α，β とすると，次の関係が成り立つ。

2 次方程式の解と係数の関係

$$\alpha+\beta=-\frac{b}{a},\quad \alpha\beta=\frac{c}{a}$$

● 2 次方程式の作成

◆α，β を 2 解とする 2 次方程式の 1 つは $(x-\alpha)(x-\beta)=0$ とかけるので

$$x^2-\underbrace{(\alpha+\beta)}_{和}x+\underbrace{\alpha\beta}_{積}=0$$

P 対称式の変形を利用 →

例題21

$x^2+2x+4=0$ の2解を α，β とするとき，$\alpha^2+\beta^2$ の値はいくらか。

解答

解と係数の関係より

$$\alpha+\beta=-\frac{2}{1}=-2,\ \alpha\beta=\frac{4}{1}=4$$

$$\alpha^2+\beta^2=(\alpha+\beta)^2-2\alpha\beta=(-2)^2-2\times4=-4$$

例題22

$\dfrac{1+\sqrt{2}}{2}$，$\dfrac{1-\sqrt{2}}{2}$ を2解とする2次方程式を1つつくれ。

解答

α，β を2解とする2次方程式の1つは

$$x^2-(\alpha+\beta)x+\alpha\beta=0 \quad \cdots①$$

なので

$$\alpha+\beta=\frac{1+\sqrt{2}}{2}+\frac{1-\sqrt{2}}{2}=1$$

$$\alpha\beta=\frac{1+\sqrt{2}}{2}\times\frac{1-\sqrt{2}}{2}=\frac{1^2-(\sqrt{2})^2}{4}=-\frac{1}{4}$$

①に代入して

$$x^2-1\cdot x+\left(-\frac{1}{4}\right)=0$$

$$\therefore\ \ 4x^2-4x-1=0$$

練習問題

（75ページより解答・解説）

★
No.16　次の2次関数を表すグラフの頂点を求めよ。

(1)　$y=x^2-6x+5$　　(2)　$y=-x^2-4x+3$

(3)　$y=2x^2-6x+2$　　(4)　$y=-2x^2+8x+1$

★
No.17　グラフが次の条件を満たすような2次関数を求めよ。

(1)　頂点が(3, 3)で点(0, −6)を通る。

(2)　軸が $x=3$ で，(1, 5)，(2, −1)を通る。

(3)　3点(1, 4)，(−1, 2)，(3, −2)を通る。

(4)　3点(−3, 0)，(−2, −10)，(8, 0)を通る。

★
No.18　グラフが次のようである2次関数 $y=ax^2+bx+c$ がある。a，b，c の正負の組合せが正しいのはどれか。

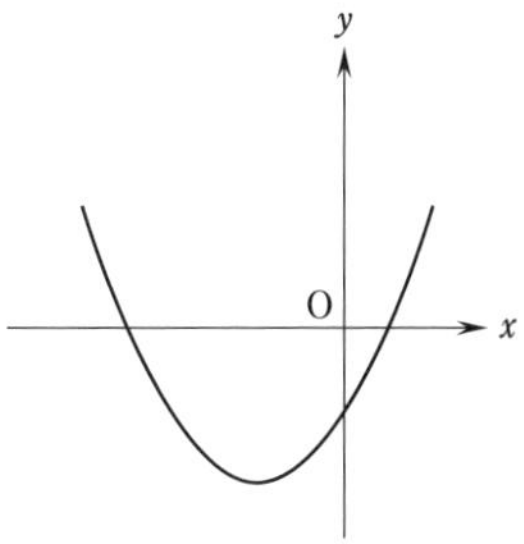

	a	b	c
1	正	正	正
2	正	負	負
3	正	正	負
4	負	正	正
5	負	負	負

★
No.19　時刻 $t=0$ において車を始動し，それから加速したのち減速し停止した。その間の時刻 t における車の走行速度 v は $v=-t^2+24t$ で与えられるという。走行速度 v の最大値はいくらか。

1　24

2　72

3　108

4　144

5　576

★
No.20　$-2 \leqq x \leqq 4$ で，常に $x^2-6x+k<0$ が成り立つような定数 k の値の範囲はいくらか。

1　$k<-16$
2　$k<-10$
3　$k<3$
4　$k<8$
5　$k<9$

★
No.21　$y=x^2+4x-3$ のグラフを x 軸方向に 1，y 軸方向に -2 だけ平行移動したのち，y 軸に関して対称移動したグラフの方程式として正しいのはどれか。

1　$y=-x^2-2x+8$
2　$y=x^2-2x-8$
3　$y=-x^2+4x-4$
4　$y=x^2+6x+4$
5　$y=x^2-6x+5$

★
No.22　$y=x^2-6x+5$ のグラフを x 軸方向に p，y 軸方向に q だけ平行移動すると $y=x^2+2x-1$ のグラフと重なる。$p+q$ の値はいくらか。

1　-3
2　-2
3　-1
4　1
5　2

★
No.23　次の 2 次方程式を解け。

(1)　$x^2-3x=28$　　(2)　$10x^2=13x+3$
(3)　$2(x+1)^2=1-x$　　(4)　$(x-2)^2=2x+7$

★
No.24　2次方程式$2x^2-3x+2a-3=0$が実数解をもつためのaの値の範囲を求めよ。

1　$a \leqq \dfrac{33}{16}$

2　$a \geqq \dfrac{2}{3}$

3　$a > \dfrac{33}{16}$

4　$a < \dfrac{2}{3}$

5　$a \geqq \dfrac{23}{15}$

★
No.25　放物線$y=x^2+4x-2$と直線$y=a$が共有点をもたないとき，aの値の範囲を求めよ。

1　$a>1$

2　$0<a<2$

3　$a<-6$

4　$a>\dfrac{1}{2}$

5　$a<\dfrac{1}{4}$

★
No.26　次の2次不等式を解け。

(1)　$x^2-x-6<0$　　(2)　$-x^2+5x-6<0$

(3)　$2x^2-7x+3 \geqq 0$　　(4)　$x^2+2x-1 \leqq 0$

(5)　$x^2-4x+4>0$　　(6)　$-x^2+6x-10>0$

★
No.27　$x^2 \leqq 9x-14$と$2x^2+x \geqq 15$の2つの条件を満たすxの値の範囲を求めよ。

1　$x \leqq -3$

2　$-3 \leqq x \leqq 2$

3　$-3 \leqq x \leqq 7$

4　$\dfrac{5}{2} \leqq x \leqq 7$

5　$7 \leqq x$

★

No.28 2次関数 $y=x^2+2x+7$ のグラフと直線 $y=mx+3$ が異なる2点で交わるような定数 m の値の範囲を求めよ。

1 $m<-6,\ 2<m$

2 $-6<m<-2$

3 $m<-2,\ 6<m$

4 $-2<m<6$

5 $-6<m<2$

★★

No.29 不等式 $x^2-kx+k^2-3>0$ がすべての実数 x について成り立つような k の値の範囲を求めよ。

1 $-2<k<2$

2 $k<-1$

3 $0<k<3$

4 $k<0,\ 3<k$

5 $k<-2,\ 2<k$

★

No.30 $x^2-2kx+k=0$ の2解がともに -2 より大きくなるような定数 k の値の範囲を求めよ。

1 $-2<k\leqq 0$

2 $-\dfrac{4}{5}<k\leqq 0,\ 1\leqq k$

3 $-\dfrac{4}{5}<k<0,\ 1<k$

4 $0\leqq k\leqq\dfrac{4}{5}$

5 $\dfrac{4}{5}\leqq k<1$

★

No.31 $x^2-ax+2(a-1)=0$ の2解 α，β が $-1<\alpha<1<\beta$ を満たすための，定数 a の値の範囲を求めよ。

1 $-1<a<1$

2 $0<a<3$

3 $1<a<6$

4 $\dfrac{1}{2}<a<\dfrac{5}{2}$

5 $\dfrac{1}{3}<a<1$

No.32 ★ $x^2-3x+k+5=0$ の異なる2つの解がともに正となるような定数 k の値の範囲を求めよ。

1　$k<-\frac{11}{4}$

2　$-5<k\leqq 5$

3　$-5<k<-\frac{11}{4}$

4　$k\leqq -5$

5　$-3<k<4$

No.33 ★ 次の2次方程式を解け。

(1)　$x^2+5x+10=0$　　(2)　$-x^2+2x=6$

(3)　$2x(x+3)=x-4$　　(4)　$x(x-2)=4x-11$

No.34 ★ $2x^2-5x+1=0$ の2解を α, β とするとき，$\frac{\beta^2}{\alpha}+\frac{\alpha^2}{\beta}$ の値はいくらか。

1　$\frac{31}{2}$

2　$\frac{43}{2}$

3　$\frac{43}{4}$

4　$\frac{95}{4}$

5　$\frac{95}{8}$

No.35 ★ $x^2+3x+6=0$ の2解を α, β とするとき $\frac{\beta}{\alpha}$, $\frac{\alpha}{\beta}$ を解にもつ2次方程式は，次のうちではどれか。

1　$x^2-2x+2=0$

2　$x^2+x+1=0$

3　$2x^2-x+1=0$

4　$2x^2+x+2=0$

5　$2x^2-x-1=0$

★★

No.36　$4x^2-(m+9)x+m=0$ の２解の差は３である。定数 m の値はいくらか。

1　$-7,\ 9$
2　$7,\ -9$
3　$5,\ -3$
4　$-5,\ 3$
5　$-7,\ 5$

★

No.37　下図のような縦15m，横20m の長方形の土地にアミ目部分のような同じ幅の道をつくりたい。道の面積を 92m^2 以下にしたいとき，道幅は最大何 m 以下にすればよいか。

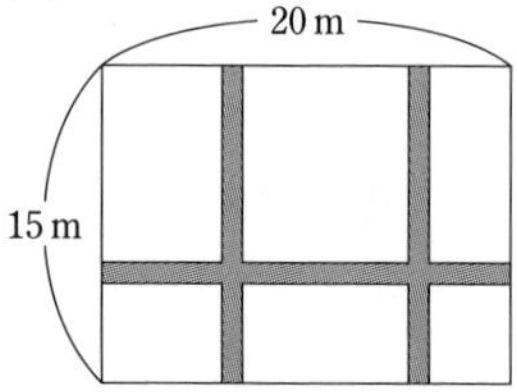

1　1m 以下
2　1.5m 以下
3　2m 以下
4　2.5m 以下
5　3m 以下

★★

No.38　原価が１個800円の商品を定価1000円で売ると１日に160個売れる。この定価を20円上げるごとに売上個数が８個ずつ減ることがわかっているとき，１日の利益を最大にするには定価をいくらにすればよいか。ただし，売れる分だけ仕入れるものとする。

1　1060円
2　1080円
3　1100円
4　1120円
5　1140円

★★

No.39 $y=4-x^2$ のグラフ上に図のように2点A, Bを，x軸上にC，Dをとり，四角形ABCDが長方形になるようにする。このとき，長方形の周囲の長さの最大値はいくらか。ただし，Aのx座標は，$0<x<2$とする。

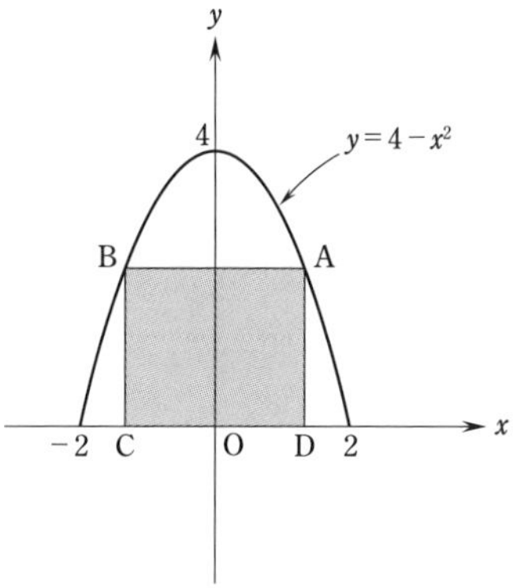

1　7
2　8
3　9
4　10
5　11

★★

No.40 x，yが実数のとき$x^2+5y^2-4xy-6y+36$の最小値はいくらか。

1　25
2　27
3　30
4　32
5　36

★★

No.41 x，yが実数のとき$2y+3-2xy-2y^2-x^2-2x$が最大値をとるときのxの値はいくらか。

1　2
2　-2
3　3
4　-3
5　4

第 3 章　その他の方程式・不等式

絶対値記号を含む方程式・不等式

●絶対値

◆数直線上で原点0から a までの距離を a の**絶対値**といい，$|a|$ で表す。

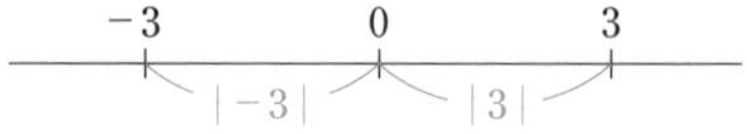

$|3| = 3$

$|-3| = 3$

●絶対値記号のはずし方

絶対値記号のはずし方

・$|x| = \begin{cases} x & (x \geqq 0 \text{ のとき}) \\ -x & (x < 0 \text{ のとき}) \end{cases}$ ← (P) 基本はコレ！

・$a > 0$ の定数のときは ← (P) このときは場合分け不要

$|x| = a \iff x = \pm a$

$|x| < a \iff -a < x < a$

$|x| > a \iff x < -a,\ a < x$

例題23

次の方程式，不等式を解け。

(1)　$|2x-3| = 7$

(2)　$|3x-6| + 2x = 9$

(3)　$|3x-5| < 4$

解答

(1) $2x-3 = \pm 7$

$|x| = a \iff x = \pm a$ ▶

$2x-3 = 7$ より　$2x = 10$　∴　$x = 5$

$2x-3 = -7$ より　$2x = -4$　∴　$x = -2$

$|x| = \begin{cases} x & (x \geqq 0) \\ -x & (x < 0) \end{cases}$ ▶ で場合分けする

(2) i) $3x-6 \geqq 0$ すなわち　$x \geqq 2$ のとき　…①

$3x-6+2x = 9$

$5x = 15$　∴　$x = 3$　これは①を満たす。

ii) $3x-6 < 0$ すなわち　$x < 2$ のとき　…②

$-(3x-6)+2x = 9$

$-x = 3$　∴　$x = -3$　これは②を満たす。

i) ii) より　$x = 3,\ -3$

$|x|<a \iff -a<x<a$ ▶

(3) $-4<3x-5<4$

$-4+5<3x<4+5$ ◀各辺に 5 を足す

$\therefore\ \dfrac{1}{3}<x<3$ ◀各辺を 3 で割る

剰余の定理・因数定理

●剰余の定理

◆整式 $f(x)$ を $\boldsymbol{x-a}$ で割ったときの**余りは** $\boldsymbol{f(a)}$ である。

●因数定理

◆整式 $f(x)$ が $\boldsymbol{x-a}$ **で割り切れる** $\iff$ $\boldsymbol{f(a)=0}$

例題24

整式 $2x^3+7x^2+a$ を $2x-1$ で割ると余りが 5 であるという。定数 a の値を求めよ。

解答

$f(x)=2x^3+7x^2+a$ とおくと剰余の定理より

剰余の定理を利用▶

$f\left(\dfrac{1}{2}\right)=5$ となる。

P 割る式 $2x-1=0$ となる x を代入

$f\left(\dfrac{1}{2}\right)=2\times\left(\dfrac{1}{2}\right)^3+7\times\left(\dfrac{1}{2}\right)^2+a=5$

$\dfrac{1}{4}+\dfrac{7}{4}+a=5\quad\therefore\ a=3$

高次方程式・不等式

●高次方程式の解法

① 因数分解する(因数定理を利用)。

② おきかえにより次数を下げる。

●高次不等式の解法

◆因数分解し，各因数の正負で考える。またはグラフで考える。

例題25

次の方程式を解け。

(1) $x^3-2x^2-5x+6=0$

(2) $x^4-5x^2+6=0$

解答

(1) $f(x)=x^3-2x^2-5x+6$ とおく。

因数定理の利用▶

$f(1)=1-2-5+6=0$ なので因数定理より，

$f(x)$ は $x-1$ を因数にもつ。

$f(x) \div (x-1)$ を計算すると

$$(x^3-2x^2-5x+6) \div (x-1) = x^2-x-6$$

なので

$$\begin{aligned} x^3-2x^2-5x+6 &= (x-1)(x^2-x-6) \\ &= (x-1)(x-3)(x+2) = 0 \end{aligned}$$

$$\therefore \quad x = 1,\ 3,\ -2$$

(2) $(x^2)^2-5x^2+6=0$　なので　$x^2=X$ とおくと

おきかえにより，▶ 2次方程式に

$X^2-5X+6=0$

$(X-2)(X-3)=0$

$\therefore \quad X=2,\ 3$　$X=x^2$ に戻して

$x^2=2,\ 3$

$$\therefore \quad x = \pm\sqrt{2},\ \pm\sqrt{3}$$

例題26

$x^3+2x^2-5x-6<0$ を解け。

解答

$f(x)=x^3+2x^2-5x-6$ とおく。

例題25(1)同様，因数定理を用いて因数分解すると

$$f(x)=(x+1)(x+3)(x-2)$$

これより，$y=f(x)$ のグラフは $x=-3,\ -1,\ 2$ で $y=0$ となり，x 軸と交わる。

$x>2$　において，$f(x)>0$ となるので，$x=2,\ -1,\ -3$ を境に交互に正負が逆になる。

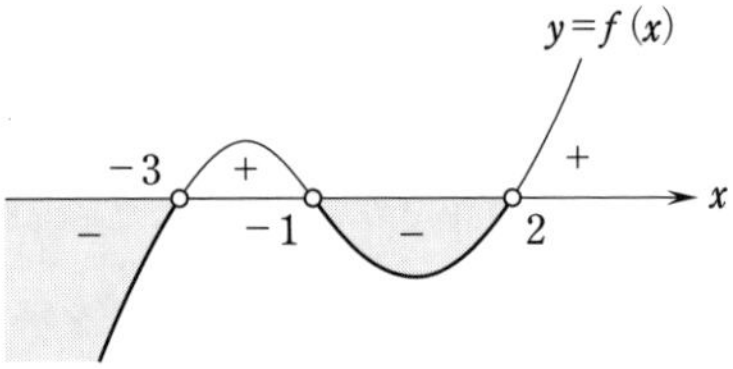

$y<0$ となる x の値の範囲はグラフより

$$x<-3,\ -1<x<2$$

練習問題

（84ページより解答・解説）

No.42 ★ 次の方程式・不等式を解け。

(1) $|2x-5|+1=x$　　(2) $|3x-8|=10$

(3) $|2x-5|<7$　　(4) $|x-3|+2x\geqq 9$

No.43 ★ $y=|x+2|+1$ の $-3\leqq x\leqq 3$ における最大値と最小値はいくらか。

	最大値	最小値
1	5	2
2	6	1
3	6	0
4	8	-1
5	5	1

No.44 ★ $x^3+p^2x^2-2px-11$ が $x-2$ で割り切れるとき，p の値はいくらか。

1　$-\frac{3}{2}$, $\frac{1}{2}$

2　$-\frac{3}{2}$, $-\frac{1}{2}$

3　$\frac{3}{2}$, $-\frac{1}{2}$

4　$-\frac{5}{2}$, $\frac{3}{2}$

5　$\frac{5}{2}$, $\frac{3}{2}$

No.45 ★ x^2+px+q を $x+3$ で割ると割り切れ，$x-3$ で割ると6余る。p，q の値を求めよ。

	p	q
1	-1	5
2	-1	6
3	1	-5
4	1	6
5	1	-6

★★
No.46 整式 $f(x)$ を $x-1$ で割ると 3 余り，$x+2$ で割ると 6 余る。では $f(x)$ を $(x-1)(x+2)$ で割ったときの余りはいくらか。

1　$-x+4$
2　$x-4$
3　$-x-4$
4　$-x+3$
5　$x-3$

★★
No.47 方程式 $x^3+3x^2-3x-1=0$ の 3 つの解のうちの 1 つはどれか。

1　$-1+\sqrt{2}$
2　$1+\sqrt{3}$
3　$2+\sqrt{2}$
4　$2+\sqrt{3}$
5　$-2+\sqrt{3}$

★★
No.48 方程式 $x^3-x-6=0$ の 3 つの解の総和はいくらか。

1　0
2　-1
3　2
4　-3
5　4

★
No.49 $x^4-17x^2+16 \leqq 0$ を満たす x の値の範囲を求めよ。

1　$x \leqq -4$，$-1 \leqq x \leqq 1$，$4 \leqq x$
2　$-4 \leqq x \leqq 1$
3　$x \leqq -1$，$4 \leqq x$
4　$-4 \leqq x \leqq -1$，$1 \leqq x \leqq 4$
5　$-1 \leqq x \leqq 4$

★★
No.50 「$x^4+5x^2-36 \leqq 0$ または $x^2-(a+1)x+a \geqq 0$」を満たす x が実数全体であるとき，a の値の範囲を求めよ。

1　$0 \leqq a \leqq 3$

2　$-4 \leqq a \leqq 0$

3　$-2 \leqq a \leqq 2$

4　$-1 \leqq a \leqq 4$

5　$2 \leqq a \leqq 5$

第 4 章　図形と方程式

点

● 2 点間の距離

◆xy 平面上の 2 点を $\mathrm{A}(x_1,\ y_1)$，$\mathrm{B}(x_2,\ y_2)$ としたとき

2 点間の距離

$$\mathbf{AB}=\sqrt{(x_2-x_1)^2+(y_2-y_1)^2}$$

●線分の分点（内分点，外分点）

◆線分 AB を $m : n$ に内分する点を C，外分する点を D とすると

$$\mathrm{C}\left(\frac{nx_1+mx_2}{m+n},\ \frac{ny_1+my_2}{m+n}\right)$$

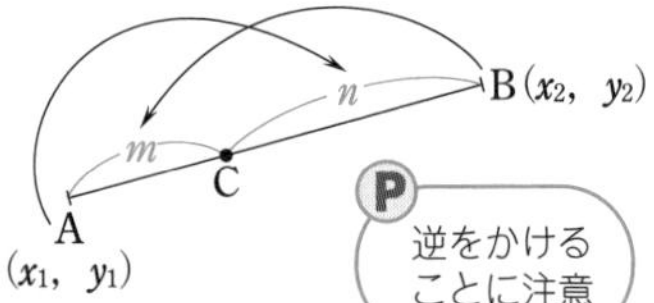

P 逆をかけることに注意

特に C が A，B の中点のとき

$$\mathrm{C}\left(\frac{x_1+x_2}{2},\ \frac{y_1+y_2}{2}\right)$$

$$\mathrm{D}\left(\frac{-nx_1+mx_2}{m-n},\ \frac{-ny_1+my_2}{m-n}\right)$$

$(n \neq m)$

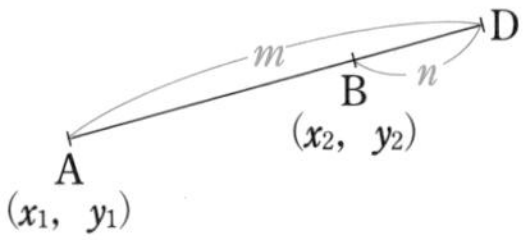

P 外分点のときは内分点の公式に
$n \longrightarrow -n$
を代入すればよい

●三角形の重心

◆ 3 点 $\mathrm{A}(x_1,\ y_1)$，$\mathrm{B}(x_2,\ y_2)$，$\mathrm{C}(x_3,\ y_3)$ を頂点とする三角形の重心 G は

$$\mathrm{G}\left(\frac{x_1+x_2+x_3}{3},\ \frac{y_1+y_2+y_3}{3}\right)$$

例題27

2点$(-2,\ 4)$，$(2,\ 1)$の距離を求めよ。

解答

$$\sqrt{\{2-(-2)\}^2+(1-4)^2}=\sqrt{16+9}=\sqrt{25}=5$$

例題28

$A(3,\ -4)$，$B(-1,\ 0)$のとき，線分ABを3：2に内分する点の座標を求めよ。

解答

$$x=\frac{2\times 3+3\times(-1)}{3+2}=\frac{6-3}{5}=\frac{3}{5}$$

$$y=\frac{2\times(-4)+3\times 0}{3+2}=\frac{-8+0}{5}=-\frac{8}{5}$$

$$\left(\frac{3}{5},\ -\frac{8}{5}\right)$$

直線

●直線の方程式

① 傾きm，y切片nの直線の方程式

$$\boldsymbol{y=mx+n}$$

② 点$(x_1,\ y_1)$を通り，傾きmの直線の方程式

$$\boldsymbol{y-y_1=m(x-x_1)}$$

③ 2点$(x_1,\ y_1)$，$(x_2,\ y_2)$を通る直線の方程式

$x_1\neq x_2$のとき　$\boldsymbol{y-y_1=\dfrac{y_2-y_1}{x_2-x_1}(x-x_1)}$

$x_1=x_2$のとき　$\boldsymbol{x=x_1}$

●2直線の関係

◆2直線$y=mx+n$，$y=m'x+n'$について

平行なとき：$\boldsymbol{m=m',\ n\neq n'}$（$n=n'$のときは一致）

垂直なとき：$\boldsymbol{m\cdot m'=-1}$

●点と直線との距離

◆点$(x_0,\ y_0)$と直線$ax+by+c=0$との距離

点と直線との距離

$$\frac{|ax_0+by_0+c|}{\sqrt{a^2+b^2}}$$

← P 円と直線が接するときによく使う公式

例題29

点(2, 3)を通り，直線　$4x-2y+3=0$　に平行な直線の方程式を求めよ。

解答

$4x-2y+3=0$ の傾きを調べる。

$$2y=4x+3$$
$$y=2x+\frac{3}{2}$$

より，傾きは2である。求める直線はこれに平行すなわち，傾きが2で点(2, 3)を通るので，

直線の公式②▶

$$y-3=2(x-2)$$
$$y=2x-1$$

例題30

点(0, 2)から直線 $y=\sqrt{3}x-4$ までの距離を求めよ。

解答

「点と直線との距離の公式」を使うときは $ax+by+c=0$ の形にしてから公式にあてはめる。

$$y=\sqrt{3}x-4$$
$$\sqrt{3}x-y-4=0 \quad \cdots ①$$

点(0, 2)から①までの距離は

$$\frac{|\sqrt{3}\times0-2-4|}{\sqrt{(\sqrt{3})^2+(-1)^2}}=\frac{|-6|}{\sqrt{3+1}}=\frac{6}{2}=3$$

円

●円の方程式

◆中心$(a,\ b)$，半径 r の円

$$(x-a)^2+(y-b)^2=r^2$$

特に中心が(0, 0)のとき $a=b=0$ より

$$x^2+y^2=r^2$$

●円の接線の方程式

◆$(x-a)^2+(y-b)^2=r^2$ の点$(x_1,\ y_1)$における接線の方程式

$$(x_1-a)(x-a)+(y_1-b)(y-b)=r^2$$

特に中心が(0, 0)のとき $a=b=0$ より

$$x_1x+y_1y=r^2$$

●円と直線の位置関係

◆円と直線の位置関係を調べるには次の2つの方法がある。
(②の方が計算量が少ないのでオススメ)

「直線と放物線との▶関係」と同じ方法

① 円と直線の方程式を連立して得られる2次方程式の判別式を D とすると

- **$D>0 \iff$ 異なる2点で交わる** ｝**共有点をもつ**
- **$D=0 \iff$ 接する** ｝**共有点をもつ**
- **$D<0 \iff$ 共有点をもたない**

P 円の場合はこちらの方が楽 →

② 円の半径を r，円の中心と直線との距離を d とすると

- **$d<r \iff$ 異なる2点で交わる** ｝**共有点をもつ**
- **$d=r \iff$ 接する** ｝**共有点をもつ**
- **$d>r \iff$ 共有点をもたない**

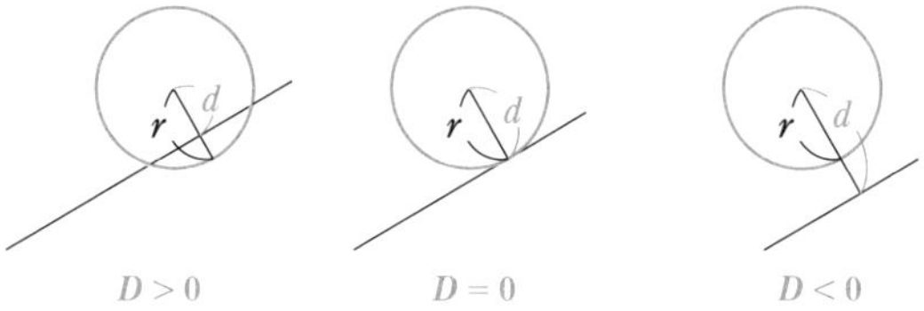

例題31

次の円の中心と半径を求めよ。

$$x^2+y^2-4x+6y-3=0$$

解答

$(x-a)^2+(y-b)^2=r^2$ の形にする。

$$x^2-4x+y^2+6y-3=0$$

$$\{(x-2)^2-2^2\}+\{(y+3)^2-3^2\}-3=0$$

$$(x-2)^2-4+(y+3)^2-9-3=0$$

$$(x-2)^2+(y+3)^2=16$$

$$(x-2)^2+(y+3)^2=4^2$$

ゆえに，中心：$(2,\ -3)$，半径：4

例題32

$(x-1)^2+(y+1)^2=5$ の円周上の点 $(2,\ 1)$ における接線の方程式を求めよ。

解答

$(x_1-a)(x-a)+(y_1-b)(y-b)=r^2$ の公式にあてはめる。

$$(2-1)(x-1)+(1+1)(y+1)=5$$

$$x-1+2y+2=5$$

$$\boldsymbol{x+2y-4=0}$$

例題33

円：$x^2+y^2=4$ と直線：$y=2x+k$ が異なる2点で交わるような定数 k の値の範囲を求めよ。

解答

中心(0, 0)から直線 $2x-y+k=0$ までの距離を d とすると，$d<r$ であればよい。

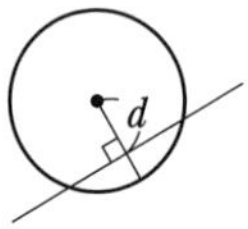

$x^2+y^2=2^2$ より　$r=2$

$$d=\frac{|2\times0-0+k|}{\sqrt{2^2+(-1)^2}}=\frac{|k|}{\sqrt{5}}<2$$

$$\therefore\quad |k|<2\sqrt{5}$$

$$\boldsymbol{-2\sqrt{5}<k<2\sqrt{5}}$$

〈**別解**〉

$y=2x+k$ を $x^2+y^2=4$ に代入する。

$$x^2+(2x+k)^2=4$$

$$5x^2+4kx+k^2-4=0$$

この2次方程式の判別式を D とすると，$D>0$ であればよい。

$$D=(4k)^2-4\cdot5(k^2-4)>0$$

(以下略)

領域

●不等式の表す領域

① $\boldsymbol{y>f(x)}$ **は** $\boldsymbol{y=f(x)}$ **の上部**

$\boldsymbol{y<f(x)}$ **は** $\boldsymbol{y=f(x)}$ **の下部**

② $\boldsymbol{(x-a)^2+(y-b)^2>r^2}$

➡円の外部

$\boldsymbol{(x-a)^2+(y-b)^2<r^2}$

➡円の内部

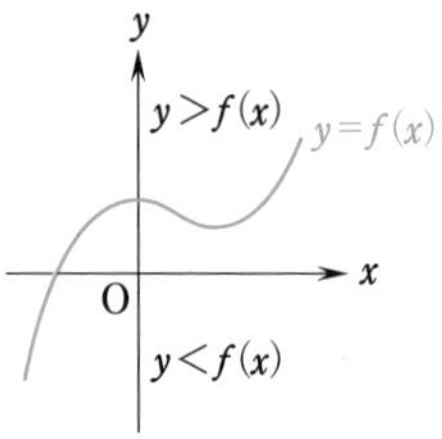

例題34

次の不等式の表す領域を図示せよ。

(1)　$y \geqq x^2$

(2)　$(x-1)^2+(y+1)^2 \leqq 1$

解答

(1) $y=x^2$ の上部

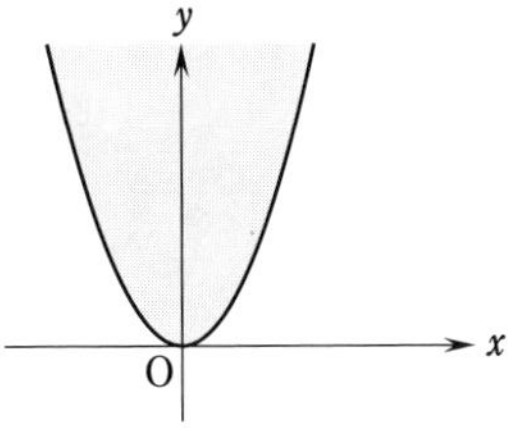

(2) 円 $(x-1)^2+(y+1)^2=1^2$ の内部

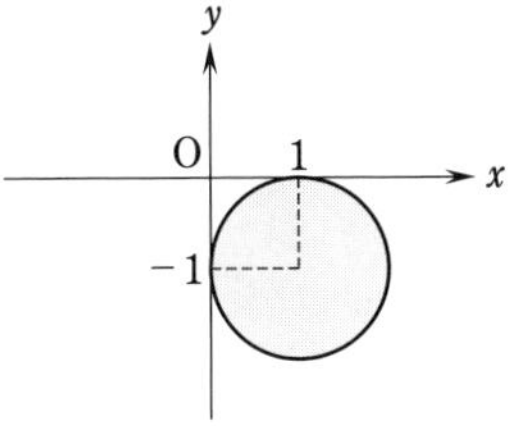

((1), (2)とも境界を含む)

例題35

次の不等式の表す領域を図示せよ。

(1)　$\begin{cases} y > x+3 \\ y < -x+3 \end{cases}$　　(2)　$(x-y+3)(x+y-3) < 0$

解答

(1) $y=x+3$ の上部かつ $y=-x+3$ の下部

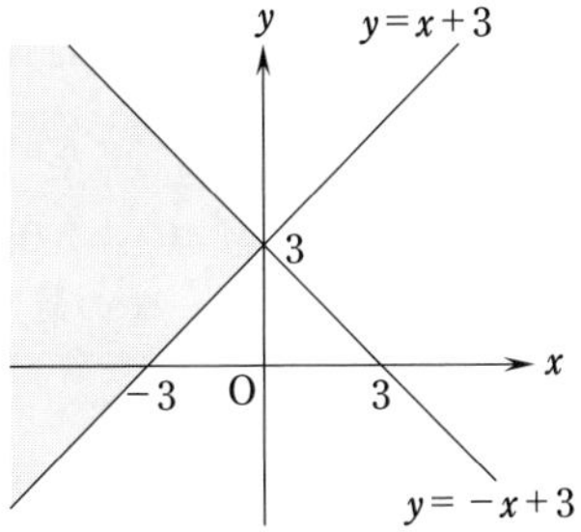

(境界を含まない)

(2) $f(x,\ y)<0$ の形のときは次の手順でやると楽。

まず，境界となるグラフ $f(x,\ y)=0$ をかく。

$$x-y+3=0 \text{ より } \quad y=x+3$$

$$x+y-3=0 \text{ より } \quad y=-x+3$$

次に，境界上にない点で計算しやすい点(例えば本問では原点)を $f(x,\ y)$ に代入する。

$(0,\ 0)$ を代入すると $(0-0+3)(0+0-3)=-9<0$ と条件を満たす。あとは，境界を越えるごとに $f(x,\ y)$ の正負が変わるので交互に色を塗っていけばよい。

(0, 0) は与不等式を満たすので，(0, 0) を含む領域にまず斜線を入れる。

あとは，隣り合う領域は正負が異なるので交互に斜線を入れていけばよい。

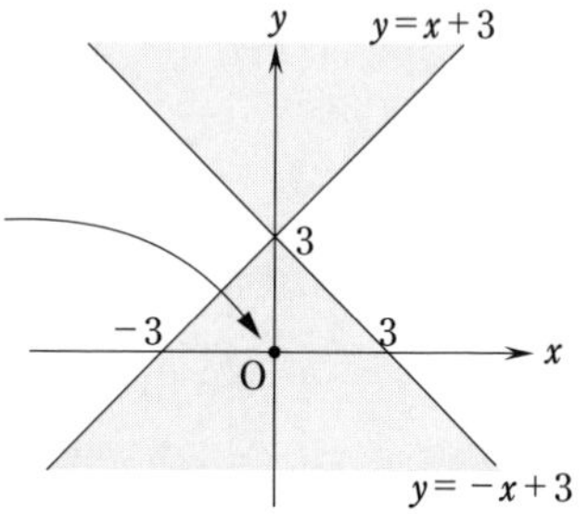

(境界を含まない)

領域における最大・最小

●領域における最大・最小の求め方

① 与えられた領域を図示する。

② 最大・最小を求める式を k などとおく。

③ ②を①内で移動させ，①と②が共有点をもつ範囲で k が最大または最小となるときを図より考える。

例題36

$x\geqq 0$，$y\geqq 0$，$y\leqq -2x+6$ を満たす $(x,\ y)$ について，$y-x$ の最大値と最小値を求めよ。

解答

$x\geqq 0$，$y\geqq 0$，$y\leqq -2x+6$ を満たす領域は下図斜線部である(境界を含む)。…①

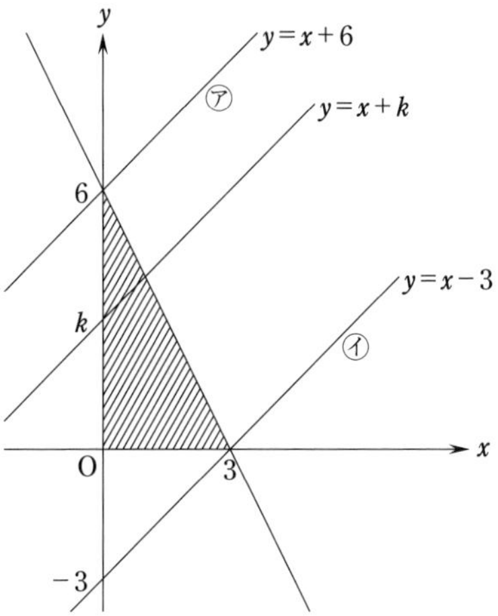

いま，$y-x=k$ とおく。

$$y=x+k \quad \cdots②$$

これは傾きが1で y 切片が k の直線である。①と②が共有点をもつ範囲で②を平行移動させると
図の㋐すなわち $y=x+6$ のときに，k は最大値6となり，
図の㋑すなわち $y=x-3$ のときに，k は最小値 -3 となる。

練 習 問 題

（87ページより解答・解説）

★
No.51 次の条件を満たす直線の方程式を求めよ。

(1) 傾きが2で，点(1，5)を通る。

(2) 2点(3，−2)，(−1，10)を通る。

(3) 直線 $y=-2x+3$ に平行で，点(−2，6)を通る。

(4) 直線 $y=2x$ に垂直で，点(4，−3)を通る。

★★
No.52 3点(4，0)，(2，4)，(0，3)を頂点とする三角形の外接円の半径はいくらか。

1 2

2 $\frac{3}{2}$

3 3

4 $\frac{5}{2}$

5 5

★★
No.53 3本の直線 $x-y-1=0$，$x+y-3=0$，$ax+y=0$ が三角形をつくらないとき，a の値として正しいのはどれか。

1 0，1，−2

2 $\frac{1}{2}$，−1，1

3 $-\frac{1}{2}$，−1，1

4 −1，1，2

5 −2，−1，1

★
No.54 次の円と直線との位置関係を調べよ。

(1) $x^2+y^2+4x=0$ と $y=2x+3$

(2) $x^2+y^2-2x+6y+1=0$ と $y=\frac{3}{4}x$

(3) $x^2+y^2+2y-8=0$ と $y=-x+5$

★
No.55 円 $x^2+y^2-2x+4y+1=0$ と直線 $y=a(x+3)$ が共有点をもたない a の値の範囲はいくらか。

1　$-1<a<\frac{4}{3}$

2　$-\frac{4}{3}<a<0$

3　$a<-\frac{4}{3}$，$0<a$

4　$a<-1$，$\frac{4}{3}<a$

5　$-1<a<0$

★★
No.56 直線 $3x+4y+15=0$ と円 $x^2+y^2=25$ の 2 つの交点を P，Q とする。線分 PQ の長さはいくらか。

1　$4\sqrt{3}$

2　$5\sqrt{3}$

3　7

4　8

5　9

★
No.57 次の領域を図示せよ。

(1)　$\begin{cases} x^2+y^2-2x+2y \leqq 0 \\ \text{かつ} \\ x+y \leqq 0 \end{cases}$

(2)　$(x^2-y-4)(2x-y-1)<0$

★
No.58 $(x-y)(x^2+y^2-1) \leqq 0$ が表す領域をすべてあげているのはどれか。

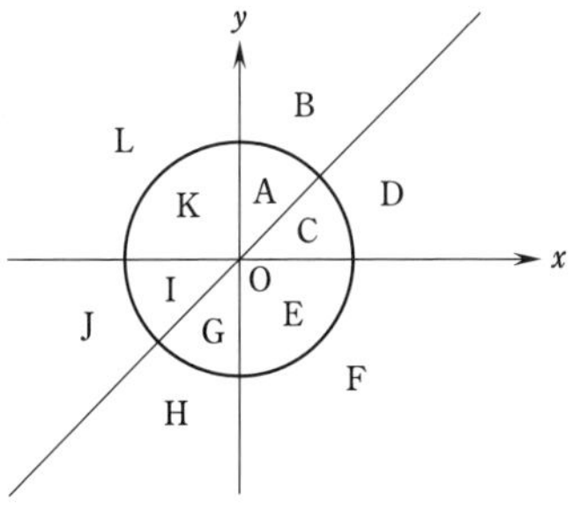

1　A，C，E，G，I，K

2　A，K，L

3　A，D，F，H，I，K

4　B，C，E，G，J，L

5　B，D，F，H，J，L

No.59 ★★ x，y が次の不等式を満たすとき，$x+y$ の最大値はいくらか。

$$\begin{cases} x+2y \leqq 12 \\ 4x+y \leqq 20 \end{cases}$$

1　8
2　9
3　10
4　11
5　12

No.60 ★★ $x^2+y^2 \leqq 4$ のとき，$x+y$ の最大値はいくらか。

1　2
2　$2\sqrt{2}$
3　$2\sqrt{3}$
4　4
5　$2\sqrt{5}$

第5章　三角比・三角関数

三角比

●三角比

三角比

直角三角形 ABC において

$$\sin A = \frac{\text{対辺}}{\text{斜辺}} = \frac{a}{c}$$

$$\cos A = \frac{\text{隣辺}}{\text{斜辺}} = \frac{b}{c}$$

$$\tan A = \frac{\text{対辺}}{\text{隣辺}} = \frac{a}{b}$$

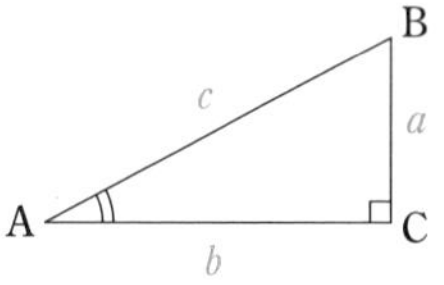

これらを三角比という。

三角関数

●三角関数・単位円（三角比の拡張）

P 実際に三角比の値を求めるときには例37のように半径を拡大して利用すると値がわかりやすい。

◆原点を中心とする**半径1の円**を**単位円**という。単位円の円周上の点Pの座標を$(x,\ y)$とし，動径OPのx軸の正の方向となす角をθとすると

$$\sin\theta = y$$

$$\cos\theta = x$$

$$\tan\theta = \frac{y}{x}$$

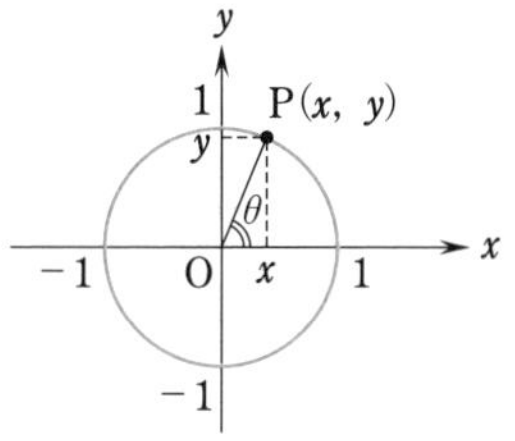

これらをθの**三角関数**という。これにより，90°以上の一般角で$\sin\theta$，$\cos\theta$，$\tan\theta$を定義できる。

（ただし，$\theta = 90^\circ + 180^\circ \times n$（$n$：整数）のときには，$\tan\theta$は定義できない。）

●三角関数の相互関係

三角関数の相互関係

① $\sin^2\theta + \cos^2\theta = 1$

② $\tan\theta = \dfrac{\sin\theta}{\cos\theta}$

③ $1 + \tan^2\theta = \dfrac{1}{\cos^2\theta}$

例題37

次の三角比の値を求めよ。

(1) $\sin 120^\circ$，$\cos 120^\circ$　　(2) $\sin 225^\circ$，$\tan 225^\circ$

解答

三角関数表がない限り，三角比の値がわかるのは次の 2 つの直角三角形に関連した角度と 0°，90° など，$90^\circ\times$(整数) の場合のみ。

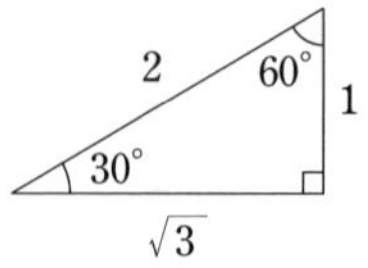

このときは単位円の半径を 2 倍に

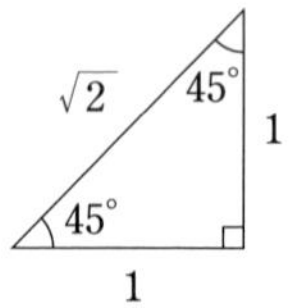

このときは単位円の半径を $\sqrt{2}$ 倍に

して図をかくと，三角比の値が求めやすい。

(1) $120^\circ = 180^\circ - 60^\circ$ なので下図より

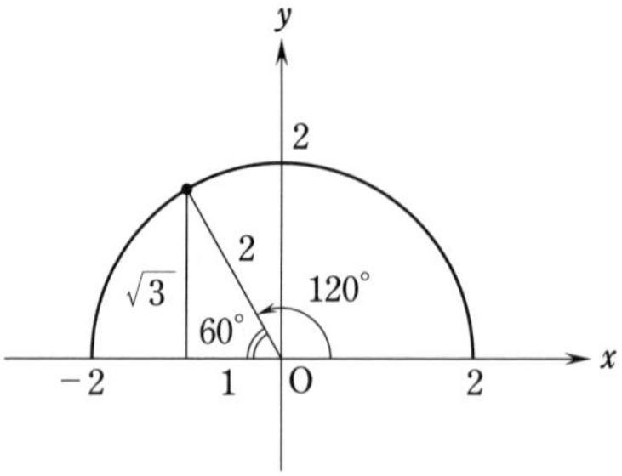

$$\sin 120^\circ = \frac{\sqrt{3}}{2},\quad \cos 120^\circ = \frac{-1}{2} = -\frac{1}{2}$$

(2) $225^\circ = 180^\circ + 45^\circ$ なので下図より

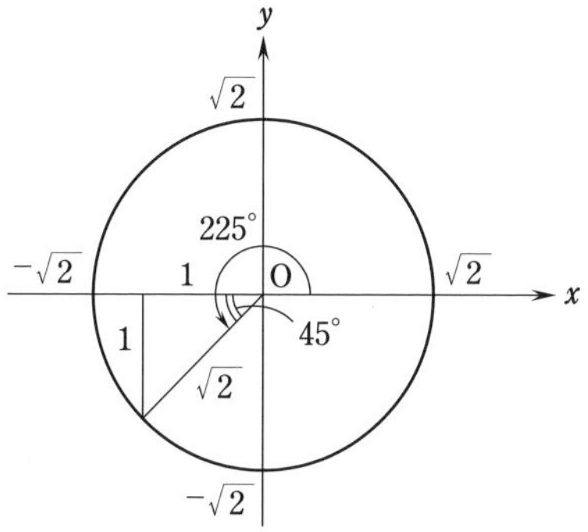

$$\sin 225^\circ = \frac{-1}{\sqrt{2}} = -\frac{1}{\sqrt{2}},\quad \tan 225^\circ = \frac{-1}{-1} = 1$$

例題38

$\sin\theta = \dfrac{3}{5}$ のとき，$\cos\theta$，$\tan\theta$ の値を求めよ。

$(0^\circ < \theta < 90^\circ)$

解答

$\sin\theta = \dfrac{対辺}{斜辺} = \dfrac{3}{5}$ となる直角三角形を 1 つ描く。

(斜辺 = 5，対辺 = 3 とすればよい)

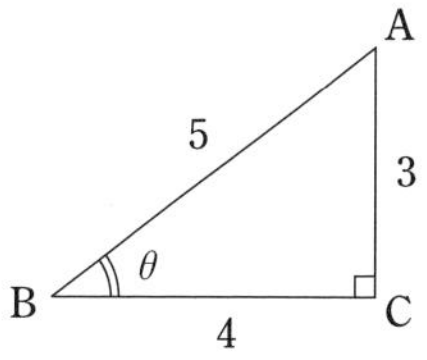

このとき，隣辺は「三平方の定理」より

$\sqrt{5^2 - 3^2} = 4$

となる。

$0^\circ < \theta < 90^\circ$ なので $\cos\theta > 0$，$\tan\theta > 0$ と図より

$$\cos\theta = \frac{BC}{AB} = \frac{4}{5},\quad \tan\theta = \frac{CA}{BC} = \frac{3}{4}$$

例題39

$\sin\theta + \cos\theta = \dfrac{1}{2}$ のとき，$\sin\theta\cdot\cos\theta$ の値を求めよ。

解答

$\sin^2\theta+\cos^2\theta=1$ を利用する。与式の両辺を 2 乗すると

$$(\sin\theta+\cos\theta)^2=\frac{1}{4}$$

$$\underline{\sin^2\theta+\cos^2\theta}+2\sin\theta\cdot\cos\theta=\frac{1}{4}$$

$\sin^2\theta+\cos^2\theta=1$ を代入して

$$1+2\sin\theta\cdot\cos\theta=\frac{1}{4}$$

$$\sin\theta\cdot\cos\theta=\frac{1}{2}\left(\frac{1}{4}-1\right)$$

$$=-\frac{3}{8}$$

正弦定理・余弦定理，三角形の面積

●正弦定理

右図の三角形 ABC において

$$\frac{a}{\sin A}=\frac{b}{\sin B}=\frac{c}{\sin C}=2R$$

(R は△ABC の外接円の半径)

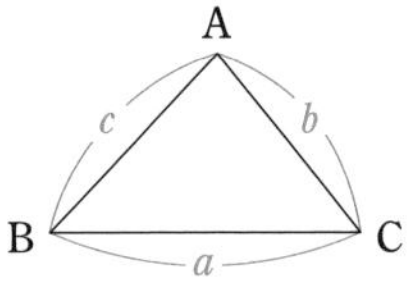

●余弦定理

$$a^2=b^2+c^2-2bc\cdot\cos A$$

●三角形の面積

① $S=\dfrac{1}{2}bc\sin A$

② ヘロンの公式

$$S=\sqrt{s(s-a)(s-b)(s-c)}\quad\left(s=\frac{a+b+c}{2}\right)$$

例題40

△ABC において，∠A＝75°，∠C＝60°，$c=2\sqrt{3}$ cm のとき，b は何 cm か。

解答

P 必ず図をかこう →

P 辺の長さが 1 つ，角が 3 つわかっているとき
⇓
「正弦定理」の利用

$\angle B=180^\circ-(75^\circ+60^\circ)=45^\circ$

正弦定理より

$$\frac{b}{\sin B}=\frac{c}{\sin C}$$

$$\frac{b}{\sin 45^\circ}=\frac{2\sqrt{3}}{\sin 60^\circ}$$

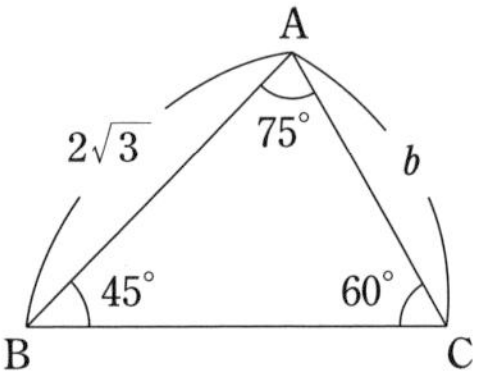

$$b=\frac{2\sqrt{3}}{\sin 60^\circ}\times\sin 45^\circ=\frac{2\sqrt{3}}{\frac{\sqrt{3}}{2}}\times\frac{\sqrt{2}}{2}=2\sqrt{2}\ \text{(cm)}$$

〈別解〉

頂点Aから辺BCに下ろした垂線の足をDとする。

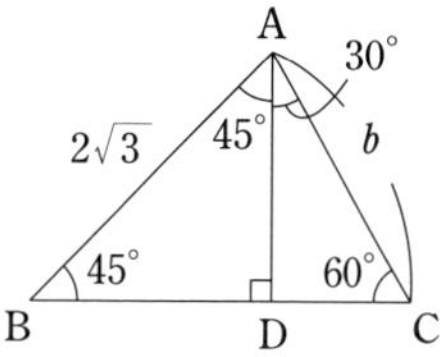

$\angle B = 45^\circ$ より

$\angle BAD = 180^\circ - (45^\circ + 90^\circ)$

$= 45^\circ$

となり，

$\angle CAD = 75^\circ - 45^\circ = 30^\circ$

となるので，この2つの直角三角形の辺の比は

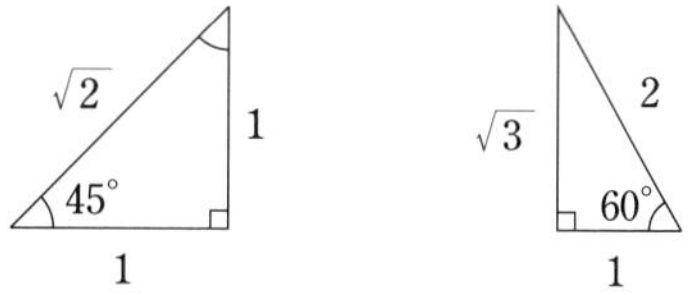

である。よって，

$$b = \frac{2}{\sqrt{3}}AD = \frac{2}{\sqrt{3}} \cdot \left(AB \times \frac{1}{\sqrt{2}} \right) = \frac{2}{\sqrt{3}} \times \left(2\sqrt{3} \times \frac{1}{\sqrt{2}} \right)$$
$$= 2\sqrt{2}$$

例題41

次の三角形の面積を求めよ。

(1) $b = 3$，$c = 4$，$\angle A = 150^\circ$

(2) $a = 5$，$b = 7$，$c = 8$

解答

(1)

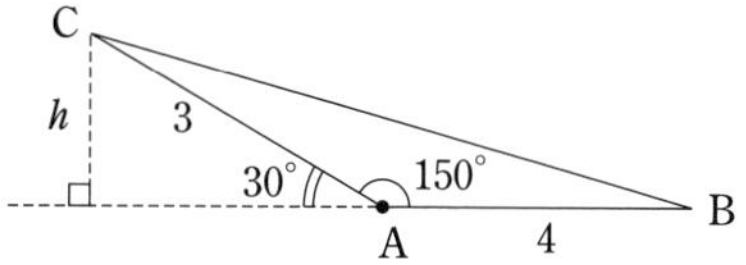

$$S = \frac{1}{2}AB \cdot h$$
$$= \frac{1}{2} \cdot 4 \cdot 3 \sin 30^\circ = \frac{1}{2} \cdot 4 \cdot 3 \cdot \frac{1}{2} = 3$$

(2) ヘロンの公式にあてはめる。

$$s = \frac{a+b+c}{2} = \frac{5+7+8}{2} = 10$$
$$S = \sqrt{10(10-5)(10-7)(10-8)}$$
$$= \sqrt{10 \cdot 5 \cdot 3 \cdot 2} = \sqrt{10^2 \times 3}$$
$$= 10\sqrt{3}$$

三角方程式

> **P**
> $\sin x$，$\cos x$ をそろえるときには $\sin^2 x+\cos^2 x=1$ を利用する

例題42

$2\sin^2 x+3\cos x-3=0$ （$0^\circ \leqq x \leqq 180^\circ$）を解け。

解答

$\sin x$ と $\cos x$ が混じっているときはどちらか 1 つにする。

$$\sin^2 x+\cos^2 x=1$$

より　$\sin^2 x=1-\cos^2 x$　を与式に代入する。

$$2(1-\cos^2 x)+3\cos x-3=0$$

$$-2\cos^2 x+3\cos x-1=0$$

$$2\cos^2 x-3\cos x+1=0$$

$$(2\cos x-1)(\cos x-1)=0$$

$$\therefore \quad \cos x=\frac{1}{2},\ 1$$

$0^\circ \leqq x \leqq 180^\circ$ より

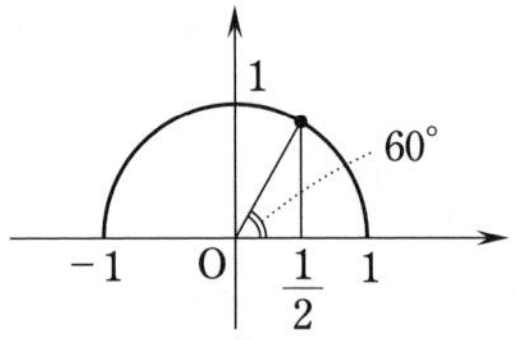

$\cos x=\dfrac{1}{2}$ のとき

$x=60^\circ$

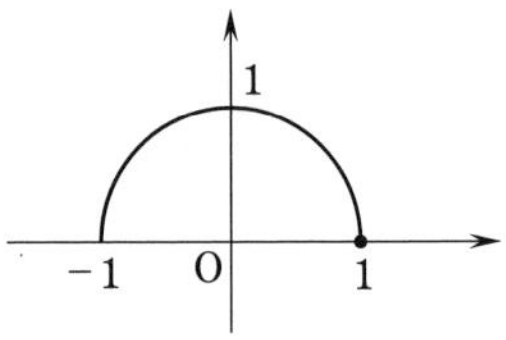

$\cos x=1$ のとき

$x=0^\circ$

角度は下図で考えてもよい。

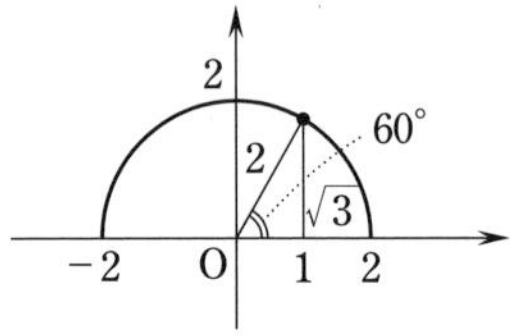

$\therefore \quad x=0^\circ,\ 60^\circ$

練習問題

（93ページより解答・解説）

★
No.61　次の三角比の値を求めよ。

(1)　$\sin 30^\circ$，$\cos 30^\circ$，$\tan 30^\circ$

(2)　$\sin 60^\circ$，$\cos 60^\circ$，$\tan 60^\circ$

(3)　$\sin 45^\circ$，$\cos 45^\circ$，$\tan 45^\circ$

(4)　$\sin 135^\circ$，$\cos 135^\circ$，$\tan 135^\circ$

(5)　$\sin 240^\circ$，$\cos 240^\circ$，$\tan 240^\circ$

★
No.62　$\sin\theta = \dfrac{5}{13}$ $(0^\circ < \theta < 90^\circ)$ のとき，$\tan\theta$ の値を求めよ。

1　$\dfrac{12}{13}$

2　$\dfrac{12}{5}$

3　$\dfrac{5}{12}$

4　$\dfrac{13}{5}$

5　$\dfrac{13}{12}$

★
No.63　図の三角形ABCにおいて，BD＝6mのとき，ACの長さに最も近いのは次のうちどれか。

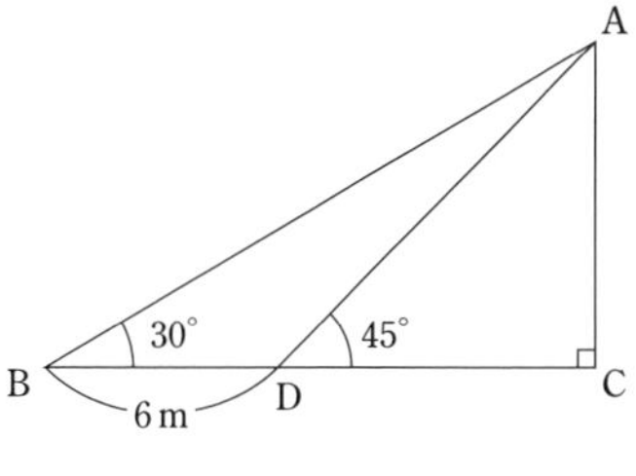

1　7.8m

2　8.0m

3　8.2m

4　8.4m

5　8.6m

★
No.64 P地点からAは真北へ，Bは真西より30°南の方向へ，2人同時に出発し，それぞれ毎時5kmの速さで歩いた。3時間後のAB間の距離はおよそいくらか。

1　21.2km
2　26.0km
3　30.0km
4　33.6km
5　36.6km

★
No.65 △ABCにおいて，$\angle A = 60^\circ$，$a = 10$のとき，外接円の半径Rはいくらか。

1　$\dfrac{7\sqrt{3}}{3}$
2　$\dfrac{8\sqrt{3}}{3}$
3　$3\sqrt{3}$
4　$\dfrac{10\sqrt{3}}{3}$
5　$4\sqrt{3}$

★
No.66 △ABCにおいて，$a = 5$，$b = 8$，$\angle C = 60^\circ$のとき，cはいくらか。

1　5
2　6
3　7
4　8
5　9

★
No.67 △ABCにおいて，$\angle A = 135^\circ$，$b = 5$，$c = 8$のとき，△ABCの面積はいくらか。

1　$10\sqrt{2}$
2　15
3　$12\sqrt{2}$
4　$10\sqrt{3}$
5　$12\sqrt{3}$

★

No.68　3辺の長さが4，6，8のとき，この三角形の面積はいくらか。

1　$\frac{3}{2}\sqrt{15}$

2　$3\sqrt{15}$

3　$\frac{5}{2}\sqrt{3}$

4　$5\sqrt{3}$

5　$4\sqrt{7}$

★★

No.69　方程式$2\cos^2 x - \sin x - 1 = 0$の解として正しいのはどれか。ただし，$0° \leqq x \leqq 180°$とする。

1　30°，60°

2　30°，150°

3　60°，120°

4　45°，135°

5　90°

★★

No.70　$y = \sin^2 x + \cos x$（$0° \leqq x < 360°$）の最大値と最小値の組合せとして正しいのはどれか。

	最大値	最小値
1	1	-1
2	1	$-\frac{3}{2}$
3	$\frac{3}{2}$	1
4	$\frac{5}{4}$	$-\frac{3}{2}$
5	$\frac{5}{4}$	-1

第6章　数列

等差数列・等比数列

●数列

◆ある規則にしたがって並べられた数の列を**数列**といい，そこに並べられた各数を**項**という。

数列は，一般に a_1，a_2，…，a_n のように書き，a_1 を**初項**，a_n を**第 n 項**という。

●等差数列

◆各項に一定の数 d を加えると次の項が得られるとき，この数列を**等差数列**といい，d を**公差**という。

等差数列

初項が a，公差が d の等差数列は

$$a,\ a+d,\ a+2d,\ a+3d,\ \cdots$$

一般項　$a_n = a+(n-1)d$

（初項から第 n 項までの和 S_n）

$$=\frac{n(a_1+a_n)}{2}=\frac{n\{a+a+(n-1)d\}}{2}$$

●等比数列

◆各項に一定の数 r を掛けると次の項が得られるとき，この数列を**等比数列**といい，r を**公比**という。

等比数列

初項が a，公比 r の等比数列は

$$a,\ ar,\ ar^2,\ ar^3,\ \cdots$$

一般項　$a_n = ar^{n-1}$

（初項から第 n 項までの和 S_n）

$$=\begin{cases}\dfrac{a(1-r^n)}{1-r}=\dfrac{a(r^n-1)}{r-1} & (r\neq 1\text{ のとき}) \\ na & (r=1\text{ のとき})\end{cases}$$

例題43

200 以下の自然数で，3 の倍数の和を求めよ。

解答

200 以下の 3 の倍数は　$200 \div 3 = 66 \cdots 2$　より

$$3\times1,\ 3\times2,\ 3\times3,\ \cdots,\ 3\times66$$

の66個ある。等差数列の和より

$$S=\frac{66(3+3\times66)}{2}=\frac{66(3+198)}{2}=6633$$

例題44

等比数列1，2，4，8，… の初項から第10項までの和を求めよ。

解答

等比数列の和の公式にあてはめる。

$$\frac{1(2^{10}-1)}{2-1}=2^{10}-1=1023$$

いろいろな数列

●階差数列

◆数列$\{a_n\}$に対して　$b_n=a_{n+1}-a_n$　$(n=1,\ 2,\ 3,\ \cdots)$ とおいて得られる数列$\{b_n\}$を，もとの数列$\{a_n\}$の**階差数列**という。$\{a_n\}$自身の規則性が見えにくいときは，階差数列を調べるとよい。

$$a_1,\ a_2,\ a_3,\ a_4\cdots,\ a_{n-1},\ a_n,\ a_{n+1}$$

$$b_1\quad b_2\quad b_3\qquad\qquad b_{n-1}\quad b_n$$

$n \geqq 2$ のとき

$$\boldsymbol{a_n}=a_1+(a_2-a_1)+(a_3-a_2)+\cdots+(a_n-a_{n-1})$$

$$=a_1+b_1+b_2+\cdots+b_{n-1}$$

$$=\boldsymbol{a_1}+\sum_{k=1}^{n-1}\boldsymbol{b_k}$$

P $(n-1)$までであることに注意！

$(n=1$ のとき，つまり a_1 は別に考える$)$

●群数列

◆1つの数列をある規則にしたがって群(かたまり)に分けると規則性が見えてくる数列。

●自然数の累乗の和

自然数の累乗の和

① $\displaystyle\sum_{k=1}^{n} k = 1+2+3+\cdots+n = \frac{n(n+1)}{2}$

② $\displaystyle\sum_{k=1}^{n} k^2 = 1^2+2^2+3^2+\cdots+n^2 = \frac{n(n+1)(2n+1)}{6}$

③ $\displaystyle\sum_{k=1}^{n} k^3 = 1^3+2^3+3^3+\cdots+n^3 = \left\{\frac{n(n+1)}{2}\right\}^2$

例題45

2, 4, 8, 14, 22, 32, ⋯

この数列はある規則にしたがって並べたものである。第10項はいくらか。

解答

階差数列を調べる。

$\{a_n\}$　2, 4, 8, 14, 22, 32, ⋯

$\{b_n\}$　2　4　6　8　10

$\{b_n\}$ は初項2，公差2の等差数列なので

$$a_{10} = a_1 + (b_1 + b_2 + \cdots + b_9)$$

P 9まで

$$= 2 + \{2+4+6+\cdots+(2+2\times 8)\}$$

$$= 2 + \frac{9(2+18)}{2} = 92$$

例題46

1, 2, 3, 2, 3, 4, 3, 4, 5, 4, 5, 6, ⋯

この数列の第20項はいくらか。

解答

群に分ける。3項ずつをかたまりとすると

1, 2, 3 / 2, 3, 4 / 3, 4, 5 / 4, 5, 6 / ⋯

①　　②　　③　　④

となる。よって第20項は

$$20 \div 3 = 6 \cdots 2$$

より，第7群の2番目であるので

/ 7, 8, 9 /

P 第 n 群は n, $n+1$, $n+2$ の3つの項

よって，この数列の第20項は，8 である。

練習問題

（98ページより解答・解説）

No.71 ★ 2桁の自然数で，4で割っても6で割っても1余る数の総和を求めよ。

1　410
2　421
3　432
4　440
5　452

No.72 ★ 第10項が173，第20項が143である等差数列$\{a_n\}$がある。a_nが初めて負の数になるのは第何項か。

1　第67項
2　第68項
3　第69項
4　第70項
5　第71項

No.73 ★ 初項が3，公比が2の等比数列の，初項から第6項までの和を求めよ。

1　187
2　188
3　189
4　190
5　191

No.74 ★ −2，1，6，13，22，33，46，… はある規則にしたがって並べた数列である。第10項はいくらか。

1　78
2　82
3　89
4　97
5　118

★
No.75 自然数を図のように三角形に並べていったとき12段目の左端の数はいくつか。

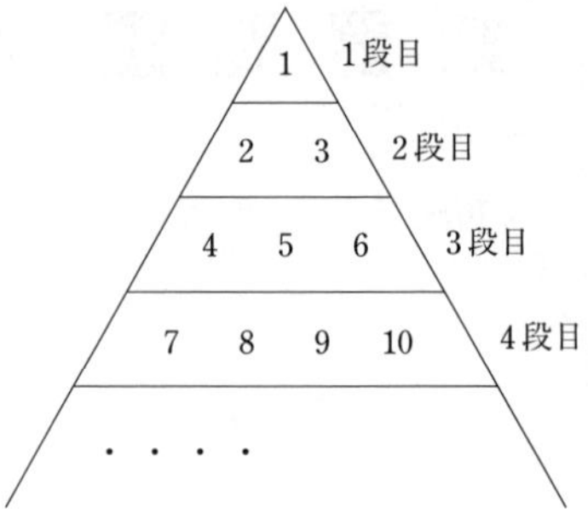

1 66
2 67
3 68
4 69
5 70

★★
No.76 数列1, 1, 2, 1, 2, 3, 1, 2, 3, 4, …において, 100が最初に現れるのは第何項か。

1 第720項
2 第1100項
3 第2900項
4 第4150項
5 第5050項

★★
No.77 初項から第 n 項までの和 S_n が $S_n=n^2+2n$ で与えられる数列の第15項はいくらか。

1 30
2 31
3 32
4 33
5 34

第 7 章　微分法

微分係数・導関数

●微分係数

◆関数 $f(x)$ に対して，$\dfrac{f(a+h)-f(a)}{h}$ の値は「$y=f(x)$ のグラフ上の 2 点 A$(a,\ f(a))$，B$(a+h,\ f(a+h))$ を通る直線の傾き」を表す。

　ここで，h を限りなく 0 に近づけると，この値は「$y=f(x)$ のグラフの点 A$(a,\ f(a))$ における接線の傾き」を表すことになる。これを

$$f'(a)=\lim_{h\to 0}\frac{f(a+h)-f(a)}{h}$$

と書き，$f(x)$ の $x=a$ における**微分係数**とよぶ。

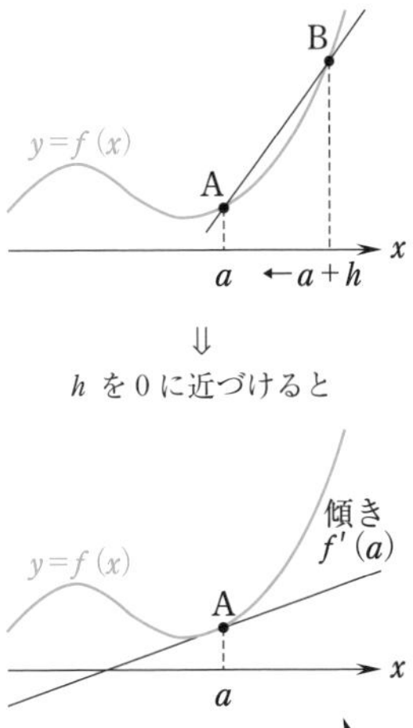

P
$f'(a)$: $x=a$ における
　$f(x)$ の接線の傾き

●導関数

◆$f(x)$ の微分係数を与える関数を $f(x)$ の**導関数**といい，$\boldsymbol{f'(x)}$ とかく。$f'(x)$ を求めることを「$\boldsymbol{f(x)}$ **を微分する**」という。

●導関数の計算

導関数

- $(x^n)'=nx^{n-1}$　（n は自然数）
- （定数）$'=0$
- $\{f(x)+g(x)\}'=f'(x)+g'(x)$
- $\{k\cdot f(x)\}'=k\cdot f'(x)$　（k は定数）

例題47

$y=x^3-2x^2+3x-4$ の $x=1$ における接線の傾きを求めよ。

解答

$y=f(x)=x^3-2x^2+3x-4$ とおく。

$$f'(x)=3x^2-2\cdot 2x+3$$
$$=3x^2-4x+3$$

($x=1$ における接線の傾き)$=f'(1)$ なので

$f'(1)=3\cdot 1^2-4\cdot 1+3=2$

よって，接線の傾きは **2** である。

グラフの増減，極大値・極小値

●グラフの増減

◆$f'(a)$ が $x=a$ における $f(x)$ の接線の傾きを表すことにより，$y=f(x)$ について，$f'(x)$ の正負の変化を調べることで，グラフの増減の様子を知ることができる。

$f'(x)>0$ のとき：y は増加中

$f'(x)<0$ のとき：y は減少中

●極大値・極小値

◆次図のように，$f'(x)$ が正から負に変わる点 $x=b$ で**極大値** $f(b)$ をとる，$f'(x)$ が負から正に変わる点 $x=d$ で**極小値** $f(d)$ をとるという(極大値，極小値をあわせて**極値**という)。

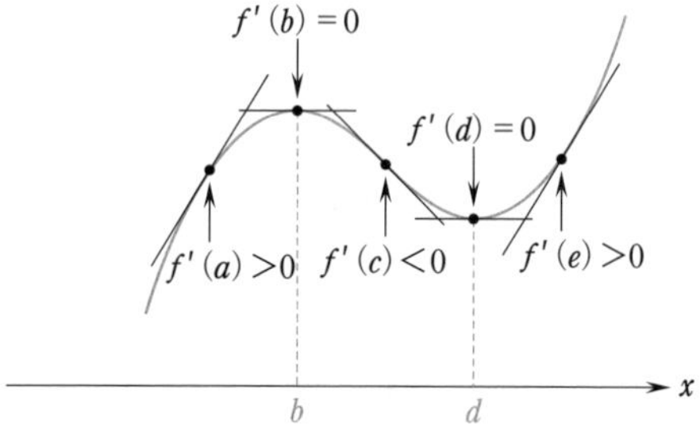

増減表

x	$\cdots$	b	$\cdots$	d	$\cdots$
$f'(x)$	$+$	0	$-$	0	$+$
$f(x)$	↗	極大	↘	極小	↗

例題48

$y=x^3-3x^2-9x+3$ のグラフの増減を調べ，極値を求めよ。

解答

$y=f(x)=x^3-3x^2-9x+3$ とおく。

$$f'(x)=3x^2-3\cdot 2x-9$$
$$=3(x^2-2x-3)$$
$$=3(x+1)(x-3)$$

$f'(x)=0$ となるのは $x=-1,\ 3$

増減表は次のようになる。

x	$\cdots$	-1	$\cdots$	3	$\cdots$
$f'(x)$	$+$	0	$-$	0	$+$
$f(x)$	↗	極大	↘	極小	↗

よって

極大値 $f(-1)=(-1)^3-3(-1)^2-9\cdot(-1)+3$
$$=-1-3+9+3$$
$$=8$$

極小値 $f(3)=3^3-3\cdot 3^2-9\cdot 3+3$
$$=-24$$

$$\begin{cases} 極大値\ 8 & (x=-1\ のとき) \\ 極小値\ -24 & (x=3\ のとき) \end{cases}$$

グラフの概形は次のようになる。

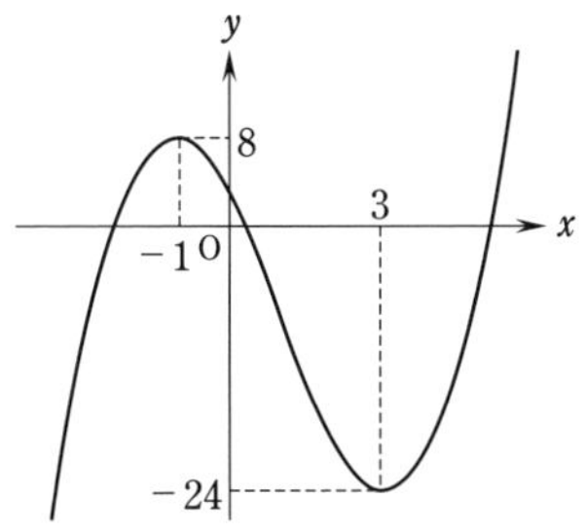

練習問題

（100ページより解答・解説）

★
No.78 $y=x^3-3x+4$ のグラフの $x=2$ における接線の方程式を求めよ。

1 $y=3x-8$
2 $y=6x+5$
3 $y=6x-5$
4 $y=9x+12$
5 $y=9x-12$

★
No.79 $y=2x^3-9x^2-60x+5$ が極大値，極小値をとるときの x の値を求めよ。

	極大値	極小値
1	$x=-2$	$x=-5$
2	$x=-5$	$x=2$
3	$x=-2$	$x=5$
4	$x=5$	$x=-2$
5	$x=2$	$x=5$

★★
No.80 $y=2x^3+3ax^2+6ax+1$ が極値をもたないような a の値の範囲を求めよ。

1 $a \leqq -3,\ 2 \leqq a$
2 $0 \leqq a \leqq 4$
3 $a \leqq 0,\ 4 \leqq a$
4 $-4 \leqq a \leqq 0$
5 $a \leqq -4,\ 0 \leqq a$

No.81 ★★ $y=2x^3+ax^2+bx+c$ は $x=-1$ のとき，極大値12をとり，$x=2$ のときに極小値をとる。$a+b+c$ の値はいくらか。

1　-10

2　-11

3　-12

4　10

5　11

No.82 ★★ $y=-x^3+12x-5$ $(-5 \leqq x \leqq 3)$ の最大値・最小値の組合せとして正しいのはどれか。

	最大値	最小値
1	4	-21
2	11	-21
3	11	4
4	60	-21
5	60	4

解答・解説

解答・解説

第1章 数と式

No.1

(1) $x^2+14x+49=x^2+2\cdot 7\cdot x+7^2$

$=(x+7)^2$

(2) $x^2-8xy+16y^2=x^2-2\cdot 4y\cdot x+(4y)^2$

$=(x-4y)^2$

(3) $x^4-16=(x^2)^2-4^2$

$=(x^2+4)(x^2-4)$

$=(x^2+4)(x+2)(x-2)$

(4) $x^2\underbrace{+7}_{\text{和}}x\underbrace{+10}_{\text{積}}=(x+2)(x+5)$

(5) $x^2\underbrace{-9}_{\text{和}}x\underbrace{+8}_{\text{積}}=(x-8)(x-1)$

(6) $x^2\underbrace{-2}_{\text{和}}x\underbrace{-63}_{\text{積}}=(x+7)(x-9)$

(7) $x^2\underbrace{+5}_{\text{和}}x\underbrace{-14}_{\text{積}}=(x+7)(x-2)$

(8) $6x^2+11x+4=(2x+1)(3x+4)$

$$\begin{array}{ccccc} 2x & \diagdown\!\!\!\!\diagup & 1 & \rightarrow & 3x \\ 3x & & 4 & \rightarrow & 8x \\ \hline & & & & 11x \end{array}$$

(9) $4x^2-16x+15=(2x-5)(2x-3)$

$$\begin{array}{ccccc} 2x & \diagdown\!\!\!\!\diagup & -5 & \rightarrow & -10x \\ 2x & & -3 & \rightarrow & -6x \\ \hline & & & & -16x \end{array}$$

(10) $2x^2+5x-3=(2x-1)(x+3)$

$$\begin{array}{ccccc} 2x & \diagdown\!\!\!\!\diagup & -1 & \rightarrow & -x \\ x & & 3 & \rightarrow & 6x \\ \hline & & & & 5x \end{array}$$

(11) $x^3+9x^2+27x+27$

$=x^3+3x^2\cdot 3+3\cdot x\cdot 3^2+3^3$

$=(x+3)^3$

(12) x^3-3x^2+3x-1

$=x^3+3x^2\cdot(-1)+3\cdot x\cdot(-1)^2+(-1)^3$

$=(x-1)^3$

(13) $x^3+125=x^3+5^3$

$=(x+5)(x^2-5x+5^2)$

$=(x+5)(x^2-5x+25)$

(14) $x^3-64=x^3-4^3$

$=(x-4)(x^2+4x+4^2)$

$=(x-4)(x^2+4x+16)$

No.2

202×198

$=(200+2)(200-2)$

$=200^2-2^2$

$=40000-4$

$=39996$

No.3

(1) $(a^3b^{-2})\times(ab)^3$

$=a^3\times b^{-2}\times a^3\times b^3$

$=a^{3+3}\times b^{3-2}$

$=a^6b$

(2) $(-a^2)^3\times a^{-4}=-a^6\times a^{-4}$

$=-a^{6-4}$

$=-a^2$

(3) $a^5\div b^3\times a^{-2}\times b^2$

$=a^{5-2}\times b^{2-3}$

$=a^3\times b^{-1}$

$=\dfrac{a^3}{b}$

(4) $a^0\div a^3\times a^5\div a^2$

$=a^{0-3+5-2}=a^0=1$

No.4

分子を因数分解して約分する。

$\dfrac{a^{3n}+a^{-3n}}{a^n+a^{-n}}$

$=\dfrac{(a^n)^3+(a^{-n})^3}{a^n+a^{-n}}$

$=\dfrac{(a^n+a^{-n})((a^n)^2-a^na^{-n}+(a^{-n})^2)}{a^n+a^{-n}}$

$=a^{2n}-a^0+\dfrac{1}{a^{2n}}$

$=5-1+\dfrac{1}{5}=\dfrac{21}{5}$

No.5

(1) $\dfrac{4}{\sqrt{7}}=\dfrac{4\times\sqrt{7}}{\sqrt{7}\times\sqrt{7}}=\dfrac{4\sqrt{7}}{7}$

(2) $\dfrac{\sqrt{3}}{2+\sqrt{3}}=\dfrac{\sqrt{3}(2-\sqrt{3})}{(2+\sqrt{3})(2-\sqrt{3})}$

$=\dfrac{2\sqrt{3}-(\sqrt{3})^2}{2^2-(\sqrt{3})^2}$

$=\dfrac{2\sqrt{3}-3}{4-3}=2\sqrt{3}-3$

(3) 約分してから分母を有理化する。

$\dfrac{\sqrt{6}-\sqrt{2}}{\sqrt{6}+\sqrt{2}}=\dfrac{\sqrt{2}(\sqrt{3}-1)}{\sqrt{2}(\sqrt{3}+1)}$

$=\dfrac{(\sqrt{3}-1)(\sqrt{3}-1)}{(\sqrt{3}+1)(\sqrt{3}-1)}$

$=\dfrac{(\sqrt{3})^2-2\sqrt{3}+1^2}{(\sqrt{3})^2-1^2}$

$=\dfrac{4-2\sqrt{3}}{2}=2-\sqrt{3}$

(4) $\dfrac{\sqrt{2}+1}{\sqrt{3}-1}=\dfrac{(\sqrt{2}+1)(\sqrt{3}+1)}{(\sqrt{3}-1)(\sqrt{3}+1)}$

$=\dfrac{\sqrt{2}\times\sqrt{3}+\sqrt{2}+\sqrt{3}+1}{(\sqrt{3})^2-1^2}$

$=\dfrac{\sqrt{6}+\sqrt{2}+\sqrt{3}+1}{3-1}$

$=\dfrac{\sqrt{6}+\sqrt{2}+\sqrt{3}+1}{2}$

No.6 正答 4

$1<\sqrt{3}<2$ なので，$\sqrt{3}$ の整数部分は1である。よって，$\sqrt{3}$ の小数部分 a は

$\sqrt{3}=1+a$ より，$a=\sqrt{3}-1$

P 無理数＝整数部分＋小数部分

このとき，

$a^2=(\sqrt{3}-1)^2=3-2\sqrt{3}+1=4-2\sqrt{3}$

なので

$\dfrac{a^2+1}{a^2-1}=\dfrac{(4-2\sqrt{3})+1}{(4-2\sqrt{3})-1}=\dfrac{5-2\sqrt{3}}{3-2\sqrt{3}}$

$=\dfrac{(5-2\sqrt{3})(3+2\sqrt{3})}{(3-2\sqrt{3})(3+2\sqrt{3})}=\dfrac{15+4\sqrt{3}-(2\sqrt{3})^2}{3^2-(2\sqrt{3})^2}$

$=\dfrac{15+4\sqrt{3}-12}{9-12}=\dfrac{3+4\sqrt{3}}{-3}$

$=-\dfrac{3+4\sqrt{3}}{3}$

No.7

(1) $\sqrt{9+2\sqrt{14}}=\sqrt{7}+\sqrt{2}$
（9：和　14：積）

(2) $\sqrt{13-2\sqrt{30}}=\sqrt{10}-\sqrt{3}$
（13：和　30：積）

P $\sqrt{3}-\sqrt{10}$ としないよう

(3) $\sqrt{7+\sqrt{48}}=\sqrt{7+\sqrt{2^2\times 12}}$

$=\sqrt{7+2\sqrt{12}}$
（7：和　12：積）

P まずは $\sqrt{○\pm 2\sqrt{△}}$ の形に

$=\sqrt{4}+\sqrt{3}$

$=2+\sqrt{3}$

(4) $\sqrt{15-4\sqrt{14}}=\sqrt{15-2\sqrt{2^2\times 14}}$

$=\sqrt{15-2\sqrt{56}}$
（15：和　56：積）

$=\sqrt{8}-\sqrt{7}=\sqrt{2^2\times 2}-\sqrt{7}$

$=2\sqrt{2}-\sqrt{7}$

(5) $\sqrt{5-\sqrt{21}}=\sqrt{\dfrac{10-2\sqrt{21}}{2}}$

$=\dfrac{\sqrt{10-2\sqrt{21}}}{\sqrt{2}}=\dfrac{\sqrt{7}-\sqrt{3}}{\sqrt{2}}$

$=\dfrac{(\sqrt{7}-\sqrt{3})\times\sqrt{2}}{\sqrt{2}\times\sqrt{2}}=\dfrac{\sqrt{14}-\sqrt{6}}{2}$

No.8 正答 2

P 2重根号をはずすときはまず $\sqrt{□\pm 2\sqrt{△}}$ の形に

$x=\sqrt{3-\sqrt{5}}=\sqrt{\dfrac{6-2\sqrt{5}}{2}}$

$=\dfrac{\sqrt{6-2\sqrt{5}}}{\sqrt{2}}=\dfrac{\sqrt{5}-\sqrt{1}}{\sqrt{2}}=\dfrac{\sqrt{5}-1}{\sqrt{2}}$

$=\dfrac{(\sqrt{5}-1)\times\sqrt{2}}{\sqrt{2}\times\sqrt{2}}=\dfrac{\sqrt{10}-\sqrt{2}}{2}$

同様に

$y=\sqrt{3+\sqrt{5}}=\dfrac{\sqrt{10}+\sqrt{2}}{2}$

よって，

$2x+4y=2\times\dfrac{\sqrt{10}-\sqrt{2}}{2}+4\times\dfrac{\sqrt{10}+\sqrt{2}}{2}$

$$=(\sqrt{10}-\sqrt{2})+2(\sqrt{10}+\sqrt{2})$$
$$=3\sqrt{10}+\sqrt{2}$$

No.9　正答　3

$$\frac{x}{2}=\frac{y}{4}=z$$

より，　$x=2z$，$y=4z$

ここで $z=1$ とおいても同じ答えになるので

$$z=1,\ x=2,\ y=4$$

とおく。

$$(与式)=\frac{x^3+y^3+3x^2y+3xy^2}{y^3-z^3+3yz^2-3y^2z}$$
$$=\frac{x^3+3x^2y+3xy^2+y^3}{y^3-3y^2z+3yz^2-z^3}$$
$$=\frac{(x+y)^3}{(y-z)^3}=\frac{(2+4)^3}{(4-1)^3}$$
$$=\frac{6^3}{3^3}=\left(\frac{6}{3}\right)^3$$
$$=2^3=8$$

P まず式の整理

No.10　正答　3

$3x=4y=6z=12$ とおくと

$$x=4,\ y=3,\ z=2$$

P 計算しやすい簡単な数にする

$$\frac{xy-yz-zx}{x^2-y^2+z^2}=\frac{4\times3-3\times2-2\times4}{4^2-3^2+2^2}$$
$$=\frac{12-6-8}{16-9+4}=-\frac{2}{11}$$

No.11　正答　4

$$\begin{array}{r|l}
 & x^2+3x\ \ -1 \\ \hline
x^2-2x+3 & x^4+\ \ x^3-4x^2+9x-4 \\
 & x^4-2x^3+3x^2 \\ \hline
 & \quad 3x^3-7x^2+9x \\
 & \quad 3x^3-6x^2+9x \\ \hline
 & \qquad -\ x^2\qquad -4 \\
 & \qquad -\ x^2+2x-3 \\ \hline
 & \qquad\qquad -2x-1
\end{array}$$

よって，余りは $-2x-1$ となる。

No.12　正答　5

$2<\sqrt{5}<3$ なので $\sqrt{5}$ の整数部分は2である。小数部分が a なので

$$\sqrt{5}=2+a\quad\cdots①$$
$$a=\sqrt{5}-2\quad\cdots①'$$

P ***No.6*** と同じ

①の両辺を2乗すると

$$5=4+4a+a^2$$
$$a^2+4a-1=0\quad\cdots②$$

$(a^4+a^3-11a^2+12a-5)\div(a^2+4a-1)$ を計算し，商と余りを求める。

$$\begin{array}{r|l}
 & a^2-3a\ \ +2\qquad\qquad \cdots商 \\ \hline
a^2+4a-1 & a^4+\ \ a^3-11a^2+12a-5 \\
 & a^4+4a^3-\ \ \ a^2 \\ \hline
 & \quad -3a^3-10a^2+12a \\
 & \quad -3a^3-12a^2+\ 3a \\ \hline
 & \qquad\quad 2a^2+\ 9a-5 \\
 & \qquad\quad 2a^2+\ 8a-2 \\ \hline
 & \qquad\qquad\quad a-3 \\
 & \qquad\qquad\quad \cdots余り
\end{array}$$

P 直接代入すると計算が大変なので式の次数を下げるための工夫

これより

$$a^4+a^3-11a^2+12a-5$$
$$=\underbrace{(a^2+4a-1)}_{=0}(a^2-3a+2)+(a-3)$$

となる。すると，②より～～部分が0となるので

P 計算するのはココだけ

$$(与式)=a-3$$
$$=(\sqrt{5}-2)-3\quad(\because\ ①')$$
$$=\sqrt{5}-5$$

No.13　正答　1

$$x+y=\frac{1}{\sqrt{3}-1}+\frac{1}{\sqrt{3}+1}=\frac{\sqrt{3}+1+\sqrt{3}-1}{(\sqrt{3}-1)(\sqrt{3}+1)}$$
$$=\frac{2\sqrt{3}}{(\sqrt{3})^2-1^2}=\frac{2\sqrt{3}}{3-1}=\sqrt{3}\quad\cdots①$$
$$xy=\frac{1}{\sqrt{3}-1}\times\frac{1}{\sqrt{3}+1}=\frac{1}{(\sqrt{3})^2-1^2}=\frac{1}{2}\quad\cdots②$$
$$\frac{y}{x}+\frac{x}{y}=\frac{x^2+y^2}{xy}=\frac{(x+y)^2-2xy}{xy}$$
$$=\frac{(\sqrt{3})^2-2\times\frac{1}{2}}{\frac{1}{2}}=(3-1)\times2=4$$

〈補足〉

この場合は，直接計算した方が計算量は少ない。

$$(\text{与式})=\frac{\sqrt{3}-1}{\sqrt{3}+1}+\frac{\sqrt{3}+1}{\sqrt{3}-1}$$
$$=\frac{(\sqrt{3}-1)^2+(\sqrt{3}+1)^2}{(\sqrt{3}+1)(\sqrt{3}-1)}$$
$$=\frac{2(3+1)}{3-1}=4$$

No.14 正答　3

$x+y=\sqrt{10}$，$xy=\sqrt{2}$　…①

$$\frac{y}{x^2}+\frac{x}{y^2}=\frac{x^3+y^3}{x^2y^2}$$
$$=\frac{(x+y)^3-3xy(x+y)}{(xy)^2}$$
$$=\frac{(\sqrt{10})^3-3\sqrt{2}\cdot\sqrt{10}}{(\sqrt{2})^2}$$

（∵　①を代入）

$$=\frac{10\sqrt{10}-6\sqrt{5}}{2}=5\sqrt{10}-3\sqrt{5}$$

P　対称式なので和と積で表す

No.15 正答　2

$$a^2+\frac{1}{a^2}$$
$$=\left(a+\frac{1}{a}\right)^2-2a\cdot\frac{1}{a}$$
$$=3^2-2=7$$
$$a^3+\frac{1}{a^3}=\left(a+\frac{1}{a}\right)^3-3a\cdot\frac{1}{a}\left(a+\frac{1}{a}\right)$$
$$=3^3-3\cdot3=18$$

P　逆数の積でココが1になる

（$a+\dfrac{1}{a}=3$ を解いて与式に代入する方法より，計算が楽。）

第2章　2次関数・2次方程式

No.16

(1)　$y=x^2-6x+5$
$=(x-3)^2-3^2+5$
$=(x-3)^2-9+5$
$=(x-3)^2-4$

頂点 $(3,\ -4)$

(2)　$y=-x^2-4x+3$
$=-(x^2+4x)+3$
$=-\{(x+2)^2-2^2\}+3$
$=-(x+2)^2+4+3$
$=-(x+2)^2+7$

頂点 $(-2,\ 7)$

(3)　$y=2x^2-6x+2$
$=2(x^2-3x)+2$
$$=2\left\{\left(x-\frac{3}{2}\right)^2-\left(\frac{3}{2}\right)^2\right\}+2$$
$$=2\left(x-\frac{3}{2}\right)^2-2\times\frac{9}{4}+2$$
$$=2\left(x-\frac{3}{2}\right)^2-\frac{9}{2}+\frac{4}{2}$$
$$=2\left(x-\frac{3}{2}\right)^2-\frac{5}{2}$$

頂点 $\left(\dfrac{3}{2},\ -\dfrac{5}{2}\right)$

(4)　$y=-2x^2+8x+1$
$=-2(x^2-4x)+1$
$=-2\{(x-2)^2-2^2\}+1$
$=-2(x-2)^2+8+1$
$=-2(x-2)^2+9$

頂点 $(2,\ 9)$

No.17

(1)　頂点が $(3,\ 3)$ なので，求める2次関数は，

$y=a(x-3)^2+3$　…①　$a\neq0$

とおける。

これが $(0,\ -6)$ を通るので

$-6=a(0-3)^2+3$
$-6=9a+3$
$\therefore\ a=-1$

①に代入して

$y=-(x-3)^2+3$
$y=-x^2+6x-9+3$
$y=-x^2+6x-6$

(2)　軸が $x=3$ なので求める2次関数は

$y=a(x-3)^2+b$　…①　$a\neq0$

とおける。

$(1,\ 5)$ を通るので

$5=a(1-3)^2+b$
$5=4a+b$　…②

$(2,\ -1)$ を通るので

$-1=a(2-3)^2+b$

$-1=a+b$ …③

②−③より

$6=3a$ ∴ $a=2$ …④

③に代入して

$b=-1-a=-1-2=-3$ …⑤

④，⑤を①に代入して

$y=2(x-3)^2-3$

$y=2(x^2-6x+9)-3$

$y=2x^2-12x+15$

(3) 3点が与えられているので

$y=ax^2+bx+c$ …① $a\neq 0$

とおく。

(1，4) を通るので

$4=a\cdot 1^2+b\cdot 1+c$

$4=a+b+c$ …②

(−1，2) を通るので

$2=a\cdot(-1)^2+b\cdot(-1)+c$

$2=a-b+c$ …③

(3，−2) を通るので

$-2=a\cdot 3^2+b\cdot 3+c$

$-2=9a+3b+c$ …④

②−③より

$2=2b$ ∴ $b=1$

③，④に代入して

$a+c=2+1=3$ …③′

$9a+c=-2-3\times 1=-5$ …④′

④′−③′より

$8a=-8$ ∴ $a=-1$

③′に代入して

$-1+c=3$ ∴ $c=4$

①に，$a=-1$，$b=1$，$c=4$ を代入して

$y=-x^2+x+4$

(4) (3)と同じ解法をとることもできるが，(−3，0)，(8，0) を通ることに着眼して次のように解くこともできる。

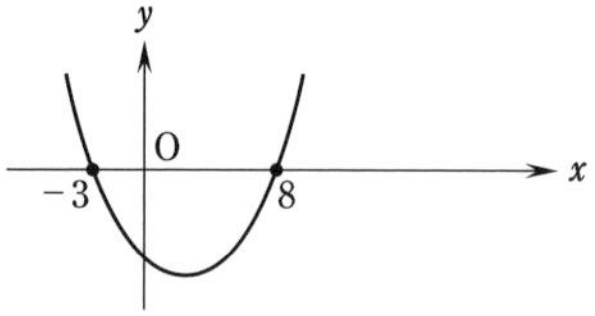

(−3，0)，(8，0) を通るので，求める2次関数は

$y=a(x+3)(x-8)$ …① $a\neq 0$

P　x 軸との交点は，$y=0$ となるとき

とおける。これが $(-2,-10)$ を通るので

$-10=a(-2+3)(-2-8)$

$-10=-10a$ ∴ $a=1$

①に $a=1$ を代入して

$y=(x+3)(x-8)$

$y=x^2-5x-24$

〈補足〉

通る3点が与えられているときは，一般には $y=ax^2+bx+c$ とおくが，本問のように x 軸との交点が2点与えられているときは，上のような解法をとると未知数を減らすことができ，計算が楽である。

No.18 正答 3

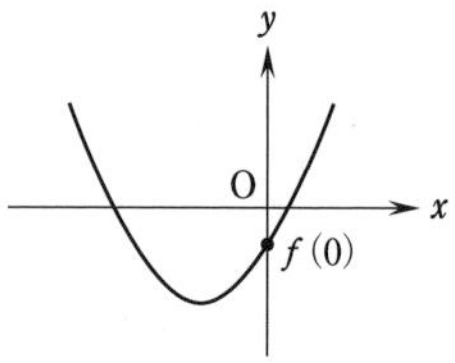

グラフが下に凸なので

$a>0$

$y=f(x)=ax^2+bx+c$ とおくと y 軸と負の y 座標で交わっているので

$f(0)=c<0$

軸 <0 なので

$$-\frac{b}{2a}<0$$

これと $a>0$ より，$b>0$

〈部分別解〉

$x=0$ における接線の傾きが正なので，

$b=f'(0)>0$

以上より

$a>0$，$b>0$，$c<0$

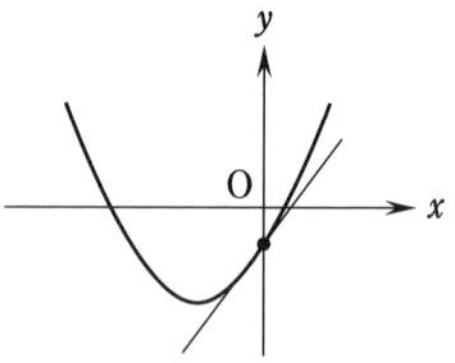

No.19　正答　4

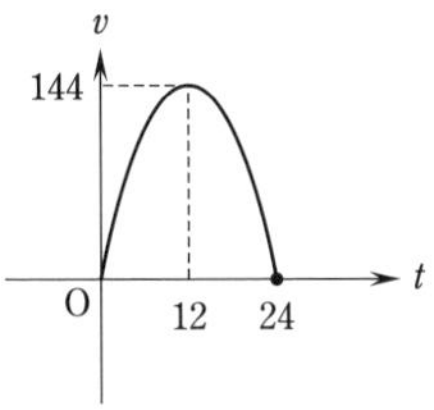

$v = -t^2 + 24t$

$\quad = -(t^2 - 24t)$

$\quad = -\{(t-12)^2 - 12^2\}$

$\quad = -(t-12)^2 + 144$

$t = 12$ のとき最大値144となる。

No.20　正答　1

$-2 \leqq x \leqq 4$における$y = f(x) = x^2 - 6x + k$のグラフをかく。

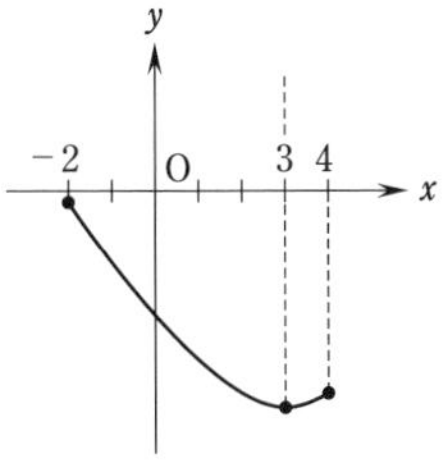

$y = (x-3)^2 - 9 + k$

なので，グラフの軸は$x = 3$であり，区間$-2 \leqq x \leqq 4$の中央より右寄りにある(上図)。

よって，$-2 \leqq x \leqq 4$における$y = f(x)$の最大値は，$f(-2)$となる。

$-2 \leqq x \leqq 4$において

$$f(x) = x^2 - 6x + k < 0$$

であるためには最大値$f(-2) < 0$であればよい。

よって，

$$f(-2) = (-2)^2 - 6 \cdot (-2) + k < 0$$
$$4 + 12 + k < 0$$
$$k < -16$$

No.21　正答　2

$y = x^2 + 4x - 3$をx軸方向に1，y軸方向に-2だけ平行移動するには，もとの式に

$x \rightarrow x-1$，$y \rightarrow y+2$

を代入すればよいので，

$$y + 2 = (x-1)^2 + 4(x-1) - 3$$
$$y = x^2 - 2x + 1 + 4x - 4 - 3 - 2$$
$$y = x^2 + 2x - 8$$

これをさらにy軸に関して対称移動するので，$x \rightarrow -x$を代入すればよい。

$$y = (-x)^2 + 2(-x) - 8$$
$$y = x^2 - 2x - 8$$

P　放物線の平行移動は
条件にあわせて２つの解法

No.22　正答　2

それぞれの頂点を求め，頂点の平行移動で考える。

$$y = x^2 - 6x + 5$$
$$= (x-3)^2 - 3^2 + 5$$
$$= (x-3)^2 - 4 \quad \cdots ①$$

より，①の頂点は$(3, -4)$

$$y = x^2 + 2x - 1$$
$$= (x+1)^2 - 1^2 - 1$$
$$= (x+1)^2 - 2 \quad \cdots ②$$

より，②の頂点は$(-1, -2)$

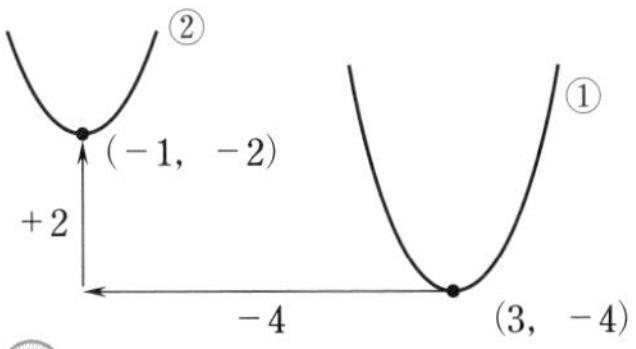

P　グラフを
かくと符号ミスが
防げる！

$$p = (-1) - 3 = -4$$
$$q = (-2) - (-4) = 2$$
$$\therefore \quad p + q = (-4) + 2 = -2$$

No.23

(1)　$x^2 - 3x - 28 = 0$

$(x-7)(x+4) = 0$

$x = 7, \ -4$

P　すべて
$ax^2+bx+c=0$
の形にしてから
解く

(2)　$10x^2 - 13x - 3 = 0$

$2x$	╲╱	-3	→	$-15x$
$5x$	╱╲	1	→	$2x$
				$-13x$

$$(2x-3)(5x+1)=0$$

$$x=\frac{3}{2},\ -\frac{1}{5}$$

(3) $2(x+1)^2-(1-x)=0$

$2x^2+4x+2-1+x=0$

$2x^2+5x+1=0$

解の公式①　$(a=2,\ b=5,\ c=1)$

$$x=\frac{-5\pm\sqrt{5^2-4\cdot 2\cdot 1}}{2\times 2}$$

$$=\frac{-5\pm\sqrt{17}}{4}$$

(4) $(x-2)^2-(2x+7)=0$

$x^2-4x+4-2x-7=0$

$x^2-6x-3=0$

解の公式②

$(a=1,\ b'=-3,\ c=-3)$

$$x=\frac{-(-3)\pm\sqrt{(-3)^2-1\cdot(-3)}}{1}$$

$$=3\pm\sqrt{12}=3\pm 2\sqrt{3}$$

No.24　正答　1

$2x^2-3x+(2a-3)=0$ が実数解をもつので，$D\geqq 0$

$D=(-3)^2-4\cdot 2\cdot(2a-3)\geqq 0$

$9-16a+24\geqq 0$

$$a\leqq\frac{33}{16}$$

P 重解も含む

No.25　正答　3

$$\begin{cases} y=x^2+4x-2 & \cdots① \\ y=a & \cdots② \end{cases}$$

の連立方程式が実数解をもたなければよいので，①，②より y を消去し，

$x^2+4x-2=a$

$x^2+4x-(2+a)=0$

この判別式が $D<0$ であればよい。

$D=4^2-4\cdot 1\cdot\{-(2+a)\}<0$

$4\{4+(2+a)\}<0$

$a+6<0$

$\therefore\ a<-6$

P グラフが交わらない ⇕ 実数解をもたない

〈別解〉

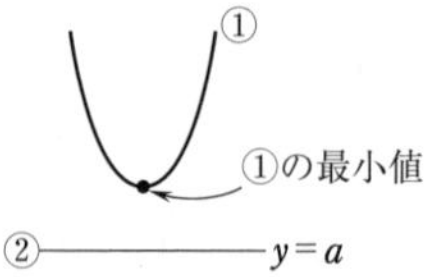

(①の最小値)$>a$ であればよい。

$y=x^2+4x-2$

$=(x+2)^2-2^2-2$

$=(x+2)^2-6$

よって①は $x=-2$ のとき最小値 -6 をとる。

$\therefore\ a<-6$

No.26

(1) $x^2-x-6<0$

$(x-3)(x+2)<0$

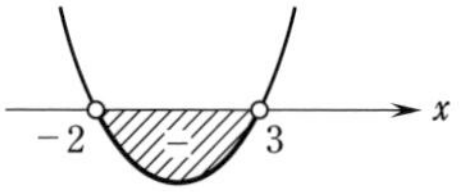

$-2<x<3$

(2) $-x^2+5x-6<0$

両辺に -1 をかける。

$x^2-5x+6>0$

$(x-2)(x-3)>0$

P 不等号の向きが逆になることに注意

P x^2の係数をまず正に

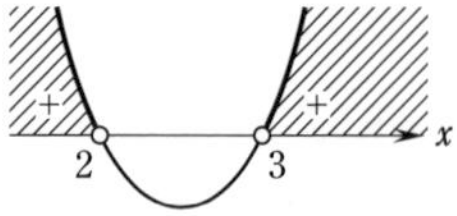

$x<2,\ 3<x$

(3) $2x^2-7x+3\geqq 0$

$2x$ ╳ -1 → $-x$

x 　 -3 → $-6x$

$-7x$

$(2x-1)(x-3)\geqq 0$

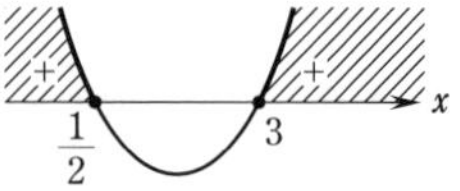

$$x\leqq\frac{1}{2},\ 3\leqq x$$

(4) $x^2+2x-1\leqq 0$

$x^2+2x-1=0$ の解は

$x = \dfrac{-1 \pm \sqrt{1^2 + 1 \times 1}}{1}$

$\quad = -1 \pm \sqrt{2}$

P 因数分解
できないとき

$\left(x = \dfrac{-b' \pm \sqrt{(b')^2 - ac}}{a}\right)$

よって，$x^2+2x-1 \leqq 0$ のグラフは次図のようになる。

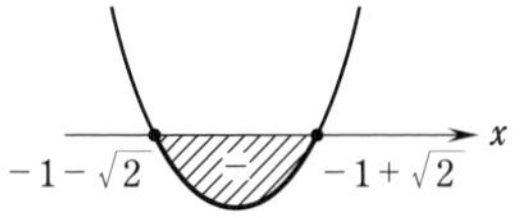

$-1-\sqrt{2} \leqq x \leqq -1+\sqrt{2}$

(5)　$x^2 - 4x + 4 > 0$

　　$(x-2)^2 > 0$

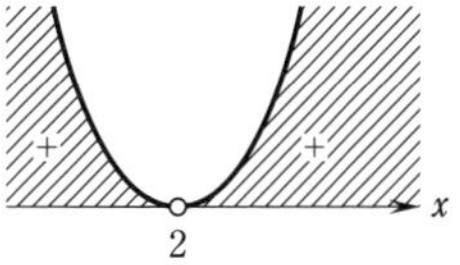

$x = 2$ 以外のすべての実数

(6)　$-x^2 + 6x - 10 > 0$

　　$x^2 - 6x + 10 < 0$　…①

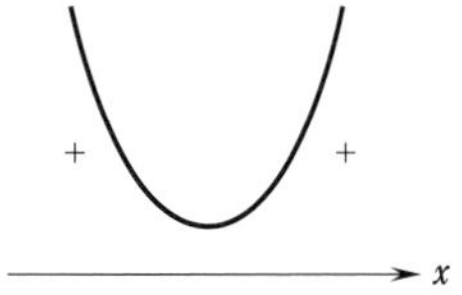

$x^2 - 6x + 10 = 0$ の判別式を D とすると

$D = (-6)^2 - 4 \times 1 \times 10 = -4 < 0$

なので，$y = x^2 - 6x + 10$ のグラフは上図のようになり，x 軸とは共有点をもたない。

$(x^2 - 6x + 10 = (x-3)^2 + 1$ とみてもよい$)$

したがって，すべての実数 x において

$x^2 - 6x + 10 > 0$

となり①を満たすような x は存在しない。よって，解なし

No.27　正答　4

$\begin{cases} x^2 \leqq 9x - 14 & \cdots ① \\ 2x^2 + x \geqq 15 & \cdots ② \end{cases}$

①より

$x^2 - 9x + 14 \leqq 0$

$(x-2)(x-7) \leqq 0$

$\therefore\ 2 \leqq x \leqq 7$　…①′

P 2次不等式も
□≧0
□≦0の
形にしてから
解く

②より

$2x^2 + x - 15 \geqq 0$

$(2x-5)(x+3) \geqq 0$

$2x$ ╲╱ -5 → $-5x$

x ╱╲ 3 → $6x$

―――――――――――

x

$\therefore\ x \leqq -3,\ \dfrac{5}{2} \leqq x$　…②′

①′かつ②′より

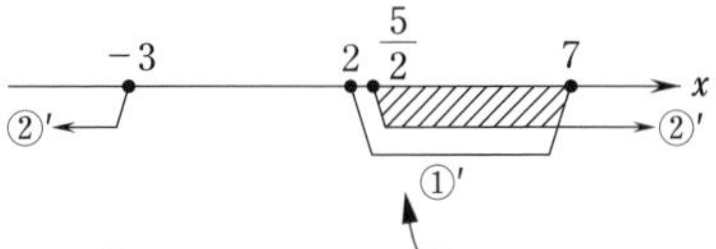

$\therefore\ \dfrac{5}{2} \leqq x \leqq 7$

P 数直線を使うと
わかりやすい

No.28　正答　3

$y = x^2 + 2x + 7$　…①

$y = mx + 3$　…②

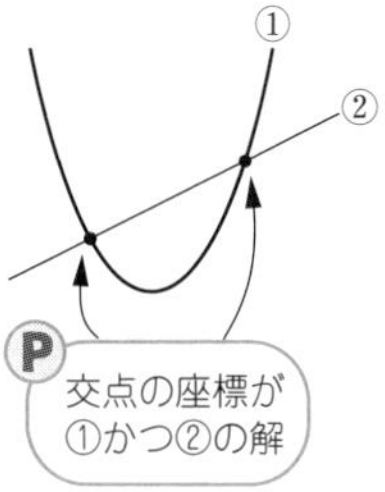

P 交点の座標が
①かつ②の解

①，②が異なる2点で交わる

⇕

①，②の連立方程式が異なる2つの実数解をもつ。

①，②から y を消去し，

$x^2 + 2x + 7 = mx + 3$

$x^2 + (2-m)x + 4 = 0$　…③

(③の判別式) > 0 であればよい。

$(2-m)^2 - 4 \cdot 1 \cdot 4 > 0$

$m^2 - 4m + 4 - 16 > 0$

$m^2 - 4m - 12 > 0$

$(m-6)(m+2) > 0$

$\therefore\ m < -2,\ 6 < m$

No.29　正答　5

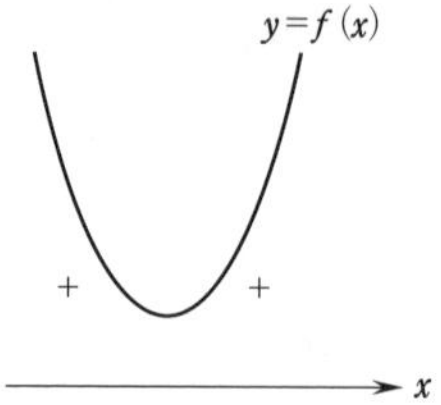

$f(x)=x^2-kx+k^2-3>0$

がすべての実数 x について成り立つとは，$y=f(x)$ のグラフが常に $y>0$(すなわち x 軸より上)にあるということであり，上図のようであればよい。ということは

$y=f(x)$ が x 軸と交わらない

すなわち

$f(x)=0$ の判別式　$D<0$

であればよい。

$D=(-k)^2-4(k^2-3)<0$

$k^2-4k^2+12<0$

$-3k^2+12<0$

$k^2-4>0$

$(k+2)(k-2)>0$

$\therefore$　$k<-2,\ 2<k$

P「常に $f(x)>0$ なので $D>0$」と考えてはダメ！グラフをよく見よう

No.30　正答　2

$y=f(x)=x^2-2kx+k$ とおくと，2解がともに -2 より大なので，グラフは次のようになればよい。

$$\begin{cases} D\geqq 0 & \cdots① \\ 軸>-2 & \cdots② \\ f(-2)>0 & \cdots③ \end{cases}$$

P「2解」のときは重解も含む

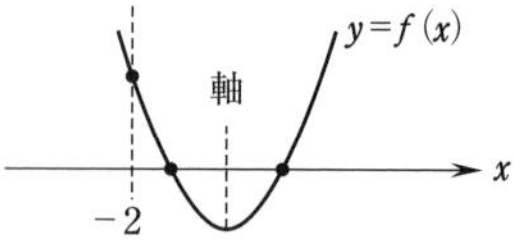

$D=(-2k)^2-4\cdot 1\cdot k\geqq 0$

$4k^2-4k\geqq 0$

$k(k-1)\geqq 0$

$\therefore$　$k\leqq 0,\ 1\leqq k$　$\cdots①'$

$y=f(x)=(x-k)^2-k^2+k$ なので

軸は $x=k$　$\therefore$　$k>-2$　$\cdots②'$

$f(-2)=(-2)^2-2k\cdot(-2)+k>0$ より

$4+5k>0$　$\therefore$　$k>-\dfrac{4}{5}$　$\cdots③'$

①′，②′，③′ より

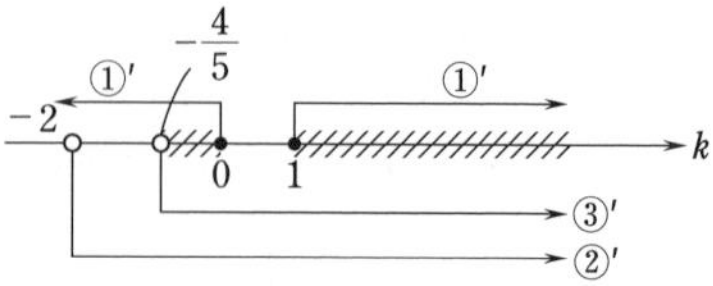

$\therefore$　$-\dfrac{4}{5}<k\leqq 0,\ 1\leqq k$

No.31　正答　5

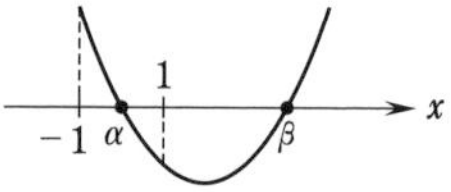

$y=f(x)=x^2-ax+2(a-1)$ とおくと，条件を満たすためにはグラフは上図のようであればよい。よって

$f(-1)>0$　かつ　$f(1)<0$ であればよい。

$f(-1)=(-1)^2-a\cdot(-1)+2(a-1)$

$=1+a+2a-2$

$=3a-1>0$

$\therefore$　$a>\dfrac{1}{3}$　$\cdots①$

P こうであれば必ず x 軸と交わるので $D>0$ は不要

$f(1)=1^2-a\cdot 1+2(a-1)$

$=1-a+2a-2$

$=a-1<0$

$\therefore$　$a<1$　$\cdots②$

①かつ②より

$$\frac{1}{3}<a<1$$

No.32　正答　3

$f(x)=x^2-3x+k+5$ とおく。$f(x)=0$ の2解を α，β とすると，解と係数との関係より

$\alpha+\beta=3,\ \alpha\beta=k+5$

いま，$\alpha>0$，$\beta>0$，$\alpha\neq\beta$ であるためには

$$\begin{cases} \alpha+\beta>0 & \cdots① \\ \alpha\beta>0 & \cdots② \\ f(x)=0\ の判別式\ D>0 & \cdots③ \end{cases}$$

であればよい。

①より　$\alpha+\beta=3>0$(常に成り立つ)

$\cdots$①′

②より　$\alpha\beta=k+5>0$　$\therefore$　$k>-5$

$\cdots$②′

③より　$D=(-3)^2-4(k+5)>0$

$9-4k-20>0$

$k<-\dfrac{11}{4}$　$\cdots$③′

①′，②′，③′より

$$-5<k<-\frac{11}{4}$$

〈別解〉

$y=f(x)=x^2-3x+k+5$ のグラフで考える。

$\alpha>0$，$\beta>0$，$\alpha\neq\beta$ よりグラフは下図のようであればよい。よって

$$\begin{cases} D>0 & \cdots① \\ 軸>0 & \cdots② \\ f(0)>0 & \cdots③ \end{cases}$$

であればよい。

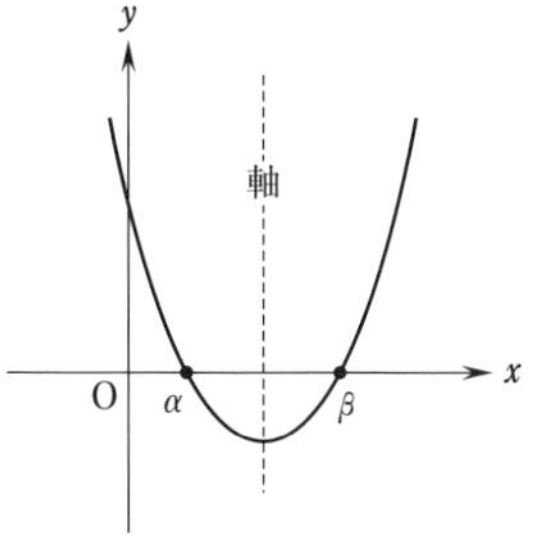

①より

$D=(-3)^2-4(k+5)>0$

$\therefore$　$k<-\dfrac{11}{4}$　$\cdots$①′

②より

$$f(x)=\left(x-\frac{3}{2}\right)^2-\left(\frac{3}{2}\right)^2+k+5$$

なので軸は

$$x=\frac{3}{2}>0$$

で，すでに成り立っている。$\cdots$②′

③より

$f(0)=k+5>0$

$k>-5$　$\cdots$③′

①′〜③′より

$$-5<k<-\frac{11}{4}$$

No.33

(1)　$x^2+5x+10=0$

解の公式①に，($a=1$，$b=5$，$c=10$)

$$x=\frac{-5\pm\sqrt{5^2-4\times1\times10}}{2}$$

$$=\frac{-5\pm\sqrt{-15}}{2}=\frac{-5\pm\sqrt{15}i}{2}$$

P　$\sqrt{-1}=i$

(2)　$-x^2+2x=6$

$x^2-2x+6=0$

解の公式②に，($a=1$，$b'=-1$，$c=6$)

$$x=\frac{-(-1)\pm\sqrt{(-1)^2-1\cdot6}}{1}$$

$$=1\pm\sqrt{-5}=1\pm\sqrt{5}i$$

(3)　$2x(x+3)=x-4$

$2x^2+6x-x+4=0$

$2x^2+5x+4=0$

P　$ax^2+bx+c=0$ の形にしてから解く

解の公式①に，($a=2$，$b=5$，$c=4$)

$$x=\frac{-5\pm\sqrt{5^2-4\cdot2\cdot4}}{2\times2}=\frac{-5\pm\sqrt{-7}}{4}$$

$$=\frac{-5\pm\sqrt{7}i}{4}$$

(4)　$x(x-2)=4x-11$

$x^2-2x-4x+11=0$

$x^2-6x+11=0$

解の公式②に，($a=1$，$b'=-3$，$c=11$)

$$x=\frac{-(-3)\pm\sqrt{(-3)^2-1\cdot11}}{1}$$

$$=3\pm\sqrt{-2}=3\pm\sqrt{2}i$$

No.34　正答　4

$2x^2-5x+1=0$ の2解が α，β なので解と係数の関係より

$$\alpha+\beta=-\frac{-5}{2}=\frac{5}{2},\quad \alpha\beta=\frac{1}{2}$$

$$\frac{\beta^2}{\alpha}+\frac{\alpha^2}{\beta}=\frac{\alpha^3+\beta^3}{\alpha\beta}$$

$$=\frac{(\alpha+\beta)^3-3\alpha\beta(\alpha+\beta)}{\alpha\beta}$$

P　対称式

$$=\frac{\left(\frac{5}{2}\right)^3-3\times\frac{1}{2}\times\frac{5}{2}}{\frac{1}{2}}$$

$$=\left(\frac{125}{8}-\frac{15}{4}\right)\times 2$$

$$=\frac{95}{4}$$

No.35 正答　4

$x^2+3x+6=0$ の2解を α，β とすると解と係数の関係より

$$\alpha+\beta=-3,\ \alpha\beta=6 \quad \cdots ①$$

$\dfrac{\beta}{\alpha}$，$\dfrac{\alpha}{\beta}$ を解にもつので，その方程式の1つは

$$x^2-\left(\frac{\beta}{\alpha}+\frac{\alpha}{\beta}\right)x+\left(\frac{\beta}{\alpha}\times\frac{\alpha}{\beta}\right)=0 \quad \cdots ②$$

である。

$$\frac{\beta}{\alpha}+\frac{\alpha}{\beta}=\frac{\alpha^2+\beta^2}{\alpha\beta}=\frac{(\alpha+\beta)^2-2\alpha\beta}{\alpha\beta}$$

$$=\frac{(-3)^2-2\times 6}{6}$$

（∵　①を代入）

$$=-\frac{1}{2} \quad \cdots ③$$

$$\frac{\beta}{\alpha}\times\frac{\alpha}{\beta}=1 \quad \cdots ④$$

②に③，④を代入すると

$$x^2-\left(-\frac{1}{2}\right)x+1=0$$

$$\therefore \quad 2x^2+x+2=0$$

No.36 正答　2

$4x^2-(m+9)x+m=0$ の2解を α，β $(\alpha<\beta)$ とする。解と係数の関係より

$$\alpha+\beta=\frac{m+9}{4},\ \alpha\beta=\frac{m}{4} \quad \cdots ①$$

条件より，2解の差が3なので

$$\beta-\alpha=3$$

両辺を2乗して，

$$\beta^2-2\alpha\beta+\alpha^2=9$$

$$(\alpha+\beta)^2-4\alpha\beta=9$$

①を代入すると

$$\left(\frac{m+9}{4}\right)^2-4\times\frac{m}{4}-9=0$$

$$\frac{m^2+18m+81}{16}-m-9=0$$

$$m^2+18m+81-16m-144=0$$

$$m^2+2m-63=0$$

$$(m-7)(m+9)=0$$

$$\therefore \quad m=7,\ -9$$

No.37 正答　3

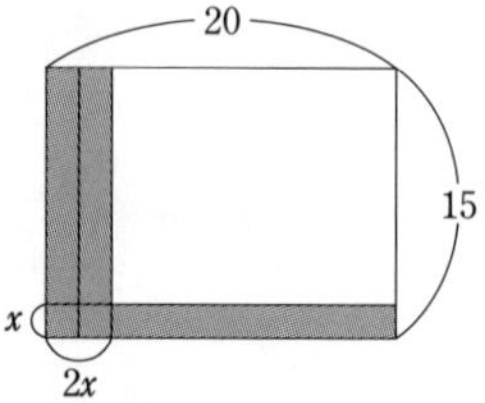

道を端に集め，道幅を x(m) とする。
道の面積を y(m^2) とすると

$$y=2x\cdot 15+x\cdot 20-2x\cdot x$$

$$=-2x^2+50x$$

これが92以下なので

$$-2x^2+50x\leqq 92$$

$$2x^2-50x+92\geqq 0$$

$$x^2-25x+46\geqq 0$$

$$(x-2)(x-23)\geqq 0$$

$$x\leqq 2,\ 23\leqq x$$

$x\leqq 10$ より，$x\leqq 2$

道幅は2m以下にすればよい。

No.38 正答　3

原価	800円		800円
定価	1000円	⟶	$(1000+20x)$ 円
個数	160個	⟶	$(160-8x)$ 個

1000円の定価を20円上げるごとに個数が8個ずつ減るので，定価を $(1000+20x)$ 円とすると売れる個数は $(160-8x)$ 個となる。このときの1日の利益を y 円とすると

$$y=\{(1000+20x)-800\}(160-8x)$$

$$=(200+20x)(160-8x)$$

$$=20(x+10)\cdot\{-8(x-20)\}$$

$$=-160(x+10)(x-20) \quad \cdots ★$$

$$=-160\{(x^2-10x)-200\}$$

$$=-160\{(x-5)^2-5^2-200\}$$

$$=-160(x-5)^2+160\times 225$$

∴　$x=5$ のとき y は最大となる。このとき，求める定価は

$$1000+20\times 5=1100\text{(円)}$$

〈部分別解〉

★のあとは次のように考えてもよい。

$$y=-160(x+10)(x-20)=0$$

とするとグラフは $x=-10$，20で x 軸と交わる。

グラフは軸に関して対称なので，$x=-10$ と $x=20$ の中点が頂点の x 座標（グラフの軸）となる。よって，頂点の x 座標は

$$x=\frac{(-10)+20}{2}=5$$

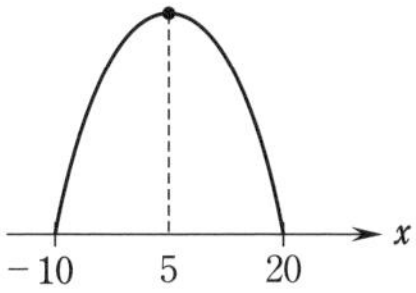

すなわち，$x=5$ のとき y は最大値をとる（以下略）。

No.39　正答　4

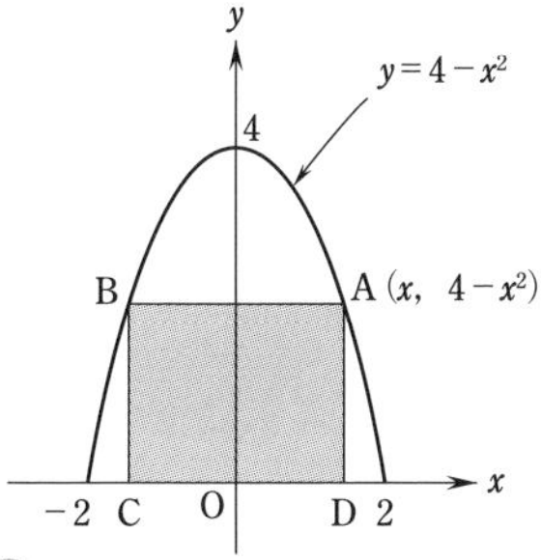

P　最大値を求めるのだから，周囲の長さを１つの文字の関数で表せばよい

$A(x,\ 4-x^2)$ とすると $(0<x<2)$，

$$AB=2x$$
$$AD=4-x^2$$

よって，長方形の周囲の長さを y とすると

$$\begin{aligned}y&=2(AB+AD)\\&=2\{2x+(4-x^2)\}\\&=2(-x^2+2x)+8\\&=-2(x^2-2x)+8\\&=-2\{(x-1)^2-1^2\}+8\\&=-2(x-1)^2+2+8\\&=-2(x-1)^2+10\end{aligned}$$

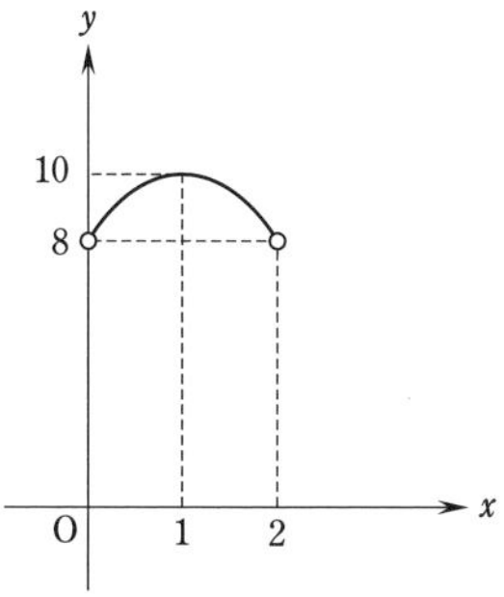

$0<x<2$ なので $x=1$ のとき y は最大値 10 をとる。よって，周囲の長さの最大値は 10 である。

No.40　正答　2

$x^2+5y^2-4xy-6y+36$

$=\underset{\sim\sim\sim}{x^2-4y\cdot x}+5y^2-6y+36$　◀ x について整理（y は定数とみる）

$=\{(x-2y)^2-(2y)^2\}+5y^2-6y+36$　◀ 〜〜 を平方完成

$=(x-2y)^2-4y^2+5y^2-6y+36$

$=(x-2y)^2+\underline{\underline{y^2-6y}}+36$

$=(x-2y)^2+\{(y-3)^2-3^2\}+36$　◀ ＝＝ を平方完成

$=(x-2y)^2+(y-3)^2-9+36$

$=(x-2y)^2+(y-3)^2+27$　…★

x，y が実数なので，$x-2y$，$y-3$ も実数となり，（実数）$^2\geqq 0$ より

$(x-2y)^2\geqq 0$，$(y-3)^2\geqq 0$

P　（実数）$^2\geqq 0$ の利用

よって★は

$x-2y=0$ かつ $y-3=0$　…※

のとき，最小値 27 となる。

（このときの x，y の値は※を解いて $y=3$，$x=6$）

No.41　正答　4

No.40と同様にする。

まず，x について整理する。

（与式）$=2y+3-2xy-2y^2-x^2-2x$

$=\underset{\sim\sim\sim}{-x^2-(2y+2)x}-2y^2+2y+3$

x について平方完成する。

$$
\begin{aligned}
(\text{与式}) &= -\{x^2+(2y+2)x\}-2y^2+2y+3\\
&= -[\{x+(y+1)\}^2-(y+1)^2]\\
&\quad -2y^2+2y+3\\
&= -\{x+(y+1)\}^2+(y+1)^2\\
&\quad -2y^2+2y+3\\
&= -(x+y+1)^2+y^2+2y+1\\
&\quad -2y^2+2y+3\\
&= -(x+y+1)^2\underset{\sim\sim\sim}{-y^2+4y}+4
\end{aligned}
$$

y について平方完成する。

$$
\begin{aligned}
(\text{与式}) &= -(x+y+1)^2-(y^2-4y)+4\\
&= -(x+y+1)^2-\{(y-2)^2-2^2\}+4\\
&= -(x+y+1)^2-(y-2)^2+4+4\\
&= -(x+y+1)^2-(y-2)^2+8
\end{aligned}
$$

x，y は実数なので

$-(x+y+1)^2 \leqq 0$，$-(y-2)^2 \leqq 0$

より，与式は

$x+y+1=0$　かつ　$y-2=0$

のとき，最大値 8 をとる。このとき

$y=2$，$x=-1-y=-1-2=-3$

よって，与式が最大値をとるときの x の値は -3 である。

第 3 章　その他の方程式・不等式

No.42

(1)　$|2x-5|+1=x$　…①

ⅰ）　$2x-5 \geqq 0$　すなわち　$x \geqq \dfrac{5}{2}$ のとき　…②

$$
\begin{aligned}
(2x-5)+1 &= x\\
2x-5+1 &= x\\
x &= 4
\end{aligned}
$$

> **P**　求めた解が場合分け条件を満たすか，吟味すること！

これは②を満たす。

ⅱ）　$2x-5<0$　すなわち
$x<\dfrac{5}{2}$ のとき　…③

$$
\begin{aligned}
-(2x-5)+1 &= x\\
-2x+5+1 &= x\\
3x &= 6\\
x &= 2
\end{aligned}
$$

これは③を満たす。

ⅰ）ⅱ）より

$x=2,\ 4$

(2)　$|3x-8|=10$

$$
\begin{cases}
3x-8=10 & \cdots ①\\
3x-8=-10 & \cdots ②
\end{cases}
$$

> **P**　$|x|=a \Leftrightarrow x=\pm a$

①より

$$
\begin{aligned}
3x &= 10+8\\
x &= 6
\end{aligned}
$$

②より

$$
\begin{aligned}
3x &= -10+8\\
x &= -\frac{2}{3}
\end{aligned}
$$

$\therefore\quad x=6,\ -\dfrac{2}{3}$

(3)　$|2x-5|<7$

$-7<2x-5<7$

> **P**　$|x|=a$ ⇕ $-a<x<a$

各辺に 5 を足して

$-7+5<2x<7+5$

$-2<2x<12$

各辺を 2 で割ると

$-1<x<6$

(4)　$|x-3|+2x \geqq 9$

> **P**　場合分け必要
> $|x|=\begin{cases} x & (x \geqq 0)\\ -x & (x<0)\end{cases}$

ⅰ）　$x-3 \geqq 0$　すなわち　$x \geqq 3$　のとき　…①

$$
\begin{aligned}
x-3+2x &\geqq 9\\
3x &\geqq 12\\
x &\geqq 4 \quad \cdots ②
\end{aligned}
$$

①，②より

$x \geqq 4$

ⅱ）　$x-3<0$　すなわち　$x<3$ のとき　…③

$$
\begin{aligned}
-(x-3)+2x &\geqq 9\\
-x+3+2x &\geqq 9\\
x &\geqq 9-3\\
x &\geqq 6 \quad \cdots ④
\end{aligned}
$$

③，④を満たす x は存在しない。

ⅰ）ⅱ）より

$x \geqq 4$

No.43　正答　2

$y=|x+2|+1$ の $-3 \leqq x \leqq 3$ におけるグラフをかく。

ⅰ）　$x+2 \geqq 0$　すなわち　$x \geqq -2$ のとき

$$
\begin{aligned}
y &= (x+2)+1\\
y &= x+3
\end{aligned}
$$

ii） $x+2<0$ すなわち $x<-2$ のとき

$$y=-(x+2)+1$$
$$y=-x-1$$

これをグラフに示すと

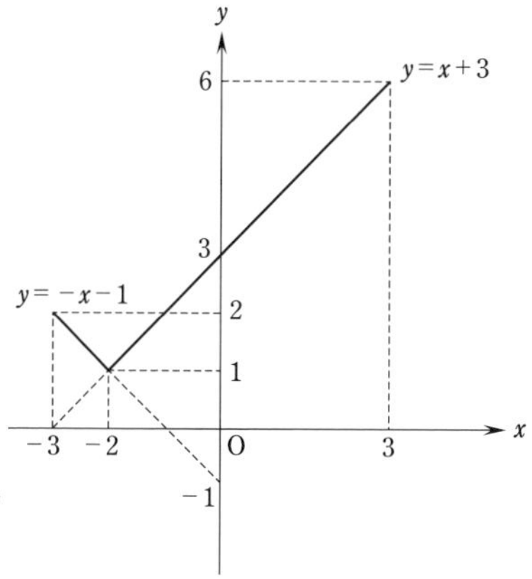

グラフより

$$\begin{cases} \text{最大値}\ 6\ (x=3\ \text{のとき}) \\ \text{最小値}\ 1\ (x=-2\ \text{のとき}) \end{cases}$$

No.44 正答 3

$f(x)=x^3+p^2x^2-2px-11$ とおく。

$f(x)$ が $x-2$ で割り切れるので，因数定理より，$f(2)=0$

$$f(2)=2^3+p^2\cdot 2^2-2\cdot p\cdot 2-11=0$$
$$8+4p^2-4p-11=0$$
$$4p^2-4p-3=0$$
$$(2p-3)(2p+1)=0$$
$$\therefore\quad p=\frac{3}{2},\ -\frac{1}{2}$$

No.45 正答 5

$f(x)=x^2+px+q$ とおく。

$x+3$ で割り切れるので，$f(-3)=0$ …①

$x-3$ で割ると 6 余るので，$f(3)=6$ …②

①より

$$f(-3)=(-3)^2+p\cdot(-3)+q=0$$
$$9-3p+q=0$$
$$3p-q=9 \quad \cdots③$$

②より

$$f(3)=3^2+p\cdot 3+q=6$$
$$9+3p+q=6$$
$$3p+q=-3 \quad \cdots④$$

④−③より

$$2q=-12$$
$$q=-6 \quad \cdots⑤$$

⑤を④に代入して

$$3p+(-6)=-3$$
$$3p=3$$
$$p=1$$

No.46 正答 1

剰余の定理より

$f(x)$ を $x-1$ で割ると 3 余るので

$$f(1)=3 \quad \cdots①$$

$f(x)$ を $x+2$ で割ると 6 余るので

$$f(-2)=6 \quad \cdots②$$

$f(x)$ を $(x-1)(x+2)$ で割った商を $g(x)$，余りを $ax+b$

とおくと

$$f(x)=(x-1)(x+2)\cdot g(x)+ax+b \quad \cdots③$$

（$(x-1)(x+2)$：2 次式　$ax+b$：余り，1 次式）

P 2 次式で割るので余りは 1 次式

とかける。

③に①を代入し

$$f(1)=(1-1)\cdot(1+2)\cdot g(1)+a\cdot 1+b=3$$

（$(1-1)\cdot(1+2)\cdot g(1)$：ここが 0 になる。）

$$f(1)=a+b=3 \quad \cdots④$$

③に②を代入し

$$f(-2)=(-2-1)\cdot(-2+2)\cdot g(-2)+a\cdot(-2)+b=6$$

（$(-2-1)\cdot(-2+2)\cdot g(-2)$：ここが 0 になる。）

$$f(-2)=-2a+b=6 \quad \cdots⑤$$

④−⑤より

$$3a=3-6$$
$$a=-1 \quad \cdots⑥$$

⑥を④に代入

$$-1+b=3$$
$$b=4$$

よって，余りは $-x+4$

No.47 正答 5

$f(x)=x^3+3x^2-3x-1$ とおく。

$f(1)=1+3-3-1=0$ なので，$f(x)$ は $x-1$ を因数にもつ（∵ 因数定理より）。

$(x^3+3x^2-3x-1)\div(x-1)$ を計算する。

$$\begin{array}{rl} & x^2+4x+1 \\ x-1 \big) & \overline{x^3+3x^2-3x-1} \\ & x^3-x^2 \\ \hline & 4x^2-3x \\ & 4x^2-4x \\ \hline & x-1 \\ & x-1 \\ \hline & 0 \end{array}$$

より

$$f(x)=x^3+3x^2-3x-1$$
$$=(x-1)(x^2+4x+1)$$

$f(x)=0$ より，

$$x-1=0 \quad \text{または} \quad x^2+4x+1=0$$
$$x=1,\ x=-2\pm\sqrt{2^2-1}$$
$$=-2\pm\sqrt{3}$$

以上より，$x^3+3x^2-3x-1=0$ の3つの解は

$$x=1,\ -2+\sqrt{3},\ -2-\sqrt{3}$$

No.48 正答 1

$f(x)=x^3-x-6$ とおく。

$$f(2)=2^3-2-6=8-2-6=0$$

より，$f(x)$ は $x-2$ を因数にもつ。

$(x^3-x-6)\div(x-2)$ を計算する。

$$\begin{array}{rl} & x^2+2x+3 \\ x-2 \big) & \overline{x^3 \quad\quad -x-6} \\ & x^3-2x^2 \\ \hline & 2x^2-x \\ & 2x^2-4x \\ \hline & 3x-6 \\ & 3x-6 \\ \hline & 0 \end{array}$$

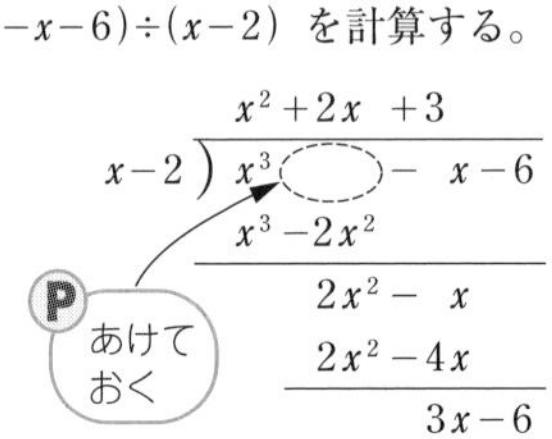

より

$f(x)=x^3-x-6=(x-2)(x^2+2x+3)$

$f(x)=0$ の解は

$x=2$ と $x^2+2x+3=0$ の2解の計3つ。

このあと，**No.47**のように解を直接求めて，その和を出すこともできるが，求めたいのは3つの解の和である。

そこで $x^2+2x+3=0$ の2つの解を α，β とおくと，解と係数の関係より

$$\alpha+\beta=-\frac{2}{1}=-2 \quad \cdots①$$

$f(x)=0$ の3つの解は2，α，β なので，その和は

$$2+\alpha+\beta=2+(-2)\ (∵\ ①より)$$
$$=0$$

となる。

No.49 正答 4

$f(x)=x^4-17x^2+16$ とおく。

$$f(x)=(x^2-16)(x^2-1)$$
$$=(x+4)(x-4)(x+1)(x-1)$$

$x>4$ のとき，$x+4$，$x-4$，$x+1$，$x-1$ はすべて，正になるので，$f(x)>0$

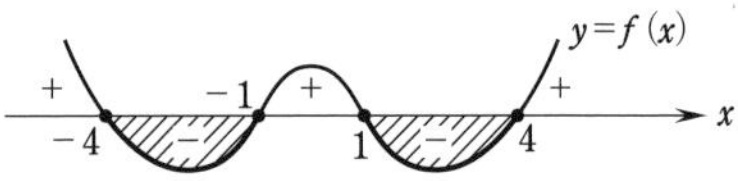

$f(x)\leqq 0$ となるのはグラフより

$$-4\leqq x\leqq -1,\ 1\leqq x\leqq 4$$

No.50 正答 3

$$\begin{cases} x^4+5x^2-36\leqq 0 & \cdots① \\ x^2-(a+1)x+a\geqq 0 & \cdots② \end{cases}$$

①より

$$(x^2+9)(x^2-4)\leqq 0$$

$x^2+9>0$ なので

$$x^2-4\leqq 0$$
$$(x+2)(x-2)\leqq 0$$
$$\therefore\ -2\leqq x\leqq 2 \quad \cdots①'$$

②より

$$(x-1)(x-a)\geqq 0$$

$x\leqq 1,\ a\leqq x$（$1\leqq a$ のとき） または $x\leqq a,\ 1\leqq x$（$a<1$ のとき） $\cdots②'$

「①′または②′」が実数全体であるためには

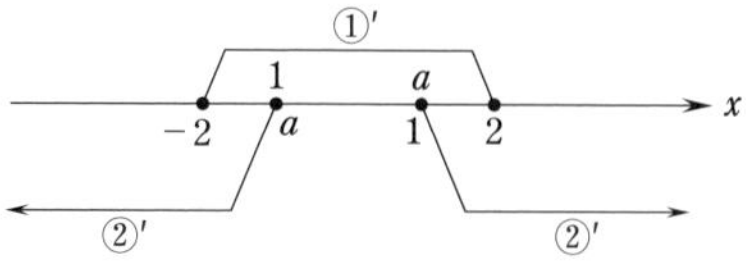

となっていればよいので

$$-2 \leqq a \leqq 2$$

であればよい。

第 4 章　図形と方程式

No.51

⑴　傾きが 2 で (1, 5) を通るので

$$y = 2(x-1)+5$$

$$y = 2x+3$$

⑵　(3, −2), (−1, 10) を通るので

$$y-(-2) = \frac{-2-10}{3-(-1)}(x-3)$$

$$y+2 = \frac{-12}{4}(x-3)$$

$$y = -3(x-3)-2$$

$$y = -3x+7$$

⑶　$y = -2x+3$ に平行なので傾きは −2, また (−2, 6) を通るので

$$y-6 = -2\{x-(-2)\}$$

$$y = -2(x+2)+6$$

$$y = -2x+2$$

⑷　$y = 2x$ に垂直なので傾きは $-\frac{1}{2}$, また (4, −3) を通るので

$$y-(-3) = -\frac{1}{2}(x-4)$$

$$y+3 = -\frac{1}{2}x+2$$

$$y = -\frac{1}{2}x-1$$

No.52　正答　4

3 点を A(4, 0), B(2, 4), C(0, 3) とする。

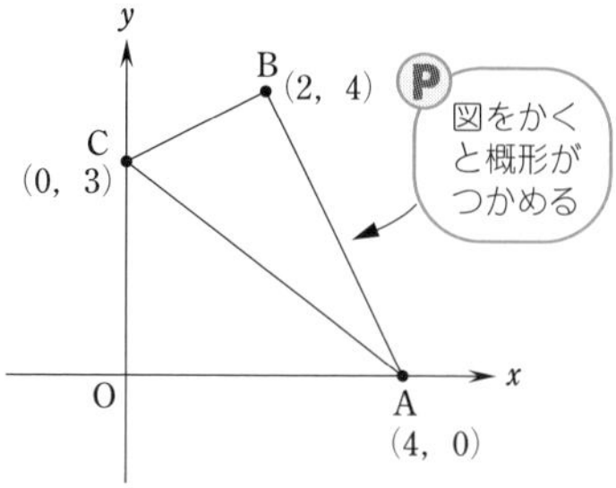

この三角形の外接円の半径を求めたいので

P　どんな形の三角形かがわかればよい

xy 座標にかいてみると，上図のようになるので，正三角形でも，二等辺三角形でもなさそうである。直角三角形かどうか，確かめてみる。

直線 BC の傾き $\frac{4-3}{2-0} = \frac{1}{2}$

直線 AB の傾き $\frac{0-4}{4-2} = -2$

なので

$$\frac{1}{2} \times (-2) = -1$$

P　傾きの積が −1 のときは 2 直線は垂直

より

直線 BC ⊥ 直線 AB

よって，△ABC は ∠B = 90° の直角三角形である。

チェック

直角三角形の外接円の中心は，斜辺の中点にある。

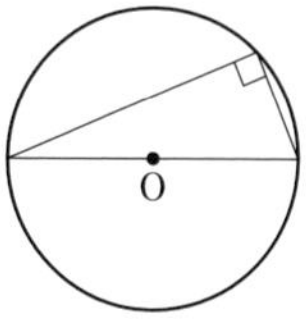

これより，△ABC の外接円の中心は斜辺 AC の中点にあり，直径は斜辺 AC となる。

$$AC = \sqrt{(4-0)^2+(0-3)^2} = 5$$

なので，半径はその$\frac{1}{2}$となり，△ABCの外接円の半径は，$\frac{5}{2}$

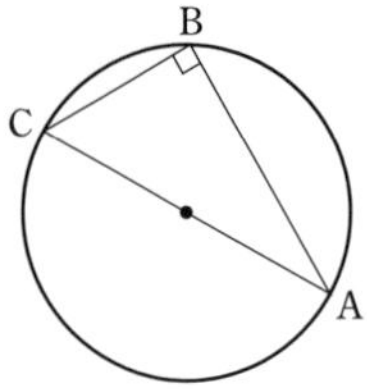

No.53 正答 3

$$\begin{cases} x-y-1=0 & \cdots① \\ x+y-3=0 & \cdots② \\ ax+y=0 & \cdots③ \end{cases}$$

①より　$y=x-1$　…①

②より　$y=-x+3$　…②

③より　$y=-ax$　…③

①と②の交点を求める。①，②より y を消去し

$$x-1=-x+3$$
$$2x=4$$
$$x=2$$

①に代入すると，　$y=1$

よって，①，②の交点は $(2,\ 1)$ である。

①～③の直線が三角形をつくらないのは

③が ①と平行のとき
　　②と平行のとき
　　①，②の交点を通るとき

のいずれかである。

i）　③が①と平行のとき

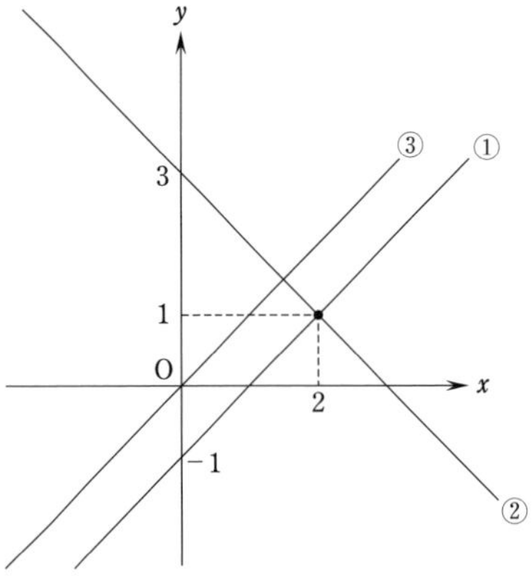

③の傾きが1であればよいので

$y=-ax=x$　∴　$a=-1$

ii）　③が②と平行のとき

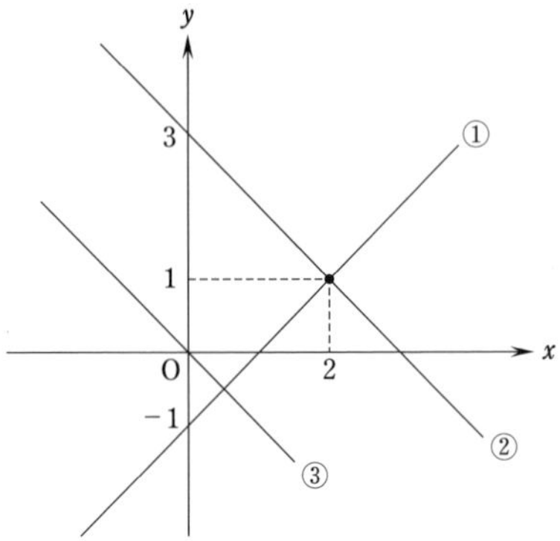

③の傾きが−1であればよいので

$y=-ax=-x$　∴　$a=1$

iii）　③が①，②の交点を通るとき

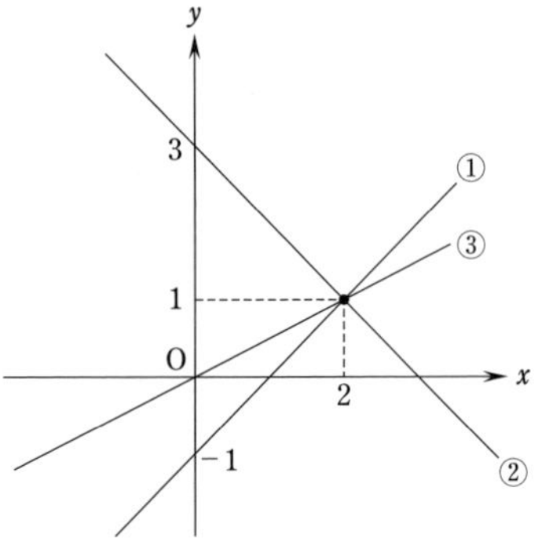

$y=-ax$ が $(2,\ 1)$ を通るので

$1=-2a$　∴　$a=-\frac{1}{2}$

i）～iii）より

$$a=1,\ -1,\ -\frac{1}{2}$$

No.54

それぞれ，円の中心と半径のわかる形

$$(x-a)^2+(y-b)^2=r^2$$

にし，「点と直線との距離の公式」を用いて，円の中心と直線との距離を調べる。

(1)
$$x^2+y^2+4x=0$$
$$x^2+4x+y^2=0$$
$$(x+2)^2-2^2+y^2=0$$
$$(x+2)^2+y^2=2^2$$

中心$(-2,\ 0)$，半径2

直線 $2x-y+3=0$ と$(-2,\ 0)$ の距離 d は

P 「点と直線との距離の公式」を使うときはこの形に

$$d=\frac{|2\times(-2)-0+3|}{\sqrt{2^2+(-1)^2}}$$

$$=\frac{|-1|}{\sqrt{5}}=\frac{1}{\sqrt{5}}<(\text{半径}\ 2)$$

よって，円と直線は異なる2点で交わる。

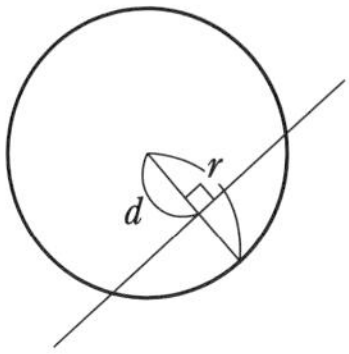

(2)
$$x^2+y^2-2x+6y+1=0$$
$$x^2-2x+y^2+6y+1=0$$
$$(x-1)^2-1^2+(y+3)^2-3^2+1=0$$
$$(x-1)^2+(y+3)^2=3^2$$

中心$(1,\ -3)$，半径3

直線 $y=\dfrac{3}{4}x$

$4y=3x$

$3x-4y=0$

中心$(1,\ -3)$ から $3x-4y=0$ までの距離 d は

$$d=\frac{|3\times1-4\times(-3)|}{\sqrt{3^2+(-4)^2}}=\frac{|15|}{\sqrt{25}}=\frac{15}{5}=3$$

$d=3=(\text{半径}\ r)$

なので，円と直線は接する。

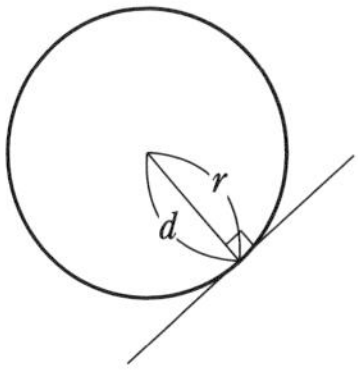

(3)
$$x^2+y^2+2y-8=0$$
$$x^2+(y+1)^2-1^2-8=0$$
$$x^2+(y+1)^2=9$$
$$x^2+(y+1)^2=3^2$$

中心$(0,\ -1)$，半径3

直線 $y=-x+5$

$x+y-5=0$

中心$(0,\ -1)$ から $x+y-5=0$ までの距離 d は

$$d=\frac{|0+(-1)-5|}{\sqrt{1^2+1^2}}=\frac{6}{\sqrt{2}}=\frac{6\times\sqrt{2}}{\sqrt{2}\times\sqrt{2}}$$

$$=\frac{6\sqrt{2}}{2}=3\sqrt{2}>(\text{半径}\ 3)$$

よって，円と直線は共有点をもたない。

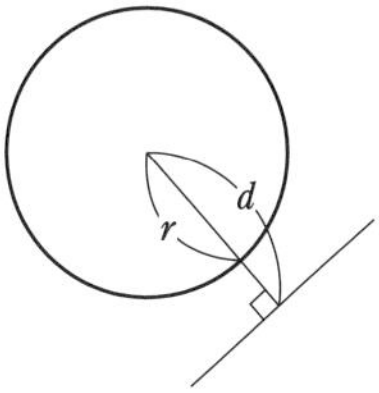

No.55 正答 3

チェック

円と直線が共有点をもたない

⇕

$r<d$

(円の半径) < (円の中心から直線までの距離)

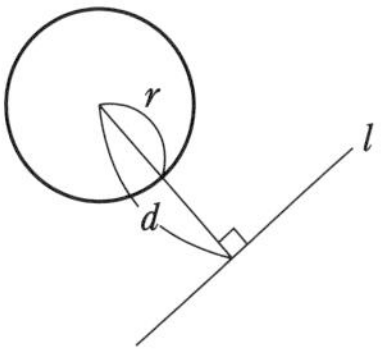

円 $x^2+y^2-2x+4y+1=0$ …①

$(x^2-2x)+(y^2+4y)+1=0$

$\{(x-1)^2-1^2\}+\{(y+2)^2-2^2\}+1=0$

$(x-1)^2+(y+2)^2=2^2$ …①′

より，①の円は

中心$(1,\ -2)$，半径2

である。直線は

$$y=a(x+3) \quad \cdots②$$
$$ax-y+3a=0 \quad \cdots②'$$
①′の円の中心(1, −2)から，②′の直線までの距離 d は「点と直線との距離の公式」より
$$d=\frac{|a\times 1-(-2)+3a|}{\sqrt{a^2+(-1)^2}}=\frac{|4a+2|}{\sqrt{a^2+1}}$$
①′と②′が共有点をもたないためには，これが円の半径2より大きければよい。
$$\frac{|4a+2|}{\sqrt{a^2+1}}>2 \quad \cdots③$$
③の両辺は正なので2乗して
$$\frac{(4a+2)^2}{a^2+1}>4$$
$$2^2(2a+1)^2>4(a^2+1)$$
$$4a^2+4a+1-a^2-1>0$$
$$3a^2+4a>0$$
$$3a\left(a+\frac{4}{3}\right)>0$$
$$a<-\frac{4}{3},\ 0<a$$

No.56 正答　4

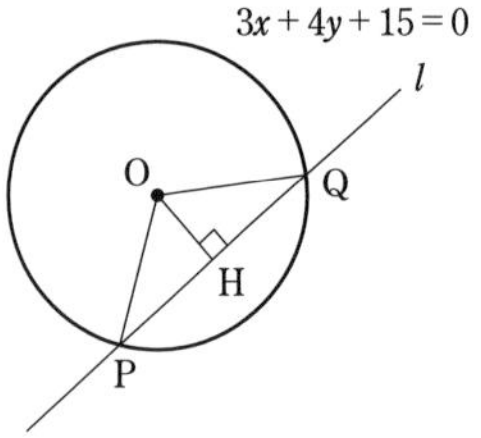

円 $x^2+y^2=25=5^2$
中心(0, 0)，半径5
中心Oから，弦PQに下ろした垂線の足をHとする。
△OPQはOP＝OQの二等辺三角形なのでHはPQの中点となる。
$$PH=QH \quad \cdots①$$
△OHPは直角三角形で
$$OP=5 \quad \cdots②$$
でOHはOから直線 l までの距離なので「点と直線との距離の公式」より
$$OH=\frac{|3\times 0+4\times 0+15|}{\sqrt{3^2+4^2}}=\frac{15}{5}=3 \quad \cdots③$$
②，③と三平方の定理より
$$PH=\sqrt{OP^2-OH^2}$$
$$=\sqrt{5^2-3^2}=4 \quad \cdots④$$
①，④より
$$PQ=2PH=2\times 4$$
$$=8$$

No.57

(1)
$$\begin{cases} x^2+y^2-2x+2y\leqq 0 & \cdots① \\ x+y\leqq 0 & \cdots② \end{cases}$$
①より
$$x^2-2x+y^2+2y\leqq 0$$
$$(x-1)^2-1^2+(y+1)^2-1^2\leqq 0$$
$$(x-1)^2+(y+1)^2\leqq 2$$
$$(x-1)^2+(y+1)^2\leqq(\sqrt{2})^2$$
これは，中心(1, −1)，半径 $\sqrt{2}$ の円の内部である(境界を含む)。
②より
$$x+y\leqq 0$$
$$y\leqq -x$$
これは直線 $y=-x$ の下部(境界を含む)である。
①かつ②より，求める領域は次図網かけ部(境界を含む)。

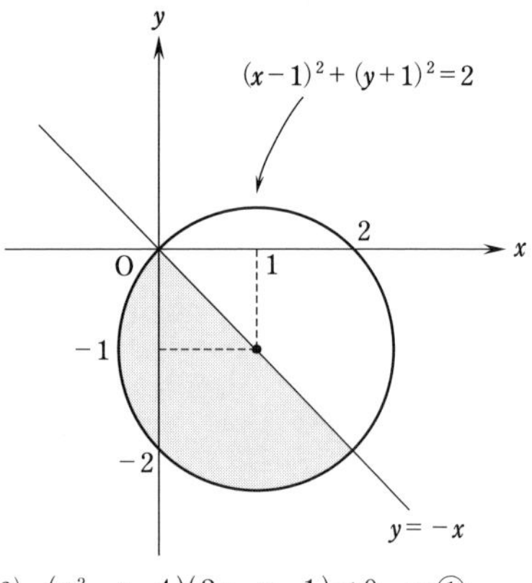

(2) $(x^2-y-4)(2x-y-1)<0 \quad \cdots①$
境界線は
$$x^2-y-4=0,\ 2x-y-1=0$$
$$y=x^2-4,\ y=2x-1$$
これをグラフにかき，境界線上にない点，例えば(0, 0)を①に代入する。
$x=0$，$y=0$ のとき①の左辺は
$$(0-0-4)(0-0-1)=4>0$$
となり，①を満たさない。よって(0, 0)

を含む領域の隣りの領域が①を満たす。

（境界線を越えるごとに正負が逆になるので）

よって，求める領域は次図網かけ部（境界を含まない）である。

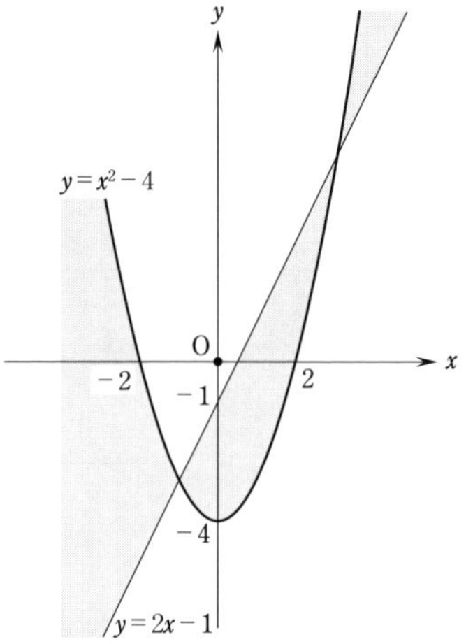

No.58　正答　4

$$(x-y)(x^2+y^2-1)\leqq 0 \quad \cdots①$$

より，境界は

$$x-y=0,\ x^2+y^2-1=0$$

である。この境界線上にない１つの点，例えば（2，0）が不等式①を満たすかどうか代入してみる。$x=2$，$y=0$ のとき

$$(2-0)(2^2+0^2-1)>0$$

となる。

ということは（2，0）は①を満たさないので，（2，0）を含む領域に斜線を入れず，その隣の領域に斜線を入れていく（斜線は①の不等式を満たす領域）。境界を越えるごとに $x-y$，x^2+y^2-1 のいずれかの正負が逆になっていくので，交互に斜線を入れていけばよい。

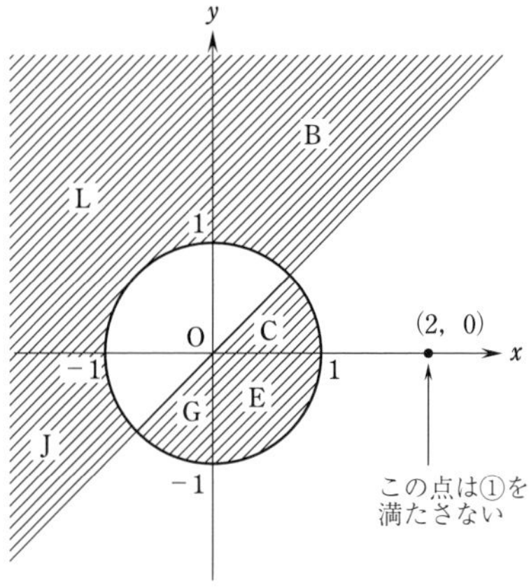

よって，①を満たすのは

B，C，E，G，J，L

である（ただし，境界を含む）。

No.59　正答　1

$$\begin{cases} x+2y\leqq 12 & \cdots① \\ 4x+y\leqq 20 & \cdots② \end{cases}$$

の領域を図示する。

①より　$y\leqq -\dfrac{1}{2}x+6$

直線 $y=-\dfrac{1}{2}x+6$ の下側

②より　$y\leqq -4x+20$

直線 $y=-4x+20$ の下側

①かつ②を満たす領域は下図斜線部である（境界を含む）。

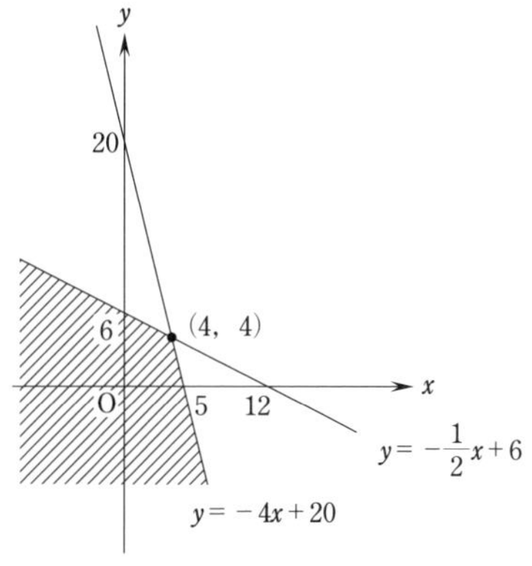

ここで，2直線の交点は

$$y=-\frac{1}{2}x+6,\ y=-4x+20$$

の連立方程式の解なので

$$-\frac{1}{2}x+6=-4x+20$$

$$\frac{7}{2}x=14$$

$$x=14\times\frac{2}{7}=4$$

$$y=-4\times4+20=4$$

より，(4，4) である。

この領域内で，$x+y$ の最大値を求めればよい。

ここで，$x+y=k$ とおく。

$$y=-x+k \quad \cdots③$$

これは傾き -1，y 切片 k の直線である。

③と前に図示した領域とが共有点をもつ範囲で，③の直線を動かしたとき(傾き -1 のまま上下に平行移動させて調べる)，y 切片 k が最大となるのは，直線③が (4，4) を通るとき(下図)である。

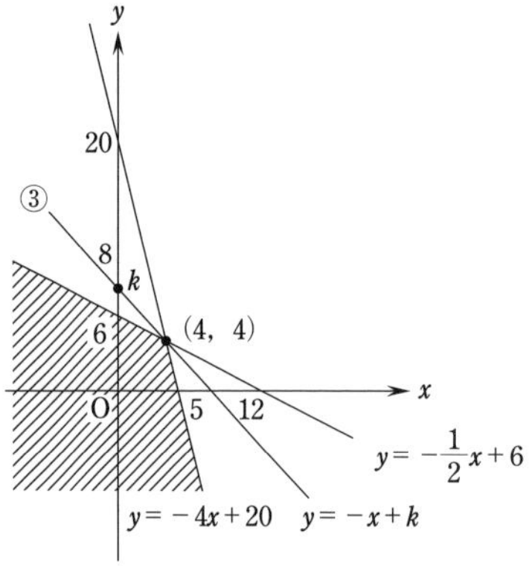

このとき

$$k=x+y=4+4=8$$

で，$x+y$ の最大値は **8** である。

No.60 正答 2

$$x^2+y^2\leqq4 \quad \cdots①$$

は円 $x^2+y^2=2^2$ の内部(円周上を含む)である。

$x+y=k$ とおく。

$$y=-x+k \quad \cdots②$$

①と②が共有点をもつ範囲内で，②の直線を上下に平行移動させ，y 切片 k が最大となるときを調べると，円と直線が接するとき($k>0$ の方)であるとわかる。

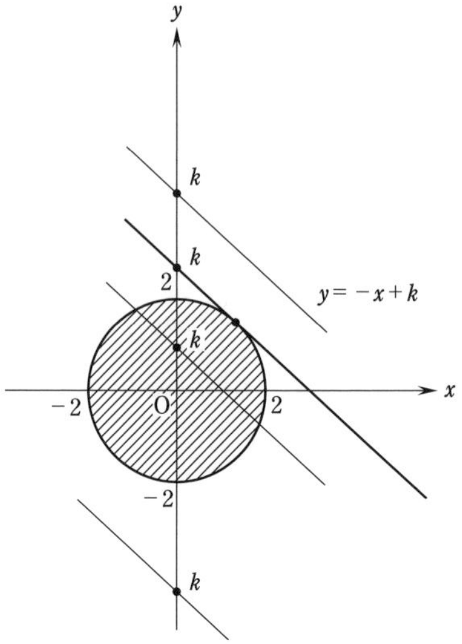

円 $x^2+y^2=2^2$ …③は，中心(0，0)，半径2で

直線 $x+y-k=0$ …②′

なので

③と②′が接するのは

(中心(0，0)から②′までの距離) = (円の半径 2)

のときである。

$$\frac{|0+0-k|}{\sqrt{1^2+1^2}}=2$$

より，

$$|k|=2\sqrt{2}$$

$$k=\pm2\sqrt{2}$$

最大値なので $k>0$ より

$$k=2\sqrt{2}$$

すなわち，$x+y$ の最大値は **$2\sqrt{2}$** である。

第5章 三角比・三角関数

No.61

(1) $\sin 30^\circ = \dfrac{1}{2}$

$\cos 30^\circ = \dfrac{\sqrt{3}}{2}$

$\tan 30^\circ = \dfrac{1}{\sqrt{3}}$

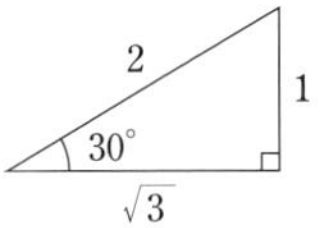

(2) $\sin 60^\circ = \dfrac{\sqrt{3}}{2}$

$\cos 60^\circ = \dfrac{1}{2}$

$\tan 60^\circ = \dfrac{\sqrt{3}}{1} = \sqrt{3}$

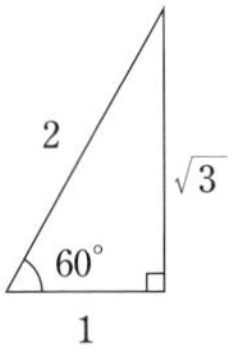

(1), (2)より

チェック

$$\sin(90^\circ - \theta) = \cos\theta$$
$$\cos(90^\circ - \theta) = \sin\theta$$
$$\tan(90^\circ - \theta) = \frac{1}{\tan\theta}$$

(3) $\sin 45^\circ = \dfrac{1}{\sqrt{2}}$

$\cos 45^\circ = \dfrac{1}{\sqrt{2}}$

$\tan 45^\circ = \dfrac{1}{1} = 1$

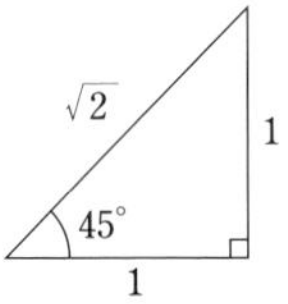

(4)

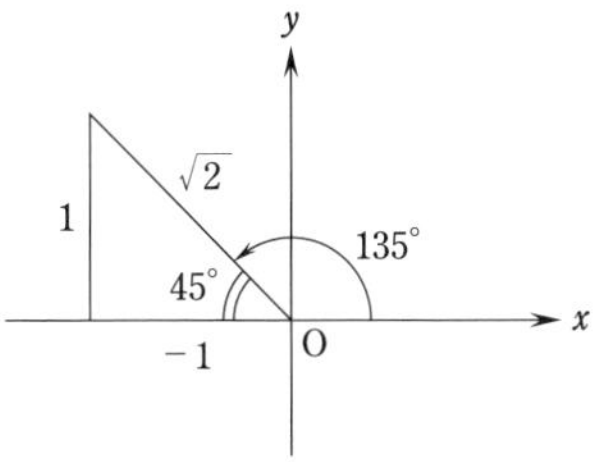

$135^\circ = 180^\circ - 45^\circ$

$\sin 135^\circ = \dfrac{1}{\sqrt{2}}$

$\cos 135^\circ = \dfrac{-1}{\sqrt{2}} = -\dfrac{1}{\sqrt{2}}$

$\tan 135^\circ = \dfrac{1}{-1} = -1$

(5)

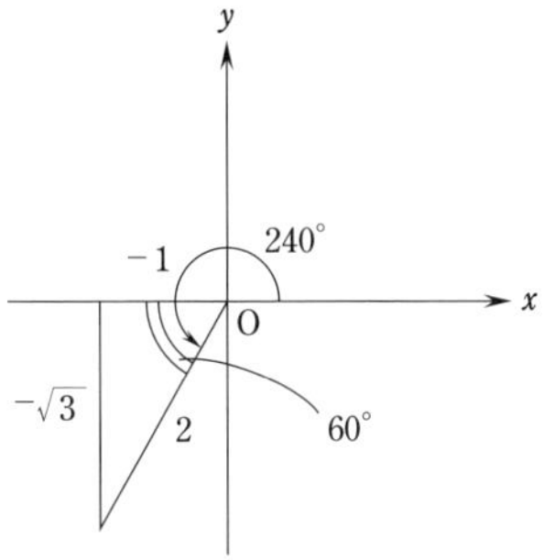

$240^\circ = 180^\circ + 60^\circ$

$\sin 240^\circ = \dfrac{-\sqrt{3}}{2} = -\dfrac{\sqrt{3}}{2}$

$\cos 240^\circ = \dfrac{-1}{2} = -\dfrac{1}{2}$

$\tan 240^\circ = \dfrac{-\sqrt{3}}{-1} = \sqrt{3}$

No.62 正答 3

$\sin\theta = \dfrac{5}{13}$ となる直角三角形の１つは

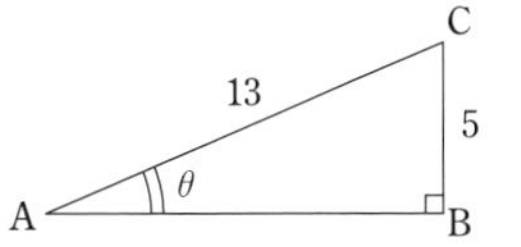

である。このとき，辺 AB の長さは三平方の定理より

$$AB = \sqrt{13^2 - 5^2} = \sqrt{169 - 25}$$
$$= \sqrt{144} = \sqrt{12^2} = 12$$

となる。

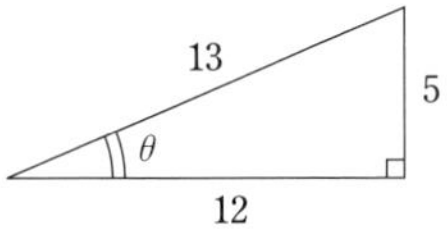

これより

$$\tan\theta = \frac{5}{12}$$

$(0^\circ < \theta < 90^\circ$ なので，$\tan\theta > 0)$

No.63 正答 3

$AC = x(\mathrm{m})$ とする。

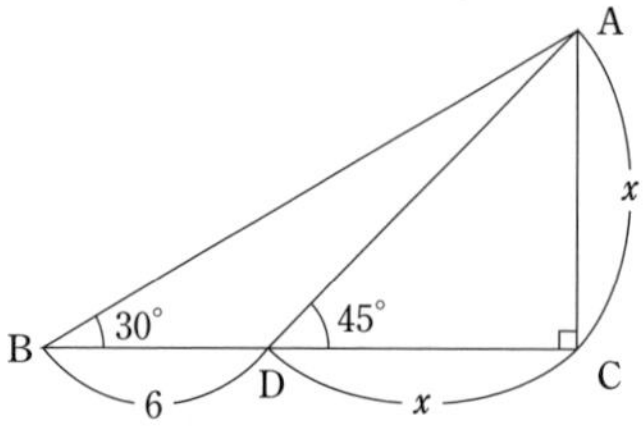

$\triangle ACD$ は直角二等辺三角形なので

$$DC = AC = x$$

また，$\triangle ABC$ は

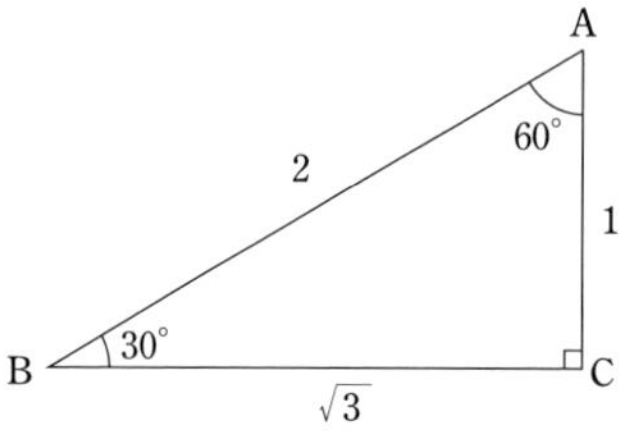

の直角定規の三角形なので，

$$AC : BC = 1 : \sqrt{3}$$

よって

$$x : (6+x) = 1 : \sqrt{3}$$

これより

$$\sqrt{3}x = 6 + x$$

$$(\sqrt{3}-1)x = 6$$

$$x = \frac{6}{\sqrt{3}-1}$$

$$= \frac{6(\sqrt{3}+1)}{(\sqrt{3}-1)(\sqrt{3}+1)}$$

$$= \frac{6(\sqrt{3}+1)}{(\sqrt{3})^2 - 1^2}$$

$$= \frac{6(\sqrt{3}+1)}{2}$$

$$= 3(\sqrt{3}+1)$$

$$\fallingdotseq 3(1.73+1)$$

$$= 8.19$$

$$\fallingdotseq \mathbf{8.2\ (m)}$$

No.64 正答 2

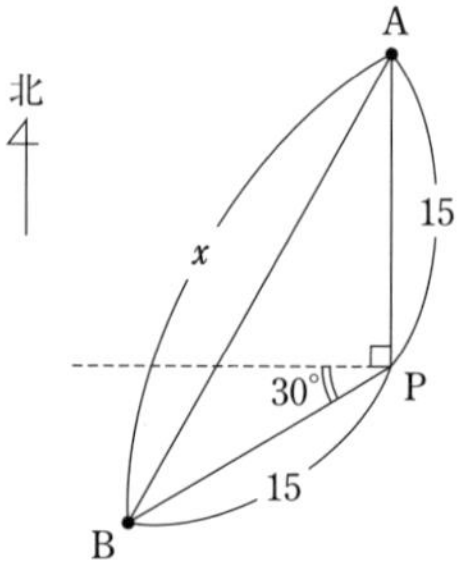

$$AP = BP = 5 \times 3$$

$$= 15(\mathrm{km})$$

$$\angle APB = 90^\circ + 30^\circ$$

$$= 120^\circ$$

求めるのは，上図辺 AB の長さである。

(解法 1)

「余弦定理」より，

$$AB^2 = PA^2 + PB^2 - 2\,PA \cdot PB \cdot \cos 120^\circ$$

$$x^2 = 15^2 + 15^2 - 2 \cdot 15^2 \cdot \left(-\frac{1}{2}\right)$$

$$= 15^2 + 15^2 + 15^2$$

$$= 3 \times 15^2$$

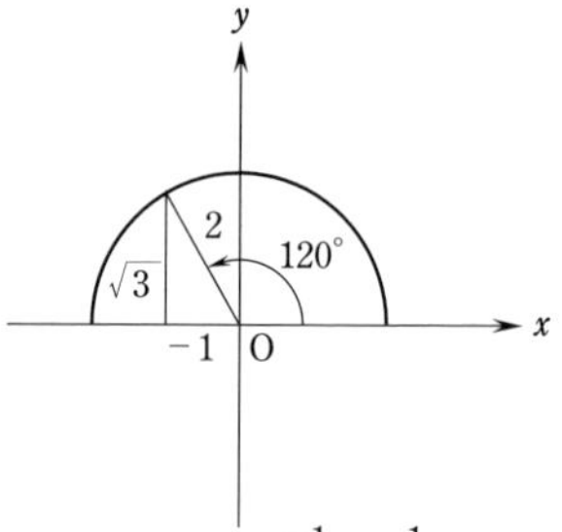

$$\cos 120^\circ = \frac{-1}{2} = -\frac{1}{2}$$

$x > 0$ より

$$x = \sqrt{3 \times 15^2} = 15\sqrt{3}$$

$$\fallingdotseq 15 \times 1.73$$

$$= 25.95 \fallingdotseq \mathbf{26.0\ (km)}$$

(解法 2)

P から辺 AB に下ろした垂線の足を H とする。

$\triangle PAB$ は $PA = PB$ の二等辺三角形なので，$AH = BH$，$\angle APH = \angle BPH = 60^\circ$ となる。

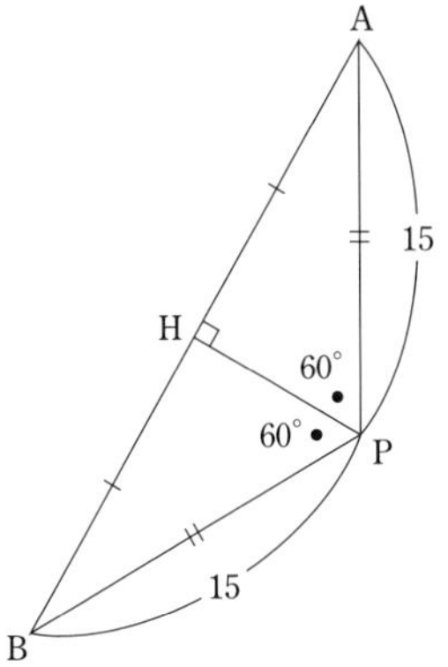

ここで，△APH は

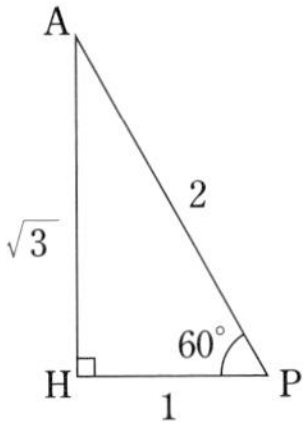

の直角定規の三角形なので

$$\mathrm{AH} = \mathrm{AP} \times \frac{\sqrt{3}}{2}$$

$$= 15 \times \frac{\sqrt{3}}{2}$$

よって

$$\mathrm{AB} = 2\,\mathrm{AH}$$

$$= 2 \times \left(15 \times \frac{\sqrt{3}}{2}\right)$$

$$= 15\sqrt{3}$$

（以下略）

No.65 正答　4

P 「外接円の半径」
⇓
「正弦定理」の利用

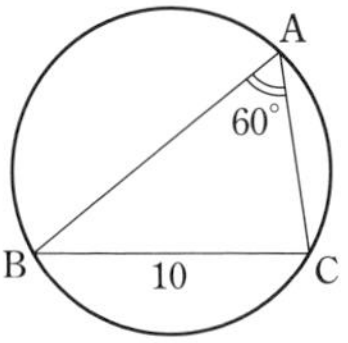

外接円の半径を R とすると，「正弦定理」より

$$2R = \frac{a}{\sin A}$$

$$2R = \frac{10}{\sin 60^\circ}$$

$$R = \frac{10}{2 \cdot \sin 60^\circ} = \frac{10}{2 \times \frac{\sqrt{3}}{2}}$$

$$= \frac{10 \times \sqrt{3}}{\sqrt{3} \times \sqrt{3}} = \frac{10\sqrt{3}}{3}$$

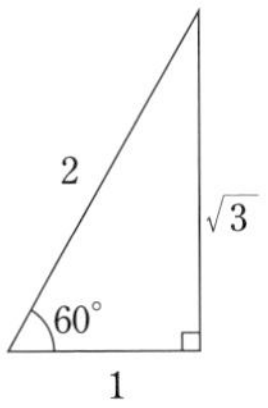

$$\sin 60^\circ = \frac{\sqrt{3}}{2}$$

〈参考〉

$\angle \mathrm{A} = 60^\circ$ と $a = \mathrm{BC} = 10$ だけでは△ABC の形は決まらない。そこで，辺 AB が外接円の直径になるよう，すなわち，$\angle \mathrm{C} = 90^\circ$ のときを考えてみる。

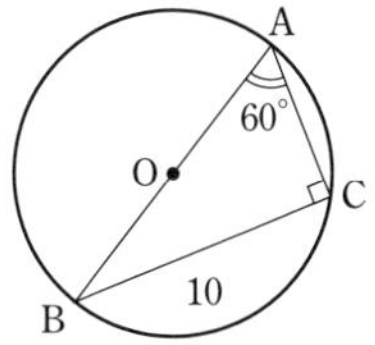

△ABC は

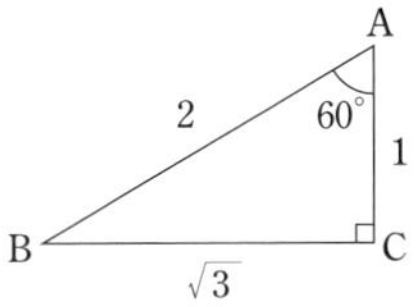

の直角定規の三角形になり

$$\mathrm{AB} = 10 \times \frac{2}{\sqrt{3}} = \frac{20}{\sqrt{3}}$$

これより

$$\mathrm{OA} = \frac{1}{2}\mathrm{AB} = \frac{1}{2} \times \frac{20}{\sqrt{3}} = \frac{10}{\sqrt{3}}$$

（以下略）

と考えて，外接円の半径 R を得ることも

できる。

No.66 正答 3

P 使うのは正弦定理か余弦定理。どちらが使えるか？

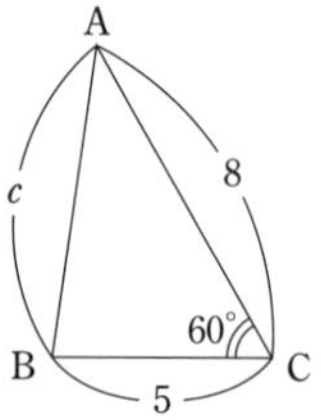

c を求めるので，「余弦定理」にあてはめればよい。

「余弦定理」より

$c^2=5^2+8^2-2\cdot5\cdot8\cdot\cos60^\circ$

$=25+64-2\cdot5\cdot8\cdot\dfrac{1}{2}$

$=25+64-40$

$=49$

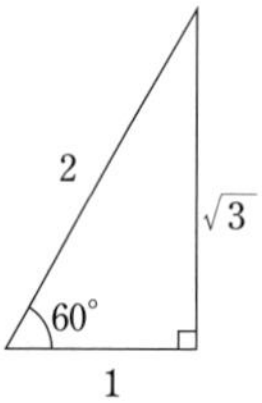

$\cos60^\circ=\dfrac{1}{2}$

$c>0$ より

$c=\sqrt{49}=7$

No.67 正答 1

（解法1）

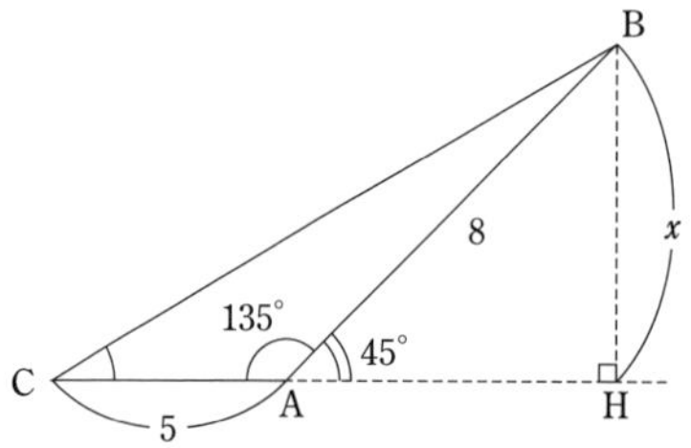

B から直線CA に下ろした垂線の足を H とし BH $=x$ とする。

△ABC の面積を得るには底辺を AC と見ると，高さ BH $=x$ がわかればよい。

$\angle\mathrm{BAH}=180^\circ-135^\circ=45^\circ$

なので，

$x=8\times\dfrac{1}{\sqrt{2}}$

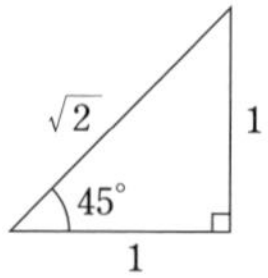

よって

$\triangle\mathrm{ABC}=\dfrac{1}{2}\cdot\mathrm{AC}\cdot\mathrm{BH}$

$=\dfrac{1}{2}\cdot5\cdot\left(8\times\dfrac{1}{\sqrt{2}}\right)$

$=\dfrac{20}{\sqrt{2}}=\dfrac{20\times\sqrt{2}}{\sqrt{2}\times\sqrt{2}}$

$=\dfrac{20\sqrt{2}}{2}=10\sqrt{2}$

（解法2）

三角形の面積公式

$S=\dfrac{1}{2}\cdot b\cdot c\cdot\sin A$

にあてはめて

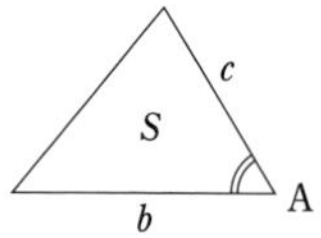

$\triangle\mathrm{ABC}=\dfrac{1}{2}\cdot5\cdot8\cdot\sin135^\circ$

$=20\cdot\sin135^\circ$

$=20\cdot\dfrac{1}{\sqrt{2}}$

（以下略）

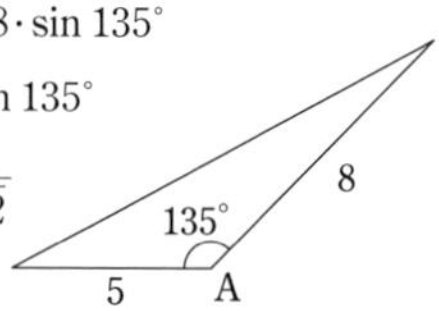

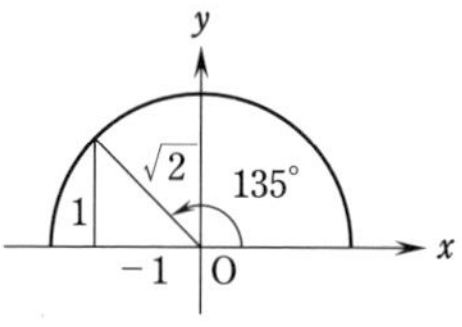

$\sin135^\circ=\dfrac{1}{\sqrt{2}}$

No.68　正答 2

ヘロンの公式

$S=\sqrt{s(s-a)(s-b)(s-c)}$

$\left(s=\dfrac{a+b+c}{2}\right)$

にあてはめる。

P　3 辺の長さだけがわかっているときの面積
⇓
ヘロンの公式

$s=\dfrac{4+6+8}{2}=9$

$S=\sqrt{9(9-4)(9-6)(9-8)}$

$=\sqrt{9\cdot 5\cdot 3\cdot 1}$

$=3\sqrt{15}$

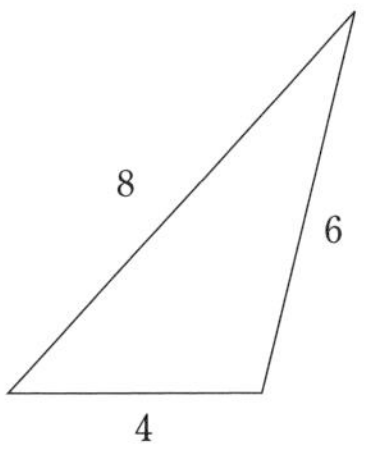

No.69　正答　2

$2\cos^2 x-\sin x-1=0$　…①

P　$\sin x$，$\cos x$ が混在しているときはどちらか一方だけにする。そのとき，「$\sin^2 x+\cos^2 x=1$」の利用

$\cos^2 x=1-\sin^2 x$

を①に代入

$2(1-\sin^2 x)-\sin x-1=0$

$-2\sin^2 x-\sin x+1=0$

$2\sin^2 x+\sin x-1=0$

$(2\sin x-1)(\sin x+1)=0$

$\sin x=\dfrac{1}{2},\ -1$

$0^\circ \leqq x \leqq 180^\circ$ なので，$0 \leqq \sin x \leqq 1$

$\sin x=\dfrac{1}{2}$ となるのは

$x=30^\circ,\ 150^\circ$

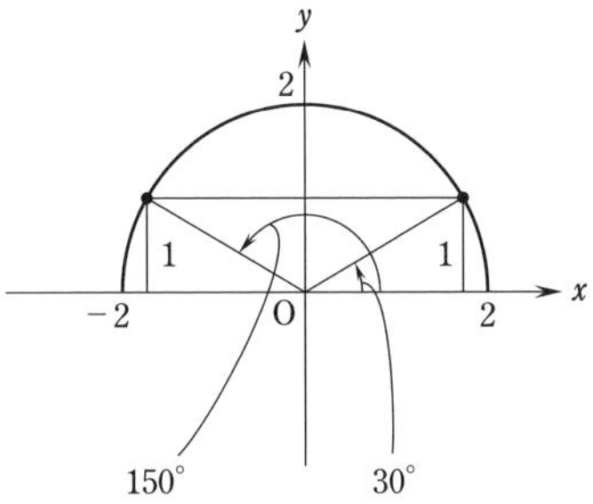

No.70　正答　5

$y=\sin^2 x+\cos x$

$=(1-\cos^2 x)+\cos x$

$=-\cos^2 x+\cos x+1$

P　**No.69**と同様
$\sin x$，$\cos x$
どちらかにそろえる

$\cos x=t$ とおくと

$0^\circ \leqq x < 360^\circ$ より

$-1 \leqq \cos x \leqq 1$

$-1 \leqq t \leqq 1$　…①

$y=-t^2+t+1$　…②

P　新しい文字の変域を必ず調べる

①の範囲で②の最大・最小を求めるので②のグラフをかけばよい。

$y=-t^2+t+1$

$=-(t^2-t)+1$

$=-\left\{\left(t-\dfrac{1}{2}\right)^2-\left(\dfrac{1}{2}\right)^2\right\}+1$

$=-\left(t-\dfrac{1}{2}\right)^2+\dfrac{5}{4}$

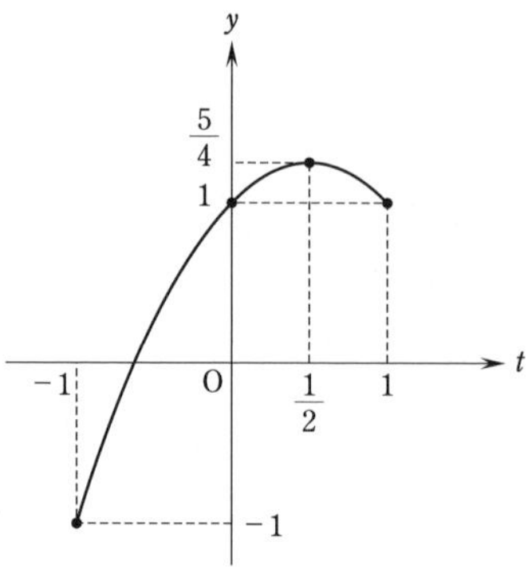

グラフより

最大値　$\frac{5}{4}$　$\left(t=\frac{1}{2}\text{ のとき}\right)$

最小値　-1　$\left(t=-1\text{ のとき}\right)$

第 6 章　数列

No.71　正答　4

(解法 1)

4 で割っても 6 で割っても 1 余る数は

$12m+1$　(m は自然数)

で表される(∵　4 と 6 の最小公倍数は 12)。

2 桁の自然数でこの条件を満たすのは

$12\times1+1,\ 12\times2+1,\ \cdots,\ 12\times8+1$

の 8 個である。

この総和を S とすると,

$$\begin{aligned}S &= (12\times1+1)+(12\times2+1)\\&\quad+\cdots+(12\times8+1)\\&= 12(1+2+\cdots+8)+1\times8\\&= 12\times\frac{(1+8)\times8}{2}+8\\&= 12\times36+8\\&= 440\end{aligned}$$

(解法 2)

条件を満たすのは

$13,\ 25,\ 37,\ \cdots,\ 97$

の 8 個であり,これは

初項 13,公差 12 の等差数列 8 項

なので,等差数列の和の公式より

$$S=\frac{(13+97)\times8}{2}=440$$

No.72　正答　2

$\{a_n\}$ の初項を a,公差を d とする。第 10項が 173,第20項が 143 なので

$$a_{10}=a+9d=173\quad\cdots①$$
$$a_{20}=a+19d=143\quad\cdots②$$

②−①より

$$10d=-30$$
$$d=-3$$

①に代入して

$$\begin{aligned}a+9\cdot(-3)&=173\\a&=173+27\\&=200\end{aligned}$$

よって

$$\begin{aligned}a_n&=200+(n-1)\cdot(-3)\\&=-3n+203\end{aligned}$$

$a_n<0$ となるのは

$$-3n+203<0$$
$$203<3n$$
$$n>\frac{203}{3}=67.6\cdots$$

なので

$n\geqq68$ のとき　$a_n<0$

となる。よって,初めて負になるのは第68項である。

No.73　正答　3

等比数列の和の公式

初項 a,公比 r のとき,初項〜第 n 項までの和 S_n は

$$S_n=\frac{a(1-r^n)}{1-r}\quad(r\neq1\text{ のとき})$$

初項 3,公比 2 なので,初項から第 6 項までの和 S_6 は

$$S_6=\frac{3(1-2^6)}{1-2}=3(2^6-1)=189$$

No.74　正答　4

P　規則性が見えにくいときは階差を調べる

$\{a_n\}$ −2,1,6,13,22,33,46,…,a_{10}

$\{b_n\}$　3　5　7　9　11　13　…　b_9

階差数列を$\{b_n\}$とおくと，$\{b_n\}$は

初項3，公差2の等差数列

である。よって，

$$
\begin{aligned}
a_{10} &= a_1+(b_1+b_2+\cdots+b_9)\\
&= -2+(\underbrace{3+5+\cdots+b_9}_{9\text{項}})
\end{aligned}
$$

$b_9=3+2\times(9-1)=19$ なので

$$
\begin{aligned}
a_{10} &= -2+(3+5+\cdots+19)\\
&= -2+\frac{(3+19)\times 9}{2}\\
&= \mathbf{97}
\end{aligned}
$$

P 等差数列の和の公式 $S_n=\dfrac{(a_1+a_n)\times n}{2}$

No.75 正答 2

(解法１)

左端の数の規則性を調べてみる。

$\{a_n\}$ 1，2，4，7，11，…，a_{12}

$\{b_n\}$ 1 2 3 4 … b_{11}

階差数列を$\{b_n\}$とすると，$\{b_n\}$は

初項1，公差1の等差数列

である。

よって，

$$
\begin{aligned}
a_{12} &= a_1+(b_1+b_2+\cdots+b_{11})\\
&= 1+(1+2+\cdots+11)\\
&= 1+\frac{(1+11)\times 11}{2}\\
&= \mathbf{67}
\end{aligned}
$$

(解法２)

自然数が１段目に１個，２段目に２個，３段目に３個並んでいるので，１～11段目までに並ぶ数の個数は

$$1+2+3+\cdots+11=\frac{(1+11)\times 11}{2}=66(\text{個})$$

である。よって，12段目の左端は67番目の自然数で，67 である。

No.76 正答 5

P “かたまり”に分けると規則性が見えてくる

1 / 1，2 / 1，2，3 / 1，2，3，4 /…

① ② ③ ④

第 n 群が n 項ずつになるよう区切る。すると，第 n 群には

1，2，3，…，n

の n 個の自然数がある。100 が最初に現れるのは

1，2，3，…，99，100

より，第100群の末項（第100番目）である。

これは数列全体の中では

$1+2+3+\cdots+100$ 番目

である。

$$
\begin{aligned}
1+2+3+\cdots+100 &= \frac{(1+100)\times 100}{2}\\
&= 5050
\end{aligned}
$$

よって，**第5050項**に初めて現れる。

No.77 正答 2

$S_n=n^2+2n$

$S_n=a_1+a_2+\cdots+a_n$ を表すので，

$S_{15}=a_1+a_2+\cdots+a_{14}+a_{15}$ …①

$S_{14}=a_1+a_2+\cdots+a_{14}$ …②

という意味である。

①－②より

$$
\begin{aligned}
a_{15} &= S_{15}-S_{14}\\
&= (15^2+2\times 15)-(14^2+2\times 14) \quad \cdots★\\
&= \mathbf{31}
\end{aligned}
$$

★の計算はこのまましてもよいが次のように考えるとやりやすい。

$$
\begin{aligned}
&(15^2+2\times 15)-(14^2+2\times 14)\\
&= 15^2-14^2+2(15-14)\\
&= (15+14)(15-14)+2(15-14)\\
&= 29\times 1+2\\
&= 31
\end{aligned}
$$

P $a^2-b^2=(a+b)(a-b)$ の利用

〈補足〉

一般に $n\geqq 2$ のとき

$$
\begin{aligned}
a_n &= S_n-S_{n-1}\\
&= (n^2+2n)-\{(n-1)^2+2(n-1)\}\\
&= 2n-1+2\\
&= 2n+1
\end{aligned}
$$

と，一般項を計算してから，$n=15$ を代入してもよい。

$$
\begin{aligned}
a_{15} &= 2\times 15+1\\
&= 31
\end{aligned}
$$

第7章 微分法

No.78 正答 5

$y=f(x)=x^3-3x+4$ とおく。

$$f'(x)=3x^2-3$$

$x=2$ における接線の傾きは $f'(2)$ なので

$$f'(2)=3\cdot2^2-3=9$$

$x=2$ のとき，y の値は

$$f(2)=2^3-3\cdot2+4=6$$

つまり，$(2,\ f(2))=(2,\ 6)$ における接線の傾きが $f'(2)=9$ なので接線は，$(2,\ 6)$ を通り，傾きが9の直線である。

$$y-6=9(x-2)$$
$$y=9x-18+6$$
$$y=9x-12$$

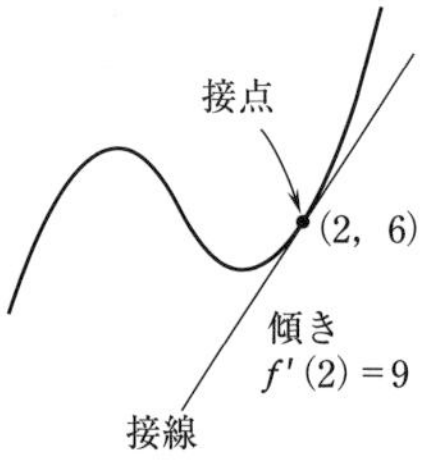

No.79 正答 3

$y=f(x)=2x^3-9x^2-60x+5$ とおく。

$$f'(x)=2\cdot3x^2-9\cdot2x-60$$
$$=6(x^2-3x-10)$$
$$=6(x-5)(x+2)$$

$f'(x)=0$ のとき

$$x=-2,\ 5$$

増減表は次のようになる。

x	$\cdots$	-2	$\cdots$	5	$\cdots$
$f'(x)$	$+$	0	$-$	0	$+$
$f(x)$	↗	極大	↘	極小	↗

これより

極大値をとるのは $x=-2$ のとき

極小値をとるのは $x=5$ のとき

である。

No.80 正答 2

$y=f(x)=2x^3+3ax^2+6ax+1$ とおく。

$$f'(x)=2\cdot3x^2+3a\cdot2x+6a$$
$$=6(x^2+ax+a)=0 \quad \cdots①$$

$f'(x)=0$ が異なる2つの実数解をもつとき，$f(x)$ は極値をもつ。よって，$f(x)$ が極値をもたないのは，$f'(x)=0$ が重解のとき，または，実数解をもたないときである。

①の判別式を D とすると

$D\leqq0$

のときである。

$D=a^2-4a\leqq0$

$a(a-4)\leqq0$

$0\leqq a\leqq4$

P このとき常に
$f'(x)\geqq0$ となり
$y=f(x)$ は単調増加する。

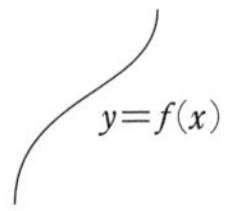

No.81 正答 1

$$y=f(x)=2x^3+ax^2+bx+c \quad \cdots①$$

とおく。

$$f'(x)=2\cdot3x^2+a\cdot2x+b \quad \cdots②$$

$x=-1$ のとき極大値をとるので

$$f'(-1)=0 \quad \cdots③$$

極大値は12なので

$$f(-1)=12 \quad \cdots④$$

$x=2$ のとき極小値をとるので

$$f'(2)=0 \quad \cdots⑤$$

③より

$$f'(-1)=2\cdot3(-1)^2+a\cdot2\cdot(-1)+b=0$$
$$6-2a+b=0 \quad \cdots③'$$

④より

$$f(-1)=2\cdot(-1)^3+a\cdot(-1)^2+b\cdot(-1)+c$$
$$=12$$
$$-2+a-b+c=12 \quad \cdots④'$$

⑤より

$$f'(2)=2\cdot3\cdot2^2+a\cdot2\cdot2+b=0$$
$$24+4a+b=0 \quad \cdots⑤'$$

⑤′−③′

$$18+6a=0$$
$$\therefore\quad a=-3 \quad \cdots⑥$$

③′に代入して

$$6-2\cdot(-3)+b=0$$
$$b=-12 \quad \cdots⑦$$

⑥，⑦を④′に代入して

$$-2+(-3)-(-12)+c=12$$

$$c=5 \quad \cdots⑧$$

⑥，⑦，⑧より

$$a+b+c=(-3)+(-12)+5$$

$$a+b+c=-10$$

No.82 正答 4

$y=f(x)=-x^3+12x-5$ とおく。

$$f'(x)=-3x^2+12$$

$$=-3(x^2-4)$$

$$=-3(x+2)(x-2)$$

よって，$f'(x)=0$ となるのは $x=-2$，2。

$-5 \leqq x \leqq 3$ における増減表は次のとおりとなる。

x	-5	$\cdots$	-2	$\cdots$	2	$\cdots$	3
$f'(x)$		$-$	0	$+$	0	$-$	
$f(x)$	60	↘	-21	↗	11	↘	4
			(極小)		(極大)		

$$f(-5)=-(-5)^3+12(-5)-5$$

$$=125-60-5$$

$$=60$$

$$f(-2)=-(-2)^3+12(-2)-5$$

$$=8-24-5$$

$$=-21$$

$$f(2)=-2^3+12\cdot 2-5$$

$$=-8+24-5$$

$$=11$$

$$f(3)=-3^3+12\cdot 3-5$$

$$=-27+36-5$$

$$=4$$

以上より

最大値 60 （$x=-5$ のとき）

最小値 -21 （$x=-2$ のとき）

第2編 物　理

第 1 章　速度・加速度

速度

●速さ・速度

◆単位時間あたりの距離の変化量を**速さ**という。速さは速度の大きさのことであり，**速度**は運動の向きと速さを合わせた量である。

チェック

$$\text{速さ} = \frac{\text{距離}}{\text{時間}} \Longleftrightarrow \text{距離} = \text{速さ} \times \text{時間}$$

●等速直線運動

◆速さが一定の直線運動を**等速直線運動**という。

移動距離＝速さ×時間

●速度の合成・分解

◆図のように速度 $\vec{v_1}$，$\vec{v_2}$ は速度 $\vec{v}$ に**合成**される。逆に，$\vec{v}$ は $\vec{v_1}$，$\vec{v_2}$ に**分解**される。

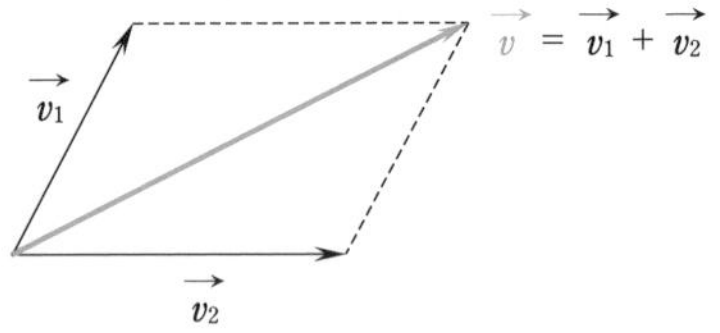

例題 1

3.0 m/s で進む船から真上に 4.0 m/s の速さで球を発射した。陸からこの球を見たとき，発射直後の球の速さはいくらか。

解答

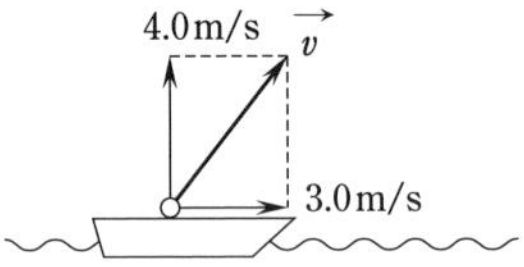

陸から見た球の速度 $\vec{v}$ は，左図のように，船と球の速度を合成したものになる。

三平方の定理より，求める速さ $|\vec{v}|$ は，

$|\vec{v}| = \sqrt{3.0^2 + 4.0^2} = 5.0$〔m/s〕

●相対速度

◆動く物体Aから見た他の物体Bの速度を，Aに対するBの**相対速度**という。

チェック

同じ方向に進むAとBについて，Aの速度を$\vec{v}_A$，Bの速度を$\vec{v}_B$とするとき，Aに対するBの相対速度$\vec{v}$は

$$\vec{\boldsymbol{v}} = \vec{\boldsymbol{v}}_{\mathbf{B}} - \vec{\boldsymbol{v}}_{\mathbf{A}}$$

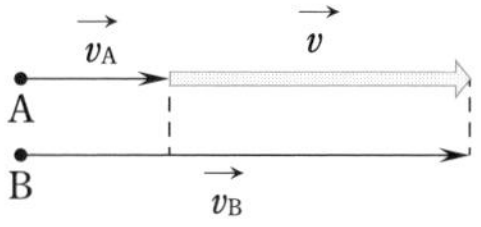

例題2

AとBの2人が，同じ直線上を同じ方向に移動している。Aの前方にBがおり，Aは速度5m/s，Bは速度8m/sであるとき，Aから見てBはどのように見えるか。

解答

2人の進む方向を正とすると，Aから見たBの相対速度は，

$$8 - 5 = 3〔\text{m/s}〕$$

つまり，3m/sの速さでBが遠ざかっていくように見える。

加速度

●加速度

◆単位時間あたりの速度の変化の量を**加速度**という。

チェック

時間t〔s〕の間に，速度がv_0〔m/s〕からv〔m/s〕に変化したとき，加速度a〔m/s^2〕は

$$\boldsymbol{a} = \frac{\boldsymbol{v} - \boldsymbol{v}_0}{\boldsymbol{t}}$$

●等加速度直線運動

◆加速度が一定の直線運動を**等加速度直線運動**という。

チェック

初速度を v_0〔m/s〕，加速度を a〔m/s²〕，t 秒後の速度を v〔m/s〕，移動距離を x〔m〕とすると

$$\boldsymbol{v = v_0 + at \qquad x = v_0 t + \frac{1}{2}at^2 \qquad v^2 - v_0{}^2 = 2ax}$$

例題 3

停止していた自動車が一定の加速度 4.0〔m/s²〕で静かに動き出した。次の各問いに答えよ。

(1)　5.0 秒後の自動車の速度 v〔m/s〕を求めよ。

(2)　5.0 秒間で自動車が進んだ距離 x〔m〕を求めよ。

解答

(1)　$v = v_0 + at$ より

$$v = 0 + 4.0 \times 5.0 = \mathbf{20}\text{〔}\mathbf{m/s}\text{〕}$$

(2)　$x = v_0 t + \dfrac{1}{2}at^2$ より

$$x = 0 \times 5.0 + \frac{1}{2} \times 4.0 \times 5.0^2 = \mathbf{50}\text{〔}\mathbf{m}\text{〕}$$

●v-t グラフ

◆横軸に時間 t，縦軸に速度 v をとり，物体の時間と速度の関係を表したグラフを v-t グラフという。

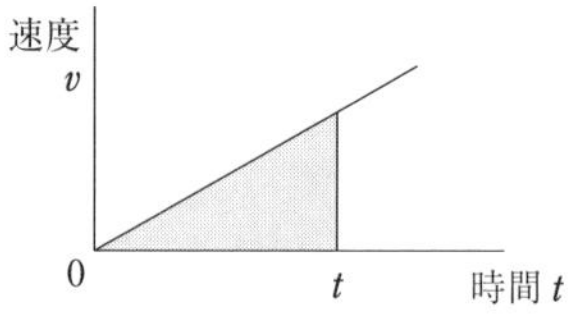

チェック

加速度：グラフの傾き

移動距離：グラフの面積（　　　の部分）

例題 4

右のグラフは，直線運動をする物体の時間t〔秒〕と速度v〔m/s〕の関係を表したものである。次の各問いに答えよ。

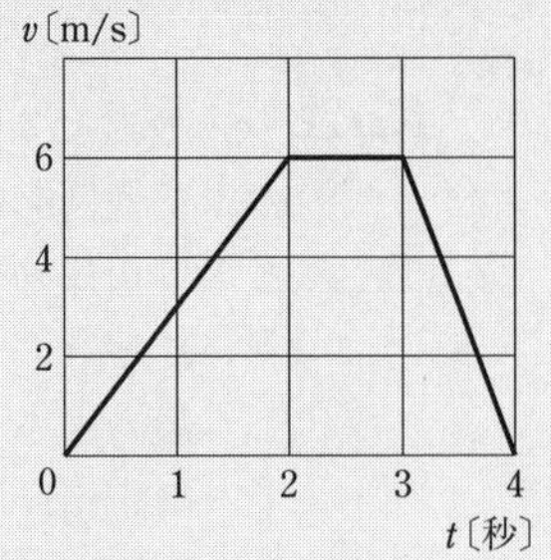

(1) 0～2 秒間の加速度はいくらか。

(2) 3～4 秒間の加速度はいくらか。

(3) 物体が進んだ距離はいくらか。

解答

(1) $a_1=\dfrac{v-v_0}{t}$ に $v=6$，$v_0=0$，$t=2$ を代入すると

$$a_1=\frac{6-0}{2}=\mathbf{3}〔\mathbf{m/s^2}〕$$

(2) $a_2=\dfrac{v-v_0}{t}$ に $v=0$，$v_0=6$，$t=4-3=1$ を代入すると

$$a_2=\frac{0-6}{1}=\mathbf{-6}〔\mathbf{m/s^2}〕$$

(3) 進んだ距離は，台形の面積だから

$$x=\frac{1}{2}\times(1+4)\times 6=\mathbf{15}〔\mathbf{m}〕$$

練習問題

（174ページより解答・解説）

★★
No.1　静水上で3.0 m/s で進む船が，幅 60 m で流れの速さが 4.0 m/s の川を横断している。船体は川岸に対して常に垂直である。このとき，川岸から見た船の速さはいくらか。また，船が向こう岸に着いたとき，船は何 m 川下に流されているか。

	船の速さ	流された距離
1	3.0 m/s	60 m
2	4.0 m/s	80 m
3	5.0 m/s	100 m
4	4.0 m/s	60 m
5	5.0 m/s	80 m

★★
No.2　速さ 10 m/s で走っている電車の窓から外を見たら，水平方向と 45° の角度で雨が降っているように見えた。このとき，実際の雨は 10 m/s の速さで鉛直方向に降っていた。電車の窓から見た雨の速さとして正しいのはどれか。ただし，$\sqrt{2} = 1.4$ とする。

1　13 m/s
2　14 m/s
3　15 m/s
4　16 m/s
5　18 m/s

★
No.3　108 km/h の速度で走っている電車が急ブレーキをかけ，等加速度直線運動をして，30 秒後に停車した。ブレーキをかけてから停車するまでに電車が進んだ距離として，正しいのはどれか。

1　370 m
2　390 m
3　410 m
4　430 m
5　450 m

★★

No.4　図は，1階を出発したエレベーターが屋上まで上がって停止するまでの10秒間の，加速度aと時間tとの関係である。このエレベーターが上昇した高さとして正しいのはどれか。

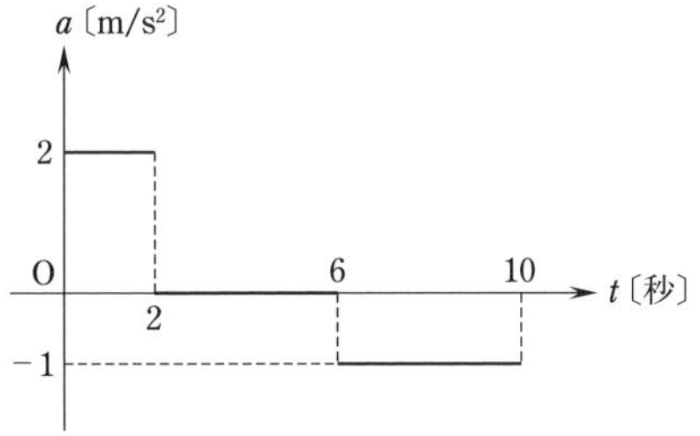

1　22 m
2　24 m
3　26 m
4　28 m
5　30 m

★★

No.5　次のグラフは，直線運動をする物体の時間と速さの関係を表したものである。

6〜8秒間の加速度と，物体が8秒間に進んだ距離の組合せとして正しいのはどれか。

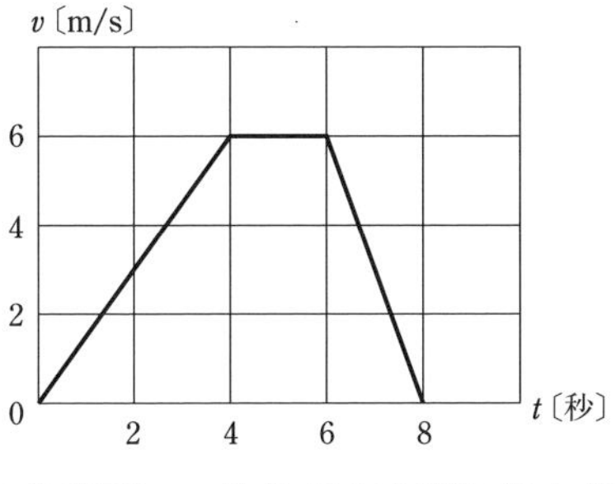

	6〜8秒間の加速度	物体が8秒間に進んだ距離
1	$-2\,m/s^2$	20 m
2	$-2\,m/s^2$	30 m
3	$-3\,m/s^2$	10 m
4	$-3\,m/s^2$	20 m
5	$-3\,m/s^2$	30 m

第 2 章　落体の運動

自由落下・鉛直投げ下ろし・鉛直投げ上げ

●重力加速度

◆落下する物体は，質量に関係なく，一定の加速度 g で落下する。この加速度を**重力加速度**といい，向きは鉛直下向きで，大きさは **$9.8\,\mathrm{m/s^2}$** である。

●自由落下

◆物体を静かに(初速度 0 で)手放したときの落下運動。

チェック

t 秒後の物体の速さを v〔m/s〕，落下した距離を y〔m〕とすると

$$\boldsymbol{v = gt \qquad y = \frac{1}{2}gt^2 \qquad v^2 = 2gy}$$

例題 5

ビルの屋上からボールを静かに落としたところ，3.0 秒後に地面に到達した。重力加速度を $9.8\,\mathrm{m/s^2}$ として次の各問いに答えよ。

(1)　地面に到達する直前のボールの速さは何 m/s か。

(2)　ビルの高さは何 m か。

解答

(1)　$v = gt$ に $g = 9.8$，$t = 3.0$ を代入すると

$$v = 9.8 \times 3.0 = \mathbf{29.4}\,〔\mathrm{m/s}〕$$

(2)　$y = \dfrac{1}{2}gt^2$ に $g = 9.8$，$t = 3.0$ を代入すると

$$y = \frac{1}{2} \times 9.8 \times 3.0^2 = \mathbf{44.1}\,〔\mathrm{m}〕$$

●鉛直投げ下ろし

◆物体を鉛直下向きに初速度 v_0〔m/s〕で投げ下ろしたときの物体の運動。

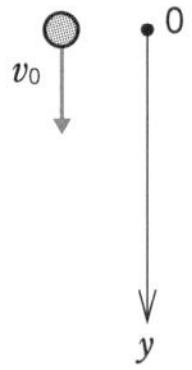

チェック

鉛直下向きを正として，初速度 v_0〔m/s〕で投げ下ろしたときの t 秒後の速度を v〔m/s〕，投げ下ろし地点を原点とする変位を y〔m〕とすると

$$\boldsymbol{v = v_0 + gt \qquad y = v_0 t + \frac{1}{2}gt^2 \qquad v^2 - v_0^2 = 2gy}$$

●鉛直投げ上げ

◆物体を鉛直上向きに投げると，物体はしだいに遅くなり，最高点で速度が 0 になってその点から自由落下をする。

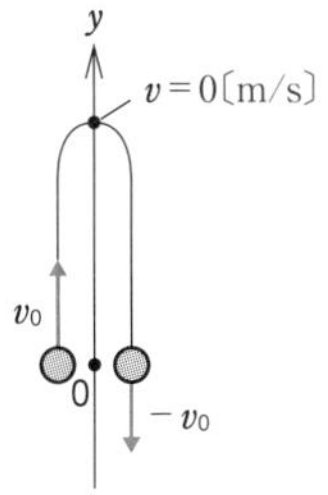

チェック

鉛直上向きを正として，初速度 v_0〔m/s〕で投げ上げたときの t 秒後の速度を v〔m/s〕，投げ上げ地点を原点とする変位を y〔m〕とすると

$$\boldsymbol{v = v_0 - gt \qquad y = v_0 t - \frac{1}{2}gt^2 \qquad v^2 - v_0^2 = -2gy}$$

例題 6

小球を初速度 29.4 m/s で真上に投げ上げた。重力加速度を 9.8 m/s^2 として，次の問いに答えよ。

(1) 最高点に達するまでの時間を求めよ。

(2) 最高点の高さを求めよ。

解答

(1) 最高点では小球の速度は 0 になるので，$v = v_0 - gt$ に，$v = 0$，$v_0 = 29.4$，$g = 9.8$ を代入して

$$0 = 29.4 - 9.8 \times t$$

$$t = \mathbf{3.0}\text{〔秒〕}$$

(2) $y = v_0 t - \dfrac{1}{2}gt^2$ に $v_0 = 29.4$，$g = 9.8$，$t = 3.0$ を代入すると

$$y = 29.4 \times 3.0 - \frac{1}{2} \times 9.8 \times 3.0^2 = \mathbf{44.1}\text{〔m〕}$$

水平投射

●水平投射

◆物体を水平に投げたとき，投げた点を原点として，初速度の向きに x 軸，鉛直下向き(重力の向き)に y 軸をとると，**x 軸方向には等速直線運動**，**y 軸方向には自由落下**をする。

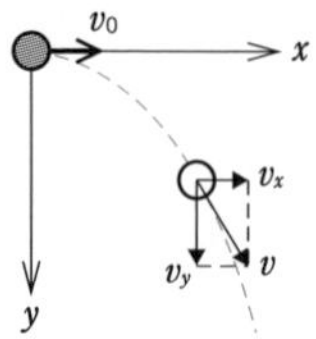

水平投射の場合，x 軸方向，y 軸方向の運動をそれぞれ別に考える。

チェック

x 軸方向(等速直線運動)

物体を x 軸(水平)方向に初速度 v_0〔m/s〕で投げたとき，物体は投げたときと同じ速さで運動し続けるので，t 秒後の速度を v_x〔m/s〕，移動距離を x〔m〕とすると

$$\boldsymbol{v_x = v_0 \qquad x = v_0 t}$$

y 軸方向(自由落下)

t 秒後の速度を v_y〔m/s〕，落下距離を y〔m〕，重力加速度を g〔m/s^2〕とすると

$$\boldsymbol{v_y = gt \qquad y = \frac{1}{2}gt^2 \qquad {v_y}^2 = 2gy}$$

例題 7

44.1 m の高さから小球を水平方向に 17.5 m/s の初速度で投げた。重力加速度を 9.8 m/s^2 として，次の各問いに答えよ。

(1)　地面に落下するまでの時間はいくらか。

(2)　小球は水平距離にして何 m の地点に落下したか。

解答

(1)　水平投射の鉛直方向の運動は自由落下なので，$y = \frac{1}{2}gt^2$ に，$y = 44.1$，$g = 9.8$ を代入すると

$$44.1 = \frac{1}{2} \times 9.8 \times t^2 \qquad \therefore \quad t = \mathbf{3.0}〔\text{秒}〕$$

(2)　水平投射の水平方向の運動は等速直線運動なので，$x = v_0 t$ に，$v_0 = 17.5$，$t = 3.0$ を代入すると

$$x = 17.5 \times 3.0 = \mathbf{52.5}〔\text{m}〕$$

練習問題

（175ページより解答・解説）

★
No.6　高さ20 m の所から石を静かに落とした。重力加速度を10 m/s^2 として，地上に着く直前の速さとして正しいのはどれか。

1　15 m/s
2　20 m/s
3　25 m/s
4　30 m/s
5　35 m/s

★
No.7　ある物体を地上から初速度10 m/s で鉛直上方に投げたとき，再び地上に戻ってくるまでの時間として，正しいのはどれか。ただし，重力加速度を10 m/s^2 とする。

1　1秒
2　2秒
3　3秒
4　4秒
5　5秒

★★
No.8　地上75 m の位置から小球を自由落下させ，同時にその真下の地面から他の小球を初速度25 m/s で真上に投げ上げたところ，2つの小球は空中で衝突した。衝突した位置の地上からの高さとして正しいのはどれか。ただし，重力加速度を9.8 m/s^2 とする。

1　49.8 m
2　44.1 m
3　37.5 m
4　30.9 m
5　21.8 m

No.9★ あるビルの窓からボールを40m/sで水平に投げたところ，ビルからの水平距離が240mの地点に落ちた。窓の地上からの高さとして，正しいのはどれか。ただし，重力加速度を$9.8\,\mathrm{m/s^2}$とする。

1　59.8m
2　87.6m
3　125.3m
4　176.4m
5　203.6m

第3章　力

力のつりあい

●力の単位

◆力の単位にはニュートン(記号：N)を用いる。1N とは，質量 1kg の物体に 1m/s^2 の加速度を生じさせる力の大きさのことである。

●力の合成・分解

◆1つの物体にはたらく2つの力 $\overrightarrow{F_1}$，$\overrightarrow{F_2}$ を1つの力 $\overrightarrow{F}$ で表すことができる。これを力の**合成**という。逆に，1つの力 $\overrightarrow{F}$ を2つの力 $\overrightarrow{F_1}$，$\overrightarrow{F_2}$ に分けることができる。これを力の**分解**という。

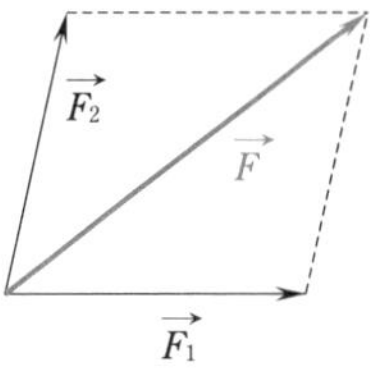

例題 8

重さ 20N の物体を図のような斜面に置く。この物体にはたらく重力を斜面に平行な力と斜面に垂直な力とに分解せよ。ただし，$\sqrt{3} = 1.7$ とする。

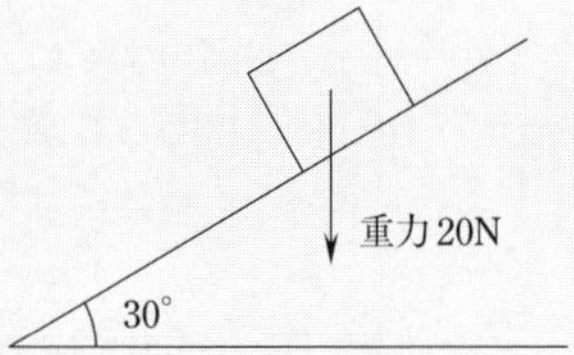

解答

右図のような長方形を考えて重力を2つの力 $\overrightarrow{F_1}$，$\overrightarrow{F_2}$ に分解する。$\overrightarrow{F_1}$，$\overrightarrow{F_2}$ の大きさをそれぞれ F_1，F_2 で表すとき，直角三角形の辺の比に注意すると

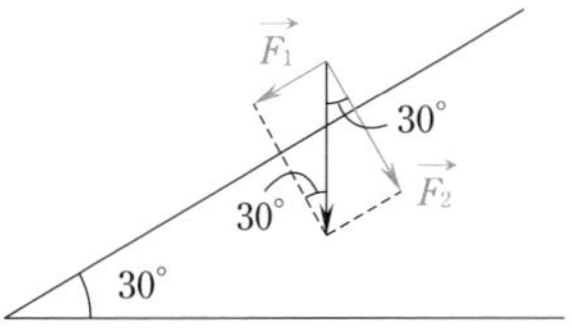

$$F_1 : 20 : F_2 = 1 : 2 : \sqrt{3} \fallingdotseq 1 : 2 : 1.7$$

$$\therefore \quad F_1 = 10〔\mathrm{N}〕,\ F_2 = 17〔\mathrm{N}〕$$

チェック

次の直角三角形の辺の比を用いて，力を分解することができる。

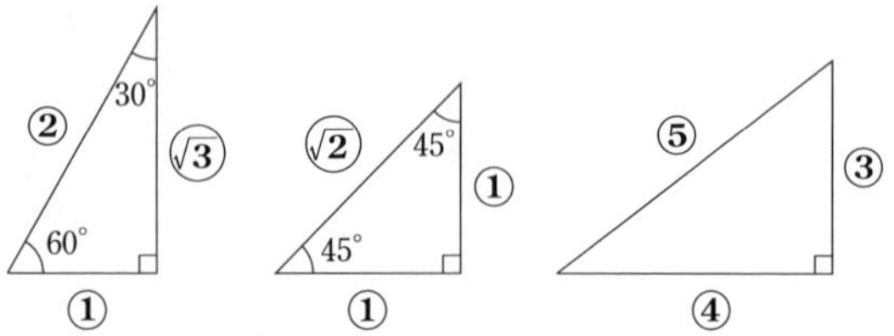

●力のつりあい

◆1つの物体にいくつかの力がはたらいていて，それらの力の合力が0のとき，力はつりあっているという。

例題 9

質量3.0kgの物体を図のように糸で天井からつるした。

糸が物体を引く力(張力)は何Nか。ただし，重力加速度の大きさを10m/s^{2}とする。

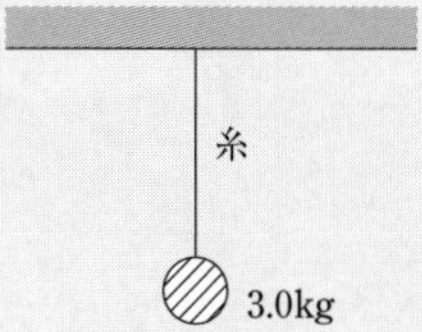

解答

右図のように，糸の張力は物体にはたらく重力とつりあっている。物体にはたらく重力の大きさは，

$$3.0 \times 10 = 30〔\mathrm{N}〕$$

糸の張力の大きさは重力の大きさと等しいので，**30N**である。

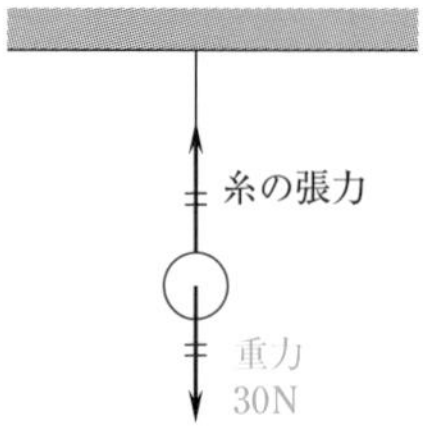

いろいろな力

●重力

◆地上にある物体が地球に向かって引かれる力を重力という。重力の大きさを物体の重さといい，質量m〔kg〕の物体の重さはmg〔N〕(g：重力加速度の大きさ)である。

●垂直抗力

◆水平面上に質量m〔kg〕の物体が静止しているときを考えてみる。

物体は力N'〔N〕で面を下向きに押し，その反作用として面は物体を上向きに同じ大きさの力N〔N〕で押し返す。このように面から垂直に押される力N〔N〕のことを**垂直抗力**という。物体にはたらく重力をmg〔N〕とすると，物体にはたらく力N〔N〕とmg〔N〕はつり合っている。

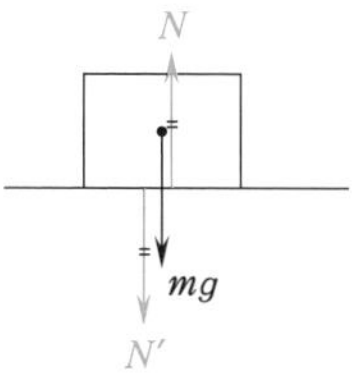

・NとN'は作用・反作用の関係
・Nとmgはつり合いの関係

例題10

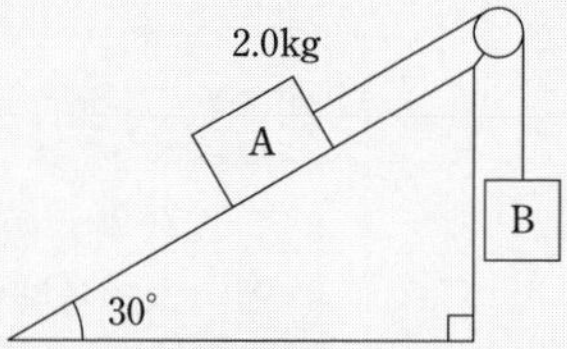

質量2.0kgの物体Aを図のようななめらかな斜面にのせ，滑車に糸を通して物体Bをつないだところ，つりあった。次の各問いに答えよ。ただし，重力加速度の大きさを10m/s²，$\sqrt{3}=1.7$とする。

(1) 物体Bの質量は何kgか。

(2) 斜面から物体Aにはたらく垂直抗力の大きさは何Nか。

解答

(1) 物体Aにはたらく重力$2.0\times10=20$〔N〕を斜面に平行な成分と垂直な成分に分解する。

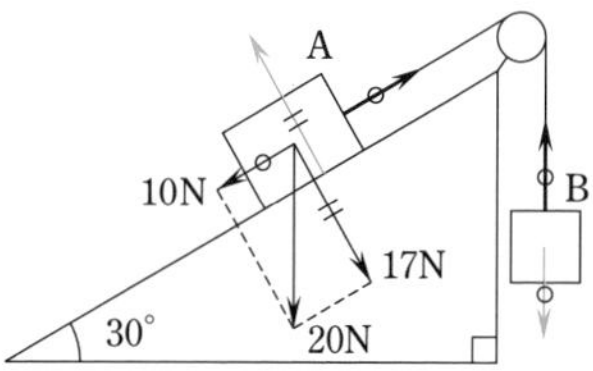

物体Bにはたらく重力は，物体Aにはたらく重力の斜面に平行な成分と等しいので，

$$20\sin 30^\circ = 20\times\frac{1}{2} = 10〔N〕$$

よって，物体Bの質量は$\dfrac{10〔N〕}{10〔m/s^2〕}=1.0〔kg〕$である。

(2) 斜面から物体Aにはたらく垂直抗力は，物体Aにはたらく重力の斜面に垂直な成分とつりあっているので，

$$20\cos 30^\circ = 20 \times \frac{\sqrt{3}}{2} \fallingdotseq \mathbf{17}〔\mathrm{N}〕$$

●弾性力

◆ばねを伸ばしたり，縮めたりすると，もとに戻そうとする力がばねにはたらく。この力を**弾性力**という。弾性力は，ばねの伸び(縮み)に比例する。

フックの法則▶

チェック

ばねに加えられた力をF〔N〕，ばねの伸び(縮み)をx〔m〕とすると

$$\boldsymbol{F = kx} \quad (k〔\mathrm{N/m}〕はばね定数)$$

が成り立つ。これを**フックの法則**という。

例題11

質量 20 g のおもりをつるすと 5 cm 伸びるばねがある。次の各問いに答えよ。ただし，重力加速度の大きさを $10\,\mathrm{m/s^2}$ とする。

(1) このばねのばね定数は何 N/m か。

(2) このばねに別のおもりをつるしたところ，ばねは 8 cm 伸びた。このおもりの質量は何 g か。

解答

(1) 質量 20 g(= 0.020 kg)のおもりにはたらく重力の大きさは，$0.020 \times 10 = 0.20$〔N〕である。したがって，ばねに 0.20 N の力が加わる。フックの法則 $F = kx$ に $F = 0.2$〔N〕，$x = 0.05$〔m〕を代入して

$$0.2 = k \times 0.05$$

$$k = \mathbf{4}〔\mathbf{N/m}〕$$

(2) ばねが 8 cm (= 0.08 m) 伸びたことから，ばねに加わる力は，フックの法則より

$$F = 4 \times 0.08 = 0.32〔\mathrm{N}〕$$

これがおもりにはたらく重力に等しいので，おもりの質量は $\frac{0.32}{10} = 0.032$〔kg〕=**32〔g〕**である。

●圧力

◆単位面積あたりに垂直に加わる力を**圧力**といい，$1\,\mathrm{Pa} = 1\,\mathrm{N/m^2}$ である。大気による圧力を大気圧，水の重さによって生じる圧力を水圧という。

チェック

$$\text{圧力〔Pa〕} = \frac{\text{加えられた力〔N〕}}{\text{面積〔m}^2\text{〕}}$$

例題12

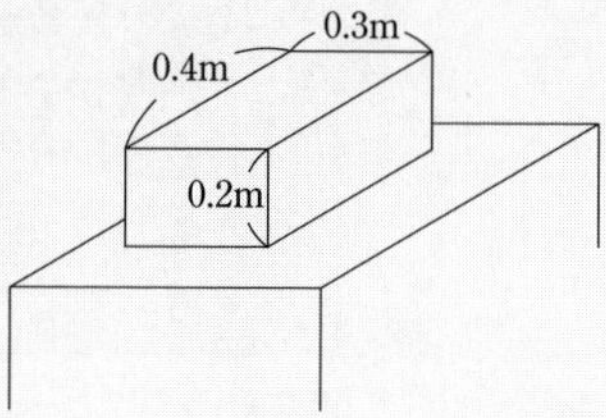

図のような直方体がテーブルの上に置かれている。直方体の質量を 60 kg とするとき，直方体がテーブルを押す圧力は何 Pa か。ただし，重力加速度の大きさを $10\,\mathrm{m/s^2}$ とする。

解答

直方体がテーブルを押す力は，直方体にはたらく重力に等しく，$60 \times 10 = 600$〔N〕である。

直方体とテーブルが接している面積は

$$0.3 \times 0.4 = 0.12\,\text{〔m}^2\text{〕}$$

よって，直方体がテーブルを押す圧力は

$$\frac{600}{0.12} = 5000\,\text{〔Pa〕}$$

●浮力

◆流体(液体や気体)の中に物体を入れると，物体は流体から上向きの力を受けるので実際の重さより軽くなったように感じる。この力を**浮力**という。

アルキメデスの原理▶

・物体が受ける浮力は，物体が押しのけた流体の重さに等しい。これを**アルキメデスの原理**という。

チェック

浮力＝物体が押しのけた流体の重さ

流体の密度をρ〔kg/m^3〕，物体が押しのけた流体の体積をV〔m^3〕とすると，物体が受ける浮力の大きさF〔N〕は，

$$\boldsymbol{F=\rho V g}\quad (g：重力加速度の大きさ)$$

例題13

1辺の長さが1.0×10^{-1} mの立方体を水に入れたところ，底から7.0×10^{-2} mだけ水につかって水平になった。この立方体の質量はいくらか。ただし，水の密度を1.0×10^{3} kg/m^3，重力加速度の大きさを10 m/s^{2}とする。

解答

この立方体の水に浸かっている部分の体積は，

$$(1.0\times10^{-1})^2\times7.0\times10^{-2}=7.0\times10^{-4}〔\mathrm{m^3}〕$$

アルキメデスの原理より，立方体にはたらく浮力は

$$1.0\times10^{3}\times7.0\times10^{-4}\times10=7.0〔\mathrm{N}〕$$

この浮力と立方体にはたらく重力がつりあっているので，立方体にはたらく重力の大きさは7.0 Nである。したがって，立方体の質量は，$\dfrac{7.0}{10}=$ **0.70〔kg〕**である。

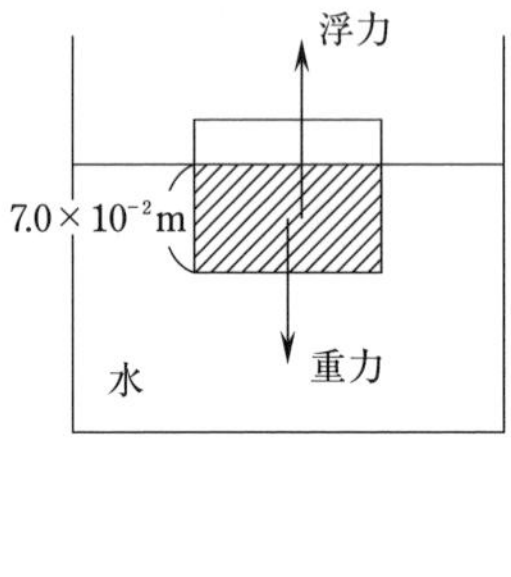

例題14

質量 0.1 kg のビーカーに水が 0.2 kg 入っている。この水中に質量 0.05 kg，体積 3.0×10^{-5} m^3 の球を図のようにつるして完全に水中に浸した。

このビーカー全体をはかりにのせたとき，はかりが示す目盛りは何 g か。ただし，重力加速度の大きさを 10 m/s^2，水の密度を 1.0×10^3 kg/m^3 とする。

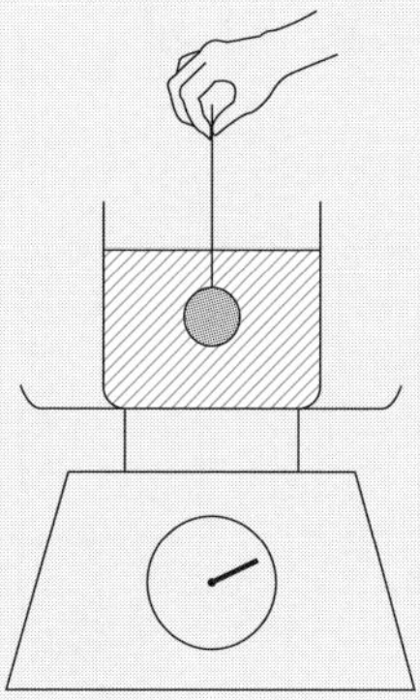

解答

このビーカー全体がはかりを押す力は，

ビーカーの重さ＋水の重さ＋**浮力の反作用**

である。

質量 0.1 kg のビーカーの重さは，$0.1\times10=1$〔N〕

0.2 kg の水の重さは，$0.2\times10=2$〔N〕

体積 3.0×10^{-5} m^3 の球が水から受ける浮力は，

$$1.0\times10^3\times3.0\times10^{-5}\times10=0.3〔\mathrm{N}〕$$

なので，その反作用として，球は水を 0.3 N の力で押し返す。

よって，ビーカー全体がはかりを押す力は，

$$1+2+0.3=3.3〔\mathrm{N}〕$$

したがって，はかりが示す値は，

$$\frac{3.3}{10}=0.33〔\mathrm{kg}〕=330〔\mathrm{g}〕$$

力のモーメント

●力のモーメント

◆物体をある軸のまわりに回転させる力のはたらきを**力のモーメント**という。

チェック

図のように力 F がはたらくとき，点Oのまわりの力のモーメントは

$$\boldsymbol{F} \times \boldsymbol{\ell}$$

で表される。

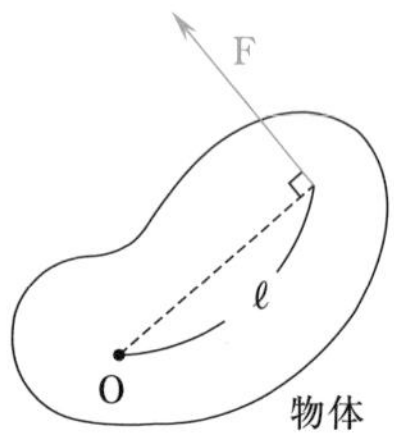

●力のモーメントのつりあい

◆時計まわりの力のモーメントと反時計まわりの力のモーメントが等しいとき，物体は回転しない。

チェック

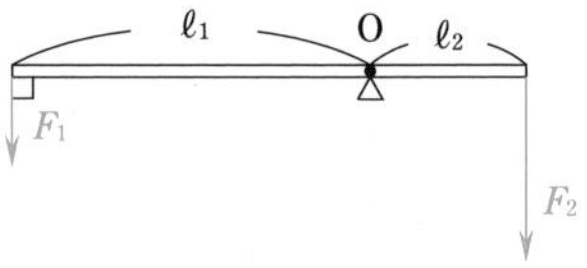

図のように力がはたらいているとき，力のモーメントのつりあいの条件は，

$$\boldsymbol{F_1} \times \boldsymbol{\ell_1} = \boldsymbol{F_2} \times \boldsymbol{\ell_2}$$

である。

3つ以上の力がはたらいているときの力のモーメントのつりあいの条件は

反時計まわりの力のモーメントの和
＝時計まわりの力のモーメントの和

例題15

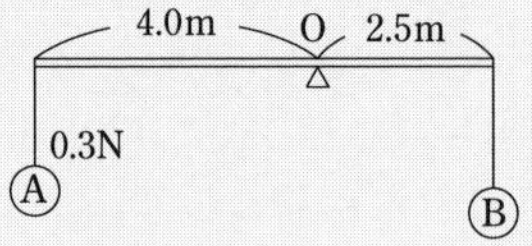

図のように，支点Oから4.0mのところにおもりAを，2.5mのところにおもりBをつるしたとき，棒は回転せずにつりあった。

おもりAの重さを0.3Nとすると，おもりBの重さはいくらか。ただし，棒の重さは無視できるものとする。

解答

おもりBの重さをx〔N〕とすると，点Oのまわりの力のモーメントのつりあいより

$$0.3 \times 4.0 = x \times 2.5$$

$$x = 0.48〔\mathrm{N}〕$$

よって，おもりBの重さは，**0.48N**である。

練習問題

（175ページより解答・解説）

★
No.10　図において，ひもOBに加わる力の大きさとして，正しいのはどれか。ただし，力Fは鉛直下向きにはたらき，その大きさは1Nである。

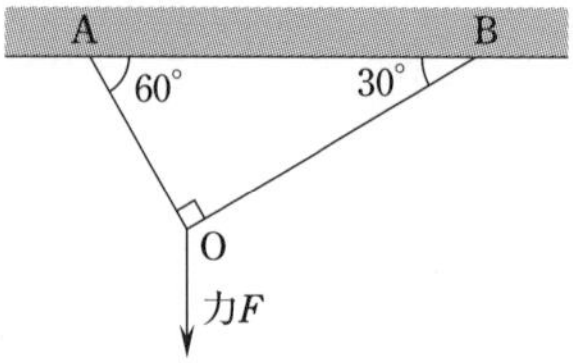

1　$\frac{\sqrt{3}}{6}$ N
2　$\frac{1}{2}$ N
3　$\frac{\sqrt{3}}{2}$ N
4　1N
5　$\frac{2}{3}\sqrt{3}$ N

★★
No.11　質量100gの物体が図のような3本の糸でつり下がっている。このとき，糸にはたらく力の関係として正しいのはどれか。ただし，糸AO，BO，COにはたらく力をそれぞれT_A，T_B，T_Cとする。

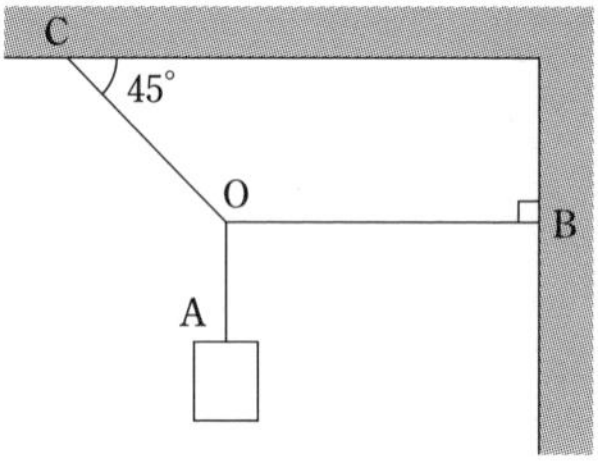

1　$T_A > T_B > T_C$
2　$T_C > T_A > T_B$
3　$T_C > T_A = T_B$
4　$T_A = T_B = T_C$
5　$T_A > T_B = T_C$

★★
No.12 図のような水平面に対して30°および60°傾いたなめらかな斜面がある。いま，物体A, Bを軽い糸でなめらかな滑車につないだところA, Bは静止した。このとき，A, Bの質量の比として正しいのはどれか。

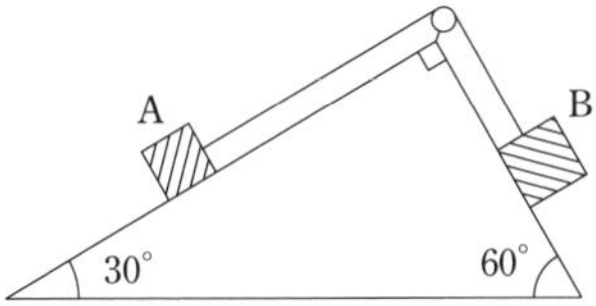

	A		B
1	2	：	1
2	3	：	1
3	$\sqrt{2}$	：	1
4	$\sqrt{3}$	：	1
5	$\sqrt{3}$	：	$\sqrt{2}$

★★
No.13 図のようにつながれた2つのばねA, Bの伸びの和が45cmであり，ばねA, Bのおもりの重さと伸びの関係はグラフのとおりである。

この図のときのばねA, Bそれぞれの伸びとおもりの重さの組合せとして正しいのはどれか。

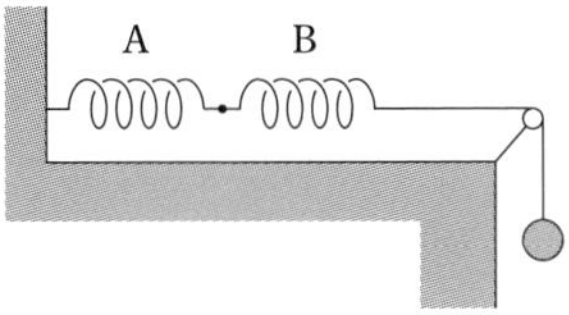

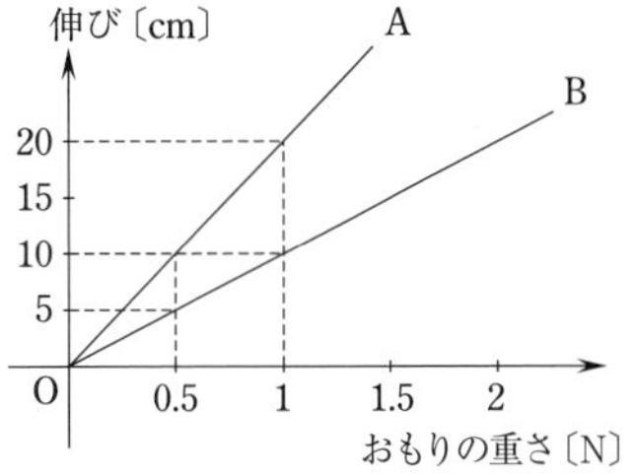

	A	B	重さ
1	15cm	30cm	1.5N
2	15cm	30cm	3N
3	20cm	25cm	2N
4	30cm	15cm	1.5N
5	30cm	15cm	3N

★

No.14　図のばねA～Fがすべて同じばねであるとき，ばねAの伸びと同じ伸びのばねの組合せとして正しいのはどれか。ただし，おもりの重さはすべて同じ0.5Nとし，ばねの質量は無視できるものとする。

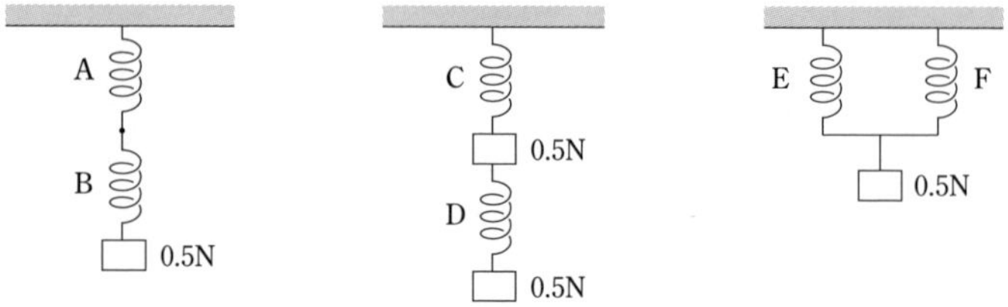

1　BとC
2　BとD
3　BとE
4　CとE
5　DとE

★★

No.15　ある物体の重さを，ばねばかりで量ったら200gをさした。次に図のように物体のみが水に浸かった状態で重さを量ったところ，ばねばかりは120gをさした。この物体の密度として，正しいのはどれか。ただし，水の密度を1.0×10^3 kg/m^{3}とする。

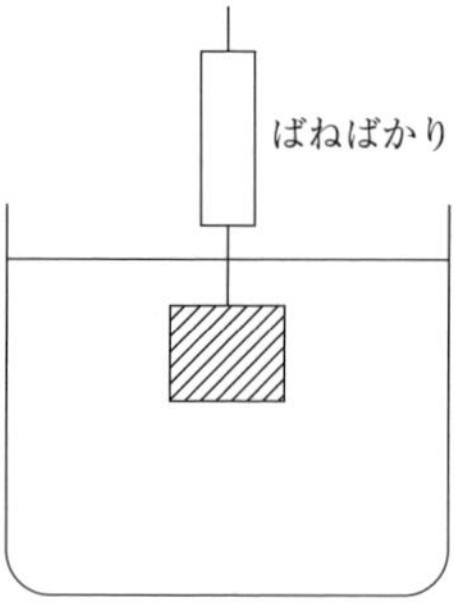

1　1.2×10^3 kg/m^3
2　1.5×10^3 kg/m^3
3　1.7×10^3 kg/m^3
4　2.0×10^3 kg/m^3
5　2.5×10^3 kg/m^3

★★

No.16 文中の空欄ア，イにあてはまる数値の組合せとして正しいのはどれか。ただし，重力加速度の大きさを $10\,\mathrm{m/s^2}$ とする。

おもりA，Bと滑車を用いて図のような装置をつくったところ，つりあいをとることができた。おもりAは密度 $5.0\times10^3\,\mathrm{kg/m^3}$，体積 $4.0\times10^{-5}\,\mathrm{m^3}$ で完全に水中に入っており，滑車はどれも質量 $4.0\times10^{-2}\,\mathrm{kg}$ である。また，糸の質量は無視できるものとする。このときおもりAは密度 $1.0\times10^3\,\mathrm{kg/m^3}$ の水から浮力を受けるため，おもりAに結ばれている糸にかかる張力は［ア］Nであり，おもりBの質量は［イ］kgである。

	ア	イ
1	1.6	6.0×10^{-2}
2	1.6	7.0×10^{-2}
3	1.6	8.0×10^{-2}
4	2.0	7.0×10^{-2}
5	2.0	8.0×10^{-2}

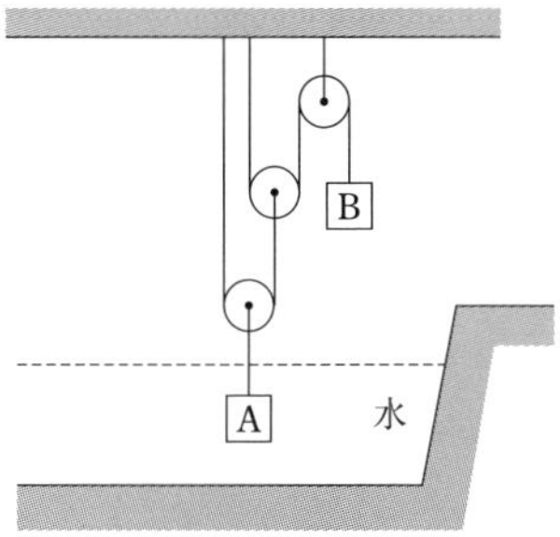

★

No.17 図のような長さ40cmの棒ABがある。棒の端Aには重さ0.3N，Bには重さ0.7Nのおもりをつり下げて，つりあうように支点Cを定める。この場合のCAの長さとして正しいのはどれか。ただし，棒の重さは無視するものとする。

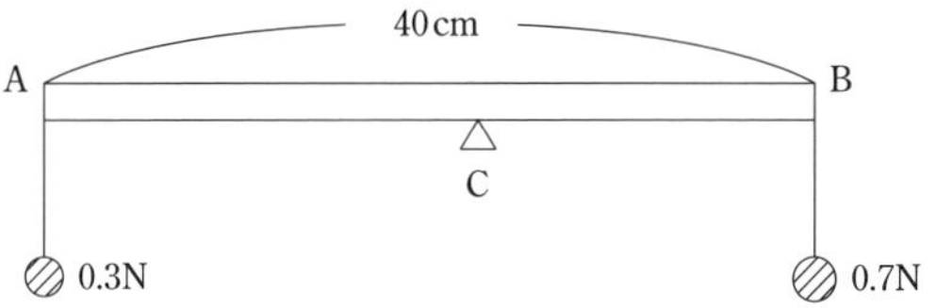

1 15cm
2 20cm
3 26cm
4 28cm
5 35cm

第 4 章　運動の法則

運動の法則

●運動の第一法則（慣性の法則）

◆物体に力がはたらいていないか，はたらいていてもそれらの力がつりあっているとき，静止している物体は静止状態のままであり，運動している物体はいつまでも等速直線運動を続ける。

●運動の第二法則（運動の法則）

◆物体に力がはたらくとき，物体に生じる加速度 $\vec{a}$ は，物体に加えた力 $\vec{F}$ に比例し，質量 m に反比例する。力の単位には，ニュートン（記号：N）を使う。

運動方程式▶

チェック

$$m\vec{a}=\vec{F}$$ **（運動方程式）**

●運動の第三法則（作用・反作用の法則）

◆物体Aが物体Bに力を及ぼすとき，物体Bも物体Aに力を及ぼす。一方を**作用**，もう一方を**反作用**という。これら2つの力は，同一直線上にあり，大きさが等しく，向きは逆向きである。

例題16

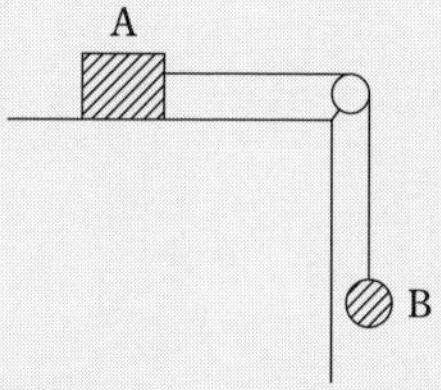

なめらかな水平面上に質量2.0kgの物体Aを置き，これに糸をつなぎ，なめらかな滑車を通して，質量0.5kgのおもりBをつるすと，物体A，Bは一定の加速度で動き始めた。糸は十分軽く，たるまないものとし，重力加速度を$10\,\mathrm{m/s^2}$として，次の各問いに答えよ。

(1)　物体の加速度はいくらか。

(2)　糸の張力はいくらか。

解答

(1)　**2.0〔m/s²〕**　　(2)　**4.0〔N〕**

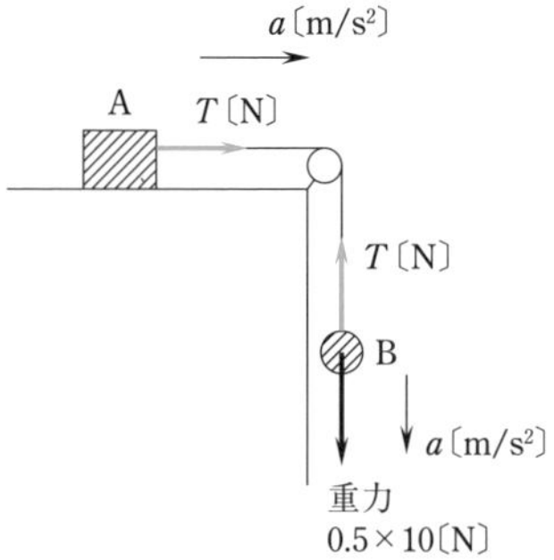

質量 m〔kg〕の物体にはたらく重力は，mg〔N〕

物体 A，B の加速度を a〔m/s²〕，糸の張力を T〔N〕とする。物体 A，B のそれぞれについて運動方程式をたてると次のようになる。

A について：$T = 2.0 \times a$　…①

B について：$0.5 \times 10 - T = 0.5 \times a$　…②

①，②を解くと，$a = 2.0$，$T = 4.0$

摩擦力と物体の運動

●静止摩擦力

◆平面上に静止している物体を水平方向に押しても動かないことがある。これは，押した力と逆向きの摩擦力がはたらいているからである。この摩擦力を**静止摩擦力**といい，物体が動きだす直前に最大となる(**最大摩擦力**)。

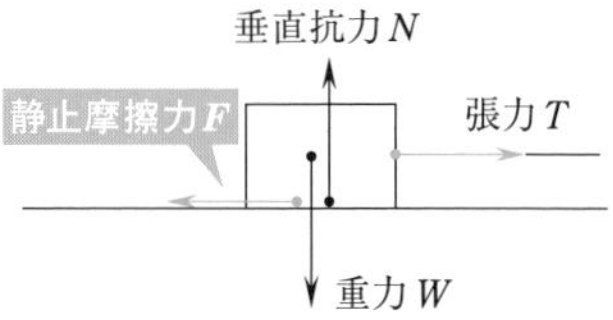

チェック

最大摩擦力を F，垂直抗力を N とすると

$$\boldsymbol{F = \mu N}$$

が成り立つ。比例定数 μ《ミュー》 を**静止摩擦係数**という。

●動摩擦力

◆あらい面上を運動する物体には運動を妨げる向きに摩擦力がはたらく。この摩擦力を**動摩擦力**という。

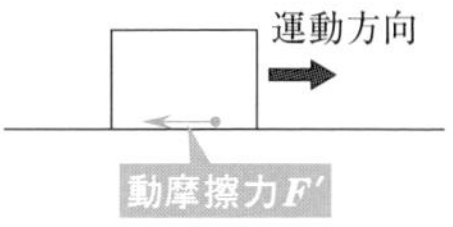

チェック

動摩擦力を F'，垂直抗力を N とすると

$$\boldsymbol{F' = \mu' N}$$

が成り立つ。比例定数 μ' を**動摩擦係数**という。

例題17

重力加速度を $10\,\mathrm{m/s^2}$ として，次の各問いに答えよ。

(1) あらい水平面上に質量 1.0 kg の物体を置き，ひもをつけて水平方向に引いたところ，引く力が 6.0 N を超えると物体は動き出した。物体と面との間の静止摩擦係数はいくらか。

(2) あらい水平面上で質量 2.0 kg の物体にひもをつけて引き等速直線運動をさせた。物体と面との間の動摩擦係数を 0.25 とするとき，ひもを引く力はいくらか。

解答

(1) このとき最大摩擦力となっており，物体にはたらく垂直抗力は $1.0 \times 10 = 10$〔N〕であるから，求める静止摩擦係数を μ とすると，$F = \mu N$ より

$$6.0 = \mu \times 10$$

$$\mu = \mathbf{0.60}$$

(2) 物体にはたらく垂直抗力は $2.0 \times 10 = 20$〔N〕であるから，ひもを引く力を F'〔N〕とすると，$F' = \mu' N$ より

$$F' = 0.25 \times 20 = \mathbf{5}\,〔\mathrm{N}〕$$

練習問題

（177ページより解答・解説）

★★
No.18 図のように，質量がそれぞれ $2M$，M の球A，Bを糸で結び，天井に取りつけた滑車にかける。いま，Aを手で支えて静止させたあと，手を離すとAは下降しBは上昇した。このとき，Aが下降する加速度 a は重力加速度 g の何倍か。ただし，滑車と糸の質量，滑車の摩擦，空気抵抗は無視するものとする。

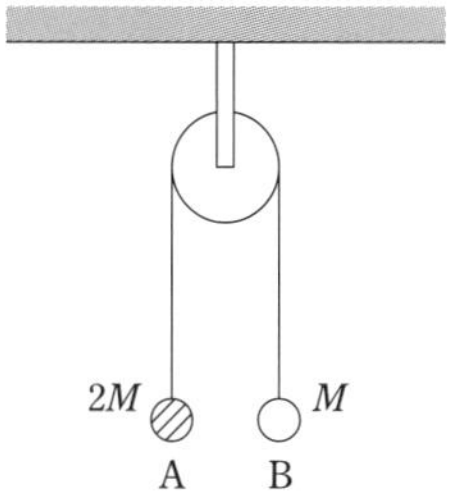

1　$\frac{1}{3}$ 倍
2　$\frac{1}{2}$ 倍
3　$\frac{2}{3}$ 倍
4　$\frac{3}{4}$ 倍
5　1 倍

★★
No.19 水平面に対して30° 傾いている斜面に質量2.0kgの物体を静かに置いたところ，物体は斜面に沿ってすべり出した。斜面と物体の間の動摩擦係数が $\frac{\sqrt{3}}{4}$ のとき，物体の加速度はおよそいくらか。ただし，重力加速度を $9.8\,\mathrm{m/s^2}$ とする。

1　$1.0\,\mathrm{m/s^2}$
2　$1.2\,\mathrm{m/s^2}$
3　$1.4\,\mathrm{m/s^2}$
4　$1.6\,\mathrm{m/s^2}$
5　$1.8\,\mathrm{m/s^2}$

★★
No.20 物体の等速度運動および等加速度運動に関する記述として正しいのはどれか。

1　静止している物体が，一定の加速度で速度を増していくとき，移動距離は，移動した時間の２乗に比例する。

2　物体が等速度運動をするのは，物体に力が加わっていない場合であり，自由落下がこの運動と等しい。

3　物体に一定時間同じ力を加えた後に力を加えるのを止めた場合，力が加わっている間と同じ加速度で等加速度運動が継続される。

4　等速度運動をする物体も静止している物体も力が加わっていない状態であることから，等速度運動をする物体を静止させるために力は必要ではない。

5　等速度運動をしている物体に，物体の運動方向と逆向きに適度な力を瞬間的に加えると，その後に物体は徐々に減速し，最終的に静止する。

第 5 章　力学的エネルギー

仕事と仕事率

●仕事

◆ある物体に力 F を加えて，その力と同じ向きに x だけ動かしたとき，$W=Fx$ をこの力がした**仕事**という。仕事の単位には J(ジュール)を用いる。1N の力をはたらかせて，その力の向きに1m 動かすときの仕事が1J である。

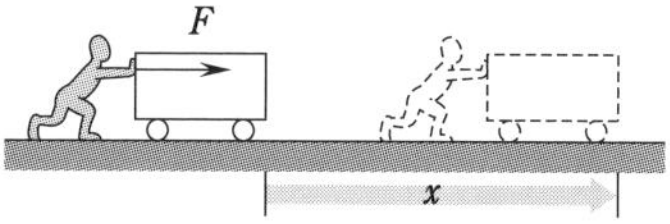

チェック

F〔N〕の力で x〔m〕動かすときの仕事 W〔J〕は

$$\boldsymbol{W=Fx}$$

●仕事の原理

◆同じ重さの物体を同じ高さまで持ち上げるとき，道具を使用してもしなくても，その経路によらず，する仕事は変わらない。

●仕事率

◆単位時間あたりの仕事の量を**仕事率**という。仕事率の単位には W(ワット)を用いる。

チェック

仕事 W〔J〕をするのに t 秒かかったときの仕事率 P〔W〕は

$$\boldsymbol{P=\frac{W}{t}}$$

例題18

物体に5.0N の力を加えて，力と同じ向きに10m 動かした。これについて次の各問いに答えよ。

(1)　この力が物体にした仕事は何 J か。

(2)　この仕事をするのに20秒かかったとすると，仕事率は何 W か。

解答

(1) $W=Fx$ より，$W=5.0\times10=50$〔J〕

(2) $P=\dfrac{W}{t}$ より，$P=\dfrac{50}{20}=2.5$〔W〕

力学的エネルギー

●運動エネルギー

◆速さ v〔m/s〕で運動する質量 m〔kg〕の物体は

$$K=\frac{1}{2}mv^2$$

で表される**運動エネルギー** K〔J〕をもつ。

●重力による位置エネルギー

◆高さ h〔m〕の位置にある質量 m〔kg〕の物体は

$$U=mgh \quad (g \text{ は重力加速度})$$

で表される**重力による位置エネルギー** U〔J〕をもつ。

●弾性力による位置エネルギー

◆x〔m〕伸ばされた(縮められた)ばねは

$$U=\frac{1}{2}kx^2 \quad (k \text{ はばね定数})$$

で表される**弾性力による位置エネルギー** U〔J〕をもつ。

例題19

(1) 20 m/s で走る質量 2.0×10^3kg の自動車がもつ運動エネルギーは何 J か。

(2) 地面から高さ 20 m の位置にある質量 0.5 kg の物体がもつ重力による位置エネルギーは何 J か。ただし，重力加速度を 9.8 m/s^2 とする。

(3) ばね定数が 20 N/m であるばねを 0.40 m 縮めたときばねに蓄えられる弾性力による位置エネルギーは何 J か。

解答

(1) $K=\dfrac{1}{2}mv^2$ より, $K=\dfrac{1}{2}\times(2.0\times10^3)\times20^2=4.0\times10^5$〔J〕

(2) $U=mgh$ より，$U=0.5\times9.8\times20=98$〔J〕

(3) $U=\dfrac{1}{2}kx^2$ より，$U=\dfrac{1}{2}\times20\times0.40^2=1.6$〔J〕

●力学的エネルギー

◆運動エネルギーと位置エネルギーの和を**力学的エネルギー**という。

●力学的エネルギー保存の法則

◆力学的エネルギーは保存力(重力，弾性力など)のみがはたらいて運動するとき，一定に保たれる。これを**力学的エネルギー保存の法則**という。

チェック

力学的エネルギー保存の法則

$$\frac{1}{2}mv^2+mgh+\frac{1}{2}kx^2=\text{一定}$$

例題20

(1) 質量2.0kgの小球を高さ10mの位置から静かに落とした。地面に衝突する直前の速さはいくらか。ただし，重力加速度を9.8m/s^{2}とする。

(2) ばね定数4.9N/mのばねに質量0.1kgの物体をつけ，なめらかな水平面上で0.3m引き伸ばして静かに手を離した。ばねが自然長に戻ったときの物体の速さはいくらか。

解答

(1) 力学的エネルギー保存の法則より

(高さ10mの位置にある小球の力学的エネルギー) = (地面に衝突する直前の小球のもつ力学的エネルギー)

が成り立つ。

高さ10mの位置に小球があるときの力学的エネルギーは，質量$m=2.0$〔kg〕，重力加速度$g=9.8$〔m/s^2〕，高さ$h=10$〔m〕，速さ$v=0$〔m/s〕より

$$\frac{1}{2}mv^2+mgh=\frac{1}{2}\times 2.0\times 0^2+2.0\times 9.8\times 10$$
$$=196 \quad \cdots①$$

また，地面に衝突する直前の小球の力学的エネルギーは，質量$m=2.0$〔kg〕，重力加速度$g=9.8$〔m/s^2〕，高さ$h=0$〔m〕より，速さをv〔m/s〕とすると

$$\frac{1}{2}mv^2+mgh=\frac{1}{2}\times 2.0\times v^2+2.0\times 9.8\times 0$$
$$=v^2 \quad \cdots②$$

①と②が等しいので

$$v^2=196$$
$$\therefore \quad v=14\text{〔m/s〕}$$

(2) 力学的エネルギー保存の法則より

$$\begin{pmatrix}0.3\,\text{m 引き伸ばしたときの}\\\text{物体の力学的エネルギー}\end{pmatrix}=\begin{pmatrix}\text{自然長のときの物体の}\\\text{力学的エネルギー}\end{pmatrix}$$

が成り立つ。

0.3 m 引き伸ばしたときの物体の力学的エネルギーは，質量 $m=0.1$〔kg〕，重力加速度 $g=9.8$〔m/s^2〕，ばね定数 $k=4.9$〔N/m〕，$x=0.3$〔m〕，速さ $v=0$〔m/s〕より

$$\frac{1}{2}mv^2+\frac{1}{2}kx^2=\frac{1}{2}\times 0.1\times 0^2+\frac{1}{2}\times 4.9\times 0.3^2$$
$$=0.2205 \quad \cdots①$$

自然長のときの物体の力学的エネルギーは，質量 $m=0.1$〔kg〕，重力加速度 $g=9.8$〔m/s^2〕，ばね定数 $k=4.9$〔N/m〕，$x=0$〔m〕より，速さを v〔m/s〕とすると

$$\frac{1}{2}mv^2+\frac{1}{2}kx^2=\frac{1}{2}\times 0.1\times v^2+\frac{1}{2}\times 4.9\times 0^2$$
$$=0.05\,v^2 \quad \cdots②$$

①と②が等しいので

$$0.05\,v^2=0.2205$$
$$v^2=4.41$$
$$\therefore \quad v=\mathbf{2.1}\,\text{〔m/s〕}$$

練習問題

（178ページより解答・解説）

★★
No.21　質量5.0 kgの物体が，地面から高さ10 mの所に糸でつるされている。静かに糸を切ってこの物件を落下させるとき，地面に着く直前の物体の速さとして正しいのはどれか。ただし，重力加速度を9.8 m/s^{2}とし，空気の抵抗は考えないものとする。

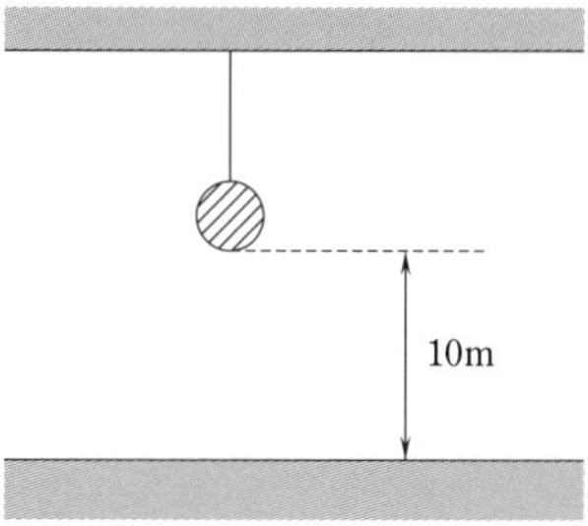

1　14 m/s
2　15 m/s
3　16 m/s
4　17 m/s
5　18 m/s

★★
No.22　図のようななめらかな斜面のA地点から静かに球をころがしたところ，球はB地点で斜面を離れ飛び出した。地上からA地点までの高さは15 mで，B地点までの高さは5 mであった。球が斜面から離れ，飛び出したときの速さとして正しいのはどれか。ただし，重力加速度を9.8 m/s^{2}とする。

1　8 m/s
2　10 m/s
3　12 m/s
4　14 m/s
5　16 m/s

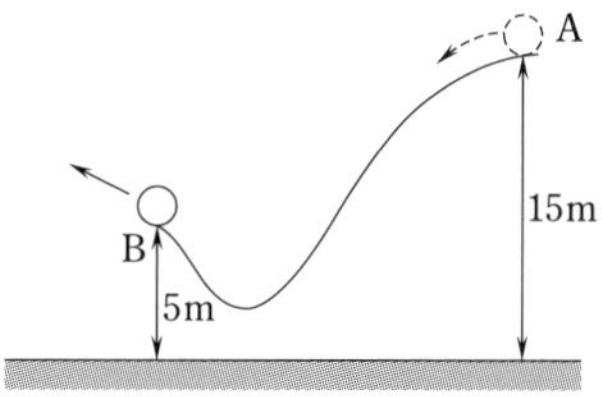

★★
No.23 図のように長さ100 cmの糸の先端におもりをつけ，鉛直方向と60°の角度をなすように傾け，静かに手を離した。おもりは矢印の方向に振り子となって運動しはじめた。糸が天井から50 cm下に打ってあるくぎに触れた後，おもりの到達する最高点として正しいのはどれか。

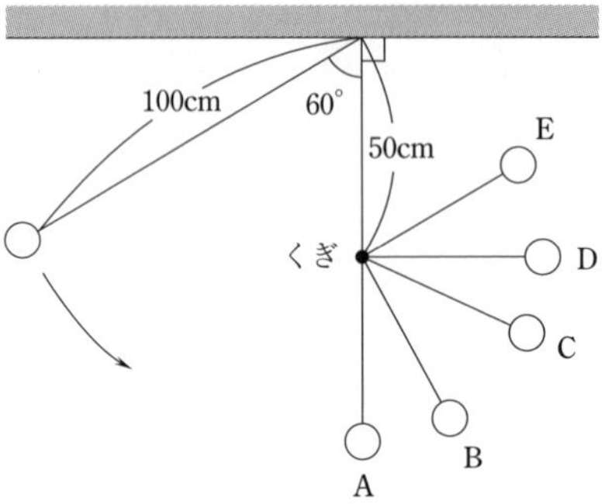

1　A
2　B
3　C
4　D
5　E

★★
No.24 0.1 m伸ばすのに0.98 Nの力が必要なばねがある。このばねに質量0.2 kgのおもりをつけ，なめらかな水平面上で0.1 m引き伸ばして静かに手を離した。ばねが自然長に戻ったときのおもりの速さとして正しいのはどれか。

1　0.3 m/s
2　0.5 m/s
3　0.7 m/s
4　0.9 m/s
5　1.1 m/s

第 6 章　運動量の保存

運動量保存の法則

●運動量

◆運動している物体の質量 m と速度 $\vec{v}$ の積 $m\vec{v}$ をその物体がもつ**運動量**という。

●運動量保存の法則

◆ 2 つの物体が互いに力を及ぼしあい，外部から力を受けないならば，衝突前と衝突後で運動量の和は一定に保たれる。これを**運動量保存の法則**という。

チェック

2 つの物体の質量を m_1，m_2 とし，それぞれの衝突前の速度を $\vec{v_1}$，$\vec{v_2}$，衝突後の速度を $\vec{v_1}'$，$\vec{v_2}'$ とすると

$$\boldsymbol{m_1 \vec{v_1} + m_2 \vec{v_2} = m_1 \vec{v_1}' + m_2 \vec{v_2}'}$$

例題21

水平面上に静止している質量 2.0 kg の台車に，質量 3.0 kg の台車が 6.0 m/s の速さで衝突した。衝突後，2 つの台車は一体となって進んだ。このときの速さを求めよ。ただし，面との間の摩擦力はないものとする。

解答

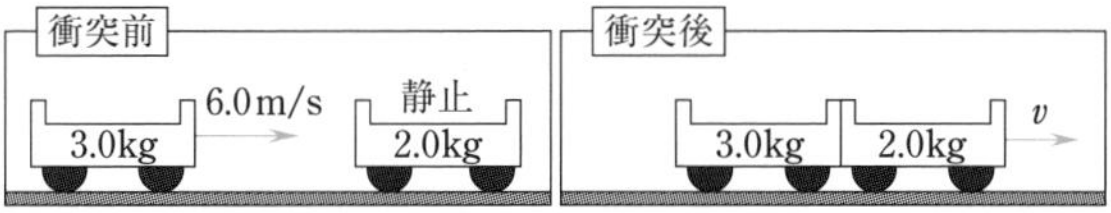

6.0 m/s で運動する台車の速度の向きを正とする。

衝突後，一体となった台車の速度を v とすると，運動量保存の法則より，

$$2.0 \times 0 + 3.0 \times 6.0 = 2.0 \times v + 3.0 \times v$$

$$18 = 5.0 \times v$$

$$v = 3.6 \text{〔m/s〕}$$

練習問題 ●●●●●

（178ページより解答・解説）

★★
No.25 線路上に静止している質量8tの貨車に質量10tの貨車が時速9.0kmで走ってきて衝突し，一体となって動き出した。このときの速さとして正しいのはどれか。ただし，線路の摩擦などは無視するものとする。

1　4.0km/h
2　4.5km/h
3　5.0km/h
4　5.5km/h
5　6.0km/h

第7章 熱とエネルギー

熱と温度

●絶対温度

◆絶対零度(約 −273℃)を 0K(ケルビン)とする温度。絶対温度 T〔K〕とセルシウス温度 t〔℃〕の関係は

$$T = t + 273$$

●熱量

◆高温の物体Aと低温の物体Bを接触させると，やがてAとBの温度は等しくなる。このときAからBに熱が移動しており，この熱の量を**熱量**という。熱量の単位はジュール(J)を使う。

●比熱

◆物体1gの温度を1K上昇させるのに必要な熱量をその物体の**比熱**という。水の比熱は，約 4.2J/(g･K)である。

チェック

質量 m〔g〕，比熱 c〔J/(g･K)〕の物体の温度を ΔT〔K〕だけ変化させるのに必要な熱量 Q〔J〕は

$$Q = mc\Delta T$$

●熱容量

◆物体の温度を1K上昇させるのに必要な熱量をその物体の**熱容量**という。比熱 c〔J/(g･K)〕，質量 m〔g〕の物体の熱容量を C〔J/K〕とすると

$$C = mc$$

●熱量の保存

◆温度の異なる2つの物体を接触させると，高温の物体から低温の物体へ熱が移動する。このとき，高温の物体が失う熱量と低温の物体が得る熱量とは等しい。これを**熱量の保存**という。

チェック

高温の物体が失う熱量＝低温の物体が得る熱量

例題22

60℃の水100gと30℃の水200gを混ぜ合わせたとき，温度はいくらになるか。ただし，水の比熱を4.2J/(g･K)とする。

解答

混ぜ合わせた後の水の温度をt〔℃〕とする($30 < t < 60$)。

60℃ の水 100 g が失った熱量は

$$100 \times 4.2 \times (60 - t)〔\mathrm{J}〕$$

30℃ の水 200 g が得た熱量は

$$200 \times 4.2 \times (t - 30)〔\mathrm{J}〕$$

熱量の保存より

$$100 \times 4.2 \times (60 - t) = 200 \times 4.2 \times (t - 30)$$

$$t = 40〔℃〕$$

●熱の伝わり方

熱伝導▶ ・固体の一部を加熱した場合，熱した部分から温度の低い周辺部へ熱が伝わる現象。

対流▶ ・気体や液体の物質を加熱した場合，温められた物質そのものが移動して，全体に熱が伝わる現象。

熱放射▶ ・太陽のように，電磁波によって，熱源から空間を隔てて離れたところまで熱が伝わる現象。

エネルギーの変換と保存

●摩擦熱

◆物体が摩擦力を受けると，物体の力学的エネルギーが減少し，**摩擦熱**が発生する。

●エネルギー保存則

◆エネルギーの変換においては，それに関係したすべてのエネルギーの和が一定に保たれる。これを**エネルギー保存則**という。

●不可逆変化

◆高温部から低温部への熱の伝導など，現象が一方向にのみ進行し，逆方向に進行させるには仕事を必要とするような変化を**不可逆変化**という。

例題23

速さ 30 m/s で走る質量 2.0×10^3 kg の車がブレーキをかけて停止した。このとき生じた摩擦熱は何 J か。

解答

車が失った運動エネルギーは

$$\frac{1}{2} \times 2.0 \times 10^3 \times 30^2 = 9.0 \times 10^5〔\mathrm{J}〕$$

エネルギー保存則より，このエネルギーが摩擦力にさからってした仕事になるので，生じた摩擦熱は，9.0×10^5〔J〕。

練習問題

（178ページより解答・解説）

★
No.26 質量 1 kg の金属塊を 35℃ に熱し，20℃ の水 350 g の中に入れたところ，水の温度が 30℃ になった。この金属の比熱として正しいのはどれか。ただし，熱は外部に逃げないものとし，水の比熱を 4.2 J/(g·K) とする。

1　1.7 J/(g·K)
2　2.1 J/(g·K)
3　2.5 J/(g·K)
4　2.9 J/(g·K)
5　3.3 J/(g·K)

★★
No.27 高さ 84 m のダムがある。水の重力による位置エネルギーがすべて熱エネルギーに変化すると，放流により水の温度は何度上昇するか。ただし，重力加速度は 9.8 m/s^2，水の比熱は 4.2 J/(g·K) とする。

1　0.2℃
2　2℃
3　20℃
4　120℃
5　200℃

★★★
No.28 自動車や飛行機のエンジンは，もらった熱のエネルギーを仕事に変える熱機関である。図は熱機関のエネルギーの流れを模式的に示しているが，熱と熱機関に関する記述として，正しいのはどれか。

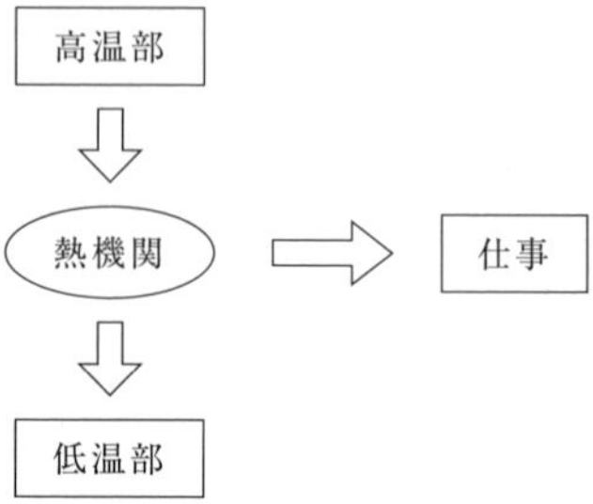

1　熱は高温部から低温部へ自然に流れるとともに，低温部から高温部へも自然に流れる性質がある。

2　冷蔵庫やクーラーのはたらきは熱機関の逆で，外部から仕事をされることによって，低温部から高温部へ熱を移動させている。

3　熱機関は高温部で得た熱をすべて仕事に変えることができ，エネルギーの総和は一定に保たれる。

4　熱エネルギーを力学的エネルギーに変換することはできるが，力学的エネルギーを熱エネルギーに変換することはできない。

5　水を高いところから低いところに移しても水量は変化しないように，熱機関でも高温部と低温部の熱量は等しい。

第8章　波

波の性質

●波の要素

◆波の特徴を表す要素として，**波長**，**振幅**，**速さ**，**周期**，**振動数**がある。

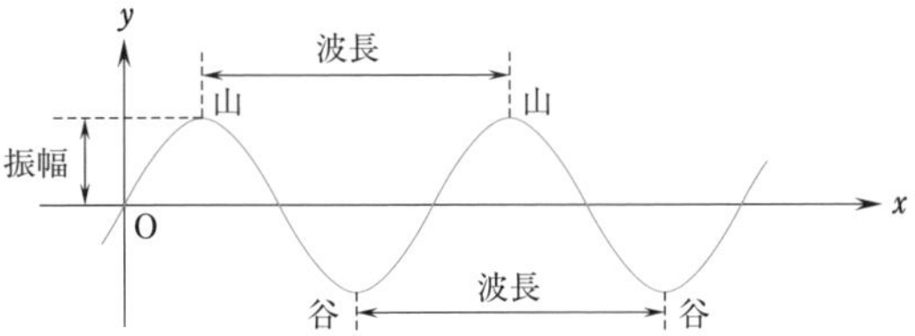

波長▶ ・山から山，あるいは谷から谷までの距離。

振幅▶ ・中心線(x 軸)から山あるいは谷までの距離。

速さ▶ ・波が単位時間に進む距離。

周期▶ ・波が1波長分進むのに要する時間。

振動数▶ ・単位時間あたりの振動の回数。単位はHz(ヘルツ)。

チェック

波の速さを v〔m/s〕，波長を λ〔m〕，振動数を f〔Hz〕，周期を T〔s〕とすると

$$\boldsymbol{v = f\lambda} \qquad \boldsymbol{f = \frac{1}{T}}$$

●横波と縦波

◆波には，**横波**と**縦波**がある。

横波▶ ・媒質の振動方向が波の進行方向と垂直な波。光波，地震のS波(第二波)などは横波である。

縦波▶ ・媒質の振動方向が波の進行方向と平行な波。音波，地震のP波(第一波)などは縦波である。

●波の重ね合わせ

◆2つの波が出会った場合，その場所での波の変位は，それぞれの波が単独で伝わったときの変位の和になる。これを**重ね合わせの原理**という。

合成波▶ ・2つの波を重ね合わせてできた波のこと。

波の独立性▶ ・一般に，波は互いに他の波の進行を妨げたり，他の波に影響を与えたりすることはない。これを**波の独立性**という。

●波の干渉

◆波長の等しい複数の波が重なり合ったとき，波の振動が強め合ったり，弱め合ったりする現象を**波の干渉**という。山と山，谷と谷が重なると強め合い，山と谷が重なると弱め合う。

●反射・屈折

◆波が異なる媒質の境界面に達すると，**反射**あるいは**屈折**する。→光波の解説を参照。

●波の回折

◆波が障害物の裏側にまでまわりこむ現象を**波の回折**という。

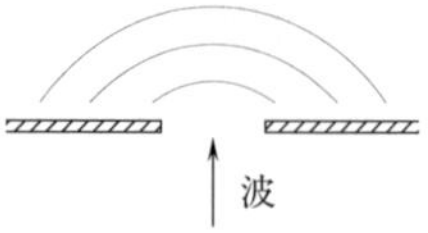

光波

●光の反射

◆図に示すように，波の入射角 i と反射角 r は等しい。これを**反射の法則**という。

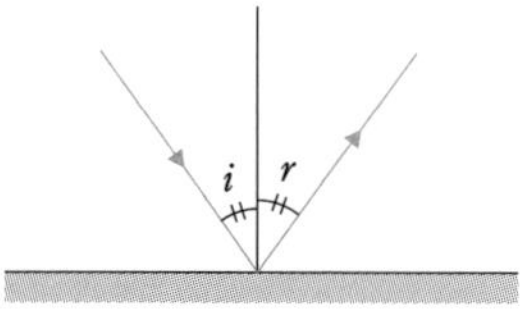

●光の屈折

◆異なる媒質の境界面を波が進行するとき，波は屈折する。屈折の様子は，次の**屈折の法則**にしたがう。

チェック

媒質Ⅰ，Ⅱにおける波の速さを v_1，v_2，波長を λ_1，λ_2 とすると，

$$\frac{\sin i}{\sin r} = \frac{v_1}{v_2} = \frac{\lambda_1}{\lambda_2} = n_{12}$$

ただし，n_{12} は媒質Ⅰに対する媒質Ⅱの屈折率である。

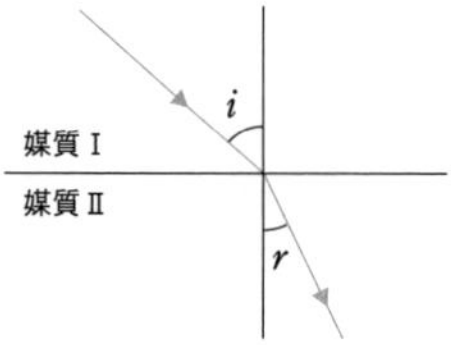

例題24

空気中におかれた透明板に，図のように入射角 45° で光を入射させたところ，屈折角 30° で屈折した。次の各問いに答えよ。

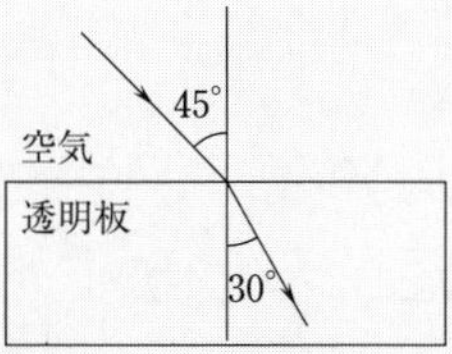

(1) 空気に対するこの透明板の屈折率はいくらか。

(2) 入射角 60° で入射させたときの屈折角を θ とするとき，$\sin\theta$ の値を求めよ。

解答

(1) 空気に対する透明板の屈折率を n とすると，屈折の法則より

$$n = \frac{\sin 45^\circ}{\sin 30^\circ} = \frac{\frac{\sqrt{2}}{2}}{\frac{1}{2}} = \sqrt{2}(\fallingdotseq 1.4)$$

(2) 屈折の法則より

$$\sqrt{2} = \frac{\sin 60^\circ}{\sin\theta}$$

$$\therefore\quad \sin\theta = \frac{\sin 60^\circ}{\sqrt{2}} = \frac{\sqrt{3}}{2} \times \frac{1}{\sqrt{2}} = \frac{\sqrt{6}}{4}$$

●光の干渉

◆シャボン玉や油の薄膜が色づくのは，その膜の表《おもて》面で反射する光と内部に進んで裏面で反射した光が**干渉**するからである。

●光の分散

◆白色光(太陽光線など，色あいを感じない光)がプリズムを通ると波長によって分解され，スペクトルが見られる。これを光の**分散**という。可視光線のスペクトルは，波長の長い方から赤，橙，黄，緑，青，藍，紫となる。一般に，波長の短い光ほど屈折率が大きい。

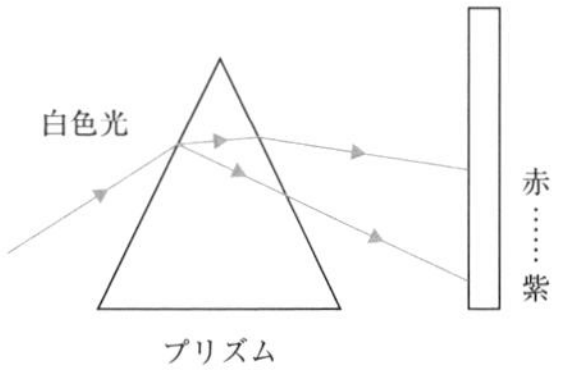

虹▶ ・雨あがりの空に虹が現れるのは，太陽光の屈折・分散によるものである。

●光の散乱

◆光が空気中などの微粒子にぶつかって，四方に散っていく現象を光の**散乱**という。波長が短いほど散乱しやすい。

太陽光線が大気中を進んでいるとき，波長の長い赤や黄などは散乱しにくく，波長が短い青や紫は散乱しやすい。そのため，晴れた日の空は青く見える。

レンズ

●凸レンズの性質

◆光軸に平行な光線は，凸レンズで屈折して焦点を通る。凸レンズの中心を通る光線はそのまま直進する。

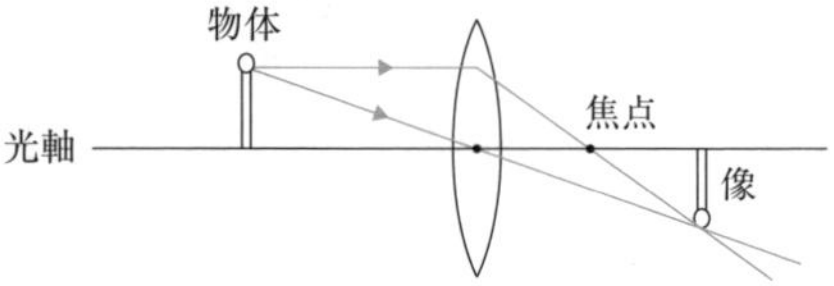

●実像と虚像

◆レンズを通った光が実際に集まってできる像を**実像**といい，虫めがねによる像のような実像でない像を**虚像**という。

例題25

次の場合について，凸レンズによる像を求めよ。

(1)

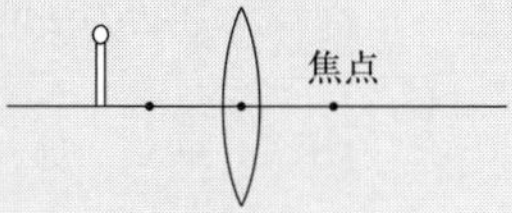

(2)

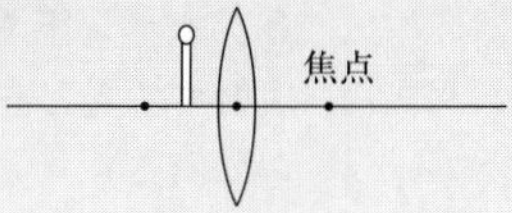

解答

凸レンズによる像を求める場合，次の2つを調べればよい。

① 光軸と平行に進んでくる光線

② 凸レンズの中心に進んでくる光線

(1) 物体が凸レンズの焦点の外側にあるとき

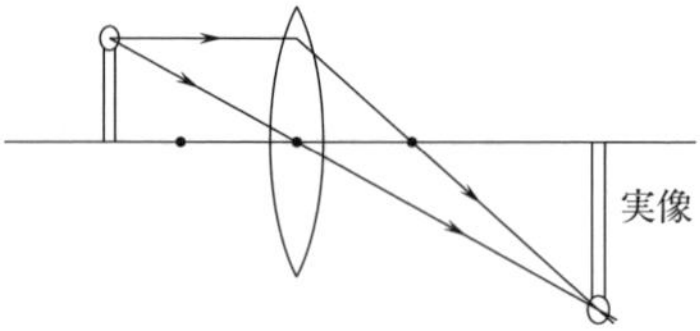

倒立の実像ができる。

(2)　物体が凸レンズの焦点の内側にあるとき

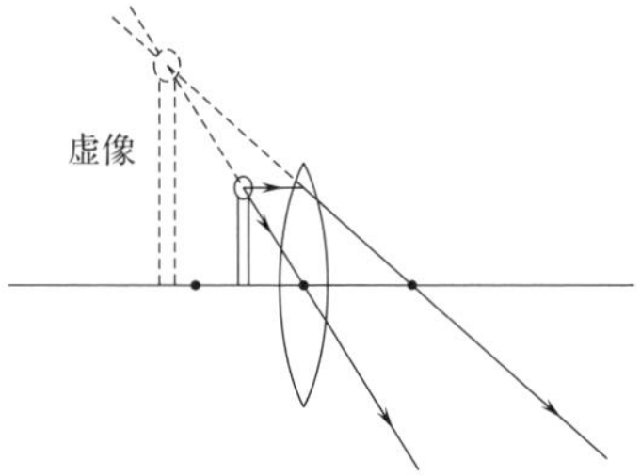

正立の虚像ができる。

●レンズの公式

チェック

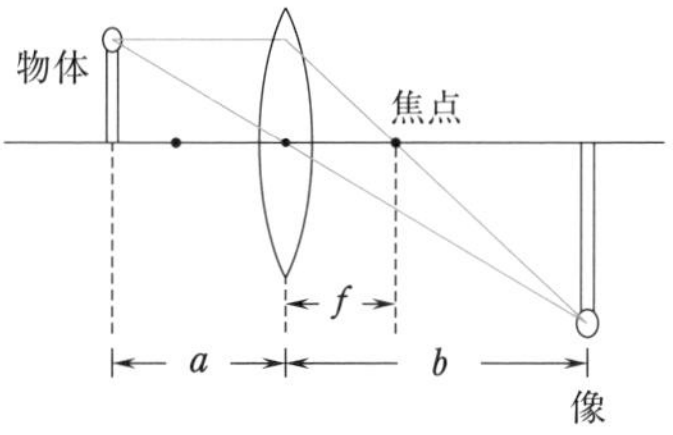

物体からレンズまでの距離を a，レンズから像までの距離を b，焦点距離を f とすると，次の関係が成り立つ。

$$\frac{1}{a}+\frac{1}{b}=\frac{1}{f}$$

(注)虚像のときは b を負の値にする。

例題26

焦点距離15 cmの凸レンズの前方10 cmのところに物体を置いたとき，像はどこにできるか。また，像は実像か虚像か。

解答

レンズの公式より

$$\frac{1}{10}+\frac{1}{b}=\frac{1}{15}$$

$$\frac{1}{b}=\frac{1}{15}-\frac{1}{10}=-\frac{1}{30}$$

$$\therefore\quad b=-30\text{〔cm〕}$$

$b<0$ より，レンズの前方 30 cm のところに虚像ができる。作図すると次のようになる。

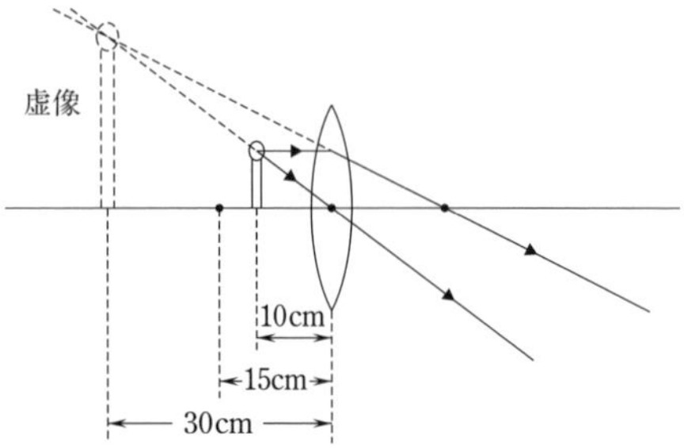

●凹レンズの性質

◆光軸に平行な光線が凹レンズを通ると，図のように，光線が進んできた方の焦点を通る方向へ光線が進み，常に正立の虚像ができる。焦点距離を負にすることにより，レンズの公式がそのまま使える。

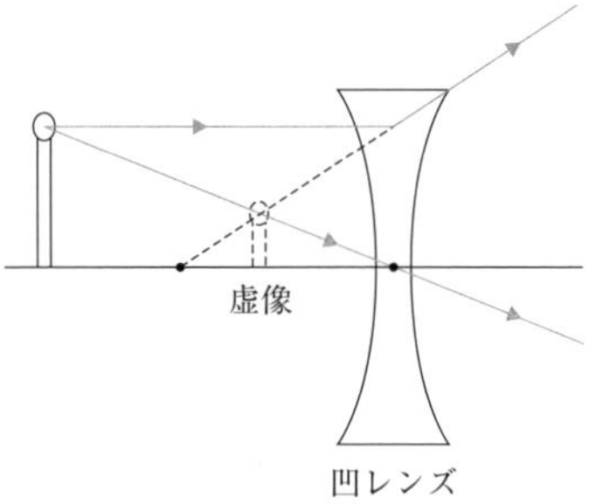

音波

●音の速さ

◆音は，固体，液体，気体中で伝わる。音の速さ v〔m/s〕は，空気中では，t〔°C〕のとき

$$\boldsymbol{v = 331.5 + 0.6\,t}$$

●音の 3 要素

◆音の 3 要素には，**音の大きさ**，**音の高さ**，**音色**がある。

音の大きさ▶ ・同じ振動数の音であれば，振幅が大きいほど音は大きくなる。

音の高さ▶ ・音波の振動数の大小のことで，振動数が大きいほど高い音になる。人の耳に聞こえる音は，20〜20000 Hz で，それより高い音を**超音波**という。

音色▶ ・音の大きさや高さが同じでも，ピアノとバイオリンでは音の感じ（音色）が異なる。音色の違いは波形の違いによる。

●うなり

◆振動数がわずかに異なる2つの音波が重なって，音の大きさが周期的に変化する現象を**うなり**という。

チェック

2つの音源の振動数を f_1，f_2 とするとき，1秒間あたりのうなりの回数 f〔Hz〕は

$$\boldsymbol{f = |f_1 - f_2|}$$

例題27

2つの音源A，Bの振動数はそれぞれ256 Hz，260 Hzである。音源Cと音源Aを同時に鳴らすと毎秒3回のうなりを生じ，音源Cと音源Bを同時に鳴らすと毎秒1回のうなりを生じる。音源Cの振動数は何Hzか。

解答

音源Cの振動数を f〔Hz〕とする。CとAで毎秒3回のうなりが生じるので

$$|f-256| = 3$$

$$\therefore\ f = 253,\ 259〔\mathrm{Hz}〕\ \cdots①$$

CとBで毎秒1回のうなりが生じるので

$$|f-260| = 1$$

$$\therefore\ f = 259,\ 261〔\mathrm{Hz}〕\ \cdots②$$

①，②より，f = **259〔Hz〕**

●ドップラー効果

◆音源と観測者が近づくとき音が高く聞こえ，遠ざかるときは低く聞こえるというように，音源や観測者が移動することによって，音源の振動数と異なる振動数の音が観測される現象を**ドップラー効果**という。

チェック

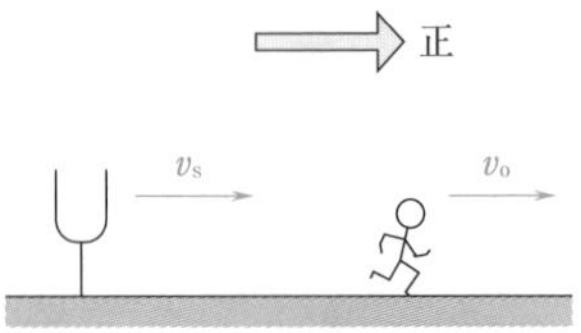

音源から観測者へ向かう向きを正としたとき，音源の速度を v_s〔m/s〕，観測者の速度を v_o〔m/s〕，音源の振動数を f_0〔Hz〕，音の速さを V〔m/s〕とすると，観測者が聞く振動数 f〔Hz〕は

$$\boldsymbol{f = f_0 \times \frac{V - v_o}{V - v_s}}$$

例題28

電車が振動数 720 Hz の警笛を鳴らしながら，26 m/s の速さで走っている。この電車を後ろから 10 m/s の速さで追いかける人がいるとき，この人が聞く警笛の振動数は何 Hz か。ただし，音速を 334 m/s とする。

解答

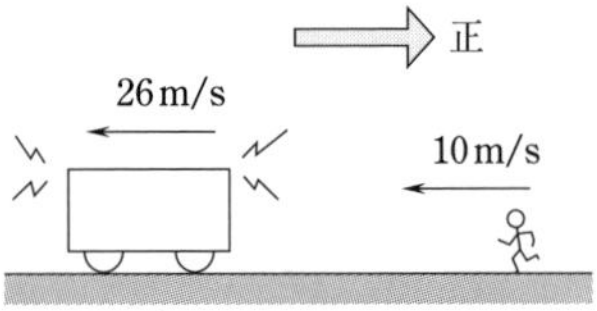

音源から観測者へ向かう向きを正とする。このとき

・音源の速度は，$v_s = -26$〔m/s〕

・観測者の速度は，$v_o = -10$〔m/s〕

よって，観測者が聞く振動数を f〔Hz〕とすると

$$f = 720 \times \frac{334-(-10)}{334-(-26)}$$

$$= 720 \times \frac{344}{360}$$

$$= \mathbf{688}\text{〔Hz〕}$$

練習問題

（178ページより解答・解説）

★
No.29 次の文の空欄にあてはまる語句の組合せとして，正しいのはどれか。

音も光もともに波動である。波動には振動のしかたによって縦波と横波の区別がある。音が（　A　）であることは，音を伝搬する空気や水のような流体がずれに対する（　B　）をもっていないことからわかる。光が（　C　）であることは（　D　）の現象から証明できる。

	A	B	C	D
1	縦波	弾性	横波	干渉
2	縦波	屈折	横波	偏光
3	横波	弾性	縦波	干渉
4	横波	屈折	縦波	偏光
5	縦波	弾性	横波	偏光

★★
No.30 光について説明した文の空欄にあてはまる語句の組合せとして，正しいのはどれか。

光が水中から空気中へ進むときのように，屈折率の（　ア　）物質から屈折率の（　イ　）物質に進むと，屈折角は入射角より（　ウ　）なる。このようなとき入射角をある角度にすると，屈折角は（　エ　）となって屈折光は水面に沿って進む。このときの入射角を臨界角といい，入射角を臨界角より（　オ　）すると屈折光は存在しなくなり，すべて反射光となる。この現象を全反射という。

	ア	イ	ウ	エ	オ
1	大きい	小さい	大きく	$0°$	小さく
2	小さい	大きい	小さく	$0°$	小さく
3	大きい	小さい	小さく	$90°$	大きく
4	小さい	大きい	大きく	$90°$	大きく
5	大きい	小さい	大きく	$90°$	大きく

★★
No.31 焦点距離16cmの薄い凸レンズの前方80cmの位置に，光軸に垂直に大きさ2.0cmの物体を置いた。このときレンズと像の距離と，像の大きさの組合せとして正しいのはどれか。

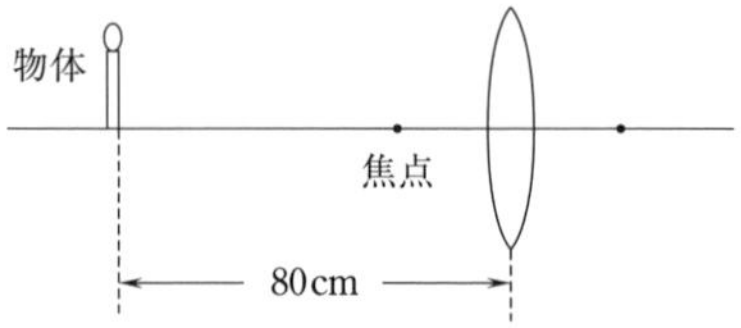

	レンズと像の距離	像の大きさ
1	20cm	0.50cm
2	20cm	1.0cm
3	40cm	0.50cm
4	40cm	1.0cm
5	80cm	0.50cm

★★
No.32 音に関する次の現象のうち，回折によるものとして正しいのはどれか。

1　2つのスピーカーから出る音を聞くとき，場所によって強く聞こえたり，弱く聞こえたりする。
2　救急車が通り過ぎるとき，サイレンの音が急に低く聞こえる。
3　アルミサッシの窓をわずかにあけると，外の騒音がよく聞こえる。
4　山びこが聞こえる。
5　一般に昼より夜の方が遠くまで音が聞こえる。

★★
No.33 調律中のある弦楽器の1本の弦をはじいて出る音と，440Hzのおんさを同時に鳴らしたところ毎秒2回のうなりが聞こえた。また，445Hzのおんさと弦の間では，毎秒3回のうなりが聞こえた。弦の音の振動数として，正しいのはどれか。

1　440Hz
2　442Hz
3　444Hz
4　446Hz
5　448Hz

★★
No.34　踏切で電車の通過を待っている人の前を電車が警笛を鳴らしながら通過した。この人が聞く電車の警笛の振動数と時間の関係を表したグラフとして，正しいのはどれか。ただし，電車は一定の速度で通過するものとする。

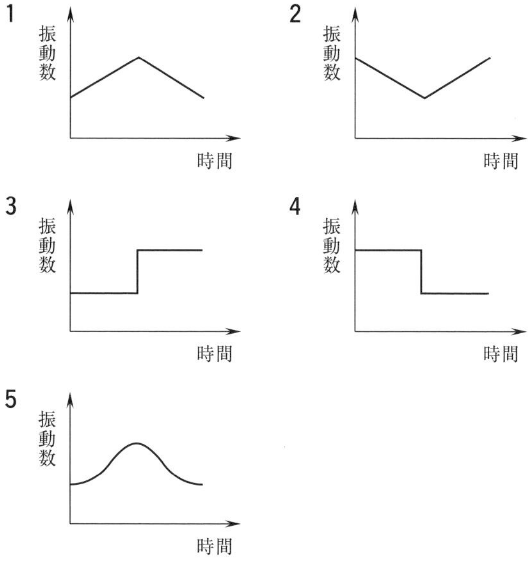

★★
No.35　電車が振動数1000 Hzの警笛を鳴らしながら，速さ72 km/hで進んでいる。この電車に向かって，速さ18 km/hで近づいている人が聞く警笛の振動数はいくらか。ただし，音速は340 m/sとする。

1　998 Hz
2　1018 Hz
3　1038 Hz
4　1058 Hz
5　1078 Hz

第9章 電気と磁気

コンデンサー

●コンデンサー

◆2つの導体を向かい合わせて，電荷を蓄える装置を**コンデンサー**という。電荷(電気量)の単位はC(クーロン)を使う。

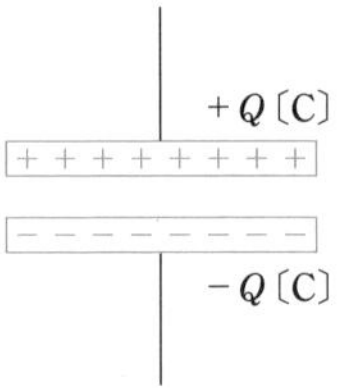

チェック

コンデンサーに蓄えられる電荷Q〔C〕は，導体間の電位差V〔V〕に比例する。

$$\boldsymbol{Q = CV} \quad (C \text{ は比例定数})$$

●電気容量

◆$Q = CV$ における比例定数Cを**電気容量**といい，単位はF(ファラド)を使う。補助単位としてμF(マイクロファラド)がある($1\mu\text{F} = 10^{-6}\text{F}$)。

●合成容量

◆複数のコンデンサーを接続したとき，全体を1つのコンデンサーと考えた場合の電気容量を**合成容量**という。合成容量の計算公式は，直列接続の場合と並列接続の場合の2通りある。

チェック

① **直列接続の場合**

合成容量をCとすると

$$\boldsymbol{\frac{1}{C} = \frac{1}{C_1} + \frac{1}{C_2}}$$

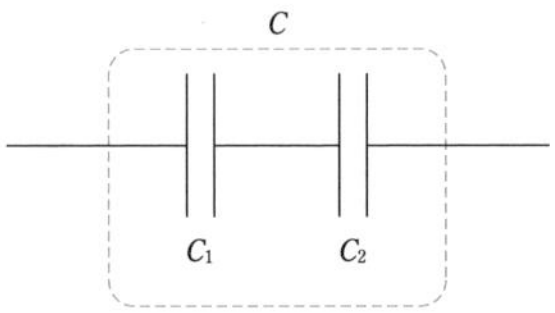

② **並列接続の場合**

合成容量をCとすると

$$\boldsymbol{C = C_1 + C_2}$$

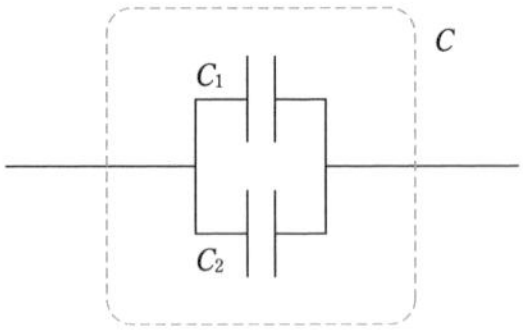

例題29

次の場合について，合成容量 C〔F〕を求めよ。

(1)

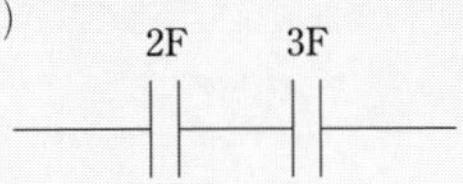

(2)

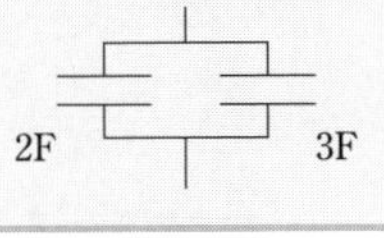

解答

(1)　直列接続なので

$$\frac{1}{C}=\frac{1}{2}+\frac{1}{3}=\frac{5}{6}\qquad\therefore\quad C=\frac{6}{5}=\mathbf{1.2}〔\mathrm{F}〕$$

(2)　並列接続なので

$$C=2+3=\mathbf{5}〔\mathrm{F}〕$$

電流

●オームの法則

チェック

抵抗 R〔Ω〕の導線に V〔V〕の電圧をかけたとき導線に流れる電流を I〔A〕とすると，次が成り立つ。

$$\boldsymbol{V=RI}$$

これを**オームの法則**という。

例題30

5Ωの抵抗に，4Vの電池をつないだ。流れる電流はいくらか。

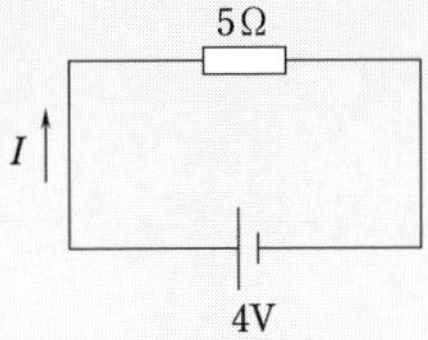

解答

オームの法則より，$I=\frac{4}{5}=\mathbf{0.8}〔\mathrm{A}〕$

●抵抗の接続

直列接続▶

抵抗 R_1，R_2 を直列に接続すると，その合成抵抗 R は $R=R_1+R_2$ となる。

①　各抵抗に流れる電流 I は等しい。

②　各抵抗にかかる電圧の比は $V_1:V_2=R_1:R_2$ となる。

③　全電圧 V は $V=V_1+V_2$ となる。

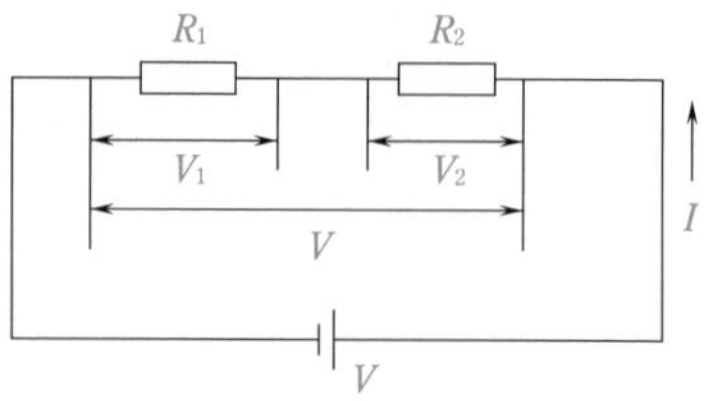

並列接続▶

・抵抗 R_1，R_2 を並列に接続すると，その合成抵抗 R は $\frac{1}{R}=\frac{1}{R_1}+\frac{1}{R_2}$ となる。

① 各抵抗にかかる電圧 V は等しい。

② 各抵抗を流れる電流の比は

$$I_1 : I_2=\frac{1}{R_1} : \frac{1}{R_2}=R_2 : R_1$$

となる。

③ 全電流 I は $I=I_1+I_2$ となる。

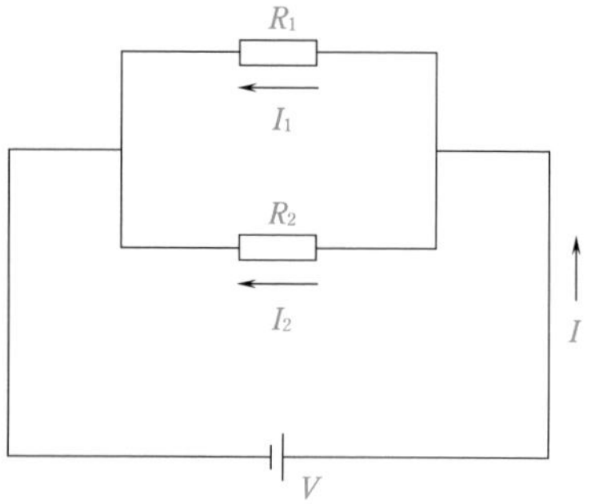

チェック

合成抵抗の求め方

① **直列接続の場合**

合成抵抗を R とすると

$$\boldsymbol{R=R_1+R_2}$$

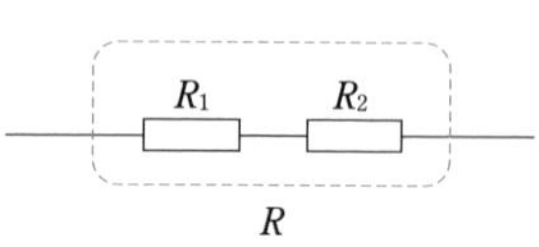

② **並列接続の場合**

合成抵抗を R とすると

$$\boldsymbol{\frac{1}{R}=\frac{1}{R_1}+\frac{1}{R_2}}$$

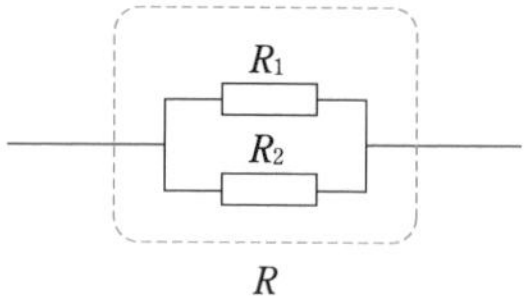

(2) この回路を流れる電流をI〔A〕とすると，オームの法則より

$$I=\frac{12}{16}=0.75〔\mathrm{A}〕$$

よって，抵抗R_1を流れる電流I_1は，$I_1=I=$**0.75〔A〕**

R_2を流れる電流をI_2，R_3を流れる電流をI_3とすると，

$$I_2:I_3=R_3:R_2$$

R_2を流れる電流I_2を求めると

$$I_2=0.75\times\frac{30}{20+30}=\mathbf{0.45〔A〕}$$

R_3を流れる電流I_3を求めると

$$I_3=0.75\times\frac{20}{20+30}=\mathbf{0.30〔A〕}$$

●電流計と電圧計のつなぎ方

◆**電流計は測定部位に直列**につなぎ，**電圧計は測定部位に並列**につなぐ。

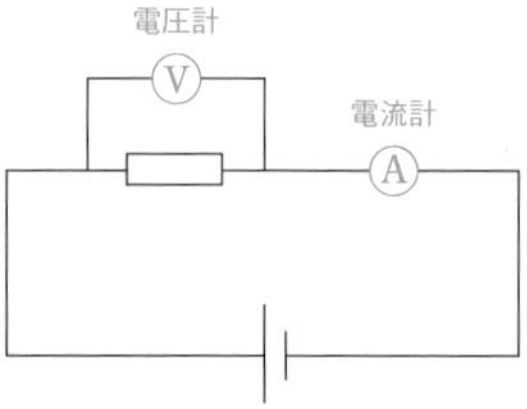

電気とエネルギー

●電力(消費電力)

◆電流I〔A〕が電圧V〔V〕で抵抗R〔Ω〕を流れるとき，電流は仕事をする。この仕事を電力量といい，仕事率Pを**電力**という。単位は，仕事率の単位W(ワット)である。

チェック

電力 ：$\boldsymbol{P=IV=I^2R=\dfrac{V^2}{R}}$

例題33

100V-50Wの電球3個を右図のように接続した。次の各問いに答えよ。

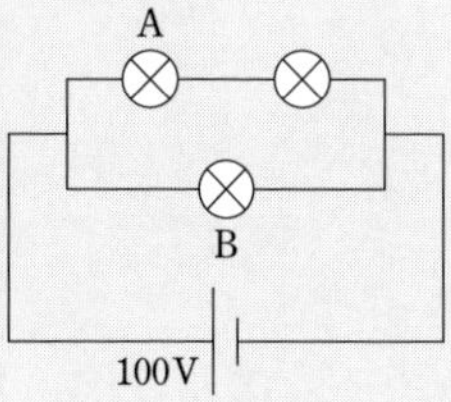

(1) 電球1個の抵抗は何Ωか。

(2) 電球A，Bの消費電力はそれぞれ何Wか。

(3) A，Bのうち，明るいのはどちらか。

解答・解説

解答

(1)　$P=\dfrac{V^2}{R}$ より

$$50=\frac{100^2}{R}\quad \therefore\quad R=200〔\Omega〕$$

(2)　電球Aにかかる電圧は50Vなので，消費電力は
$P_{\mathrm{A}}=\dfrac{V^2}{R}$ に $V=50$〔V〕，$R=200$〔Ω〕を代入すると

$$P_{\mathrm{A}}=\frac{50^2}{200}=12.5〔\mathrm{W}〕$$

電球Bにかかる電圧は100Vなので，消費電力は
$P_{\mathrm{B}}=\dfrac{V^2}{R}$ に $V=100$〔V〕，$R=200$〔Ω〕を代入すると

$$P_{\mathrm{B}}=\frac{100^2}{200}=50〔\mathrm{W}〕$$

(3)　電球の明るさは消費電力が大きいほど明るい。よって，明るいのはBである。

●ジュール熱

◆電熱線などに電流が流れると熱が発生する。この熱を**ジュール熱**という。

ジュールの法則▶

チェック

t 秒間に電流 I〔A〕がする仕事 W〔J〕はジュール熱 Q〔J〕に等しい($W=Q$)。

$$\boldsymbol{Q=Pt=VIt=RI^2t=\frac{V^2}{R}t}$$

この関係を**ジュールの法則**という。

例題34

抵抗が20Ωである電熱線を100Vの電源につなぎ，10秒間電流を流した。発生する熱量は何Jか。

解答

$Q=\dfrac{V^2}{R}t$ より，$Q=\dfrac{100^2}{20}\times 10=5000$〔J〕

電流と磁場

●右ねじの法則

◆電流が流れると，そのまわりに図のような磁場が生じる。電流の向きを右ねじの進む向きに合わせたとき，右ねじが回転する向きに磁場が生じる。

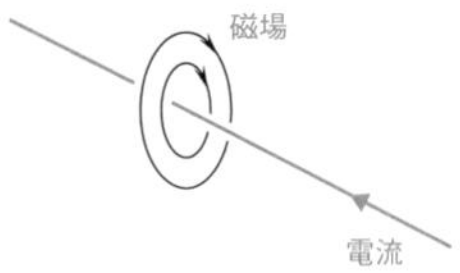

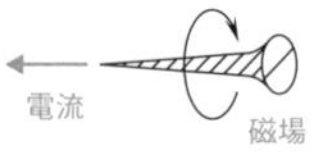

●フレミングの左手の法則

◆磁場の中を磁場と垂直に電流が流れると，電流は図のような力を受ける。左手の人差し指を磁場の向きに，中指を電流の向きに合わせたとき，親指の向きが電流が受ける力の向きである。

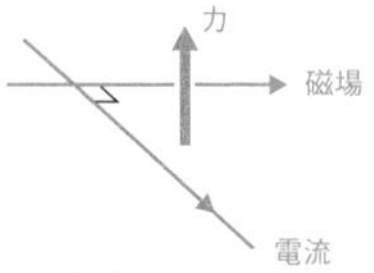

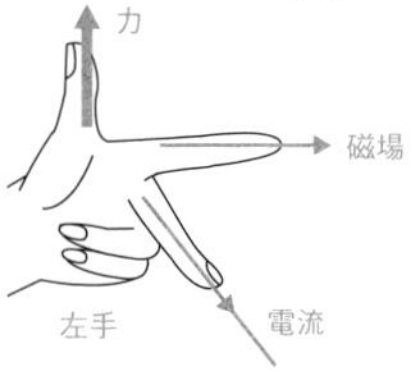

●電磁誘導

◆磁場が変化すると電圧が生じ，磁場の変化を打ち消すような向きに誘導電流が流れる。

例題35

図のように，U字型磁石のN極とS極の間に導線を通し，矢印の向きに電流を流した。このとき，導線が受ける力の向きは，ア，イのどちらか。

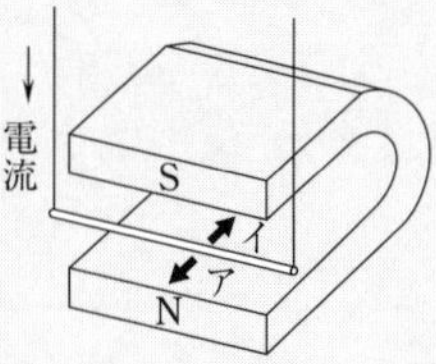

解答

磁場の向きはN極からS極への向きである。左手の人差し指を磁場の向きに，中指を電流の向きに合わせる。このとき，親指の向きが導線が受ける力の向きである。

よって，力の向きは，アとなる。

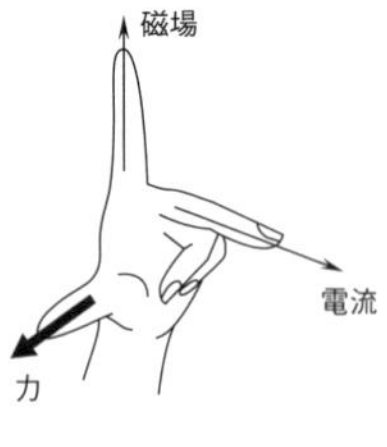

練習問題

（179ページより解答・解説）

★
No.36 電気容量が4.0μFと6.0μFの2つのコンデンサーを直列接続したときの合成容量として，正しいのはどれか。

1　0.4μF
2　2.4μF
3　4.8μF
4　10μF
5　24μF

★★
No.37 図のような回路で，$R_1 = 3.8$〔Ω〕，$R_2 = 2.0$〔Ω〕，$R_3 = 3.0$〔Ω〕，$V = 50$〔V〕であるとき，R_3 に流れる電流として正しいのはどれか。

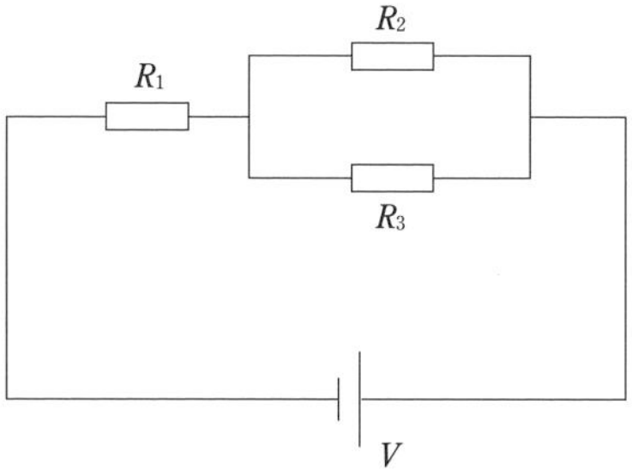

1　1.0A
2　2.0A
3　3.0A
4　4.0A
5　5.0A

★★
No.38 図のように3つの抵抗 $R_1 = 5$〔Ω〕，$R_2 = 20$〔Ω〕，$R_3 = 10$〔Ω〕を接続し，ab間に70Vの電圧をかけたとき，ab間に流れる電流として正しいのはどれか。

1　1A
2　2A
3　3A
4　4A
5　5A

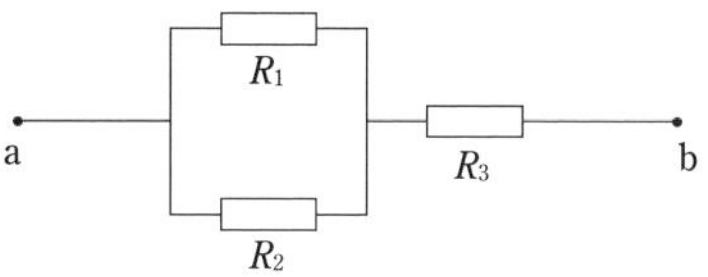

★
No.39 グラフは，ある電球のフィラメントにかかる電圧と電流の関係を表したものである。電圧が5Vのとき，フィラメントの抵抗として正しいのはどれか。

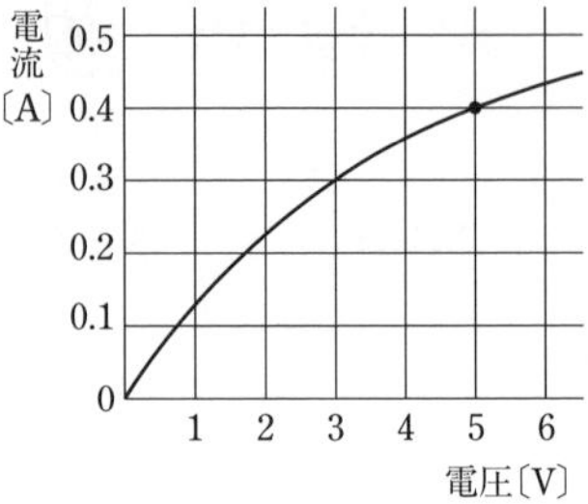

1　0.08Ω
2　2.0Ω
3　8.0Ω
4　12.5Ω
5　20Ω

★
No.40 点灯中の電球の抵抗値を調べる方法に関する文中の空欄ア・イにあてはまるものの組合せとして正しいのはどれか。

図Ｉおよび図Ⅱで，Ⓐは電流計を，Ⓥは電圧計を表す。図Ｉおよび図Ⅱのうち，電圧計および電流計を正しく接続しているのは[ア]である。また電流計には20mA，200mA，2Aの3つの測定端子があり，最初に接続するのは[イ]である。

図Ｉ

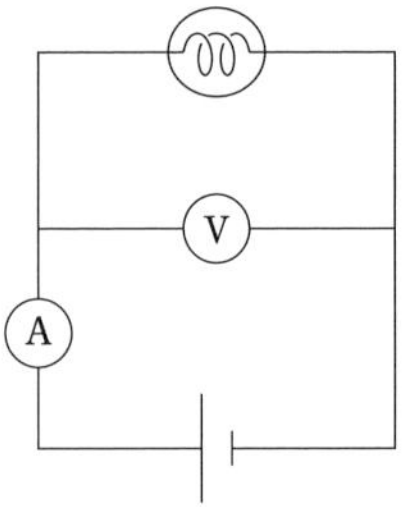

図Ⅱ

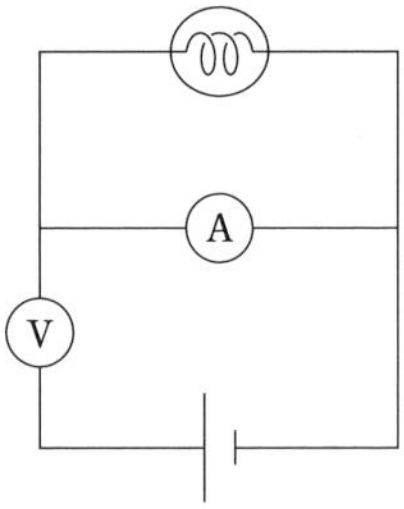

	ア	イ
1	図Ｉ	20mA
2	図Ｉ	2A
3	図Ⅱ	20mA
4	図Ⅱ	200mA
5	図Ⅱ	2A

★★

No.41　図のような回路で電池の起電力 $E = 100〔V〕$, 抵抗 $R = 30〔\Omega〕$ とするとき回路にはたらく電力として正しいのはどれか。

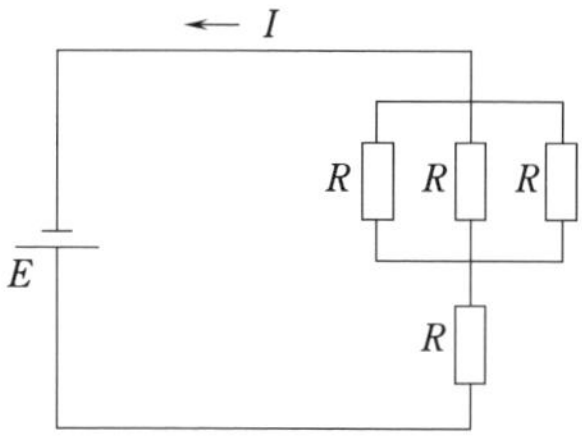

1　100 W

2　150 W

3　200 W

4　250 W

5　300 W

★★

No.42　図のように，100 V 用 100 W の電球と 100 V 用 40 W の電球を並列に接続して 100 V の直流電圧をかけたとき，この直流回路に関する記述として正しいのはどれか。

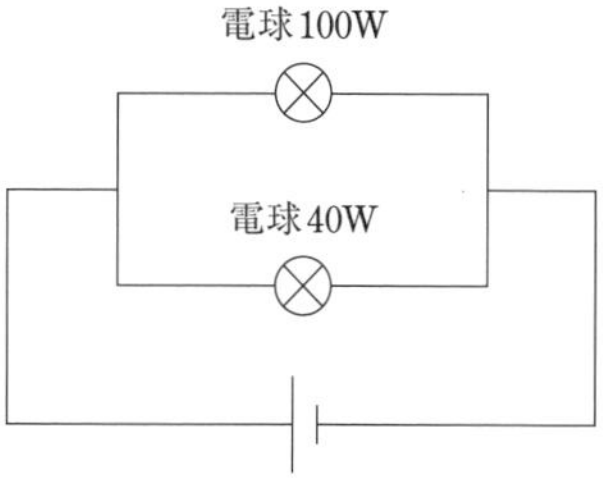

1　100 W の電球と 40 W の電球には，同じ電圧がかかるため，100 W の電球が 40 W の電球より明るく点灯する。

2　100 W の電球と 40 W の電球には，同じ電圧がかかるため，100 W の電球と 40 W の電球は同じ明るさで点灯する。

3　100 W の電球と 40 W の電球には，同じ電流が流れるため，100 W の電球が 40 W の電球より明るく点灯する。

4　100 W の電球と 40 W の電球には，同じ電流が流れるため，100 W の電球と 40 W の電球は同じ明るさで点灯する。

5　100 W の電球と 40 W の電球には，同じ電流が流れるため，40 W の電球が 100 W の電球より明るく点灯する。

★
No.43 抵抗20Ωの電熱線に12Vの直流電圧をかけて電流を1分間流したとき，発生する熱量として正しいのはどれか。

1　7.2J
2　36J
3　90J
4　144J
5　432J

★★
No.44 長さ10cmの電熱線に100Vの電圧をかけて，ある量の水を熱したところ，10分で水の温度が20℃から30℃に上昇した。この電熱線を半分に切り，長さが5cmになった電熱線1本に同じ電圧をかけて同じ量の水を熱したとき，水の温度が20℃から30℃に上昇するまでにかかる時間として正しいのはどれか。

1　2分30秒
2　5分
3　10分
4　20分
5　40分

★
No.45 右図のように，紙面の裏から表に向かう磁場の中に置かれた長方形のコイルに矢印の向きに電流が流れている。各辺が受ける力の向きの組合せとして正しいのはどれか。

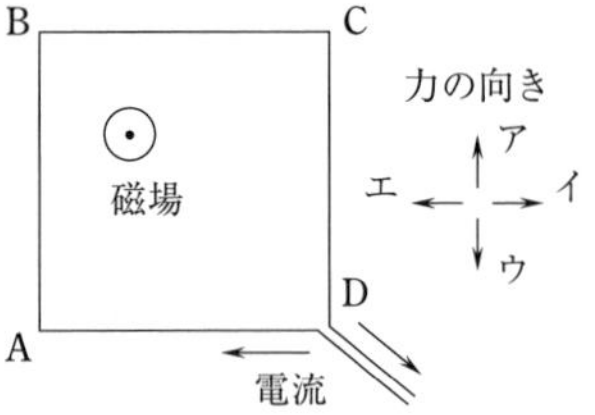

	AB	BC	CD	DA
1	エ	ア	イ	ウ
2	エ	ア	ウ	イ
3	イ	エ	ア	ウ
4	イ	ウ	ア	エ
5	イ	ウ	エ	ア

No.46 直流と交流に関する記述A～Dの正誤を正しく組み合わせているのはどれか。

A　家庭で使用している電熱器は，交流では発熱するが，直流では発熱しない。

B　交流電源に接続して使用している扇風機のモーターを，直流電源に接続しても，モーターは回転しない。

C　交流は直流に比べて，変圧器によって容易に電圧を変えることができる。

D　電磁誘導を利用した発電機では，直流を発生させることはできるが，交流を発生させることはできない。

	A	B	C	D
1	正	正	誤	誤
2	誤	正	正	誤
3	誤	誤	誤	正
4	正	誤	誤	正
5	正	誤	正	誤

第10章　原子と原子核

原子核と放射線

●放射線

◆主な放射線には，**α 線**，**β 線**，**γ 線**がある。

放射線	実体	透過力	電離作用
α 線	$^{4}_{2}$He の原子核	小	大
β 線	電子	中	中
γ 線	電磁波	大	小

●原子核の崩壊

◆放射線を出して別の原子核に変わっていくことを**放射性崩壊**という。放出する放射線が α 線のときを **α 崩壊**，β 線のときを **β 崩壊**という。

チェック

α 崩壊：原子番号は 2 減り，質量数は 4 減る
β 崩壊：原子番号は 1 増え，質量数は変化なし
γ 線放射：原子番号，質量数とも変化なし

例題36

ラジウム $^{226}_{88}$Ra が α 崩壊と β 崩壊をくり返し，鉛 $^{206}_{82}$Pb になったとすると，α 崩壊，β 崩壊をそれぞれ何回行ったか。

解答

α 崩壊を x 回，β 崩壊を y 回行ったとする。

原子番号については，α 崩壊 1 回につき 2 減少し，β 崩壊 1 回につき 1 増加することから

$$88-2x+y=82 \qquad \therefore \quad 2x-y=6 \quad \cdots①$$

質量数については，α 崩壊 1 回につき 4 減少し，β 崩壊では変化しないことから

$$226-4x=206 \qquad \therefore \quad x=5 \quad \cdots②$$

①，②より，$x=5$，$y=4$

よって，α 崩壊が 5 回，β 崩壊が 4 回行われた。

●半減期

◆原子核が放射性崩壊によって他の原子核に変わるとき，もとの原子核の個数が半分になるまでの時間を**半減期**という。半減期は崩壊する原子核の種類によって決まっている。

チェック

初めの原子核の個数を N_0，時間 t 後に崩壊せずに残っている原子核の個数を N，半減期を T とすると

$$\boldsymbol{N = N_0\left(\frac{1}{2}\right)^{\frac{t}{T}}}$$

例題37

ラジウムの半減期が 1.6×10^3 年とするとき，ラジウムの数が $\frac{1}{8}$ に減るのは何年後か。

解答

$N = N_0\left(\frac{1}{2}\right)^{\frac{t}{T}}$ より，$\frac{N}{N_0} = \left(\frac{1}{2}\right)^{\frac{t}{T}}$

$$\frac{1}{8} = \left(\frac{1}{2}\right)^{\frac{t}{1.6\times10^3}}$$

$$\left(\frac{1}{2}\right)^3 = \left(\frac{1}{2}\right)^{\frac{t}{1.6\times10^3}}$$

$$\frac{t}{1.6\times10^3} = 3$$

$$t = 3\times1.6\times10^3 = 4.8\times10^3$$

よって，**4.8×10^3 年後**

練習問題

（181ページより解答・解説）

No.47 放射線に関する文中の空欄A～Eにあてはまる語句の組合せとして正しいのはどれか。

放射性同位体の原子核が崩壊して別の原子核に変化するときに出す放射線には，正の電荷をもった［ A ］線，負の電荷をもった［ B ］線，中性のγ線がある。β線の実体は［ C ］で，α線の実体は［ D ］，γ線の実体は［ E ］である。

	A	B	C	D	E
1	α	β	ヘリウム原子核	電子	電磁波
2	α	β	電子	ヘリウム原子核	電磁波
3	α	β	電磁波	電子	ヘリウム原子核
4	β	α	ヘリウム原子核	電磁波	電子
5	β	α	電子	ヘリウム原子核	電磁波

No.48 ${}^{238}_{92}\mathrm{U}$が崩壊して${}^{206}_{82}\mathrm{Pb}$になったとき，α崩壊，β崩壊がそれぞれ起こった回数の組合せとして正しいのはどれか。

	α崩壊	β崩壊
1	5回	4回
2	6回	8回
3	8回	6回
4	8回	10回
5	10回	8回

No.49 ラジウム${}^{226}_{88}\mathrm{Ra}$の半減期は1600年である。4.0gのラジウム${}^{226}_{88}\mathrm{Ra}$が0.25gになるのは何年後か。

1 1600年後
2 3200年後
3 4800年後
4 6400年後
5 8000年後

総合

No.50 次の記述のうち正しいのはどれか。

1　凸レンズの焦点の内側にある光源から出た光は，凸レンズの向こう側で再び1点に集まる。

2　ともに熱の伝わりやすい，10 g で 20℃ の物体Aと，100 g で 0℃ の物体Bを接触させたとき，物体Bから物体Aに熱伝導が起こり，物体Aの温度が下がる。

3　3辺の長さがそれぞれ 5 cm，8 cm，10 cm で，質量が 400 g の直方体の物体を床に置くとき，床が物体から受ける圧力が最も大きいのは，8 cm と 10 cm を2辺とする面が下になったときである。

4　発音体を振動させたとき，振幅が大きいほど音は大きく，振動数が大きいほど音は高い。

5　抵抗を並列に配列した回路においては，各抵抗にかかる電圧の和は，全体の電圧に等しい。

No.51 A～Dの法則の説明の正誤の組合せとして正しいのはどれか。

A　運動の第二法則――物体に生じる加速度の大きさは物体にはたらく力の大きさに比例し，物体の質量に反比例する。

B　エネルギー保存則――エネルギーはその形態を別の形態に変えても総和は常に一定に保たれる。

C　万有引力の法則――2つの物体間にはたらく引力の大きさは，2つの物体間の距離に反比例する。

D　ジュールの法則――導線から一定時間内に発生する熱量は，導線を流れる電流の強さおよび導線の抵抗に比例する。

	A	B	C	D
1	正	正	誤	誤
2	正	誤	正	誤
3	正	誤	誤	誤
4	誤	正	正	誤
5	誤	正	誤	正

解答・解説

解答・解説

第 1 章　速度・加速度

No.1　正答　5

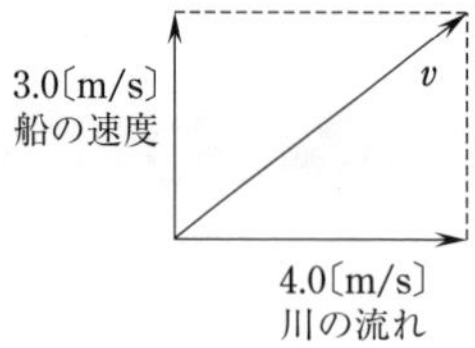

上図より，

$$v=\sqrt{3.0^2+4.0^2}$$
$$=5.0〔m/s〕$$

船が川岸に着くまでの時間 t は

$$t=\frac{60}{3.0}=20〔秒〕$$

よって，流される距離 x は

$$x=4.0\times 20=80〔m〕$$

No.2　正答　2

電車の窓から見た雨の速度は下図の $\vec{v}$ のようになる。

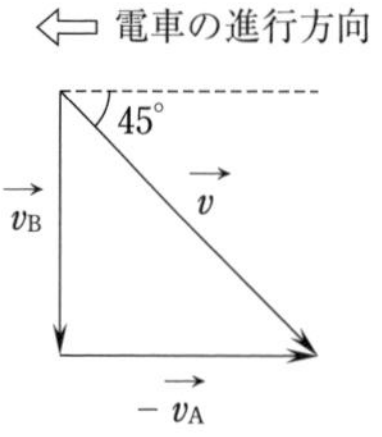

（ $\vec{v}_A$ ：電車の速度
$\vec{v}_B$ ：雨の速度 ）

したがって，その速さは

$$v=\sqrt{10^2+10^2}$$
$$=10\sqrt{2}=14〔m/s〕$$

No.3　正答　5

$$108〔km/h〕=\frac{108\times 1000}{60\times 60}$$
$$=30〔m/s〕$$

電車の加速度を a〔m/s²〕とすると，

$v=v_0+at$ より

$$0=30+a\times 30 \qquad \therefore \quad a=-1〔m/s^2〕$$

電車が進んだ距離は $x=v_0t+\frac{1}{2}at^2$ より

$$x=30\times 30+\frac{1}{2}\times(-1)\times 30^2$$
$$=450〔m〕$$

No.4　正答　4

各区間の上昇距離は

$$x=v_0t+\frac{1}{2}at^2$$

で与えられる。

(i)　0～2 秒の間（$v_0=0$，$t=2$，$a=2$）

$$x=0\times 2+\frac{1}{2}\times 2\times 2^2=4〔m〕$$

この 2 秒間のエレベーターの速さは，$v=v_0+at$（$v_0=0$，$a=2$，$t=2$）より，4〔m/s〕となる。

(ii)　2～6 秒の間（$v_0=4$，$t=4$，$a=0$）

$$x=4\times(6-2)+\frac{1}{2}\times 0\times 4^2=16〔m〕$$

この 4 秒間は加速度が 0 なので，速さは一定である。

(iii)　6～10 秒の間（$v_0=4$，$t=4$，$a=-1$）

$$x=4\times(10-6)+\frac{1}{2}\times(-1)\times(10-6)^2$$
$$=8〔m〕$$

よって，エレベーターが上昇した高さは

$$4+16+8=28〔m〕$$

No.5　正答　5

6～8 秒間の加速度は

$$\frac{0-6}{8-6}=-3〔m/s^2〕$$

進んだ距離はグラフと t 軸で囲まれた面積に等しいので

$$\frac{1}{2}\times(2+8)\times 6=30〔m〕$$

第 2 章　落体の運動

No.6　正答　2

自由落下の式 $v^2 - v_0{}^2 = 2gh$ に，$v_0 = 0$〔m/s〕，$g = 10$〔m/s²〕，$h = 20$〔m〕を代入すると

$$v^2 - 0^2 = 2 \times 10 \times 20 = 400$$

$$\therefore \quad v = 20\text{〔m/s〕}$$

No.7　正答　2

鉛直投げ上げの式 $y = v_0 t - \frac{1}{2}gt^2$ に，$y = 0$〔m〕，$v_0 = 10$〔m/s〕，$g = 10$〔m/s²〕を代入すると

$$0 = 10t - \frac{1}{2} \times 10 \times t^2$$
$$= 10t - 5t^2$$
$$= 5t(2 - t)$$

$t \neq 0$ より，$t = 2$

よって，再び地上に戻ってくるのは2秒後である。

No.8　正答　4

自由落下させた小球の t 秒後の地上からの高さ y_1 は

$$y_1 = 75 - \frac{1}{2} \times 9.8 \times t^2 \quad \cdots①$$

投げ上げた小球の t 秒後の地上からの高さ y_2 は

$$y_2 = 25 \times t - \frac{1}{2} \times 9.8 \times t^2 \quad \cdots②$$

①，②は等しいので

$$75 - \frac{1}{2} \times 9.8 \times t^2 = 25 \times t - \frac{1}{2} \times 9.8 \times t^2$$

$$t = 3$$

これを①へ代入すると

$$y_1 = 75 - \frac{1}{2} \times 9.8 \times 3^2$$
$$= 30.9\text{〔m〕}$$

No.9　正答　4

水平投射では，水平方向に等速直線運動，鉛直方向に自由落下をする。

落下するまでに要した時間は

$$\frac{240}{40} = 6\text{〔秒〕}$$

この間に落下した距離は，$y = \frac{1}{2}gt^2$ より

$$\frac{1}{2} \times 9.8 \times 6^2 = 176.4\text{〔m〕}$$

よって，窓の地上からの高さは，176.4 m である。

第 3 章　力

No.10　正答　2

OA に加わる力と OB に加わる力の合力(OC)が，大きさ 1 N の力 F とつりあっている。

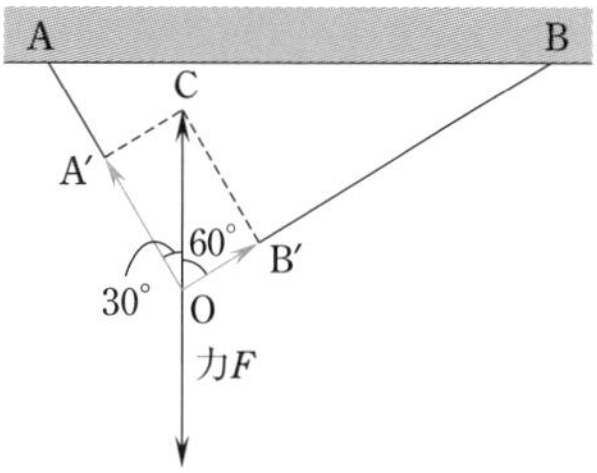

上図の直角三角形 OB′C の辺の比より

$$\text{OC} : \text{OB}' = 2 : 1$$
$$1 : \text{OB}' = 2 : 1$$
$$\therefore \quad \text{OB}' = \frac{1}{2}\text{〔N〕}$$

No.11　正答　3

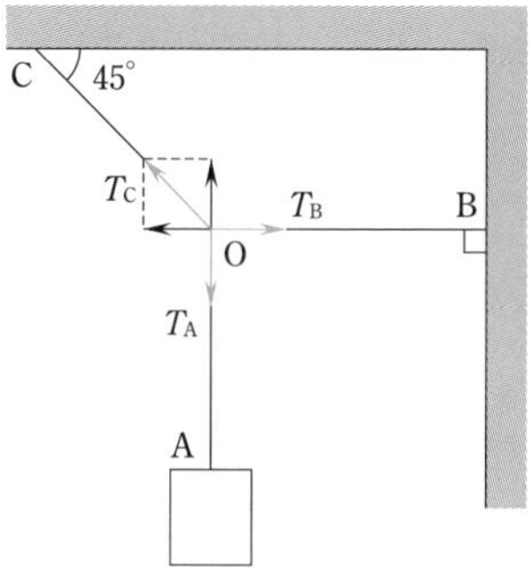

水平方向の力のつりあいより

$$\frac{T_C}{\sqrt{2}} = T_B \quad \cdots①$$

鉛直方向の力のつりあいより

$$\frac{T_C}{\sqrt{2}} = T_A \quad \cdots②$$

①，②より，$T_C > T_A = T_B$

No.12 正答 4

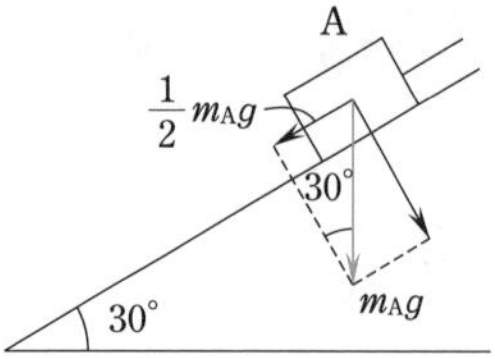

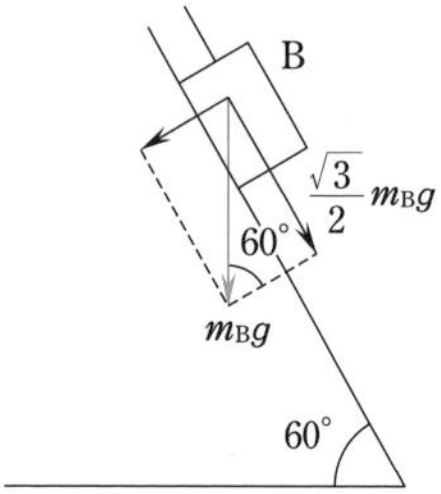

A, Bの質量をそれぞれ m_A, m_B とする。

物体A, 物体Bは静止しているので, Aにはたらく重力の斜面に平行な方向の成分 $\frac{1}{2}m_{A}g$ は, Aにはたらく糸の張力とつりあっている。また, Bにはたらく重力の斜面に平行な方向の成分 $\frac{\sqrt{3}}{2}m_{B}g$ は, Bにはたらく糸の張力とつりあっている。

糸の張力は等しいので

$$\frac{1}{2}m_{A}g = \frac{\sqrt{3}}{2}m_{B}g$$

$$m_A = \sqrt{3}\,m_B$$

よって,

$$m_A : m_B = \sqrt{3} : 1$$

No.13 正答 4

グラフよりそれぞれのばねのばね定数を求めるとAは5N/m, Bは10N/mである。

おもりの重さを x Nとすると, ばねA, Bを引く力はともに x Nであるから

Aの伸び：$\frac{x}{5}$〔m〕

Bの伸び：$\frac{x}{10}$〔m〕

A, Bの伸びの和が45cmであるから

$$\frac{x}{5}+\frac{x}{10} = 0.45$$

$$x = 1.5〔N〕$$

よって,

Aの伸びは, $\frac{1.5}{5} = 0.3$〔m〕=30〔cm〕

Bの伸びは, $\frac{1.5}{10} = 0.15$〔m〕=15〔cm〕

No.14 正答 2

ばね定数を k〔N/m〕とする。

Aの伸び：$\frac{0.5}{k}$〔m〕

Bの伸び：$\frac{0.5}{k}$〔m〕

Cの伸び：$\frac{1}{k}$〔m〕

Dの伸び：$\frac{0.5}{k}$〔m〕

E, Fの伸び：$\frac{0.25}{k}$〔m〕

よって, Aと等しいのは, BとDである。

No.15 正答 5

物体が水につかっているとき, 物体にはたらく力は, 重力, ばねばかりの弾性力, 浮力の3力である。ばねばかりが示す値は質量であるから, 重力加速度を g〔m/s^2〕とすると,

・重力(下向き)：$0.2\,g$〔N〕 …①

・弾性力(上向き)：$0.12\,g$〔N〕 …②

また, 物体の体積を x〔m^3〕とすると,

・浮力(上向き)：$1.0\times10^3\times x\times g$〔N〕 …③

①～③の力がつりあっているので,

$$0.2\,g = 0.12\,g + 1.0\times10^3\times x\times g$$

$$\therefore\quad x = 8.0\times10^{-5}〔m^3〕$$

よって, この物体の密度は,

$$\frac{0.2}{8.0\times10^{-5}} = 2.5\times10^3〔kg/m^3〕$$

No.16 正答 2

おもりAの重さは

$$5.0\times10^3\times4.0\times10^{-5}\times10 = 2.0〔N〕$$

また, おもりAにはたらく浮力は

$$1.0\times10^3\times4.0\times10^{-5}\times10 = 0.40〔N〕$$

よって, おもりAが糸を引く力(張力)は

$$2.0-0.40 = 1.6〔N〕 \quad …㋐$$

滑車の重さが0.40Nであることに注意して，糸にかかる力を図に記入すると，おもりBの質量は

$$\frac{0.70}{10}=\mathbf{7.0\times10^{-2}}〔\mathbf{kg}〕\quad\cdots㋑$$

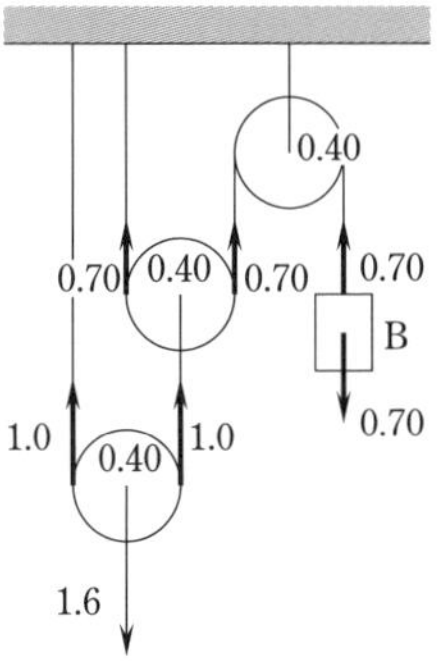

No.17 正答 4

CA $=\ell$〔cm〕とすると，力のモーメントのつりあいより

$$0.3\times\ell=0.7\times(40-\ell)$$
$$3\ell=7(40-\ell)$$
$$10\ell=280$$
$$\ell=\mathbf{28}〔\mathbf{cm}〕$$

第 4 章 運動の法則

No.18 正答 1

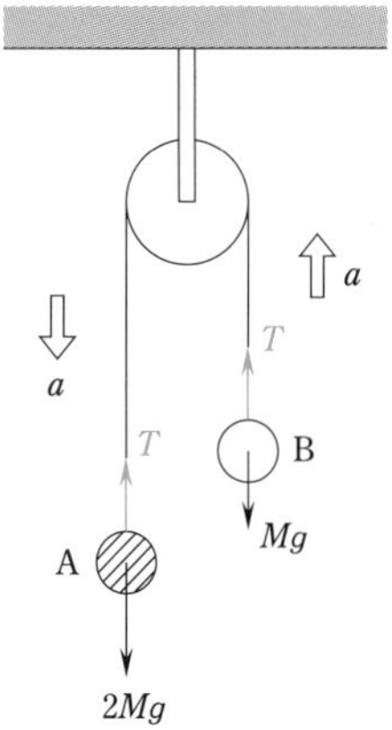

糸の張力を T として，A，Bそれぞれについて運動方程式をたてる。

A：$2Ma=2Mg-T$ …①

B：$Ma=T-Mg$ …②

①＋②より，

$$3Ma=Mg$$
$$\therefore\quad a=\frac{1}{3}g$$

よって，加速度は重力加速度の $\frac{1}{3}$ 倍である。

No.19 正答 2

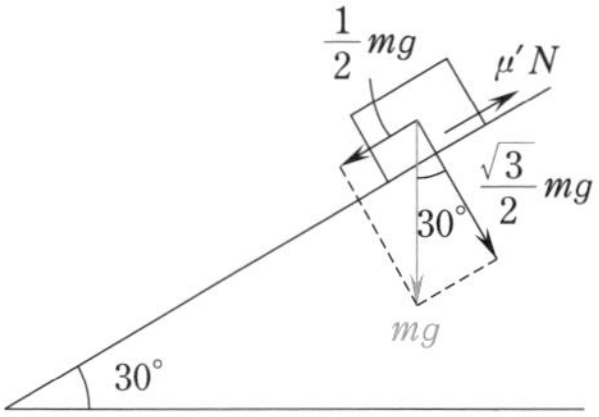

加速度を a〔m/s²〕として運動方程式をたてると

$$ma=\frac{1}{2}mg-\mu'\times\frac{\sqrt{3}}{2}mg$$
$$\therefore\quad a=\frac{1}{2}(1-\mu'\sqrt{3})g$$

ここで，$\mu'=\frac{\sqrt{3}}{4}$，$g=9.8$〔m/s²〕を代入すると

$$a=\frac{1}{2}\left(1-\frac{\sqrt{3}}{4}\times\sqrt{3}\right)\times9.8$$
$$=1.225$$
$$\fallingdotseq\mathbf{1.2}〔\mathbf{m/s^2}〕$$

No.20 正答 1

2 自由落下は重力を受けて落下する等加速度運動である。

3 力が加わらないと加速度は0となるので，物体は等速度直線運動する。

4 等速度運動をする物体を静止させるには，運動方向と逆向きの力を加えなければならない。

5 物体の運動方向と逆向きに力を瞬間的に加えても，その力が物体を静止させる大きさでなければ物体は静止しない。

第5章 力学的エネルギー

No.21 正答 1

地面に着く直前の速さをv〔m/s〕とすると，力学的エネルギー保存の法則より

$$5.0\times9.8\times10=\frac{1}{2}\times5.0\times v^2$$

$$v^2=2\times9.8\times10$$

$$=49\times4$$

$$\therefore\quad v=\sqrt{49}\times\sqrt{4}$$

$$=7\times2$$

$$=14〔\mathrm{m/s}〕$$

No.22 正答 4

球の質量をm〔kg〕，求める速さをv〔m/s〕とすると，力学的エネルギー保存の法則より

$$m\times9.8\times15=m\times9.8\times5+\frac{1}{2}mv^2$$

$$v^2=2\times9.8\times(15-5)$$

$$\therefore\quad v=14〔\mathrm{m/s}〕$$

No.23 正答 4

力学的エネルギー保存の法則より，おもりのもつ重力による位置エネルギーと運動エネルギーの和は一定なので，おもりから静かに手を離したときの高さと同じ高さまで到達する。

No.24 正答 3

ばね定数は9.8〔N/m〕なので，求める速さをv〔m/s〕とすると，力学的エネルギー保存の法則より

$$\frac{1}{2}\times9.8\times0.1^2=\frac{1}{2}\times0.2\times v^2$$

$$v^2=0.49$$

$$\therefore\quad v=0.7〔\mathrm{m/s}〕$$

第6章 運動量の保存

No.25 正答 3

衝突後の速さをv〔km/h〕とすると，運動量保存の法則より

$$8\times0+10\times9.0=(8+10)\times v$$

$$\therefore\quad v=5.0〔\mathrm{km/h}〕$$

第7章 熱とエネルギー

No.26 正答 4

金属の比熱をc〔J/(g·K)〕とする。熱量の保存より

$$1000\times c\times(35-30)=350\times4.2\times(30-20)$$

$$\therefore\quad c=2.94$$

$$\fallingdotseq 2.9〔\mathrm{J/(g\cdot K)}〕$$

No.27 正答 1

放流した水の質量をm〔kg〕，温度上昇をt〔℃〕とすると，エネルギー保存則より

$$m\times9.8\times84=1000\,m\times4.2\times t$$

$$\therefore\quad t=0.196$$

$$\fallingdotseq 0.2〔^\circ\mathrm{C}〕$$

No.28 正答 2

1 熱は低温部から高温部へ自然に流れることはない。

3 熱機関は高温部で得た熱の一部を低温部へ放出しなくてはならないので，高温部の熱をすべて仕事に変えることはできない。

4 力学的エネルギーを熱エネルギーに変換できる(例えば摩擦熱)。

5 熱量は高温部の方が低温部より大きい。

第8章 波

No.29 正答 5

音は縦波であり，光は横波である。

No.30 正答 5

屈折率は水の方が空気より大きいので，アには「大きい」，イには「小さい」があてはまる。

水の屈折率をn_1，空気の屈折率をn_2，入射角をθ_1，屈折角をθ_2とすると

$$\frac{\sin\theta_1}{\sin\theta_2}=\frac{n_2}{n_1}$$

の関係が成り立つ。$n_1>n_2$だから，$\sin\theta_1<\sin\theta_2$，すなわち$\theta_1<\theta_2$である。屈折角の方が入射角よりも大きい。よって，ウには「大きく」があてはまる。

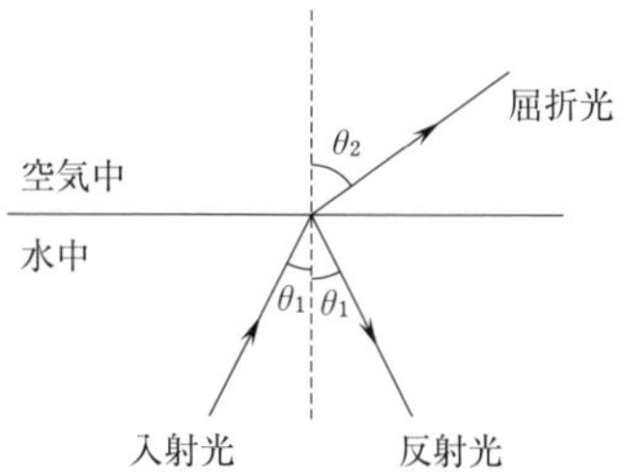

図より，$\theta_2 = 90^\circ$ になれば屈折光は水面に沿って進む。エには「90°」があてはまる。

入射角を臨界角より大きくすると屈折角が 90° を超え，屈折光は存在しなくなり，すべて反射光となる。オには「大きく」があてはまる。

No.31　正答　1

レンズの公式：$\dfrac{1}{a}+\dfrac{1}{b}=\dfrac{1}{f}$ に，$a=80$〔cm〕，$f=16$〔cm〕を代入すると，

$$\frac{1}{80}+\frac{1}{b}=\frac{1}{16}$$

$$\frac{1}{b}=\frac{1}{16}-\frac{1}{80}$$

$$=\frac{4}{80}=\frac{1}{20}$$

$$\therefore\quad b=20$$

よって，像はレンズから 20 cm の位置にできる。

像の倍率は $\dfrac{b}{a}=\dfrac{20}{80}=\dfrac{1}{4}$(倍)なので，像の大きさは

$$2.0\times\frac{1}{4}=0.50\text{〔cm〕}$$

No.32　正答　3

1は音の干渉，2はドップラー効果，4は音の反射，5は音の屈折によるものである。

No.33　正答　2

弦の音の振動数を f〔Hz〕とする。

440 Hz のおんさとのうなりは毎秒2回なので

$$|f-440|=2\quad\therefore\quad f=438,\ 442\text{〔Hz〕}$$

また，445 Hz のおんさとのうなりは毎秒3回なので

$$|f-445|=3\quad\therefore\quad f=442,\ 448\text{〔Hz〕}$$

よって，$f=442$〔Hz〕

No.34　正答　4

警笛の振動数を f，音速を V，電車の速さを v とする。

電車が踏切を通過する前，人が聞く警笛の振動数を f_1 とすると

$$f_1=f\times\frac{V}{V-v}>f$$

となり，通過する瞬間まで一定である。

また，電車が踏切を通過した後，人が聞く警笛の振動数を f_2 とすると

$$f_2=f\times\frac{V}{V+v}<f$$

となり，通過した後は一定である。

よって，正しいグラフは4となる。

No.35　正答　5

$f=f_0\times\dfrac{V+v_0}{V-v_s}$ に，$V=340$〔m/s〕，$v_s=72$〔km/h〕$=20$〔m/s〕，$v_0=18$〔km/h〕$=5$〔m/s〕，$f_0=1000$〔Hz〕を代入すると

$$f=1000\times\frac{340+5}{340-20}\fallingdotseq 1078\text{〔Hz〕}$$

第9章　電気と磁気

No.36　正答　2

直列接続なので，$\dfrac{1}{C}=\dfrac{1}{C_1}+\dfrac{1}{C_2}$ より

$$\frac{1}{C}=\frac{1}{4.0}+\frac{1}{6.0}=\frac{5}{12}$$

$$\therefore\quad C=\frac{12}{5}=2.4\text{〔}\mu\text{F〕}$$

No.37　正答　4

R_2 と R_3 の合成抵抗を R_{23} とすると，並列接続であることから

$$\frac{1}{R_{23}}=\frac{1}{R_2}+\frac{1}{R_3}$$

$$=\frac{1}{2.0}+\frac{1}{3.0}=\frac{5}{6}$$

$$\therefore\quad R_{23}=\frac{6}{5}=1.2\text{〔}\Omega\text{〕}$$

よって，回路全体の抵抗を R とすると

$$R = R_1 + R_{23}$$
$$= 3.8 + 1.2 = 5.0〔\Omega〕$$

オームの法則より，R_1 を流れる電流は

$$\frac{V}{R} = \frac{50}{5.0} = 10〔A〕$$

R_2 を流れる電流 I_2 と R_3 を流れる電流 I_3 の比は $I_2 : I_3 = R_3 : R_2$ である。したがって，R_3 を流れる電流 I_3 は

$$I_3 = 10 \times \frac{2.0}{2.0+3.0} = 4.0〔A〕$$

No.38　正答　5

R_1 と R_2 の合成抵抗を R_{12} とすると

$$\frac{1}{R_{12}} = \frac{1}{5} + \frac{1}{20} = \frac{5}{20} = \frac{1}{4}$$
$$R_{12} = 4〔\Omega〕$$

よって，全体の合成抵抗を R とすると

$$R = R_{12} + R_3 = 4 + 10 = 14〔\Omega〕$$

オームの法則より，ab 間に流れる電流は

$$\frac{70}{14} = 5〔A〕$$

No.39　正答　4

グラフより，電圧が5Vのときに流れる電流は0.4Aであることがわかる。

よって，このときの抵抗は

$$R = \frac{V}{I} = \frac{5}{0.4} = 12.5〔\Omega〕$$

No.40　正答　2

電流計は測定部位に直列に接続し，電圧計は測定部位に並列に接続する。また，電流計や電圧計で未知のものを測定するときには値の大きい端子から順に接続していく。

No.41　正答　4

抵抗 R が3つ並列接続されている部分の合成抵抗を R' とすると

$$\frac{1}{R'} = \frac{1}{30} + \frac{1}{30} + \frac{1}{30} = \frac{3}{30} = \frac{1}{10}$$
$$\therefore\ R' = 10〔\Omega〕$$

よって，全体の合成抵抗は

$$30 + 10 = 40〔\Omega〕$$

したがって，求める電力は $P = IV = \dfrac{V^2}{R}$ より

$$P = \frac{100^2}{40} = 250〔W〕$$

No.42　正答　1

並列接続であるから100Wの電球と40Wの電球には同じ電圧100Vがかかる。したがって，100Wの電球の消費電力は100W，40Wの電球の消費電力は40Wである。

電球の明るさは消費電力が大きいほど明るいので，100Wの電球が40Wの電球より明るく点灯する。

No.43　正答　5

$Q = Pt = \dfrac{V^2}{R}t$ に，$V = 12$〔V〕，$R = 20$〔Ω〕，$t = 1$〔分〕$= 60$〔秒〕を代入すると

$$Q = \frac{12^2}{20} \times 60 = 432〔J〕$$

No.44　正答　2

電熱線の長さが半分になると，抵抗は初めの $\dfrac{1}{2}$ になり，$Q = \dfrac{V^2}{R}t$ より，同じ熱を生じるのに要する時間も $\dfrac{1}{2}$ になる。

よって，求める時間は

$$\frac{10}{2} = 5〔分〕$$

No.45　正答　5

フレミングの左手の法則により，判断する。各辺が受ける力の向きは

AB　…イ
BC　…ウ
CD　…エ
DA　…ア

No.46　正答　2

A　電熱器は，ふつう交流で使用するが，直流でも使用できる。

D　発電機は，電磁誘導を利用して電流を発生させる装置で，直流も交流も発生させることができる。ただし，直流発電機は実用的ではない。

第10章　原子と原子核

No.47　正答　2

α 線の実体はヘリウム原子核で，質量数は4，電荷は$+2e$ である。β 線の実体は電子で，電荷は$-e$ である。γ 線の実体は電磁波で，電荷はない。

No.48　正答　3

α 崩壊がx 回，β 崩壊がy 回起こったとする。α 崩壊では，原子番号が2減り，質量数は4減る。β 崩壊では原子番号が1増える。

原子番号の減少について考えると

$$92-2x+y=82$$

質量数の減少について考えると

$$4x=238-206$$

これを解くと，$x=8$，$y=6$ すなわち，$^{238}_{92}U$ が崩壊して $^{206}_{82}Pb$ になったとき，α 崩壊が8回，β 崩壊が6回起こった。

No.49　正答　4

$N=N_0\left(\frac{1}{2}\right)^{\frac{t}{T}}$ より

$$\frac{N}{N_0}=\left(\frac{1}{2}\right)^{\frac{t}{T}}$$

条件より

$$\frac{N}{N_0}=\frac{0.25}{4.0}=\frac{1}{16},\ T=1600$$

なので，

$$\frac{1}{16}=\left(\frac{1}{2}\right)^{\frac{t}{1600}}$$

$$\left(\frac{1}{2}\right)^4=\left(\frac{1}{2}\right)^{\frac{t}{1600}}$$

$$\therefore\quad \frac{t}{1600}=4$$

$$t=6400〔年後〕$$

総合

No.50　正答　4

1　焦点の内側にある光源から出た光は，レンズを通ったあと1点に集まらない。この場合，虚像となる。

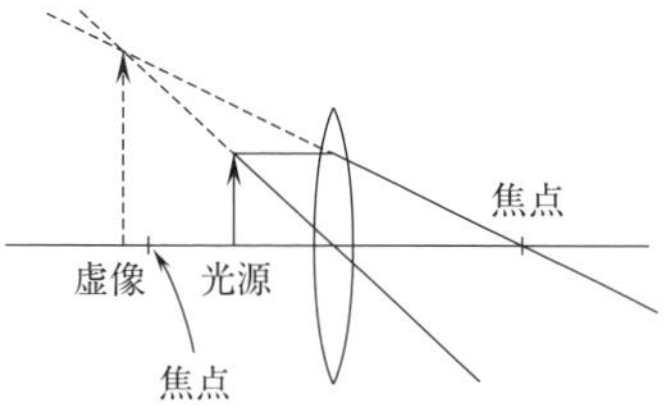

2　温度の異なる物体を接触させると，高温物体から低温物体へ熱が移動する。これを熱伝導という。

3　圧力が最も大きくなるのは，接触面積が最小のときであるから，5cmと8cmを2辺とする面が下になったときである。

5　抵抗を並列に配列した回路では，各抵抗にかかる電圧は，回路全体にかかる電圧に等しい。

No.51　正答　1

C　万有引力は，2つの物体間の距離の2乗に反比例する。

D　$Q=I^2Rt$ なので，電流の強さの2乗に比例する。

第3編　化　学

第 1 章　物質の構成

混合物と純物質

●混合物

◆2種類以上の純物質が混じりあったもので，ろ過，蒸留，再結晶など物理的方法によって分けることができる。

例　食塩水（食塩と水が混合）　空気（窒素と酸素などが混合）

●純物質

◆純粋な水や酸素などのような単一の物質をいう。

例　二酸化炭素　窒素　塩化ナトリウム

物質の分離・精製法

●ろ過

◆物質の粒子の大きさの違いを利用して，ろ紙の目を通過できるかどうかで混合物を分離する操作を**ろ過**という。

●再結晶

◆温度による溶解度の差を利用して1つの成分を結晶として析出させ，分離する操作を**再結晶**という。

●蒸留

◆固体が溶けた溶液や，液体どうしの混合物を熱して沸騰させ，その蒸気を冷やして沸点の低い成分を分離する操作を**蒸留**という。また，沸点の異なる2種類以上の液体を含む混合物を適当な温度範囲に区切って蒸留し分離する操作を特に**分留**（分別蒸留）という。

●昇華法

◆固体が液体にならずに直接気体になる現象を昇華といい，混合物質から昇華しやすい物質を分離することを**昇華法**という。

●抽出

◆溶媒に対する溶解度の違いを利用して，混合物から目的の物質を分離する操作を**抽出**という。

●クロマトグラフィー

◆ろ紙やシリカゲルなどの吸着剤に対する吸着力の違いを利用して，混合物を各成分に分離する操作を**クロマトグラフィー**という。

元素と単体・化合物

●元素

◆元素とは単体や化合物（単体，化合物ともに純物質である）を構成している基本成分である。各元素にはそれをあらわす記号が用いられ，これを**元素記号**という。

例　水素：H　炭素：C　窒素：N　塩素：Cl

●単体

◆1種類の元素からなる物質。

例　水素：H_2　酸素：O_2　銀：Ag

●化合物

◆2種類以上の元素からなる物質で化学的方法でないと成分に分離できない。

例　水：H_2O　二酸化炭素：CO_2　塩化ナトリウム：NaCl

まとめ（例：塩化ナトリウム水溶液）

混合物	塩化ナトリウム水溶液			
純物質	水（H_2O）		塩化ナトリウム（NaCl）	
成分元素	水素	酸素	ナトリウム	塩素
元素記号	H	O	Na	Cl

●同素体

◆同じ元素からなる単体であるが，性質の異なるもの。

例　S（硫黄）――斜方硫黄と単斜硫黄とゴム状硫黄

C（炭素）――黒鉛とダイヤモンドとフラーレンとカーボンナノチューブ

O（酸素）――酸素 O_2 とオゾン O_3

P（リン）――黄リンと赤リン

SCOP《スコップ》と覚える！

練習問題

（264ページより解答・解説）

★
No.1 A～Gの物質は単体，化合物および混合物のいずれかに分類できる。化合物のみの組合せは，次のうちどれか。

A　ベンゼン　　B　ヘリウム　　C　ショ糖　　D　黒鉛
E　食塩水　　F　プロパン　　G　空気

1　A，B，F
2　A，C，F
3　A，D，E
4　B，D，E
5　C，D，F

★★
No.2 混合物からある成分を取り出す場合，目的の成分と他の成分との性質の違いを利用した各種の方法が用いられる。文中の下線部分の記述が**誤っている**ものは，次のうちどれか。

1　砂の混じった砂糖から純粋な砂糖を取り出すには，まず水に溶かし，次にろ過と蒸発の方法を用いる。
2　少量の食塩が混じった硝酸カリウムから純粋な硝酸カリウムを得るには，再結晶の方法を用いる。
3　食塩水から純水を得るには，ろ過の方法を用いる。
4　大豆から油を得るには，抽出の方法を用いる。
5　原油からガソリンを得るには，沸点の違いを利用する。

No.3 ★ 次のA～Eのうち，物質どうしが互いに同素体であるものを選んだ組合せとして，妥当なのはどれか。

A　黄リンと赤リン

B　一酸化炭素と二酸化炭素

C　ダイヤモンドと黒鉛

D　メタンとエタン

E　酸素とオゾン

1　A，B，D

2　A，C，D

3　A，C，E

4　B，C，E

5　B，D，E

第2章　物質の状態変化

物質の状態変化

●物質の三態

◆一般に物質は温度や圧力の変化によって，**気体・液体・固体**に変化する。例えば，水ならば，水蒸気(気体)，水(液体)，氷(固体)の三つの状態に変化する。

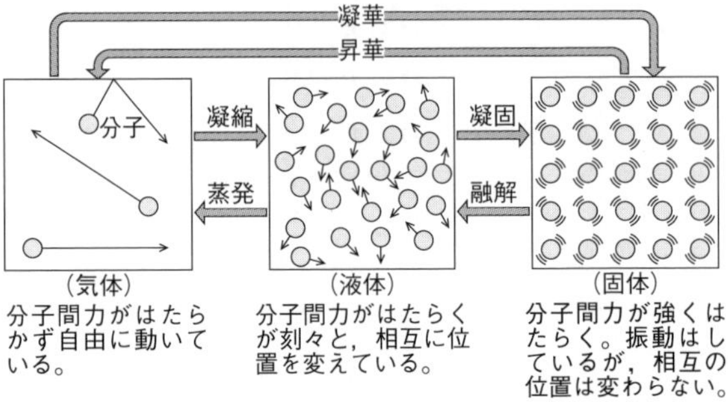

●融解と凝固

◆固体を加熱していくと液体になる。この変化を**融解**といい，そのときの温度を**融点**という。

また，液体を冷やしていくと固体になる。この変化を**凝固**といい，そのときの温度を**凝固点**という。

●蒸発と凝縮

◆液体を加熱していくと，一部の分子が液面から飛び出し，気体になる。この変化を**蒸発(気化)**という。

また，気体が冷やされ一定の温度まで下がると液体になる。この変化を**凝縮**という。

●沸騰

◆液体がある一定の温度になると，液面からだけでなく内部からも蒸発がおこるようになる。これを**沸騰**といい，そのときの温度を**沸点**という。

●昇華と凝華

◆固体から気体に変化するとき，一般的に液体を経て気体になる。しかし，物質のなかには，固体から直接気体あるいは気体から直接固体になるものがある。固体から気体になる現象を**昇華**，気体から固体になる現象を**凝華**という。昇華の代表的なものとして，**ドライアイス**(二酸化炭素の固体)や**ヨウ素**や**ナフタレン**がある。

練習問題

（264ページより解答・解説）

★
No.4　一定量の氷に一定の熱を加えていったときの温度の変化を表したグラフとして，正しいのはどれか。

1

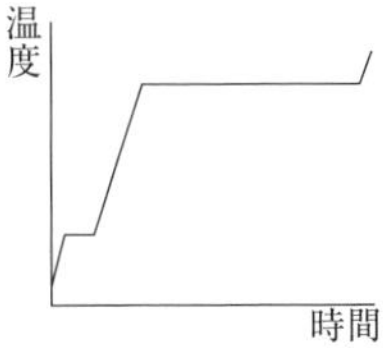

2

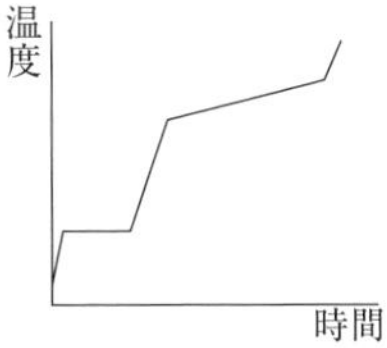

3

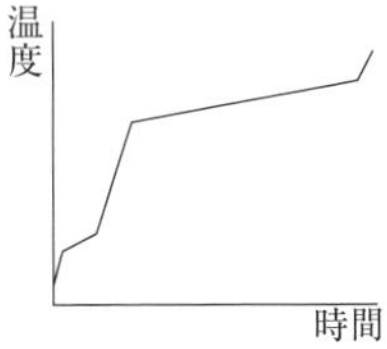

4

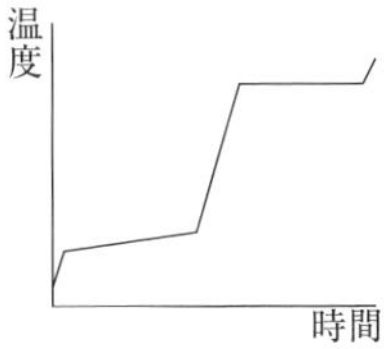

5

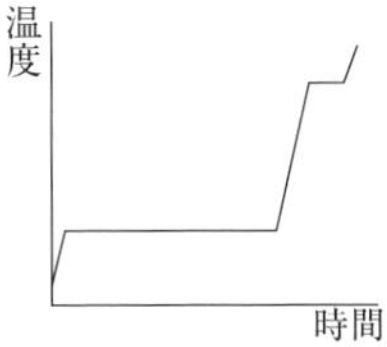

★
No.5　物質の状態変化に関する記述として妥当なのはどれか。

1　凝固とは，固体が一定温度まで加熱されると，分子が束縛された状態をはずれてある程度自由に動けるようになり液体となる現象である。

2　融解とは，温度が下がると液体の分子のエネルギーが小さくなるため，分子間の引力によって自由な移動が妨げられ固体となる現象である。

3　凝縮とは，分子がさまざまな速度で運動している液体中で，特に激しく運動している分子が，他の分子の引力に打ち勝って液面から飛び出し気体となる現象である。

4　昇華とは，固体が液体を経ずに直接気体になる現象をいう。

5　蒸発とは，気体が冷やされて一定の温度まで下がると，エネルギーの小さな分子は分子間力に打ち勝てず液体になる現象をいう。

No.6 ★★ 次の文中の空欄A，B，Cにあてはまるものの組合せとして，正しいのはどれか。

物質には固体，液体，気体の３種類の状態がある。固体は粒子が規則正しく並んでその場で振動している状態，液体は粒子が互いに引き合いながらその位置を変えて運動している状態，気体は粒子がばらばらに飛びまわっている状態ということができるが，同じ温度，同じ圧力，同じ体積の気体は，その物質の種類によらず，(　A　)ことがわかっており，このような性質は(　B　)。

また，固体，液体，気体が別の状態に変化するときにはエネルギーの出入りがあり，これは氷を浮かべて飲み物を冷やすことや，(　C　)など，日常的な現象としてみることができる。

A　ア　同じ数の分子を含む
　　イ　同じ重さである
B　ア　固体では認められないが，液体では同様に認められる
　　イ　固体でも液体でも認められない
C　ア　サッカーボールに空気を入れる際，注入口が熱くなること
　　イ　アルコールを手に付けると涼しく感じられること

	A	B	C
1	ア	ア	ア
2	ア	イ	ア
3	ア	イ	イ
4	イ	ア	ア
5	イ	イ	イ

★

No.7 次の図は，凝固した酢酸 10 g に一定の熱を加えつづけたときの，時間と温度との関係をグラフにしたものである。熱は外部に逃げないものとして，グラフの B−C 間の状態を述べたものとして正しいのは，次のうちどれか。

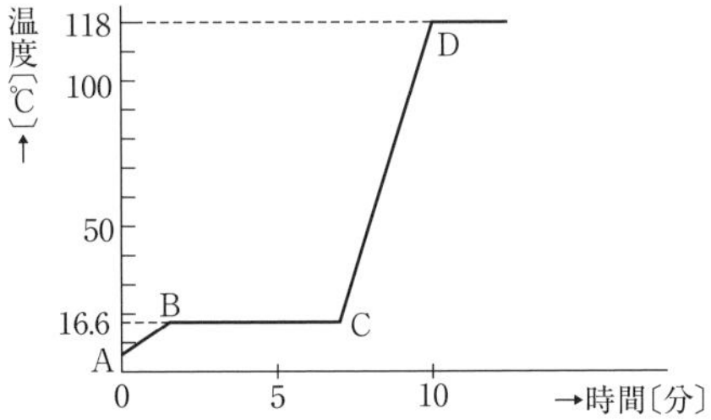

1　固体のみ存在する。

2　固体と液体が共存する。

3　液体のみ存在する。

4　液体と気体が共存する。

5　気体のみ存在する。

第3章　原子と分子およびイオン

原子

●原子

◆物質を構成する基本粒子のこと(例えば水 H_2O ならばHとOである)。

●原子の構造

◆1個の**原子核**(**陽子**と**中性子**から構成されている)と，それをとりかこむ**電子**から構成されている。

陽子▶ ・正(プラス)の電荷をもつ粒子。原子核中の陽子の数を**原子番号**という。

電子▶ ・負(マイナス)の電荷をもつ粒子。

中性子▶ ・電荷をもたない粒子。

例　ヘリウム原子(原子番号2)の構造

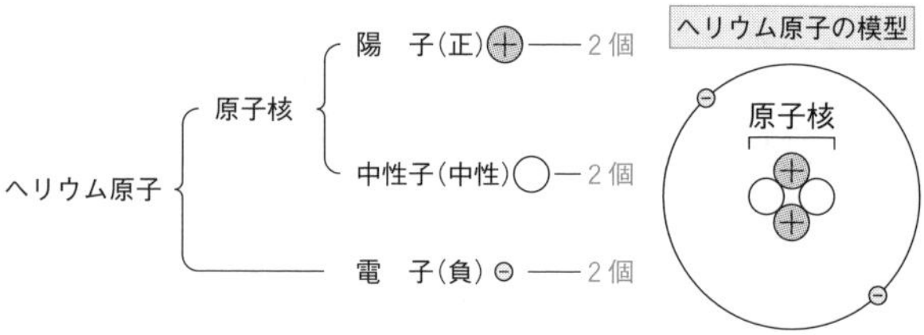

チェック

原子番号＝陽子の数＝電子の数

●質量数

◆原子核中の陽子の数と中性子の数の和。上のヘリウム原子では2+2=4である。

チェック

質量数＝陽子の数＋中性子の数

●同位体

◆原子核中の陽子の数(原子番号)が同じでも，中性子の数が異なるため質量数が異なる原子どうしを**同位体**という。

同位体の例

物質	ヘリウム		塩　素	
元素記号	^{3}He	^{4}He	^{35}Cl	^{37}Cl
原子番号	2	2	17	17
陽子の数	2	2	17	17
中性子の数	1	2	18	20
質量数	3	4	35	37

電子殻・電子配置と分子

●電子殻

◆原子核のまわりの電子は，いくつかの軌道に分かれて存在しているがこの軌道を電子殻という。原子核から近い順にK殻，L殻，M殻，…とよび，それぞれの殻に入ることのできる電子の数は2個，8個，18個，…となっている。最も外側の電子殻に入っている電子を**最外殻電子**という。

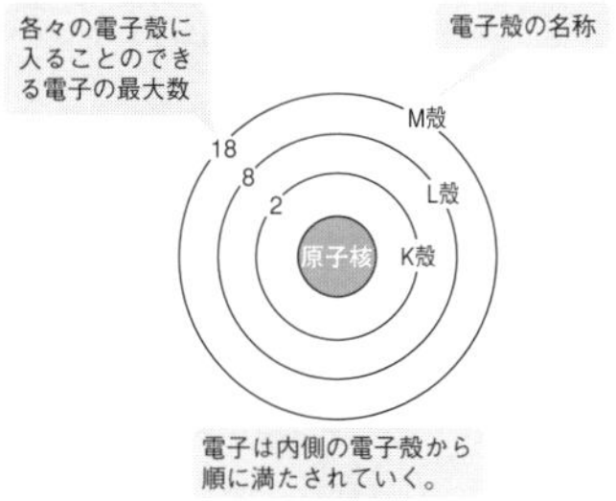

●電子配置

例　おもな原子の電子配置

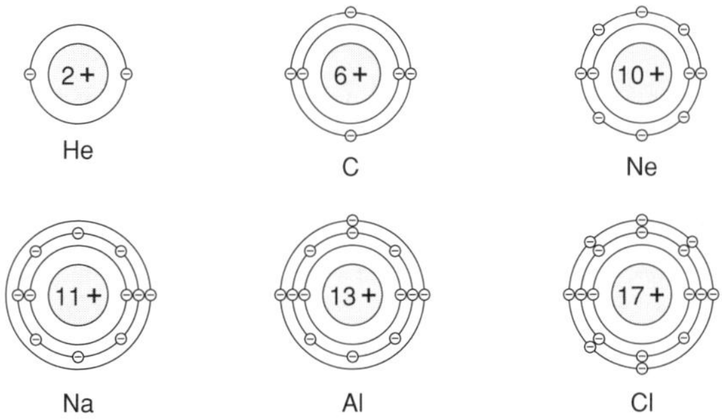

●価電子

◆最外殻電子のうち，原子がイオンになったり，原子どうしが結びついたりするときに重要な働きをする電子を**価電子**という。

●貴ガス(希ガス)

◆ヘリウムHe，ネオンNe，アルゴンArなどの原子を**貴ガス**(希ガス)とよぶ。最外殻電子が，ヘリウムは2個，その他の原子は8個で，アルゴン以降の原子は最も外側の電子殻が最大数の電子で満たされているわけではないが，貴ガスの電子配置は非常に安定しており，他の原子と反応しにくい。そのため，貴ガスの価電子の数は0である。

チェック

貴ガス(希ガス) ⟷ 電子配置が安定している
⟷ 他の原子と反応しにくい

●分子

◆原子がいくつか結合して分子がつくられる。分子はその物質の性質を示す最小単位となる。酸素 O_2 や水 H_2O は分子である。もしこれを原子(酸素ならば $O_2 \rightarrow O + O$，水ならば $H_2O \rightarrow H + H + O$)に分けてしまうと，その物質の性質を失ってしまう。

イオン

●イオン

◆原子は電気的に中性であるが，原子が電子を放出すると正の電荷をもち(−が減るため)，また電子を受け取ると負の電荷をもつ(−が増えるため)。このように電荷を帯びた粒子(Na^+，Cl^-) を**イオン**という。イオンは原子番号の近い貴ガスと同じ，安定した電子配置をとろうとする。

陽イオン▶

・価電子が 1〜3 個と少ない原子が価電子を放出して正の電荷をもつようになったものをいう。

例　Na^+　Mg^{2+}　Al^{3+}

陰イオン▶

・価電子が 6，7 個と多い原子が価電子を受け取って負の電荷をもつようになったものをいう。

例　Cl^-　O^{2-}

Mg^{2+}の電子配置▶

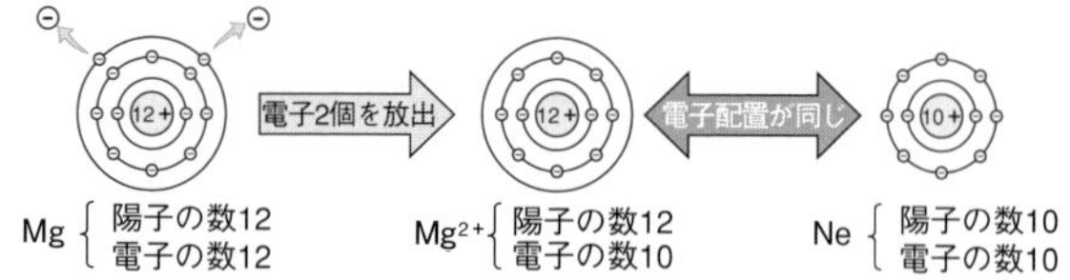

Cl^-の電子配置▶

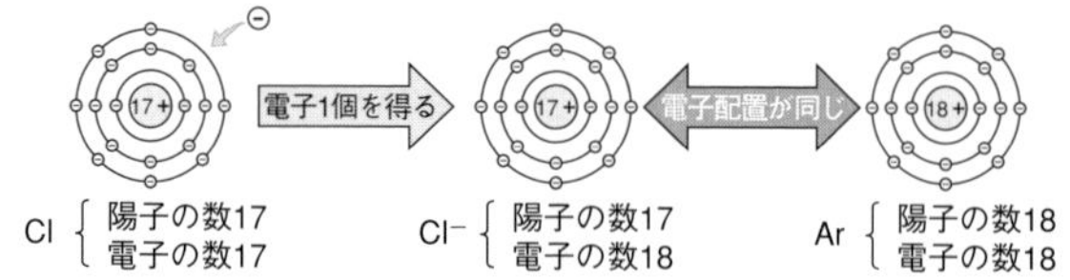

練 習 問 題

（265ページより解答・解説）

★
No.8 原子の構造に関する文の空欄ア～オにあてはまる語句の組合せとして正しいのはどれか。

原子の中心には（　ア　）があり，（　イ　）と（　ウ　）からできている。（　イ　）は電荷をもっていない。（　ウ　）の数をAとすると（　エ　）が原子番号となる。（　イ　）と（　ウ　）の数の和が（　オ　）である。

	ア	イ	ウ	エ	オ
1	原子核	中性子	陽　子	A	質量数
2	電子殻	電　子	陽　子	$\frac{A}{2}$	質量数
3	原子核	陽　子	中性子	A	質量数
4	電子殻	中性子	電　子	A	原子数
5	原子核	電　子	陽　子	$\frac{A}{2}$	原子数

★★
No.9 原子に関する記述として妥当なのはどれか。

1　原子は電子と原子核からなる。原子核はさらに陽子と中性子から構成されており，正の電荷を帯びている。

2　同位体とは陽子の数は同じであるが，電子の数が異なるために質量数が異なる原子どうしのことをいう。

3　電子は原子核から遠い軌道にあるほど原子核に強く引きつけられている。

4　中性子は電気的にわずかに負に帯電しているため，原子全体は電気的に負の電荷を帯びている。

5　原子の種類は原子核に含まれる中性子の数で決まる。

第4章　周期表

周期表とその特徴

●周期表

◆元素を原子番号(陽子の数)の順にならべ，性質のよく似た元素が縦に並ぶように配列した表のことをいう。縦の列を**族**，横の列を**周期**という。

周期＼族	1	2	13	14	15	16	17	18
1	${}_{1}$H 水素							${}_{2}$He ヘリウム
2	${}_{3}$Li リチウム	${}_{4}$Be ベリリウム	${}_{5}$B ホウ素	${}_{6}$C 炭素	${}_{7}$N 窒素	${}_{8}$O 酸素	${}_{9}$F フッ素	${}_{10}$Ne ネオン
3	${}_{11}$Na ナトリウム	${}_{12}$Mg マグネシウム	${}_{13}$Al アルミニウム	${}_{14}$Si ケイ素	${}_{15}$P リン	${}_{16}$S 硫黄	${}_{17}$Cl 塩素	${}_{18}$Ar アルゴン
4	${}_{19}$K カリウム	${}_{20}$Ca カルシウム						

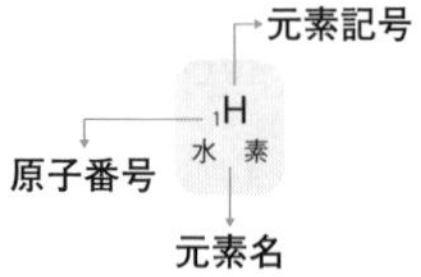

1	2	3	4	5	6	7	8	9	10
H	He	Li	Be	B	C	N	O	F	Ne
すい	へい	リーベ		ボ	ク		の	ふ	ね
11	12	13	14	15	16	17	18	19	20
Na	Mg	Al	Si	P	S	Cl	Ar	K	Ca
なな	まがり		シップ		ス	クラー		ク	か

●同族元素

◆周期表の同じ族(同じ縦の列)に属し，価電子の数が同じで，化学的性質のよく似た元素。次のように固有の名称でよばれることがある。

アルカリ金属▶

・水素Hを除く1族元素。リチウムLi，ナトリウムNa，カリウムK，ルビジウムRbなどがある。価電子の数が1個で，1価の陽イオンになりやすい。

アルカリ土類金属▶ ・2族元素。ベリリウム Be，マグネシウム Mg，カルシウム Ca，ストロンチウム Sr，バリウム Baなどがある。価電子の数が2個で，2価の陽イオンになりやすい。

ハロゲン▶ ・17族元素。フッ素 F，塩素 Cl，臭素 Br，ヨウ素 Iなどがある。価電子の数が7個で，1価の陰イオンになりやすい。

貴ガス（希ガス）▶ ・18族元素。ヘリウム He，ネオン Ne，アルゴン Arなどがある。化学的に安定しており，ほとんど反応しない。価電子の数は0個である。

●典型元素

◆1族，2族と13～18族の元素。原子の価電子の数は，族番号の一の位の値に等しい（18族は除く）。同じ族の元素の性質が互いに似ている。金属と非金属の元素がある。

●遷移元素

◆3族～12族の元素（典型元素以外の元素）。原子の最外殻の電子の数は，1個または2個のものが多い。となりあう元素の性質が似ている。**すべて金属元素**である。

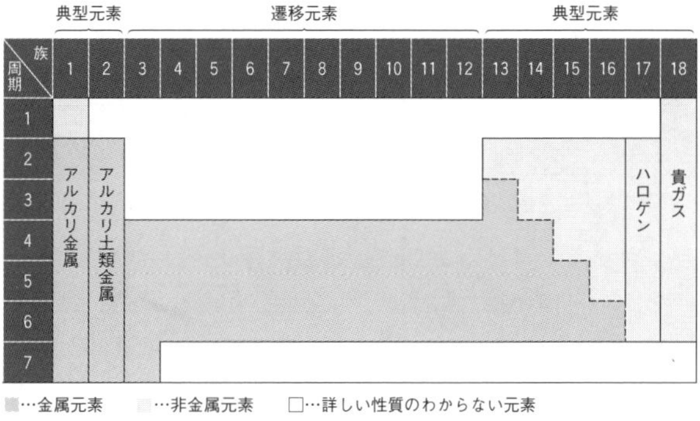

陽性と陰性▶ ・一般に18族を除いて，周期表の右上に位置する元素の単体ほど**陰性**（非金属性）が強く，左下に位置する元素の単体ほど**陽性**（金属性）が強い。

イオン化エネルギー▶ ・1価の陽イオンにするのに必要なエネルギーを**イオン化エネルギー**という。イオン化エネルギーが小さいほど陽イオンになりやすい。貴ガスで大きく，アルカリ金属で小さい。

電子親和力▶ ・1価の陰イオンになるときに放出されるエネルギーを**電子親和力**という。電子親和力の大きい原子ほど陰イオンになりやすい。フッ素 Fや塩素 Clは電子親和力の値が大きい。

電気陰性度▶

共有結合している原子が電子を引きつける強さを表した値を**電気陰性度**という。18 族を除いて，周期表の右上にあるほど大きく，左下にあるほど小さい。

例題 1

次の周期表の一部について，各問いに答えよ。

周期＼族	1	2	13	14	15	16	17	18
2	Li	Be	(a)	C	N	O	F	Ne
3	Na	Mg	Al	Si	P	S	Cl	Ar

(1)　(a)の原子番号はいくらか。

(2)　第 3 周期には非金属元素がいくつあるか。

(3)　F と性質の似た元素は何か。

(4)　電気陰性度の一番大きな元素は何か。

解答

(1)　**5**

(2)　Si，P，S，Cl，Ar の **5 つ**。

(3)　典型元素は縦の列に性質の似た元素が並ぶので **Cl**。

(4)　電気陰性度は右上(貴ガスを除く)にいくほど大きくなるので **F**。

練習問題

（265ページより解答・解説）

★
No.10 下表は18種類の元素をある規則性に従って並べたものである。空欄ア～オにあてはまる元素に関する記述として，妥当なのはどれか。

H							He
Li	Be	B	ア	N	O	F	イ
ウ	Mg	Al	Si	P	エ	オ	Ar

1　アの元素は価電子を3個もち，3価の陽イオンになる。
2　イの元素は他の元素に比べ化合物をつくりやすい。
3　ウの元素はLiと価電子数が同じで，2価の陽イオンになる。
4　エの元素は16個の電子をもち，2価の陰イオンになる。
5　オの元素は価電子を1個もち，1価の陰イオンになる。

★★
No.11 元素の周期律と周期表に関する記述のうち，正しいのは次のうちどれか。

1　1族元素として分類された原子は，陽性が強く，1価の陽イオンになりやすい。
2　周期表の左右に遠く離れた元素どうしが結合すると，多くは共有結合となる。
3　17族元素は金属元素で，ハロゲンとよぶ。
4　周期表の下にあるものほどイオン化エネルギーが大きい。
5　典型元素では，同一周期に属する元素の化学的性質が似ている。

★★
No.12　文中のＡ～Ｄにあてはまる語句の組合せとして，正しいのは次のうちどれか。

ハロゲンは価電子が（　Ａ　）で，単体はいずれも（　Ｂ　）となっている。ハロゲンの反応性は原子番号が（　Ｃ　）ものほど強い。したがって，（　Ｄ　）はほとんどすべての元素と化合するが，逆に化合物から単体を得ることは容易ではない。

	Ａ	Ｂ	Ｃ	Ｄ
1	7個	2原子分子	大きい	フッ素
2	7個	単原子分子	大きい	ヨウ素
3	7個	2原子分子	小さい	フッ素
4	17個	単原子分子	小さい	ヨウ素
5	17個	2原子分子	小さい	フッ素

★★
No.13　元素の周期表の1族に属するリチウム，ナトリウム，カリウムなどは，アルカリ金属元素とよばれ，化学的性質が類似している。これらのアルカリ金属元素に関する記述として，正しいのはどれか。

1　電子を放出しやすい原子や分子と化合して，イオン結合による分子をつくりやすい。

2　2個の原子が互いに1個ずつ電子を出し合って，共有結合による2原子分子をつくりやすい。

3　原子は，いずれも最外殻に7個の電子をもっている。

4　化学的に非常に安定しており，1原子が1分子となり，化合物もつくりにくい。

5　いずれも価電子を1個もち，これを放出して1価の陽イオンになりやすい。

★★
No.14　元素の陽性に関する記述として正しいものは，次のうちどれか。

1　陽性が強い元素の単体は非金属であり，金属的性質をもたない。

2　同族元素では，周期表の上へ行くほど陽性が強い。

3　遷移元素は陰性を有し，典型元素は陽性を有する。

4　同一周期の元素では，周期表の左へ行くほど陽性が弱い。

5　イオン化エネルギーの小さい元素の原子は，陽性が強い。

第 5 章　化学結合とその結晶

化学結合

●イオン結合

◆陽イオンと陰イオンが，静電気力(クーロン力)によって引き合ってできた結合を**イオン結合**という。

例　ナトリウムイオンと塩化物イオンの結合

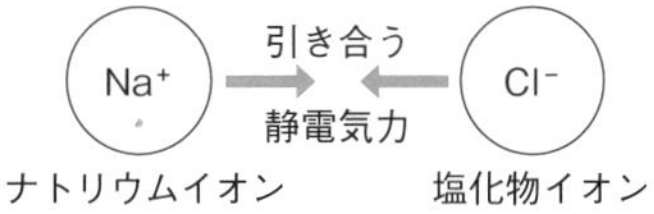

●共有結合

◆2 個以上の原子がそれぞれの価電子を出し合って，互いにそれを共有することによってできた結合を**共有結合**という。

電子対と不対電子▶

・原子や分子の最外殻電子において，2 個ずつ対になっているものを**電子対**，対になっていないものを**不対電子**という。

共有電子対と非共有電子対▶

・2 原子間で共有されている電子対を**共有電子対**，初めから対になっていて 2 原子間で共有されていない電子対を**非共有電子対(孤立電子対)**という。

例　水素分子のできかた

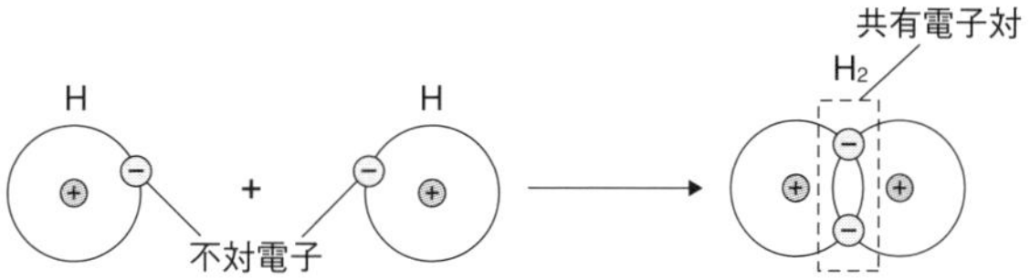

水素原子がそれぞれの不対電子を出しあって電子対をつくる。この電子対は両方の原子に共有されているので共有電子対という。

単結合▶

・1 組の共有電子対が原子間で共有されてできる共有結合のことを単結合という。

例　水素分子内の原子間の結合(H—H)
　　水分子内の原子間の結合(H—O—H)

二重結合・三重結合▶

2組の共有電子対，3組の共有電子対が原子間で共有されてできる共有結合のことをそれぞれ二重結合，三重結合という。

例　二重結合…二酸化炭素分子内の原子間の結合(O=C=O)

　　三重結合…窒素分子内の原子間の結合(N≡N)

●金属結合

◆金属原子は価電子を放出しやすい性質をもつため，金属原子が集合した金属の単体では，放出された価電子が各原子の電子殻を自由に移動できる。このような価電子を**自由電子**という。自由電子は金属全体で共有されており，このような自由電子による原子間の結合を**金属結合**という。

結晶

●イオン結晶

◆イオン結合によってできた結晶である。性質としては，一般に硬くてもろく，融点(固体から液体になる温度)，沸点(液体から気体になる温度)が高い。固体は電気を通さないが，融解(固体が溶けて液体になること)した液体や水溶液は電気を通す。結合の強さは強い。

例　塩化ナトリウム NaCl　塩化カルシウム $CaCl_2$

　　水酸化ナトリウム NaOH

●共有結合の結晶

◆共有結合によってできた結晶である。非常に硬く，融点，沸点が高い。電気は通さない(**黒鉛は例外で電気を通す**)。結合の強さは非常に強い。

例　ダイヤモンド　二酸化ケイ素　黒鉛

●分子結晶

◆多数の分子が**分子間力**(ファンデルワールス力)によって結合した結晶である。分子間力による結合は非常に弱いため軟らかくもろい。融点，沸点が低く，**昇華**(固体から直接気体に変化すること)するものもある。電気は通さない。結合の強さは弱い。

例　ドライアイス　ナフタレン　ヨウ素

●金属結晶

◆金属結合によってできた結晶である。一般にやや硬く，融点，沸点が高い(**水銀は常温で液体**なので例外)。電気，熱を通しやすく，**展性**(たたくとうすく広がる)や**延性**(引っ張ると長くのびる)に富む。結合の強さは強い。

例　銀　鉄　水銀　カルシウム

●結合の比較

◆結合の強さが強いほど融点，沸点も高く，硬い結晶である。

	非金属どうしの結合	金属と非金属の結合	金属どうしの結合	
結晶の種類	共有結合の結晶	イオン結晶	金属結晶	分子結晶
結合の種類	共有結合	イオン結合	金属結合	分子間力
結合の強さ	非常に強い	強い	一般に強い	弱い
融点・沸点	非常に高い	高い	一般に高い	低い
電気伝導性	なし (黒鉛は例外)	固体　なし 融解液 水溶液 } あり	あり	なし
性質	非常に硬い	硬くてもろい	展性・延性に富む	柔らかくもろい
例	ダイヤモンド 水晶	塩化カリウム 塩化ナトリウム	金，銀，水銀 カルシウム	ドライアイス ナフタレン

練習問題

（265ページより解答・解説）

No.15★ 化学結合に関する記述として妥当なのはどれか。

1　共有結合の結晶は，結合が非常に弱いためもろい。この例としてダイヤモンドがある。

2　分子結晶は，分子間力(ファンデルワールス力)で結合している。固体，液体とも電気を通す。この例としてドライアイスがある。

3　イオン結合による物質は，固体では電気を通さないが，融解液や水溶液では電気を通すようになる。この例として水酸化バリウムがある。

4　結合力の強い結晶は，融点や沸点が低いものが多い。

5　金属結合による物質は，融点が高く常温ですべて固体である。この例としてアルミニウムがある。

★★

No.16 A～Dは結晶に関する記述であるが，正しいものをすべて選んでいるのはどれか。

A　陽イオンと陰イオンの静電気力でできる結合をイオン結合というが，その結合力はあまり強くないため，その結合によりできた結晶の融点や沸点は低い。この結晶は一般にもろく，電気は通さない性質をもっている。

B　2個の原子が電子を共有してつくる結合を共有結合というが，共有結合の結晶は一般に硬く，共有結合の力が大きいため融点が高い。一般的に電気を通さないという性質をもっている。

C　分子結晶は分子間力により結合しており融点や沸点は低い。この結晶はナフタレンやドライアイスのようにやわらかく，電気を通さない性質をもっている。

D　金属中では原子が規則的に配列しており，これを金属結晶というが，金属結合の力は強いものが多いので，一般に融点は高いが，水銀は常温で液体である。この結晶は展性や延性に富む。

1　A，B

2　A，B，C

3　B，C，D

4　B，D

5　C，D

第 6 章　物質量と化学反応式

原子量・分子量・式量

●原子の相対質量

◆原子 1 個の質量は非常に小さく，そのままの値では扱いにくい。そこで，「質量数 12 の炭素原子 ${}^{12}_{6}C$ の質量を 12」とし，これを基準に種々の原子の質量を相対的な質量(相対質量)で表す。他の原子の質量も質量数とほぼ同じ値になる。

●原子量

◆元素には同位体が存在するものもあり，その存在比はほぼ一定である。各元素の同位体の相対質量と存在比から求めた平均値を，その元素の**原子量**という。

例　炭素には ${}^{12}_{6}C$(相対質量 12)が 98.93%，${}^{13}_{6}C$(相対質量 13.003)が 1.07% 存在しているので，炭素の原子量は，

$$12 \times \frac{98.93}{100} + 13.003 \times \frac{1.07}{100} \fallingdotseq 12.01$$

●分子量・式量

◆分子やイオンなどの質量を比較するときにも相対質量が用いられる。

分子量▶

◆分子を構成している各原子の原子量の総和を**分子量**という。

例

C の原子量　O の原子量

CO_2 の分子量 $= 12 \times 1 + 16 \times 2 = 44$

式量▶

◆イオンやイオンからなる物質，金属，共有結合の結晶などの相対質量は，化学式中の元素の原子量の総和で表される。この値を**式量**という。

例

O の原子量　H の原子量

OH^- の式量 $= 16 \times 1 + 1.0 \times 1 = 17$

物質量

●物質量と粒子の数

◆身のまわりの物質の反応を粒子の数で表すと，数が大きすぎて扱いにくい。そこで化学では，6.02×10^{23} 個の粒子をひとまとまりとして扱い，これを**1 mol**とする。mol を単位として表した量を**物質量**という。また，1 mol あたりの粒子の個数に単位/mol をつけたものを**アボガドロ定数**という。

チェック

$$\text{物質量〔mol〕}=\frac{\text{粒子の数}}{6.02\times10^{23}/\text{mol}}$$

●物質量と質量

◆1 mol 当たりの質量をモル質量といい，原子量・分子量・式量に単位 g/mol をつけたものとなる。

チェック

$$\text{物質量〔mol〕}=\frac{\text{物質の質量〔g〕}}{\text{モル質量〔g/mol〕}}$$

●物質量と気体の体積

◆物質 1 mol 当たりの体積を**モル体積**といい，気体のモル体積は標準状態(0℃，1.013×10^{5} Pa)でほぼ 22.4 L/mol である。

アボガドロの法則▶

・同温・同圧のもとで同じ体積の気体には，気体の種類によらず，同じ数の分子が含まれている。

チェック

$$\text{物質量〔mol〕}=\frac{\text{標準状態での体積〔L〕}}{22.4\ \text{L/mol}}$$

例題 2

次の表の空欄ア〜サにあてはまる数値はいくらか。ただし，原子量は H＝1.0，He＝4.0，N＝14，O＝16 とし，またアボガドロ定数は 6.0×10^{23}/mol とする。

	ヘリウム	酸素	アンモニア
化学式	He	O_2	NH_3
モル質量	ア	イ	ウ
物質量(mol)	エ	0.3 mol	オ
粒子の数	カ	キ	ク
質量	2.0 g	9.6 g	ケ
気体の体積(標準状態)	コ	サ	4.48 L

解答

◆モル質量

ア：**4.0 g/mol**　　イ：O＝16 より，16×2＝**32〔g/mol〕**

ウ：N＝14，H＝1.0 より，14＋1.0×3＝**17〔g/mol〕**

◆物質量

エ：物質量は，質量÷モル質量より
2.0÷4.0＝**0.5〔mol〕**

オ：気体 1 mol(標準状態)は 22.4 L の体積を占めるので
4.48÷22.4＝**0.2〔mol〕**

◆粒子の数

カ：He の物質量は 0.5 mol なので
$6.0\times10^{23}\times0.5=$ **3.0×10^{23}〔個〕**

キ：O_2 の物質量は 0.3 mol なので
$6.0\times10^{23}\times0.3=$ **1.8×10^{23}〔個〕**

ク：NH_3 の物質量は 0.2 mol なので
$6.0\times10^{23}\times0.2=$ **1.2×10^{23}〔個〕**

◆質量

ケ：NH_3 のモル質量は 17 g/mol なので，0.2 mol では
17×0.2＝**3.4〔g〕**

◆気体の体積

気体 1 mol は，22.4 L の体積を占める。

コ：0.5 mol なので，22.4×0.5＝**11.2〔L〕**

サ：0.3 mol なので，22.4×0.3＝**6.72〔L〕**

溶液の濃度

●溶液・溶質・溶媒

◆液体はいろいろな物質を溶かすことができる。物質が液体に溶けたものを**溶液**という。このうち，液体に溶けている物質を**溶質**といい，それを溶かしている液体を**溶媒**という。

例　食塩水(溶液)＝食塩(溶質)＋水(溶媒)

●溶液の濃度

◆**質量パーセント濃度**：

$$\frac{\textbf{溶質の質量}}{\textbf{溶媒の質量}+\textbf{溶質の質量}}\times 100=\frac{\textbf{溶質の質量}}{\textbf{溶液の質量}}\times 100〔\%〕$$

例えば，80 g の水(溶媒)に 20 g の食塩(溶質)を溶かしたときの質量パーセント濃度は

$$\frac{20}{80+20}\times 100=20〔\%〕$$

◆**モル濃度**：溶液 1 L に溶けている溶質の物質量で表す。例えば，硫酸 3 mol を水に溶かして全体を 1 L の水溶液にしたとき，モル濃度が 3 mol/L の水溶液という。

化学反応式

●化学反応式のつくり方

◆化学反応では，反応物と生成物の化学式がわかれば，以下のように化学反応式をつくることができる。

例　一酸化炭素 CO と酸素 O_2 から二酸化炭素 CO_2 が生成する

① 反応する物質を左辺に，生成する物質を右辺に書き，→で結ぶ。

$$CO + O_2 \rightarrow CO_2$$

② 左右両辺の原子数が等しくなるように，化学式の前に係数をつける。係数はできるだけ小さい整数とし，1 は書かない。いま，左辺に炭素 C が 1 個，酸素 O が 3 個，そして右辺に C が 1 個，O が 2 個ある。

(i) 左右の O の数を等しくするため左辺の O_2 を $\frac{1}{2}$ 倍する。

$$CO + \frac{1}{2}O_2 \rightarrow CO_2$$

(ii) 係数はすべて整数でなければならないので，全体を 2 倍する。

$$2CO + O_2 \rightarrow 2CO_2$$

●化学反応式の量的関係

◆化学反応式と物質の分子数の関係，物質量との関係については，以下の表のようになる。

	反応物		生成物
①化学反応式	2 CO ＋	O_2 ⟶	2 CO_2
②物　質　名	一酸化炭素	酸素	二酸化炭素
③物　質　量	2 mol	1 mol	2 mol
④分　子　数	$6.02\times10^{23}\times2$ 個	$6.02\times10^{23}\times1$ 個	$6.02\times10^{23}\times2$ 個
⑤質　　　量	28×2 g	32×1 g	44×2 g
⑥気体の体積	22.4×2 L	22.4×1 L	22.4×2 L

③物質量は，係数に mol をつければよい。④分子数は，反応式の係数に 6.02×10^{23} をかければよい。⑤質量については，CO は 28 g/mol で，いま 2 mol だから 28×2 ＝56〔g〕である。同様に O_2 は 32×1 ＝32〔g〕，CO_2 は 44×2 ＝88〔g〕である。これより，反応物の質量の和は生成物の質量の和に等しいことがわかる。⑥気体の体積は，反応式の係数に 22.4 L(標準状態)をかければよい。

チェック

化学反応式の係数比＝物質量比＝体積比(気体のみ)

●頻出の化学反応式

◆次の化学反応式は初級試験において頻出である。完全燃焼とは，物質に含まれる炭素 C や水素 H が酸素 O_2 と反応し，二酸化炭素 CO_2 や水 H_2O を生成する反応である。

チェック

- ◆水の生成：$2H_2 + O_2 \rightarrow 2H_2O$
- ◆アンモニアの生成：$N_2 + 3H_2 \rightarrow 2NH_3$
- ◆メタンの完全燃焼：$CH_4 + 2O_2 \rightarrow CO_2 + 2H_2O$
- ◆エタンの完全燃焼：$2C_2H_6 + 7O_2 \rightarrow 4CO_2 + 6H_2O$
- ◆プロパンの完全燃焼：$C_3H_8 + 5O_2 \rightarrow 3CO_2 + 4H_2O$
- ◆一酸化炭素の完全燃焼：$2CO + O_2 \rightarrow 2CO_2$
- ◆マグネシウムの酸化：$2Mg + O_2 \rightarrow 2MgO$

例題 3

6 mol のメタノール CH_3OH を完全燃焼させるためには何 mol の酸素が必要か。

解答

メタノールの完全燃焼の化学反応式をつくる。完全燃焼なので，メタノールと酸素から二酸化炭素と水が生成することがわかる。よって，まず以下の式が書ける。

$$CH_3OH + O_2 \rightarrow CO_2 + H_2O$$

次に両辺の係数を合わせる。

① 水素Hの数を合わせる。左辺に4個，右辺に2個あるので右辺の H_2O を2倍する。

$$CH_3OH + O_2 \rightarrow CO_2 + 2H_2O$$

② 炭素Cの数は両辺等しいのでさわらない。

③ 酸素Oの数は，左辺に3個，右辺に4個あるので，左辺の O_2 を $\frac{3}{2}$ 倍すると両辺等しくなる（CH_3OH のOは炭素と水素の数に影響を与えるのでさわらない）。

$$CH_3OH + \frac{3}{2}O_2 \rightarrow CO_2 + 2H_2O$$

④ 分数形式の係数は整数にするので，両辺を2倍する。

$$2CH_3OH + 3O_2 \rightarrow 2CO_2 + 4H_2O$$

以上より，メタノールを完全燃焼するには，2molのメタノールに対し3molの酸素が必要なので，6molのメタノールに対し9molの酸素が必要であることがわかる。

化学の基礎法則

質量保存の法則	化学反応の前後において，反応物の質量の総和は生成物の質量の総和に等しい。ラボアジエが発見した。
定比例の法則（一定組成の法則）	化合物を構成している成分元素の質量比は常に一定である。プルーストが発見した。
倍数比例の法則（倍数組成の法則）	元素A，Bからなる化合物が2種類以上あるとき，一定質量のAと化合しているBの質量は簡単な整数比となる。ドルトンが発見した。
気体反応の法則（反応体積比の法則）	化学反応において，反応する気体の体積や生成する気体の体積は，同温・同圧では簡単な整数比になる。ゲーリュサックが発見した。

練習問題

（266ページより解答・解説）

★★
No.17 温度0℃，圧力1.0×10^5Paのとき，メタン(CH_4) 32gに含まれているメタン分子は何個か。ただし原子量は，C＝12，H＝1，アボガドロ定数は6.0×10^{23}/molとする。

1　6.0×10^{23}個
2　8.0×10^{23}個
3　1.0×10^{24}個
4　1.2×10^{24}個
5　1.4×10^{24}個

★★
No.18 標準状態(0℃，1.013×10^5Pa)で，体積2800mLのある気体の質量をはかったら，1.0gであった。この物質の分子量は次のうちどれか。

1　4
2　8
3　16
4　32
5　64

★★
No.19 メタン(CH_4) 80gを完全に燃焼させたとき，消費された酸素の体積はどれか。ただし，原子量はH＝1，C＝12，O＝16とし，酸素の体積は，0℃，1.013×10^5Paにおけるものとする。

1　112L
2　140L
3　168L
4　196L
5　224L

★★
No.20　プロパン(C_3H_8) 24 L を完全燃焼させるには，同温同圧の酸素何 L が必要か。

1　120 L
2　240 L
3　360 L
4　480 L
5　600 L

★★
No.21　文中の空欄A，Bにあてはまる数値の組合せとして正しいものは，次のうちどれか。

プロパン C_3H_8 を完全燃焼させるときは，同温，同圧，同体積のメタン CH_4 を完全燃焼させるときに比較して[A]倍の酸素を必要とし，発生する二酸化炭素も[B]倍となるので，通気の悪い場所では酸欠状態を引き起こす可能性が高い。

	A	B
1	2.0	2.0
2	2.5	2.0
3	2.5	3.0
4	3.0	2.5
5	3.0	4.0

★
No.22　一酸化炭素(CO) 2 mol を完全燃焼させると発生する二酸化炭素の量として正しいものは，次のうちどれか。

1　0.5 mol
2　1.0 mol
3　1.5 mol
4　2.0 mol
5　2.5 mol

No.23 A～Eは化学の基礎法則に関する記述であるが，これらを唱えた科学者の名前の組合せとして，正しいのはどれか。

A　化学反応の前後において，反応物の質量の総和は生成物の質量の総和に等しい。

B　化合物を構成している成分元素の質量比は常に一定である。

C　元素A，Bからなる化合物が2種類以上あるとき，一定質量のAと化合しているBの質量は簡単な整数比となる。

D　化学反応において，反応する気体の体積や生成する気体の体積は，同温・同圧では簡単な整数比になる。

E　同温・同圧において，気体の体積が同じであれば，含まれている分子の数も同じになる。

	A	B	C	D	E
1	ラボアジエ	プルースト	ドルトン	ゲーリュサック	アボガドロ
2	ラボアジエ	ボルタ	ジュール	アボガドロ	プルースト
3	ジュール	ドルトン	ボルタ	プルースト	アボガドロ
4	ドルトン	ジュール	アボガドロ	ボルタ	ゲーリュサック
5	ドルトン	ラボアジエ	ジュール	アボガドロ	ボルタ

第7章 酸と塩基

酸と塩基

●酸の性質

◆酸の水溶液は，酸味があり，青色リトマス紙を赤色に変え，亜鉛・鉄などと反応し水素を発生するなどの性質をもつ。このような水溶液の性質を**酸性**といい，酸性を示す物質を**酸**という。

●塩基の性質

◆塩基の水溶液は，手に付けるとぬるぬるし，赤色リトマス紙を青色に変え，フェノールフタレインを無色から赤色に変えるなどの性質をもつ。このような水溶液の性質を**塩基性**または**アルカリ性**といい，塩基性を示す物質を**塩基**という。

アレニウスの定義	酸とは水溶液中で水素イオン H^+ を生じる物質であり，塩基とは水溶液中で水酸化物イオン OH^- を生じる物質である。 例 酸 …$HCl \rightarrow H^+ + Cl^-$ 塩基…$NaOH \rightarrow Na^+ + OH^-$
ブレンステッド・ローリーの定義	酸とは相手に水素イオン H^+ を与える物質であり，塩基とは相手から水素イオン H^+ を受け取る物質である。

●電離度

◆酸・塩基を水に溶かしたとき，イオンに分かれることを**電離**といい，電離した酸・塩基の割合を**電離度**という。例えば，ある酸・塩基がすべて電離したら電離度は1である。

●酸・塩基の強弱

◆電離度が1に近い(電離しやすい)酸・塩基をそれぞれ**強酸・強塩基**といい，電離度が1よりかなり小さい(電離しにくい)酸・塩基をそれぞれ**弱酸・弱塩基**という。

強酸	塩酸 HCl，硝酸 HNO_3，硫酸 H_2SO_4
弱酸	酢酸 CH_3COOH，炭酸 H_2CO_3
強塩基	水酸化ナトリウム $NaOH$，水酸化カルシウム $Ca(OH)_2$
弱塩基	アンモニア NH_3

●酸・塩基の価数

◆酸の電離によって生じる**H^+の数**，および塩基の電離によって生じる**OH^-の数**をそれぞれ**酸・塩基の価数**という。

1価	塩酸　$HCl \rightarrow \mathbf{H}^+ + Cl^-$ 硝酸　$HNO_3 \rightarrow \mathbf{H}^+ + NO_3^-$ 酢酸　$CH_3COOH \rightarrow \mathbf{H}^+ + CH_3COO^-$
2価	硫酸　$H_2SO_4 \rightarrow 2\mathbf{H}^+ + SO_4^{2-}$ 炭酸　$H_2CO_3 \rightarrow 2\mathbf{H}^+ + CO_3^{2-}$

1価	水酸化ナトリウム　$NaOH \rightarrow Na^+ + \mathbf{OH}^-$ ア　ン　モ　ニ　ア　$NH_3 + H_2O \rightarrow NH_4^+ + \mathbf{OH}^-$
2価	水酸化カルシウム　$Ca(OH)_2 \rightarrow Ca^{2+} + 2\mathbf{OH}^-$

pH

●pH

◆pHの値はその溶液が酸性か塩基性かを表し，またその値の大小により酸性・塩基性の強弱がわかる。pH＝7のとき中性で，7より小さくなるほど酸性が強くなり，7より大きくなるほど塩基性が強くなる。

チェック

$[\mathrm{H}^+] = 1.0 \times 10^{-n}$ mol/L のとき，pH＝n

$[\mathrm{H}^+]$は水素イオン濃度で，pHの値は

強酸＜弱酸＜弱塩基＜強塩基

の順に大きくなる。

例題4

水素イオン濃度$[\mathrm{H}^+]$が10^{-4}mol/Lの水溶液のpHはいくらか。

解答

$[\mathrm{H}^+] = 10^{-4}$mol/Lより，pH＝4

中和

●中和反応

◆酸性の水溶液に塩基性(アルカリ性)の水溶液を加えると，酸が出すH^+と塩基が出すOH^-が反応して水H_2Oができ($H^+ + OH^- \rightarrow H_2O$)，酸と塩基の性質が打ち消される反応を**中和反応**という。

●中和滴定

◆中和反応を利用して，未知の濃度の酸や塩基の水溶液の濃度を知る方法を**中和滴定**という。

●中和の関係式

◆濃度c〔mol/L〕のa価の酸の水溶液V〔L〕と濃度c'〔mol/L〕のb価の塩基の水溶液V'〔L〕が中和しているとき，次の式が成り立つ。

チェック

$$a \times c \times V = b \times c' \times V'$$

例題 5

ある濃度の水酸化ナトリウム水溶液 20 mL を中和するのに 0.1 mol/L の希硫酸 50.0 mL を必要とした。この水酸化ナトリウム水溶液のモル濃度を求めよ。

解答

水酸化ナトリウムは 1 価の塩基であるから，水酸化ナトリウム水溶液のモル濃度をx〔mol/L〕とすると，水酸化ナトリウム水溶液 20.0 mL に含まれる OH^-は，

$$1 \times x \times \frac{20.0}{1000} \text{〔mol〕}$$

硫酸は 2 価の酸であるから，0.1 mol/L の希硫酸 50.0 mL に含まれる H^+は，

$$2 \times 0.1 \times \frac{50.0}{1000} \text{〔mol〕}$$

中和したとき，H^+と OH^-の物質量が等しいので，

$$1 \times x \times \frac{20.0}{1000} = 2 \times 0.1 \times \frac{50.0}{1000}$$

$$x = \mathbf{0.5\text{〔mol/L〕}}$$

●指示薬

◆中和反応の終わりを指示薬の色の変化で知ることができる。中和点付近の pH に変色域をもつ指示薬を用いる。

指示薬	酸性 ⇔ 塩基性	用いる中和滴定
メチルオレンジ	赤色 ⇔ 黄色	強酸と強塩基，強酸と弱塩基
フェノールフタレイン	無色 ⇔ 赤色	強酸と強塩基，弱酸と強塩基

例えば，強酸の水溶液があるとする。その溶液にフェノールフタレインを少量加えておく。酸性では無色を示すが，この溶液に強塩基を少しずつ滴下すると，H^+と OH^-が反応し H_2O が生じ，中和反応が始まる。加えた強塩基が一定の量を超えると OH^-が過剰になり，溶液は塩基性になるのでフェノールフタレインは赤色になる。赤色になる瞬間が中和反応の終わりである。

強酸－強塩基の滴定

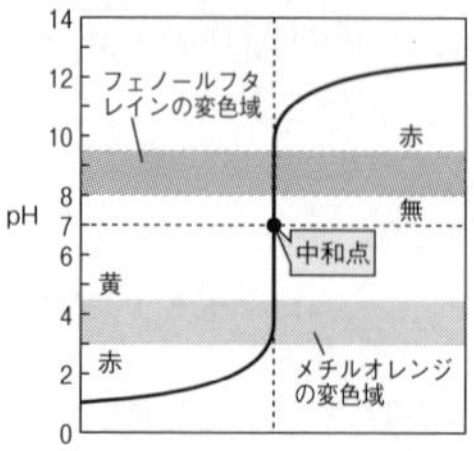

中和点がpH＝7なのでどちらの指示薬を用いてもよい。

強酸－弱塩基の滴定

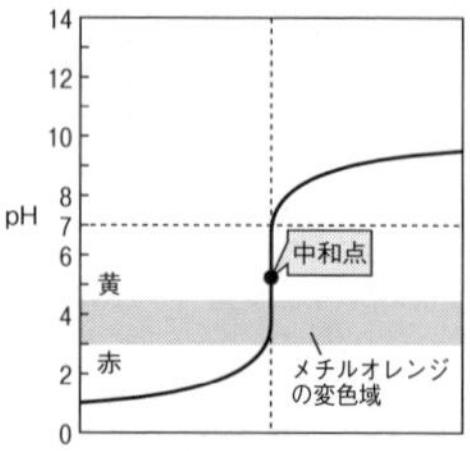

中和点が酸性側にあるので指示薬にメチルオレンジを用いる。

弱酸－強塩基の滴定

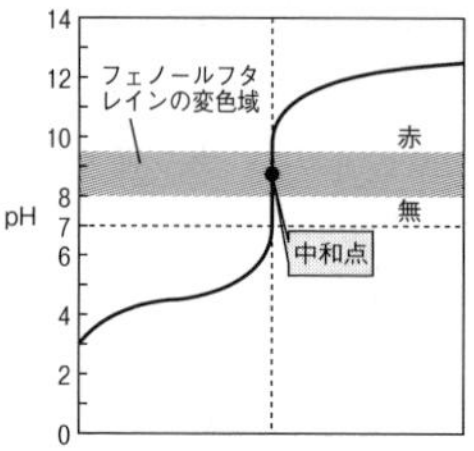

中和点が塩基性側にあるので指示薬にフェノールフタレインを用いる。

塩(えん)

●塩(えん)

◆中和反応で水以外に生じる物質を塩という。

酸＋塩基 → 塩＋水

例　HCl(酸)＋NaOH(塩基) → NaCl(塩)＋H_2O(水)

●塩の種類

◆化学式中に酸のHも塩基のOHも残っていない塩を**正塩**，酸のHが残っている塩を**酸性塩**，塩基のOHが残っている塩を**塩基性塩**という。

例　正塩…塩化ナトリウム NaCl，塩化アンモニウム NH_4Cl
酸性塩…炭酸水素ナトリウム $NaHCO_3$
塩基性塩…塩化水酸化マグネシウム MgCl(OH)

●正塩の水溶液の性質

◆正塩では，塩をつくる酸と塩基の組合せから，その水溶液の性質が分かる。

塩	水溶液	例
強酸＋強塩基	中性	NaCl，Na_2SO_4
強酸＋弱塩基	酸性	NH_4Cl，$CuSO_4$
弱酸＋強塩基	塩基性	CH_3COONa

練習問題

（267ページより解答・解説）

★
No.24 イオンに関する記述として正しいものは，次のうちどれか。

1　食塩が水に溶けると，陰イオンである塩化物イオンと陽イオンであるナトリウムイオンが2：1の割合でできる。

2　砂糖やエタノールのように水に溶ける物質は，水溶液中で必ず陽イオンと陰イオンに分かれる。

3　原子がその中の電子を失うと陽イオンになり，電子を他から受け取ると陰イオンになる。

4　水溶液は，その中に水酸化物イオン OH^- が多いと酸性，水素イオン H^+ が多いと塩基性を示す。

5　塩化ナトリウムと硝酸銀のように2種類の塩の水溶液を混ぜると同じ符号のイオンどうしが結合して沈殿をつくることがある。

★
No.25 水素イオン濃度 $[H^+]$ が 10^{-5} mol/L の水溶液の pH は次のうちどれか。

1　pH 1

2　pH 3

3　pH 5

4　pH 7

5　pH 9

★
No.26 0.05 mol/L の硫酸 20.0 mL を中和するのに必要な 0.05 mol/L の水酸化ナトリウム水溶液の体積として，正しいのは次のうちどれか。

1　10.0 mL

2　20.0 mL

3　30.0 mL

4　40.0 mL

5　50.0 mL

★★★

No.27 水酸化ナトリウム 2.00 g に水を加えて，水溶液を 1 L つくった。この水溶液を 30 mL とり出し，それを 0.06 mol/L の硫酸で中和するのに 11.5 mL を要した。水酸化ナトリウムの純度はいくらか。ただし原子量は，H = 1，O = 16，Na = 23 とする。

1　92.0 %

2　93.0 %

3　94.0 %

4　95.0 %

5　96.0 %

第 8 章　酸化還元反応

酸化還元反応

●酸化・還元

◆ある物質が酸素と化合するか，または水素を失ったとき，その物質は**酸化された**といい，逆に酸素を失うかまたは水素と化合したとき，**還元された**という。また，イオンまたは原子が電子を失うことを酸化，電子を受け取ることを還元という。

	酸素	水素	電子	酸化数
酸化される	得る	失う	失う	増加する
還元される	失う	得る	得る	減少する

例　酸化
- $\underline{C} + O_2 \rightarrow \underline{CO_2}$（左辺のCは酸素と化合している）
- $\underline{H_2S} + Cl_2 \rightarrow 2HCl + \underline{S}$（$H_2S$は水素を失っている）

還元
- $\underline{CuO} + H_2 \rightarrow \underline{Cu} + H_2O$（CuO は酸素を失っている）
- $H_2 + \underline{Cl_2} \rightarrow 2\underline{HCl}$（$Cl_2$ は水素と化合している）

●酸化数

◆酸化数が増加することを酸化される，減少することを還元されるという。酸化数は，次のように決められている。

① 化合物中の H，O の酸化数はそれぞれ＋1，－2
ただし，H_2O_2 の O の酸化数は－1，金属の水素化物(NaH など)の H の酸化数は－1

② 化合物中の各原子の酸化数の和は 0
例　$H_2O \cdots (+1) \times 2 + (-2) = 0$
$NH_3 \cdots N + (+1) \times 3 = 0 \quad \therefore N = -3$

③ 単原子イオンの酸化数はその電荷数に等しい
例　$Cl^- = -1$，$Na^+ = +1$

④ 単体中の原子の酸化数は 0

⑤ 多原子イオン中の酸化数の和はイオンの価数に等しい
例　$SO_4^{2-} \cdots S + (-2) \times 4 = -2 \quad \therefore S = +6$

●酸化剤と還元剤

◆酸化剤とは，他の物質を酸化する物質のことでそれ自体は還元される。還元剤とは他の物質を還元する物質のことでそれ自体は酸化される。

酸化剤	・他の物質を酸化する物質 ・酸化剤自身は還元される
還元剤	・他の物質を還元する物質 ・還元剤自身は酸化される

金属のイオン化傾向

●金属のイオン化傾向

◆金属が水溶液中で電子を放出して陽イオンになろうとする性質。金属をイオン化傾向の大きい順に並べたものをイオン化列という。

Li《リッチに》 K《貸そう》 Ca《か》 Na《な》 Mg《ま》 Al《あ》 Zn《あ》 Fe《て》 Ni《に》 Sn《する》 Pb《な》 (H_2)《ひ》 Cu《ど》 Hg《す》 Ag《ぎる》 Pt《借》 Au《金》

㊅ ← イオン化傾向(陽イオンへのなりやすさ) → ㊇

イオン化傾向の大小により次のようなことがおこる。例えば，銅イオン Cu^{2+} を含む水溶液に，亜鉛 Zn を入れると，亜鉛は亜鉛イオン Zn^{2+} になって溶け，いままでイオンだった銅イオン Cu^{2+} が原子 Cu になり，亜鉛の表面に付着する ($Cu^{2+} + Zn \rightarrow Zn^{2+} + Cu$)。これは Zn のほうが Cu よりイオン化傾向が大きい(陽イオンになりやすい)からである。

●イオン化傾向と反応性

◆イオン化傾向による反応性は次のようになる。Li，K，Ca，Na は水と反応し水素 H_2 を発生する。

<table>
<tr><th>イオン化列</th><th>Li</th><th>K</th><th>Ca</th><th>Na</th><th>Mg</th><th>Al</th><th>Zn</th><th>Fe</th><th>Ni</th><th>Sn</th><th>Pb</th><th>(H₂)</th><th>Cu</th><th>Hg</th><th>Ag</th><th>Pt</th><th>Au</th></tr>
<tr><td rowspan="3">水との反応</td><td colspan="4">常温で反応(水素発生)</td><td colspan="13"></td></tr>
<tr><td colspan="5">熱水と反応(水素発生)</td><td colspan="12"></td></tr>
<tr><td colspan="8">高温の水蒸気と反応(水素発生)</td><td colspan="9"></td></tr>
<tr><td rowspan="3">酸との反応</td><td colspan="11">希酸(塩酸や希硫酸など)と反応(水素発生)※1</td><td colspan="6"></td></tr>
<tr><td colspan="15">酸化力のある酸(硝酸，熱濃硫酸)と反応※2</td><td colspan="2"></td></tr>
<tr><td colspan="17">王水※3 に溶ける</td></tr>
</table>

※1　Pb は塩酸・硫酸とは反応しにくい
※2　Al，Fe，Ni は濃硝酸とは反応しにくい
※3　王水は濃硝酸と濃塩酸を体積比 1 : 3 で混合したもの

電池

●電池

◆イオン化傾向の異なる 2 種の金属を電解質溶液に浸して導線でつなぐと，電流が流れる。これを電池といい，イオン化傾向の大きい金属は負極(－極)，イオン化傾向の小さい金属は正極(＋極)となる。つなぐ金属のイオン化傾向の差が大きいほど起電力は大きくなる。**負極では酸化反応**がおこり，**正極では還元反応**がおこる。

●おもな電池

電池名	電池の構造			特徴
	負極	電解質	正極	
ダニエル電池	Zn	$ZnSO_4$ $CuSO_4$	Cu	Zn 板を浸した $ZnSO_4aq$ と，Cu 板を浸した $CuSO_4aq$ を素焼き板で仕切った作った電池である。
アルカリマンガン乾電池	Zn	KOH	MnO_2	起電力は約 1.5 V で，日常的によく使われている乾電池である。
鉛蓄電池	Pb	H_2SO_4	PbO_2	二次電池(充電して繰り返し使うことができる電池)である。自動車用バッテリーに用いられている。起電力は約 2.1 V。
リチウムイオン電池	Li_xC	Li 塩 有機溶媒	$Li_{1-x}CoO_2$	二次電池であり，スマートフォンなどのモバイル機器に用いられている。起電力は約 3.7 V。充電や放電によって Li^+ が負極と正極を行き来する。
燃料電池(リン酸形)	H_2	H_3PO_4	O_2	水素と酸素が反応して水ができる反応を利用した電池であり，燃料電池自動車などの実用化が進んでいる。

電気分解

●電解質

◆水溶液中で，イオンに電離して電気を導くことのできる物質。その多くは水に溶けて陽イオン，陰イオンに電離し，電極を入れて電流を流すと，電気分解がおこる。

例 塩酸 硫酸 食塩水

●非電解質

◆砂糖のように，水溶液になってもイオンに分かれない物質。そのため水溶液は電気を通さないから，電気分解もおこらない。

例 アルコール ショ糖 ブドウ糖

●電気分解

◆電解質の水溶液に電極(白金，炭素電極および銅などの可溶性電極)を入れ，直流電源に接続すると電流によって電解質または電極が反応する現象。**陽極では酸化反応**がおこり，**陰極では還元反応**がおこる。

水の電気分解(硫酸を加えたとき)	陽極(酸化)	$2H_2O \rightarrow O_2 + 4H^+ + 4e^-$ (酸素 O_2 が生成)
	陰極(還元)	$2H^+ + 2e^- \rightarrow H_2$ (水素 H_2 が生成)
NaCl の電気分解	陽極(酸化)	$2Cl^- \rightarrow Cl_2 + 2e^-$ (塩素 Cl_2 が生成)
	陰極(還元)	$2H_2O + 2e^- \rightarrow H_2 + 2OH^-$ (水素 H_2 が生成)

●陽極に生成する物質

① 可溶性電極(白金，炭素以外)では電極がイオンとなって溶解。

例 $Cu \rightarrow Cu^{2+} + 2e^-$

② ハロゲン化物イオン(Cl^-，Br^-，I^-) があれば，その単体が生成する。

例 $2Cl^- \rightarrow Cl_2 + 2e^-$

③ その他のイオンのときは，酸素 O_2 が発生する。

OH^-のとき：$4OH^- \rightarrow 2H_2O + O_2 + 4e^-$

SO_4^{2-}，NO_3^-などのとき：$2H_2O \rightarrow O_2 + 4H^+ + 4e^-$

●陰極に生成する物質

① イオン化傾向の小さい金属(Cu，Ag など)は析出する。

例 $Cu^{2+} + 2e^- \rightarrow Cu$

② その他のイオンのときは，水素 H_2 が生成する。

H^+のとき：$2H^+ + 2e^- \rightarrow H_2$

イオン化傾向の大きい金属のとき：$2H_2O + 2e^- \rightarrow H_2 + 2OH^-$

練習問題

（267ページより解答・解説）

★★

No.28　次の化学反応式ア～キのうち，下線を引いた物質が還元されたものの組合せとして，正しいのはどれか。

ア　$\underline{Cu} + 4\,HNO_3 \rightarrow Cu(NO_3)_2 + 2\,H_2O + 2\,NO_2$

イ　$H_2SO_4 + \underline{Ba}Cl_2 \rightarrow BaSO_4 + 2HCl$

ウ　$2\,KI + \underline{Cl_2} \rightarrow 2\,KCl + I_2$

エ　$\underline{Fe_2}O_3 + 2\,Al \rightarrow 2\,Fe + Al_2O_3$

オ　$2\,K\underline{Mn}O_4 + 5\,H_2O_2 + 3\,H_2SO_4$

$\rightarrow 2\,MnSO_4 + K_2SO_4 + 8\,H_2O + 5\,O_2$

カ　$2\,H_2\underline{S} + SO_2 \rightarrow 3\,S + 2\,H_2O$

キ　$2\,\underline{Ag}NO_3 + 2\,NaOH \rightarrow Ag_2O + 2\,NaNO_3 + H_2O$

1　ア，イ，カ

2　ア，ウ，エ

3　イ，オ，キ

4　ウ，エ，オ

5　エ，カ，キ

★★★

No.29　5種類の金属A～Eがあり，次のア～エのことがわかっているとき，金属A～Eをイオン化傾向の大きい順に並べたものとして，正しいのはどれか。

ア　希硫酸に入れると，CとDのみ気体が発生する。

イ　Bの塩の水溶液にAを入れると，Aの表面にBが付着する。

ウ　CとDを塩化ナトリウム水溶液に浸して電池をつくると，CからDに電流が流れる。

エ　2種類の金属を選んで電池をつくると，その起電力は（A，D）＞（D，E）である。

1　A＞B＞E＞D＞C

2　C＞D＞E＞A＞B

3　D＞C＞E＞A＞B

4　D＞C＞E＞B＞A

5　E＞B＞C＞A＞D

★★
No.30 硝酸銀の水溶液に，磨いた銅線を入れた。しばらくすると水溶液が青くなり，銅線の表面に銀が付着した。このときのイオン反応式として正しいのはどれか。

1 $\begin{cases} \mathrm{Cu} \rightarrow \mathrm{Cu^{2+}} + 2\,\mathrm{e^-} \\ \mathrm{Ag^+} + \mathrm{e^-} \rightarrow \mathrm{Ag} \end{cases}$

2 $\begin{cases} \mathrm{Cu^{2+}} + 2\,\mathrm{e^-} \rightarrow \mathrm{Cu} \\ \mathrm{Ag} \rightarrow \mathrm{Ag^+} + \mathrm{e^-} \end{cases}$

3 $\begin{cases} \mathrm{Cu^+} + \mathrm{e^-} \rightarrow \mathrm{Cu} \\ \mathrm{Ag} \rightarrow \mathrm{Ag^+} + \mathrm{e^-} \end{cases}$

4 $\begin{cases} \mathrm{Cu} \rightarrow \mathrm{Cu^{2+}} + 2\,\mathrm{e^-} \\ \mathrm{Ag} \rightarrow \mathrm{Ag^+} + \mathrm{e^-} \end{cases}$

5 $\begin{cases} \mathrm{Cu^{2+}} + 2\,\mathrm{e^-} \rightarrow \mathrm{Cu} \\ \mathrm{Ag^+} + \mathrm{e^-} \rightarrow \mathrm{Ag} \end{cases}$

★
No.31 次のA～Eの水溶液に２本の金属棒を離して浸し，電流を流したとき，電流の流れない組合せとして正しいのはどれか。

A　エタノール水溶液
B　塩化ナトリウム水溶液
C　ショ糖水溶液
D　水酸化ナトリウム水溶液
E　硫酸水溶液

1　A，B
2　A，C
3　B，D
4　C，E
5　D，E

★
No.32 銅の電極を浸し，それに起電力３Ｖの乾電池と豆電球を導線を用いて接続したとき，豆電球が点灯しない溶液はどれか。

1　塩酸
2　砂糖水
3　食塩水
4　硫酸銅水溶液
5　塩化銅水溶液

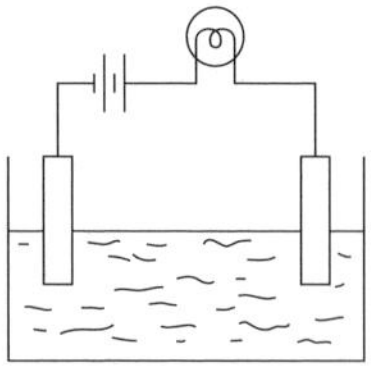

★★
No.33 水を電気分解して発生する2種類の気体に関する記述として，正しいのはどれか。

1　陽極には水素，陰極には酸素が発生する。

2　陽極に発生する気体と陰極に発生する気体の体積比は，2：1である。

3　発生した2種類の気体を混合して，電気火花で点火しても反応はおこらない。

4　1つの気体は，水に溶けて酸性を示す。

5　1つの気体は，過酸化水素に酸化マンガン(Ⅳ)を加えると得られる。

★★★
No.34 水72gをすべて電気分解したときに発生する酸素の標準状態(0℃，1.013×10^5Pa)における体積として，妥当なのはどれか。ただし，原子量は，H＝1，O＝16とする。

1　11.2L

2　22.4L

3　44.8L

4　67.2L

5　89.6L

第 9 章　気体の性質

気体の性質

●ボイルの法則

◆温度が一定のとき，一定量の気体の体積は，圧力に反比例する。したがって，一定温度のもとで圧力が P_1 から P_2 に変わったとき，体積が V_1 から V_2 に変わったとすると

$$\boldsymbol{P_1V_1 = P_2V_2}$$

●シャルルの法則

◆気体の圧力が一定のとき，一定量の気体の体積は，絶対温度に比例する。**絶対温度** T〔K〕とはセ氏温度 t〔℃〕に 273 を足したものである。単位は K(ケルビン)という。

$$\boldsymbol{T\,[\mathrm{K}] = t\,[^\circ\mathrm{C}] + 273}$$

絶対温度が T_1 から T_2 に変わったとき，体積が V_1 から V_2 に変わったとすると，

$$\boldsymbol{\frac{V_1}{T_1} = \frac{V_2}{T_2}}$$

●ボイル・シャルルの法則

◆一定量の気体の体積は，圧力に反比例し，絶対温度に比例する。

$$\boldsymbol{\frac{P_1V_1}{T_1} = \frac{P_2V_2}{T_2}}$$

●気体の状態方程式

◆ある温度・圧力における気体の体積と，物質量の関係を示している式である。

チェック

圧力 P〔Pa〕，体積 V〔L〕，温度 T〔K〕，物質量 n〔mol〕のとき

$$\boldsymbol{PV = nRT}$$

R：気体定数 8.31×10^3 Pa・L/(K・mol)

●理想気体

◆理想気体は気体の状態方程式に従う。この気体は，分子自身の大きさや分子間力がない仮想の気体である。

●実在気体

◆実在気体は気体の状態方程式に従わない(分子自身に大きさがあり，分子間力がはたらくから)。**高温**，**低圧**の条件下では，実在気体も理想気体とみなすことができる。

練習問題

（268ページより解答・解説）

No.35 ★ 1.5×10^5 Pa で 8.0 L の体積を占める気体がある。この気体の温度を変えずに，圧力を 6.0×10^5 Pa にすると，体積は何 L になるか。

1　1.0L
2　2.0L
3　3.0L
4　4.0L
5　5.0L

No.36 ★ 27 ℃，1.0×10^5 Pa で 0.3 L の体積の気体がある。この気体の温度を 177℃ に上げ，圧力を 9.0×10^4 Pa に変えたとき，体積は何 L になるか。

1　0.5L
2　1.0L
3　1.5L
4　2.0L
5　2.5L

No.37 ★★ 1.2×10^5 Pa，127 ℃ で，10 % 過酸化水素水 680 g を完全に二酸化マンガンで分解したら，何 L の酸素が発生するか。ただし，気体定数は 8.31×10^3 Pa･L/(K･mol)，原子量は H＝1，O＝16 とする。

$$2\,H_2O_2 \xrightarrow[(MnO_2)]{} 2\,H_2O + O_2$$

1　13.8 L
2　27.7 L
3　55.4 L
4　68.2 L
5　83.1 L

★★
No.38 プロパンを完全に燃焼させたとき，生じた二酸化炭素の 27 ℃，9.0×10^4 Pa における体積が 27.7 L であった。同時に生じた水の質量はいくらか。ただし，気体定数を 8.31×10^3 Pa・L/(K・mol) とし，原子量を H＝1，C＝12，O＝16 とする。

1　12 g
2　18 g
3　24 g
4　30 g
5　36 g

第10章　溶液の性質

溶解度

●飽和溶液

◆一定量の溶媒に溶質を溶かしていくと，ある量以上の溶質は溶けずに残る。このような状態の溶液を**飽和溶液**という。

●固体の溶解度

◆ある温度において，溶媒100 gに溶けることのできる溶質の質量を，その温度における溶質の**溶解度**という。固体の溶解度は，ふつう温度が高くなると大きくなる。また**溶媒の種類にも影響される**。右図は温度と溶解度の関係を示すグラフであり，溶解度曲線という。

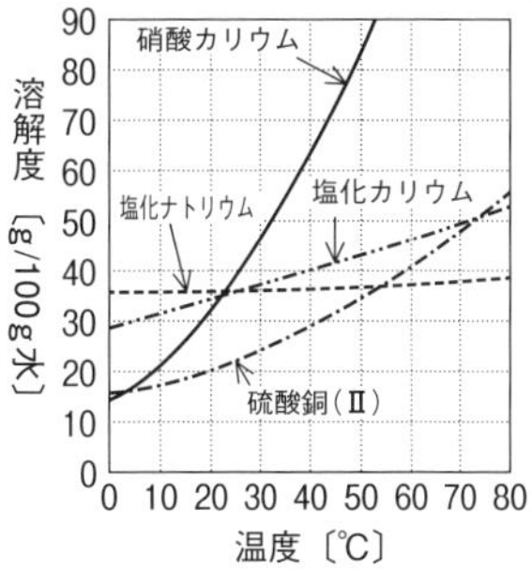

溶解度曲線

見方については，例えば，40℃では塩化カリウムは，水100 gに対して40 gまで溶ける。それ以上溶かそうとしても温度を上げなければ溶けずに残る。

●気体の溶解度

◆気体の溶解度は，温度が高くなると小さくなる。

溶解度の小さい気体の場合，一定の温度ならば，一定量の溶媒に溶けることのできる気体の質量(物質量)はその気体の圧力に比例する。これを**ヘンリーの法則**という。ただし，気体の溶解量を体積で表す場合，気体を溶かした圧力における体積で表すと，圧力に関係なく一定である。

希薄溶液の性質

●沸点上昇

◆溶媒に不揮発性物質(常温で蒸発しない物質)を溶かすと，溶液の沸点は溶媒の沸点に比べて高くなる。この現象を**沸点上昇**という。例えば，水は沸点100℃であるが，食塩水にすると，その沸点は100℃よりも高くなる。

沸点上昇は溶質の種類に無関係(例えば，水に溶けているものが食塩でも砂糖でも関係ない)で，溶質粒子の数に関係する。

●凝固点降下

◆溶媒に他の物質を溶かすと，溶液の凝固点は，溶媒の凝固点に比べて低くなる。この現象を**凝固点降下**という。凝固点降下は溶質の種類に無関係で溶質粒子の数に関係する。

コロイド

●コロイド

◆直径 10^{-7}～10^{-5}cm 程度の粒子を**コロイド粒子**といい，コロイド粒子を含む溶液をコロイド溶液(ゾル)という。デンプンやタンパク質水溶液はコロイド溶液である。

コロイド溶液(ゾル)が加熱や冷却によって流動性を失った状態をゲルといい，ゲルから水分を蒸発させたものをキセロゲルという。

親水コロイドと疎水コロイド▶

親水コロイド	多量の電解質を加えると沈殿する。この現象を**塩析**という。
疎水コロイド	少量の電解質を加えると沈殿する。この現象を**凝析**という。
保護コロイド	疎水コロイドを凝析しにくくするために加える親水コロイド。例として，墨汁に加えるニカワやインクに加えるアラビアゴムがある。

コロイドの性質▶

チンダル現象	コロイド溶液に強い光をあてると，光がコロイド粒子により散乱されて，光の進路が輝いてみえる現象。
ブラウン運動	溶媒分子(水分子など)がコロイド粒子に衝突することによりおこる，コロイド粒子の不規則な運動。
透析	半透膜を用いてコロイド溶液からイオンや分子を除き，コロイド溶液を精製する方法。
電気泳動	直流電圧を加えると，正または負に帯電しているコロイド粒子がその電荷と反対符号の電極に向かって移動する現象。

チンダル現象

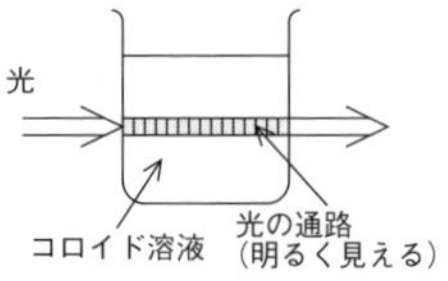

ブラウン運動

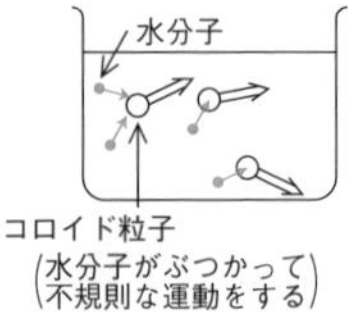

透析

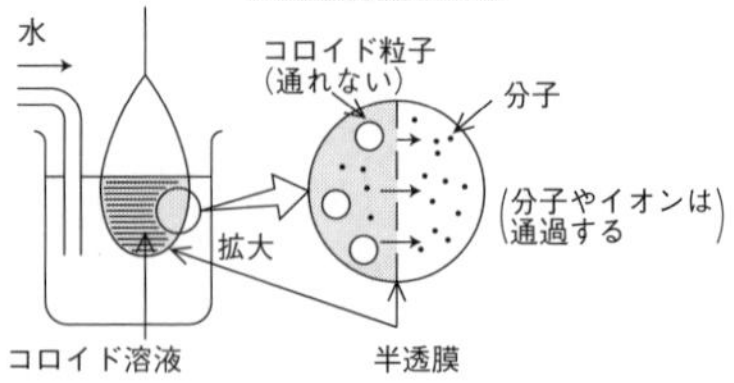

練習問題

（269ページより解答・解説）

★★
No.39　水 100 g に硝酸ナトリウムは 80 ℃ で 150 g 溶け，20 ℃ で 85 g 溶ける。いま，80 ℃ の硝酸ナトリウム飽和水溶液 100 g を 20 ℃ にすると，何 g の硝酸ナトリウムが析出するか。

1　26 g
2　34 g
3　48 g
4　52 g
5　65 g

★★
No.40　20 ℃ において同じ物質量の酸素 O_2 と窒素 N_2 の混合気体が水面に接しているとき，水に溶けている酸素と窒素の物質量の比は，ほぼ 2：1 である。

　いま，20 ℃ において，1.0×10^5 Pa の空気が一定量の水の水面に接しているとすると，水に溶けている酸素と窒素の物質量の比は，ヘンリーの法則によれば次のうちどれか。ただし，空気は酸素と窒素が物質量の比 1：4 で混合している気体とする。

1　1：2
2　2：3
3　3：4
4　3：2
5　2：1

No.41 ★★ コロイドに関する記述として妥当なのはどれか。

1　コロイド粒子は，大きさが 0.1 ～ 1 nm と小さいため，セロハンなどの半透膜を用いて他の分子と分けることはできない。

2　コロイド溶液中に電極を入れて，これに直流電圧を加えると，コロイド粒子は陰の電荷をもつものと，陽の電荷をもつものとに分かれ，各電極に同量ずつ集まる。

3　コロイド溶液は冷却または加熱すると固まるが，溶液の状態になっているときをゲル，寒天状に固まっているときをゾルという。

4　デンプン，タンパク質，寒天などのように，水分子がコロイドに吸着しているものを親水コロイドといい，少量の電解質を加えても凝析しない。

5　コロイド粒子の不規則な運動であるブラウン運動は，不安定なコロイドが分裂して，安定した分子またはイオンになるときにみられる。

第11章　物質の変化と平衡

化学反応とエンタルピー変化

●エンタルピー変化

◆物質がもつエネルギーはエンタルピー H という量で表せる。一定圧力下で化学反応に伴い出入りする熱量を反応エンタルピーという。反応エンタルピーは生成物がもつエンタルピーと反応物がもつエンタルピーの差であるエンタルピー変化(記号 ΔH)で表せる。

チェック

ΔH ＝(生成物のエンタルピーの和)－(反応物のエンタルピーの和)

発熱反応の ΔH ▶

・発熱反応は熱を放出する反応であるから，反応系のエンタルピーは減少するため，エンタルピー変化は $\Delta H<0$ となる。

吸熱反応の ΔH ▶

・吸熱反応は熱を吸収する反応であるから，反応系のエンタルピーは増加するため，エンタルピー変化は $\Delta H>0$ となる。

●エンタルピー変化の表し方

◆化学反応式にエンタルピー変化を付した式で表す。

例　水素 H_2 の完全燃焼

①　化学反応式を書く。

$$2H_2 + O_2 \rightarrow 2H_2O$$

②　着目する物質の係数を 1 とする(他の物質の係数が分数になってもよい)。この場合は水素 H_2 の係数を 1 とするので，全体を 2 で割る。

$$H_2 + \frac{1}{2}O_2 \rightarrow H_2O$$

③　物質の状態(固)・(液)・(気)とエンタルピー変化 ΔH を書く。この場合は，水素 H_2，酸素 O_2 が気体で，水 H_2O が液体，水素 1 mol の完全燃焼は 286 kJ の発熱反応である。

$$H_2(\text{気}) + \frac{1}{2}O_2(\text{気}) \rightarrow H_2O(\text{液})\quad \Delta H = -286\ \text{kJ}$$

●反応エンタルピーの種類

燃焼エンタルピー	物質 1 mol が完全燃焼するときの発熱量。
生成エンタルピー	化合物 1 mol がその成分元素の単体から生成するときの発熱・吸熱量。
溶解エンタルピー	物質 1 mol が多量の水に溶解したときの発熱・吸熱量。
中和エンタルピー	酸・塩基の水溶液の中和反応で水 1 mol が生成するときの発熱量。

●ヘスの法則

◆反応エンタルピーは，反応前と反応後の物質の状態だけで決まり，反応経路には無関係である。これを**ヘスの法則**という。

化学平衡

●可逆反応

◆化学反応式において，左辺から右辺への反応を正反応，右辺から左辺への反応を逆反応という。どちらの方向にも進行できる反応を**可逆反応**という。

●平衡状態

◆可逆反応において正反応と逆反応の速さが等しくなるとき，見かけ上，反応が止まったように見える。この状態を**平衡状態**という。

●ルシャトリエの原理

◆可逆反応が平衡状態にあるとき，温度・濃度・圧力などの条件を変化させると，その条件の影響をやわらげる向きに平衡が移動する。触媒を加えると平衡に達する(正反応と逆反応の速さが等しくなる)までの時間は短縮されるが，平衡の移動には影響を与えない。

<table>
<tr><th colspan="2">条件の変化</th><th>平衡の移動方向</th></tr>
<tr><td rowspan="2">温度</td><td>上げる</td><td>温度が低くなる方向(吸熱方向)</td></tr>
<tr><td>下げる</td><td>温度が高くなる方向(発熱方向)</td></tr>
<tr><td rowspan="2">圧力</td><td>大きくする</td><td>気体分子数の減少する方向
(気体の総物質量減少方向)</td></tr>
<tr><td>小さくする</td><td>気体分子数の増加する方向
(気体の総物質量増加方向)</td></tr>
<tr><td rowspan="2">濃度</td><td>高くする</td><td>その物質が減少する方向</td></tr>
<tr><td>低くする</td><td>その物質が増加する方向</td></tr>
<tr><td colspan="2">触媒を加える</td><td>平衡は移動しない</td></tr>
</table>

例題 6

$N_2 + 3H_2 \rightleftarrows 2NH_3$　$\Delta H = -92.0\ \mathrm{kJ}$ が平衡状態にある。以下の条件のとき反応は，右向き(→)，左向き(←)のどちらに移動するか。「右」，「左」，「移動しない」で答えよ。

(1) 低温にする　　(2) 高圧にする

(3) N_2 を加える　　(4) 触媒を加える

解答

(1) 右　低温にするので温度が高くなる向き，つまり発熱方向の右向きに移動する。

(2) 右　気体の分子数は左辺 1(N_2) と 3(H_2) で 4，右辺 2(NH_3) なので，分子数の減少する向き (4→2) の右向きへ移動する。

(3) 右　N_2 の濃度が高くなるので，N_2 の濃度が減少する向きの右向きに移動する。

(4) 移動しない

練習問題

（270ページより解答・解説）

★★
No.42 黒鉛Cと水素H_2，メタンCH_4の完全燃焼の反応は次のように表せる。

$$C(\text{黒鉛}) + O_2(\text{気}) \rightarrow CO_2(\text{気}) \quad \Delta H = -394\ \text{kJ}$$

$$H_2(\text{気}) + \frac{1}{2}O_2 \rightarrow H_2O(\text{液}) \quad \Delta H = -286\ \text{kJ}$$

$$CH_4(\text{気}) + 2\,O_2(\text{気}) \rightarrow CO_2(\text{気}) + 2\,H_2O(\text{液}) \quad \Delta H = -891\ \text{kJ}$$

このとき，メタンCH_4の生成エンタルピーはいくらか。

1　−211 kJ/mol
2　−83 kJ/mol
3　−75 kJ/mol
4　75 kJ/mol
5　211 kJ/mol

★★
No.43 四酸化二窒素N_2O_4は無色の気体，二酸化窒素NO_2は褐色の気体である。この2つの気体を同じ容器内に入れると

$$N_2O_4 \rightleftarrows 2\,NO_2 \quad \Delta H = 57\ \text{kJ}$$

という化学平衡が成り立つ。

いま，この反応は，ある温度・圧力で平衡に保たれている。これに次の条件ア～エで変化を与える。このとき，二酸化窒素をより多く生成する方向に進ませる条件として正しいものをすべて挙げているのはどれか。

ア　四酸化二窒素を加える。
イ　圧力を小さくする。
ウ　温度を上げる。
エ　触媒を加える。

1　ア，イ
2　ア，イ，ウ
3　イ，エ
4　ウ
5　ウ，エ

第12章　非金属元素

水素Hと貴ガス(希ガス)

●水素H

◆水素Hは，1族に属する非金属元素で，宇宙に最も多く存在する元素である。水素H_2は無色・無臭の気体で，すべての物質のなかで最も軽い。水に溶けにくく空気中で，炎を上げてよく燃える。地球上には水H_2Oとして多く存在する。

製法　亜鉛Znや鉄Fe等に塩酸HClや希硫酸H_2SO_4を加える

●貴ガス(希ガス)

◆18族に属する元素を総称して**貴ガス**(希ガス)とよぶ。ヘリウムHe，ネオンNe，アルゴンArなどがある。**単原子分子**であり，空気中にわずかに存在する無色・無臭の気体である。化学的に安定しており，ほとんど化合物をつくらない。

炭素Cとケイ素Si

●特徴

◆ともに周期表の14族に属する非金属元素である。これらの単体はいずれも共有結合の結晶である。

●炭素C

◆単体には，**ダイヤモンド・黒鉛(グラファイト)・フラーレン・カーボンナノチューブ**などの同素体がある。ダイヤモンドは物質で最も硬い性質をもつ。黒鉛(鉛筆の芯など)は，うすくてはがれやすい性質をもち，電気をよく通す。

一酸化炭素CO▶
・無色・無臭の気体で，水にほとんど溶けず，青白い炎をあげて燃え二酸化炭素になる$(2CO + O_2 \rightarrow 2CO_2)$。血液中のヘモグロビンと結合するため，**有毒**である。炭素や炭素化合物の不完全燃焼の際に生じる。

二酸化炭素CO_2▶
・無色・無臭の気体で，水にわずかに溶ける。二酸化炭素が水に溶けたものを**炭酸**といい，その水溶液は**弱酸性**を示す。石灰水に吹き込むと石灰水は白く濁る。二酸化炭素が固体になったものを**ドライアイス**とよぶ。

製法　石灰石$CaCO_3$に希塩酸HClを加える

●ケイ素Si

◆単体としては天然に存在しないが，**二酸化ケイ素**(**水晶，石英**)SiO_2の形で存在する。ケイ素は**半導体**として利用されている。

窒素Nとリン P

●特徴

◆ともに周期表の15族に属する非金属元素である。

●窒素 N_2

◆無色・無臭の気体で，常温ではほとんど化学反応しないが，高温では反応する。空気の約78%(体積比)を占める。

アンモニア NH_3▶

・無色・**刺激臭**の気体で，水に溶けやすく，その水溶液は**弱塩基性**(弱アルカリ性)を示す。濃塩酸を近づけると塩化アンモニウムの白煙が生じる。

製法 ① 塩化アンモニウム NH_4Cl と水酸化カルシウム $Ca(OH)_2$ を混合して加熱する

② ハーバー・ボッシュ法($N_2+3H_2 \rightarrow 2NH_3$)

一酸化窒素 NO▶

・無色・無臭の気体で，水に溶けにくい。空気に触れると酸化されて二酸化窒素 NO_2 となる。

製法 銅 Cu に希硝酸 HNO_3 を加える

二酸化窒素 NO_2▶

・**赤褐色・刺激臭**の気体である。水によく溶けて硝酸 HNO_3 を生じる。

製法 銅 Cu に濃硝酸 HNO_3 を加える

硝酸 HNO_3▶

・無色・発煙性の液体で，**強い酸性**を示す。酸化作用が強く，塩酸や希硫酸が溶かすことのできない銅や銀なども溶かす。

ただし，**鉄** Fe，**ニッケル** Ni，**アルミニウム** Al は表面に**酸化皮膜**をつくるため，濃硝酸には溶けにくい。このような状態を**不動態**という。

製法 アンモニアを酸化して合成する(オストワルト法)

●リン P

◆単体のリンには**黄リン**と**赤リン**の同素体がある。

黄リン	淡黄色・ロウ状の固体で有毒である。空気中で自然発火するので水中で保存する。
赤リン	暗赤色の粉末でマッチ箱の発火剤に使われる。

酸素 O と硫黄 S

●特徴

◆ともに周期表16族に属する非金属元素である。

●酸素 O_2

◆無色・無臭の気体で，水にはほとんど溶けない。**助燃性**(酸素自身は燃えないが他の気体が燃えるのを助ける性質)をもつ。空気の約21%(体積比)を占める。同素体に**オゾン O_3** がある。

製法 過酸化水素水 H_2O_2 に酸化マンガン(Ⅳ) MnO_2 を加える

●オゾン O_3

◆**淡青色・特異臭**の有毒な気体で，空気中で分解して酸素になりやすい。酸化作用が強く，殺菌作用がある。オゾン層は太陽からの紫外線をほとんど吸収する。

●硫黄 S

◆硫黄には，**斜方硫黄・単斜硫黄・ゴム状硫黄**とよばれる同素体がある。

二酸化硫黄 SO_2▶

・無色・**刺激臭**の気体で，水によく溶けその水溶液は弱酸性を示す。また還元性があり，漂白作用を示す。

製法　銅 Cu に濃硫酸 H_2SO_4 を加えて加熱する

硫酸 H_2SO_4▶

・硫酸は，濃硫酸と希硫酸に分ける。

濃硫酸	無色の重い不揮発性の液体で，粘性が高い。**吸湿性，脱水性**が強く**乾燥剤**や**脱水剤**に使われる。**酸化作用が強い**。
希硫酸	**強酸**であるが，酸化作用はなく脱水性もない。濃硫酸をうすめて希硫酸をつくるとき多量の熱を発生するので，水に濃硫酸を少しずつ加える。

製法　接触法

硫化水素 H_2S▶

・無色・**腐卵臭**の**有毒な気体**で，水に溶けて弱酸性を示す。

製法　硫化鉄(Ⅱ)FeS に希硫酸 H_2SO_4 を加える

ハロゲン(F，Cl，Br，I)

●特徴

◆17 族に属する元素はハロゲンとよばれ，天然には単体として存在しない。ハロゲンの単体の**酸化力は $F_2>Cl_2>Br_2>I_2$** の順になっている。

●フッ素 F_2

◆**淡黄色**の気体で，反応力がきわめて大きい。

フッ化水素 HF▶

・無色・刺激臭の液体または気体である(沸点が約 20℃)。水に溶けると弱酸性を示し，ガラスを溶かす。フッ化水素の水溶液をフッ化水素酸という。

●塩素 Cl_2

◆**黄緑色・刺激臭**のある気体で，その水溶液は漂白作用，殺菌作用がある。

塩化水素 HCl▶

・無色・刺激臭の気体でアンモニアに触れると白煙を生じる。水によく溶け，その水溶液を塩酸という。塩酸は強酸で，Fe，Ni，Al などと反応し水素を発生する。

●臭素 Br_2

◆常温で**赤褐色**の**液体**である。

臭化水素 HBr▶

・強酸性を示す。

●ヨウ素 I_2

◆**黒紫色**の固体で昇華しやすい。デンプンと反応して青紫色になる。

ヨウ化水素 HI▶

・強酸性を示す。

気体の捕集方法

- ●水上置換 ◆水に溶けにくい気体の捕集方法(H_2，O_2，NO，CO など)。
- ●上方置換 ◆水に溶け，空気より軽い気体の捕集方法(NH_3 など)。
- ●下方置換 ◆水に溶け，空気より重い気体の捕集方法(Cl_2，HCl，CO_2)。

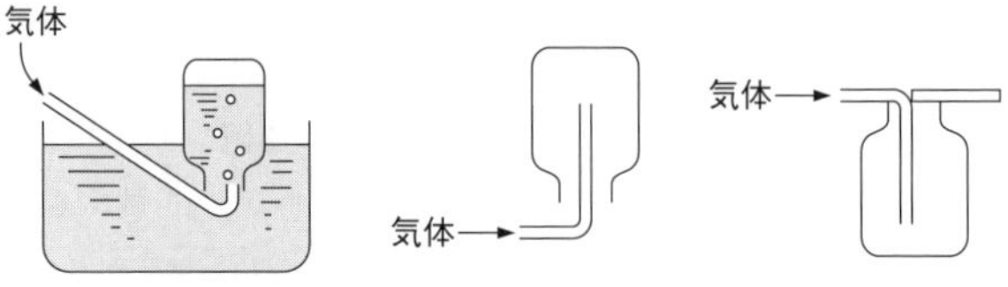

水上置換　　上方置換　　下方置換

おもな気体の性質

名称	臭い	重さ(空気より)	水溶性	水溶液	捕集法	可燃性	製法
水素 H_2	無臭	軽い	溶けにくい		水上置換	あり	亜鉛と希硫酸を反応させる
ヘリウム He		軽い	溶けにくい				
窒素 N_2	無臭		溶けにくい		水上置換		
酸素 O_2	無臭		溶けにくい		水上置換	助燃性	過酸化水素水に酸化マンガン(Ⅳ)を加える
オゾン O_3 (淡青色)	特異臭		溶けにくい				
フッ素 F_2			溶ける	酸性			
塩素 Cl_2 (黄緑色)	刺激臭	重い	溶ける	酸性	下方置換		さらし粉に塩酸を加える
メタン CH_4	無臭	軽い	溶けにくい		水上置換	あり	
一酸化炭素 CO	無臭		溶けにくい		水上置換	あり	
二酸化炭素 CO_2	無臭	重い	少し溶ける	酸性	下方置換		石灰石にうすい塩酸を加える
アンモニア NH_3	刺激臭	軽い	よく溶ける	塩基性	上方置換		ハーバー・ボッシュ法
一酸化窒素 NO	無臭		溶けにくい		水上置換		銅に希硝酸を加える
二酸化窒素 NO_2 (赤褐色)	刺激臭	重い	溶ける	酸性	下方置換		銅に濃硝酸を加える
硫化水素 H_2S	腐卵臭	重い	溶ける	酸性	下方置換	あり	硫化鉄(Ⅱ)に希硫酸を加える
二酸化硫黄 SO_2	刺激臭	重い	溶ける	酸性	下方置換		銅に濃硫酸を加え加熱する
塩化水素 HCl	刺激臭	重い	よく溶ける	酸性	下方置換		

練習問題

(270ページより解答・解説)

★★
No.44 濃硫酸にはA～Cのような性質がある。ア～ウの反応はA～Cのどの性質によるものか。反応と性質の組合せとして妥当なものは，次のうちどれか。

〈性質〉

A　吸湿性を示す。

B　熱濃硫酸は強い酸化力がある。

C　脱水作用がある。

〈反応〉

ア　気体を乾燥させる。

イ　銅片に濃硫酸を加え加熱すると二酸化硫黄を生じる。

ウ　ショ糖に濃硫酸を加えるとショ糖が黒く炭化する。

	ア	イ	ウ
1	A	B	C
2	B	A	C
3	B	C	A
4	C	A	B
5	C	B	A

★★
No.45 文中の空欄A～Dにあてはまる語句の組合せとして正しいものは，次のうちどれか。

ハロゲン化水素は一般に無色で[A]のある気体で，水に溶けやすく，[B]を除いてその水溶液中ではほとんど完全に水素イオンとハロゲン化物イオンに電離するので，強い酸性を示す。また，ハロゲンが水素と結びつく力は原子量が[C]ほど強いので，ハロゲン化水素は分子量が[D]ほど分解しやすい。

	A	B	C	D
1	無臭	ヨウ化水素	大きい	小さい
2	刺激臭	フッ化水素	小さい	大きい
3	無臭	フッ化水素	小さい	大きい
4	刺激臭	ヨウ化水素	大きい	小さい
5	無臭	フッ化水素	大きい	小さい

★★
No.46 A～Eはそれぞれ気体に関する記述であるが，これらにあてはまる気体の組合せとして，妥当なのはどれか。

A　空気中で約20％を占める気体で，可燃性はないが助燃性がある。

B　特有の刺激臭がある。空気より軽く，水によく溶け，その水溶液はアルカリ性を示す。

C　空気中の約80％を占める気体で，常温ではほとんど反応しないが，高温では反応する。

D　無色・無臭・有毒の気体である。血液中のヘモグロビンと結合し，ヘモグロビンが酸素を運搬する機能を失わせる。

E　空気より重く，可燃性も助燃性もない。石灰水を白く濁らせる。

	A	B	C	D	E
1	酸素	塩素	水素	一酸化炭素	二酸化炭素
2	酸素	アンモニア	窒素	二酸化炭素	一酸化炭素
3	酸素	アンモニア	窒素	一酸化炭素	二酸化炭素
4	窒素	アンモニア	酸素	二酸化炭素	一酸化炭素
5	窒素	塩素	酸素	一酸化炭素	二酸化炭素

★
No.47 フラスコをアンモニアで満たし，それを図のように逆さにして，フラスコの先に付けたガラス管を水につけ，スポイト内の水をフラスコ内に入れたところ，水がフラスコの中に噴水のように吹き出した。このような現象が起こる理由を述べたものとして，妥当なのはどれか。

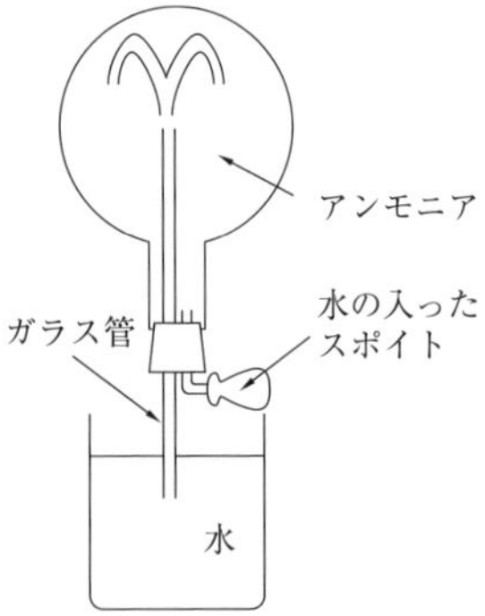

1　アンモニアが水中の酸素と反応して，フラスコ内の圧力が減ったから。

2　アンモニアが水に溶けて，フラスコ内の圧力が減ったから。

3　アンモニアが水によって冷やされて，フラスコ内の圧力が減ったから。

4　アンモニアが逆さにしたフラスコの下部にたまって，フラスコの上部の圧力が減ったから。

5　アンモニアが水素と窒素に分解し，体積が減ったから。

★★
No.48 ハロゲン元素F，Cl，Br，Iに関する記述として，**誤っている**のはどれか。

1　ハロゲンの原子は7個の価電子をもち，外から電子1個を得て1価の陰イオンになりやすい。また，金属元素と結合し，ハロゲン化物の塩をつくる。

2　ハロゲンの単体は2原子分子である。また，原子番号が大きいほど融点や沸点が高く，逆に原子番号が小さいほど酸化力は大きい。

3　大気中では太陽からの紫外線によってF_2から同素体F_3がつくられる。地上約20 km付近の同素体F_3の層は紫外線を吸収するなどして，生物を紫外線の有害な作用から保護するはたらきをする。

4　ハロゲン化水素は常温で気体であり，水に溶けて酸性を示す。そのうちHFの水溶液は弱酸であり，石英やガラスなどのケイ酸を溶かすはたらきがある。

5　ハロゲン単体の酸化力の違いは，水素や水との反応にあらわれる。水素との反応では，酸化力の強いFやClでは爆発的に反応してハロゲン化水素を生じるが，酸化力の弱いBrやIは一部が反応するだけである。

★★
No.49 炭酸カルシウム(石灰石)に希塩酸を加えたとき，発生する気体についての記述として，正しいのはどれか。

1　この気体は空気より軽いので，上方置換で集めるのが適当である。

2　この気体は炎に近づけると激しく燃焼する。

3　この気体を石灰水に通しても目に見える変化はおこらない。

4　この気体は水に少し溶け，水溶液は弱い酸性を示す。

5　この気体を水酸化ナトリウム水溶液に通しても反応はおこらない。

第13章 金属元素

アルカリ金属

●特徴

◆水素以外の1族の元素(Li, Na, K, Rb, Cs, Fr)をいい，これらはやわらかい銀白色の金属である。価電子1個をもち，**1価の陽イオン**になりやすい。水と激しく反応して水素を発生し，できた水溶液は強い塩基性(アルカリ性)を示す。空気中の酸素とも反応するため，アルカリ金属は**石油中に保存**する。炎色反応を示す。

●ナトリウム化合物

塩化ナトリウム $NaCl$ ▶

・イオン結晶の化合物で身近では食塩とよばれる。水溶液は中性を示し，電気を通す。

水酸化ナトリウム $NaOH$ ▶

・食塩水を電気分解することにより得られる。白色の固体で**潮解性**(空気中の水分を吸収して溶ける性質)が強い。水溶液は強い塩基性(アルカリ性)を示す。

炭酸ナトリウム Na_2CO_3 ▶

・アンモニアソーダ法によりつくられる。白色粉末で水に溶けやすく，水溶液は塩基性(アルカリ性)を示す。炭酸ナトリウム十水和物を空気中に放置しておくと**風解**(水和水の一部が失われる)する。

炭酸水素ナトリウム $NaHCO_3$ ▶

・白色粉末で水に少し溶ける。水溶液は弱い塩基性(アルカリ性)を示す。重曹ともよばれ，ベーキングパウダーや胃腸薬として用いられている。

アルカリ土類金属

●特徴

◆**2族の元素**(Be, Mg, Ca, Sr, Ba, Ra)をいい，これらは銀白色の金属である。価電子2個をもち，2価の陽イオンになりやすい。Be，Mg以外は炎色反応を示す。

●カルシウム化合物

水酸化カルシウム $Ca(OH)_2$ ▶

・消石灰とも呼ばれる。水に少し溶けて強い塩基性を示す。飽和水溶液のことを石灰水といい，二酸化炭素を通じると炭酸カルシウムの白色沈殿を生じる。しっくいや石灰モルタルなどの建築材料や，酸性土壌の改良剤などに用いられる。

酸化カルシウム CaO▶ ・水を吸収して発熱しながら水酸化カルシウムに変わる。生石灰ともよばれ，乾燥剤に用いられる。水酸化ナトリウムとの混合物はソーダ石灰とよばれ，これも乾燥剤に用いられる。

炭酸カルシウム $CaCO_3$▶ ・大理石や石灰石，貝殻の主成分。水には溶けにくいが，二酸化炭素を含む水には炭酸水素イオンを生じて溶ける。また，塩酸に溶けて二酸化炭素を発生する。セメントやガラスの原料となる。

硫酸カルシウム $CaSO_4$▶ ・硫酸カルシウム二水和物($CaSO_4 \cdot 2H_2O$)をセッコウという。これを焼いた焼きセッコウは，水と混合して練ると発熱して硬化し，体積が増えてセッコウになるため，ギプスや塑像制作に用いられる。

●バリウム化合物

硫酸バリウム $BaSO_4$▶ ・水に極めて溶けにくいので，X線撮影の造影剤や白色顔料として利用されている。

アルミニウム Al

●特徴

◆アルミニウムは，展性・延性に富む銀白色の単体で価電子3個をもち，3価の陽イオンになりやすい。空気中に放置するとその表面が酸化され，酸化アルミニウムの被膜ができて内部が酸化されにくくなる。酸・塩基とも反応する**両性金属**である。また，濃硝酸に対しては，表面に酸化被膜をつくり溶解しない(**不動態**)。アルミニウム箔や鍋，建築材料のほか，合金(ジュラルミン)の材料としても用いられる。

●アルミニウムの製錬

◆アルミニウムを製錬するには，ボーキサイトとよばれる原料鉱石からまず純粋な**アルミナ**，すなわち酸化アルミニウムをつくる。これを炭素電極で溶融塩電解する。この際，アルミナは融点が高いので**氷晶石**を混ぜて融点を下げるようにする。電解により電解槽の陰極部にアルミニウムが生成する。

●酸化アルミニウム

◆酸化アルミニウム Al_2O_3 は白い粉末で，**アルミナ**という。ルビー，サファイアの主成分である。

スズ Sn と鉛 Pb

●特徴

◆14族の元素であり，4個の価電子をもつ。スズも鉛も両性金属である。

●スズ Sn

◆銀白色のやわらかい金属であり，常温では比較的安定で，湿った空気中でもさびにくい。種々の容器に用いられるほか，合金(青銅・無鉛はんだ)の材料や，ブリキ(スズをめっきした鋼板)として用いられる。

●鉛 Pb

◆青みを帯びた光沢があり，やわらかい金属で，密度が大きく，有毒である。両性金属であるが，希塩酸には塩化鉛(Ⅱ)$PbCl_2$，希硫酸には硫酸鉛(Ⅱ)$PbSO_4$を生じ，表面を覆うため，ほとんど溶けない。鉛蓄電池の負極，X線や放射線の遮蔽材に用いられる。

遷移元素

●特徴

◆周期表の3～12族の元素で，すべてが金属元素である。原子の最外殻の電子は1個または2個で，周期表上で横に並んだ元素どうしの性質も似ている場合が多い。

●鉄

◆溶鉱炉に鉄鉱石を入れ，そこから**銑鉄**と**スラグ**(不純物)を得る。銑鉄は硬くてもろいので，これを転炉などで精錬し不純物の含有量を少なくするとねばりのある**鋼**となる。これは弾性に富んで強じんである。鋼は建築材料や鉄道のレールに用いられるほか，合金(ステンレス鋼など)の材料にもなる。鉄のイオンには，鉄(Ⅱ)イオンFe^{2+}と鉄(Ⅲ)イオンFe^{3+}がある。Fe^{2+}を含む水溶液は淡緑色，Fe^{3+}を含む水溶液は黄褐色である。

●銅 Cu

◆黄銅鉱から得られた粗銅の電解精錬によって製造される。銅は，赤色の光沢のある金属で，熱や電気をよく通し，やわらかく加工しやすいため，電線や調理器具などに用いられる。さまざまな合金(青銅・黄銅・白銅など)の材料として用いられる。湿った空気中では，**緑青**(緑色のさび)を生じる。銅(Ⅱ)イオンを含む水溶液は青色である。

●銀 Ag

◆銀白色の光沢があり，金属の中で電気伝導性・熱伝導性が最も大きい。展性・延性は金に次いで大きい。電子機器材料，装飾品や鏡などに用いられる。

●金 Au

◆黄金色の光沢があり，金属の中で展性・延性は最も大きい。電気伝導性・熱伝導性が大きい。電子機器材料，装飾品や貨幣などに用いられる。イオン化傾向が小さく，ほとんどの酸とは反応しないが，王水には溶ける。

●亜鉛 Zn

◆青みを帯びた銀白色のやわらかい金属である。乾電池の負極のほか，トタン(亜鉛をめっきした鋼板)や合金(黄銅)の材料としても用いられる。

●クロム Cr

◆銀白色の光沢をもつ金属で，空気中では表面に緻密な酸化被膜ができ，内部を保護する。このため，めっき材料として用いられる。

●水銀 Hg

◆常温で唯一**液体**の金属である。水銀は多くの金属と合金をつくり，これらは**アマルガム**とよばれる。

●チタン Ti

◆銀白色の光沢をもつ，軽くて丈夫な金属で，耐食性にもすぐれている。メガネのフレームや人工関節，航空機などに用いられる。酸化チタン(Ⅳ)は光触媒としてはたらく。

●パラジウム Pd

◆銀白色の光沢のある金属である。自動車の排ガス浄化装置の触媒(三元触媒)として用いられる(パラジウムのほかに白金とロジウムも触媒として使われている)。金銀パラジウム合金は，銀歯として歯科治療に用いられる。

金属の一般的性質

●比重

◆Li，Na，K の比重(水の密度 1 g/cm^3 を基準)は 1 以下であるが，一般に金属の比重は大きい。比重 4 または 5 を基準にして，これより小さいものを**軽金属**，大きいものを**重金属**という。

●両性金属

◆Al(アルミニウム)，Zn(亜鉛)，Sn(スズ)，Pb(鉛)は，酸にも塩基にも反応して水素を発生する。

チェック

Al《あ》　Zn《あ》　Sn《すん》　Pb《なり》

アルミニウム　亜鉛　スズ　鉛

●炎色反応

◆アルカリ金属，アルカリ土類金属(Be，Mg を除く)および一部の金属イオンの水溶液を白金線につけて燃やすと，特有の炎色を示す。花火は炎色反応を利用している。

	リチウム	ナトリウム	カリウム	銅	カルシウム	ストロンチウム	バリウム
元素	Li	Na	K	Cu	Ca	Sr	Ba
炎色	赤	黄	赤紫	青緑	橙	紅(深赤)	黄緑
覚え方	リアカー	無き	K村	動力	借りると	ストローくれない	馬力

●金属イオンの検出

◆水溶液中に含まれる金属イオンの多くは，適当な試薬を加えると特有の色をもった沈殿を生成する。これを利用して，水溶液中の陽イオンを分離することができる。

<table>
<tr><th colspan="2">金属イオン
加える試薬</th><th>Ag^{+}
無色</th><th>Cu^{2+}
青色</th><th>Fe^{2+}
淡緑色</th><th>Fe^{3+}
黄褐色</th><th>Al^{3+}
無色</th><th>Zn^{2+}
無色</th><th>Ca^{2+}
無色</th></tr>
<tr><td colspan="2">HCl</td><td>AgCl
白色</td><td>沈殿しない</td><td>沈殿しない</td><td>沈殿しない</td><td>沈殿しない</td><td>沈殿しない</td><td>沈殿しない</td></tr>
<tr><td rowspan="2">H_2S</td><td>酸性</td><td rowspan="2">Ag_2S
黒色</td><td rowspan="2">CuS
黒色</td><td>沈殿しない</td><td>淡緑色※1</td><td>沈殿しない</td><td>沈殿しない</td><td rowspan="2">沈殿しない</td></tr>
<tr><td>塩基性</td><td>FeS
黒色</td><td>FeS
黒色</td><td>$Al(OH)_3$※2
白色</td><td>ZnS
白色</td></tr>
<tr><td rowspan="2">NH_3 水</td><td>少量</td><td>Ag_2O
褐色</td><td>$Cu(OH)_2$
青白色</td><td rowspan="2">$Fe(OH)_2$
緑白色</td><td rowspan="2">水酸化鉄
(Ⅲ)※3
赤褐色</td><td rowspan="2">$Al(OH)_3$
白色</td><td>$Zn(OH)_2$
白色</td><td rowspan="2">沈殿しない</td></tr>
<tr><td>過剰量</td><td>溶ける</td><td>溶ける</td><td>溶ける</td></tr>
<tr><td rowspan="2">NaOH
水溶液</td><td>少量</td><td rowspan="2">Ag_2O
褐色</td><td rowspan="2">$Cu(OH)_2$
青白色</td><td rowspan="2">$Fe(OH)_2$
緑白色</td><td rowspan="2">水酸化鉄
(Ⅲ)※3
赤褐色</td><td>$Al(OH)_3$
白色</td><td>$Zn(OH)_2$
白色</td><td rowspan="2">$Ca(OH)_2$
白色</td></tr>
<tr><td>過剰量</td><td>溶ける</td><td>溶ける</td></tr>
</table>

※1　H_2S に還元されて Fe^{3+} が Fe^{2+} になる。
※2　Al_2S_3 が加水分解して $Al(OH)_3$ が生じる。
※3　水酸化鉄(Ⅲ)は組成が一定ではない。

おもな合金の性質

黄銅(しんちゅう)	銅と亜鉛の合金で，加工しやすく装飾品・楽器・五円硬貨に利用されている。ブラスバンドのブラスとは黄銅のことである。
青銅(ブロンズ)	銅とスズの合金で腐食しにくく加工しやすい。銅像・鐘・十円硬貨などに利用されている。
白銅	銅とニッケルの合金で，白色光沢をもち，加工しやすい。五十円硬貨や百円硬貨に利用されている。
ステンレス鋼	鉄とクロムとニッケルの合金であり，大気中でさびにくく硬い。流し台や浴槽に利用されている。
ジュラルミン	アルミニウムと銅を主成分とし，さらにマグネシウム，マンガンなどを含む。軽くて丈夫なため航空機などに用いられている。
ニクロム	ニッケルとクロムの合金で電気抵抗が大きく，電熱線に利用されている。
無鉛はんだ	スズと銀と銅の合金であり，融点が低く金属を結合するのに用いられている(以前は鉛とスズの合金であるはんだを使用していた)。

練習問題

（271ページより解答・解説）

★★
No.50 アルミニウムの精錬についての次の文中のA～Cにあてはまる語句の組合せとして，正しいのはどれか。

アルミニウムを精錬するには，ボーキサイトとよばれる原料鉱石からまず純粋なアルミナ，すなわち（　A　）をつくる。これを炭素電極で溶融塩電解する。この際，アルミナは融点が高いので，（　B　）を混ぜて融点を下げるようにする。電解により電解槽の（　C　）極部にアルミニウムが生成する。

	A	B	C
1	硫酸アルミニウム	氷晶石	陽
2	硫酸アルミニウム	石灰石	陰
3	水酸化アルミニウム	石灰石	陽
4	酸化アルミニウム	氷晶石	陰
5	酸化アルミニウム	氷晶石	陽

★★
No.51 金属の性質に関する記述として正しいものは，次のうちどれか。

1　水銀は銀白色の軽金属で，展性，延性に富み，空気中に放置すると表面に酸化被膜をつくり内部を保護し，腐食しにくい。ジュラルミンなどの軽合金の成分となる。

2　銅は赤色の金属光沢をもち，電気伝導性がよく電線に用いられ，湿った空気中では表面に青緑色のさびを生じる。黄銅(しんちゅう)などいろいろな合金の成分となる。

3　鉛は常温で液体となるただ一つの金属である。他の金属との合金はアマルガムとよばれ歯科用材料になるほか，種々の機械，器具に用いられる。

4　アルミニウムは美しい金属光沢をもち，美術品や装飾品に用いられる。アルミニウムのハロゲン化合物は光によって分解しやすいため，写真のフィルム，印画紙などに用いられる。

5　鉄は天然に単体として存在し採掘により得られ，湿った空気中では黄緑色のさびを生じる。

★★
No.52 下のア～エの性質をすべて満たす金属として，正しいのは次のうちどれか。

ア　炎色反応を示す。

イ　水酸化物は水によく溶ける。

ウ　2価の陽イオンとなる。

エ　硫酸塩は水に溶けにくい。

1　Na

2　Be

3　Mg

4　K

5　Ba

★★
No.53 A，B，C，Dの物質に次の実験を行った。A～Dに該当する物質の組合せとして，正しいのは次のうちどれか。

A　ネスラー試薬を加えたら，褐色の沈殿を生じた。

B　硝酸銀水溶液に通したら，白色沈殿を生じた。

C　塩化バリウム水溶液を加えたら，白色沈殿を生じた。

D　硫化水素水を加えたら，黒色沈殿を生じた。

	A	B	C	D
1	NH_4Cl	CO_2	$NaOH$	Al^{3+}
2	NH_4Cl	Cl_2	H_2SO_4	Cu^{2+}
3	$NaOH$	Cl_2	$NaOH$	Al^{3+}
4	NH_4Cl	CO_2	H_2SO_4	Cu^{2+}
5	H_2SO_4	Cl_2	$NaOH$	Al^{3+}

第14章　有機化合物

有機化合物の特徴

●特徴

◆炭素を含む化合物(CO, CO_2 などは除く)を総称して有機化合物といい(それ以外は無機化合物という), 次のような特徴がある。

① 有機化合物を構成する元素はCを主成分とし, その他に, H, O, N, P, S, ハロゲン(Cl, Br, I)などがある。
② 有機化合物の種類は, 非常に多い。
③ 融点や沸点は比較的低く, 電気伝導性も一般によくない。
④ 水には溶けにくいが, ヘキサン・エーテルなどの有機溶媒には溶けやすい。
⑤ 異性体の存在する化合物が多い。
⑥ 空気中で加熱すると燃えるものが多い。多くは水 H_2O と二酸化炭素 CO_2 を生じる。
⑦ 共有結合により結合している。

有機化合物の分類

●炭素原子の結合による分類

◆炭素と水素だけからなる化合物を**炭化水素**という。炭化水素は炭素原子の結合の仕方により分類できる。炭素原子が鎖状に結合しているものを**鎖式炭化水素**または**脂肪族炭化水素**といい, 結合のしかたにより**アルカン**(単結合のみ), **アルケン**(二重結合を1つ含む), **アルキン**(三重結合を1つ含む)に分けられる。また炭素原子が環状に結合しているものを環式炭化水素といい, ベンゼン環をもつものを**芳香族炭化水素**, それ以外を**脂環式炭化水素**という。炭素原子がすべて単結合で結合したものを飽和炭化水素, 二重結合や三重結合を含むものを不飽和炭化水素という。

分類			名称	例	
鎖式炭化水素	脂肪族炭化水素	飽和	アルカン	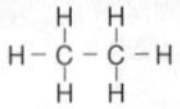	エタン
		不飽和	アルケン	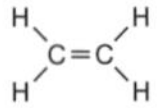	エチレン
			アルキン	$H-C\equiv C-H$	アセチレン
環式炭化水素	脂環式炭化水素	飽和	シクロアルカン	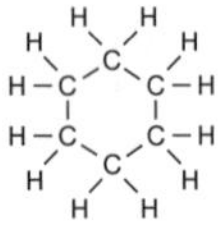	シクロヘキサン
		不飽和	シクロアルケン	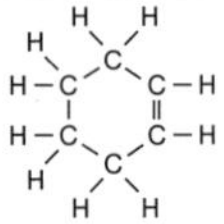	シクロヘキセン
	芳香族炭化水素	不飽和	芳香族炭化水素	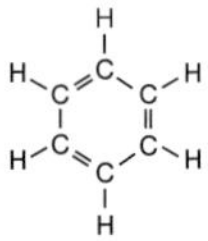	ベンゼン

●官能基による分類

◆化合物の性質を決める特定の基を**官能基**という。有機化合物は官能基の種類により次図のようなグループに分類される。

官能基	構造	一般名	化合物の例	
ヒドロキシ基	$-OH$	アルコール	C_2H_5-OH	エタノール
		フェノール類	C_6H_5-OH	フェノール
ホルミル基(アルデヒド基)	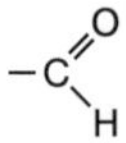	アルデヒド	CH_3-CHO	アセトアルデヒド
カルボニル基	$>C=O$	ケトン	$CH_3-CO-CH_3$	アセトン
カルボキシ基	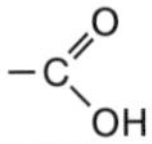	カルボン酸	CH_3-COOH	酢酸
エステル結合	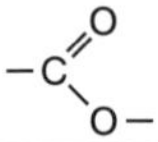	エステル	$CH_3-COO-C_2H_5$	酢酸エチル
スルホ基	$-SO_3H$	スルホン酸	$C_6H_5-SO_3H$	ベンゼンスルホン酸
アミノ基	$-NH_2$	アミン	$C_6H_5-NH_2$	アニリン
ニトロ基	$-NO_2$	ニトロ化合物	$C_6H_5-NO_2$	ニトロベンゼン
エーテル結合	$-O-$	エーテル	$C_2H_5-O-C_2H_5$	ジエチルエーテル

※アルデヒド，カルボン酸，エステルに含まれる $>C=O$ もカルボニル基とよぶことがある。

炭化水素

●アルカン

◆一般式 C_nH_{2n+2} で表される。分子量が大きいものほど分子間力が強く，融点や沸点は高い。水に溶けにくく，有機溶媒によく溶ける。

メタン CH_4▶ ・無色・無臭の空気より軽い気体。天然ガスの主成分であり，都市ガスとして利用されている。

プロパン C_3H_8▶ ・メタンよりも沸点が高いので，加圧するだけで液化することができる。液化石油ガス(LPG)の成分であり燃料として利用されている。

●アルケン

◆一般式 C_nH_{2n} で表される。二重結合している炭素原子は，他の原子や原子団が結びつく付加反応が起こりやすい。

エチレン C_2H_4▶ ・エテンともいう。甘いにおいがする無色の気体であり，水に溶けにくい。果実の成熟を促進させる作用をもつ。

●アルキン

◆一般式 C_nH_{2n-2} で表される。

アセチレン C_2H_2▶ ・エチンともいう。無色・無臭の気体である。炭化カルシウム CaC_2 に水 H_2O を加えると得られる。

●ベンゼン C_6H_6

◆無色・特異臭の液体で，可燃性がある。多くの芳香族化合物の合成原料に利用されている。

酸素を含む有機化合物

●アルコール

◆ヒドロキシ基 $-OH$ をもつ化合物をいう。分子中の炭素が多いと水に溶けにくくなる。アルコールは中性であり，ナトリウムと反応し水素を発生する。

$-OH$ がついた炭素原子に結合する炭化水素基の数が 1 個の場合を第一級アルコール，2 個の場合を第二級アルコール，3 個の場合を第三級アルコールという。アルコールを酸化剤で酸化すると，

第一級アルコール→アルデヒド
第二級アルコール→ケトン
第三級アルコール→酸化されにくい

メタノール CH_3OH▶ ・芳香のある無色・揮発性の液体で，**有毒**である。水と任意の割合で溶け，有機物も溶かす。燃料や工業原料などに利用されている。

エタノール C_2H_5OH▶ ・芳香のある無色・揮発性の液体で，無毒である。水と任意の割合で溶け，有機物も溶かす。工業的には，リン酸を触媒として，エチレンに水を付加させてつくられる。飲料

用はデンプンやグルコースを**アルコール発酵**させてつくられる。また，除菌剤や消毒薬としても利用されている。

●アルデヒド

◆ホルミル基－CHO をもつ化合物をいう。第一級アルコールを酸化して得られる。還元性をもち，フェーリング反応や銀鏡反応を示す。

ホルムアルデヒド HCHO▶ ・無色・刺激臭の気体で，毒性が強い。水によく溶け，約37% の水溶液をホルマリンといい，防腐剤や消毒液に利用されている。

●カルボン酸

◆カルボキシ基－COOH をもつ化合物をいう。アルデヒドを酸化すると得られ，水に溶けやすく弱酸性を示す。**ギ酸のみ還元性**を示す。

アルコール，アルデヒド，カルボン酸の関係

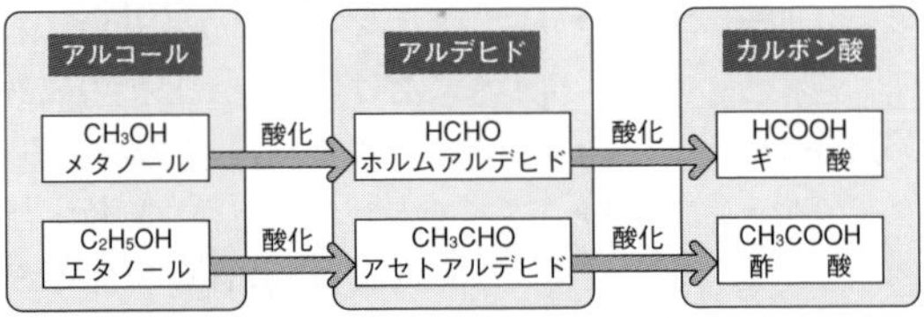

ギ酸 HCOOH▶ ・強い刺激臭をもつ無色の液体である。水によく溶け，水溶液は酸性を示す。分子内にホルミル基が含まれるため，還元性を示す。

酢酸 CH_3COOH▶ ・常温で刺激臭のある無色の液体で，純度の高いものは冬期には氷結するので氷酢酸ともいう。食酢中に 3～5% 含まれる。

●エーテル

◆酸素原子に 2 個の炭化水素基が結合した化合物である。

ジエチルエーテル $C_2H_5OC_2H_5$▶ ・揮発性の液体で，引火しやすく，麻酔性もある。水には溶けにくい。ジエチルエーテルのことを単にエーテルということもある。

●フェノール類

◆ベンゼン環にヒドロキシ基－OH が直接結合した構造を含む化合物をいう。フェノール類は，アルコールとは異なり，水溶液中ではわずかに電離し，**弱酸性**を示し，水酸化ナトリウム水溶液と反応する。

フェノール C_6H_5OH▶ ・ベンゼン環の H をヒドロキシ基－OH で置き換えた化合物である。常温では無色の結晶で，特有のにおいをもち，有毒で皮膚を侵す。

高分子化合物

●高分子化合物

◆高分子化合物は，1種類または数種類の小さな分子(単量体)が次々に共有結合でつながってできる大きな分子(重合体)からなる。自然界に存在するデンプンやタンパク質などの天然高分子化合物と，石油などから人工的につくられた合成高分子化合物がある。

ポリエチレンテレフタラート(PET)▶
・エチレングリコールとテレフタル酸の縮合重合によりつくられる。ポリエステル繊維やペットボトルなどのプラスチックとして利用されている。

ポリエチレン(PE)▶
・エチレンの付加重合によりつくられる。包装用フィルム，ポリ袋などに利用されている。

ポリプロピレン(PP)▶
・プロピレンの付加重合によりつくられる。食品保存用容器などに利用されている。

ポリスチレン(PS)▶
・スチレンの付加重合によりつくられる。食品トレーなどに利用されている。

ポリ塩化ビニル(PVC)▶
・塩化ビニルの付加重合によりつくられる。消しゴム，水道管などに利用されている。

練習問題

（271ページより解答・解説）

★★
No.54　有機化合物の特徴に関する記述として，正しいのは次のうちどれか。

1　有機化合物は主に炭素原子間の共有結合によって結合しているが，化合物の種類は非常に多い。

2　有機化合物の構成元素にはCを主成分として，H，O，N，Sなどがあるが，その種類は無機化合物に比べて多い。

3　有機化合物は融点，沸点の高いものが多く，高温でも分解しにくく，燃えにくい。

4　有機化合物は水に溶けやすい化合物が多く，アルコール，エーテルなどの有機溶媒には溶けにくい。

5　有機化合物はブタンと2-メチルプロパン(イソブタン)のように分子式は同じであるが，構造式や性質が異なる異性体の存在する化合物は少ない。

★★
No.55　文章中の空欄A～Cにあてはまる語句の組合せとして正しいものは，次のうちどれか。

自然界には炭素を含む化合物がきわめて多いが，その中で炭素と水素からなる化合物を炭化水素という。最も簡単な炭化水素は[A]で，これは[B]の気体である。[A]から炭素原子を1つずつ増やしていくと分子式がCH_2ずつ大きくなる炭化水素をアルカンといい，[C]は炭素原子が4つのアルカンである。

	A	B	C
1	エタン	無色	プロパン
2	エタン	褐色	ブタン
3	メタン	無色	プロパン
4	メタン	褐色	プロパン
5	メタン	無色	ブタン

★★

No.56 メタンCH_4，エタンC_2H_6など一連の炭化水素はアルカンとよばれる。アルカンに属する物質で１分子中の水素原子数が20であるものの１分子中の炭素原子数はいくらか。

1　8
2　9
3　10
4　11
5　12

★★

No.57 文中の空欄A～Dにあてはまる語句の組合せとして正しいものは，次のうちどれか。

　鎖状炭化水素の水素原子を［　A　］で置換したものをアルコールという。その例としてメタノールやエタノールがある。メタノールはメチルアルコールともいう。メタノールの蒸気を白金または銅を触媒にして酸化すると［　B　］になり，これをさらに酸化するとギ酸になる。一方，エタノールはエチルアルコールともいい，酒類の成分であり，デンプンなどの発酵によってつくられるが，工業的には，［　C　］と水からリン酸を触媒としてつくられる。また，エタノールはナトリウムと反応して［　D　］を発生し，ナトリウムエトキシドになる。

	A	B	C	D
1	カルボキシ基	ホルムアルデヒド	アセチレン	酸素
2	ヒドロキシ基	ホルムアルデヒド	エチレン	水素
3	ニトロ基	アセトアルデヒド	メタン	二酸化炭素
4	ヒドロキシ基	アセトアルデヒド	アセチレン	酸素
5	カルボキシ基	アセトアルデヒド	エチレン	水素

No.58 ★★ 有機化合物A～Dのうち，正しいもののみをすべて挙げてあるのはどれか。

A　アルデヒドは，アルコールを酸化して得られる化合物である。還元性をもつため，銀鏡反応やフェーリング反応を示す。

B　メタノールやフェノールなどのアルコールは，ヒドロキシ基－OHをもつ化合物で，水に溶けやすくその水溶液は，弱酸性を示す。

C　エーテルは，酸素原子に2個の炭化水素基が結合した化合物であり，水に溶けにくい。構造異性体の関係にあるアルコールが存在する。

D　カルボン酸は，アルデヒドを酸化して得られる化合物である。酢酸やギ酸はカルボン酸の一種であるが酢酸は還元性をもつ。

1　A，B
2　A，C
3　A，C，D
4　B，C
5　B，D

No.59 ★★ アミノ酸とタンパク質に関する記述として，妥当なのはどれか。

1　アミノ酸は，1分子中にアミノ基とカルボキシ基があるので中性である。

2　タンパク質を加熱すると変性するが，変性してもそのはたらきは失わない。

3　タンパク質を構成する主な元素は炭素，水素，硫黄，リンの4種類である。

4　アミノ酸は，アミノ基とカルボキシ基から水分子が1つとれる形で次々と縮合することができる。この結合をペプチド結合という。

5　アミノ酸は，天然にはほとんど存在しないので人工的な栄養剤として摂取しなければならない。

第15章　環境問題

環境問題

●酸性雨

◆工場や自動車などの排気に含まれる**硫黄酸化物**SO_xや**窒素酸化物**NO_xが大気中に増えると，それらが雨に溶けて硫酸H_2SO_4や硝酸HNO_3になり，酸性雨となって降ってくる。pH が 5.6 以下のものを酸性雨といい，場所によってはpH 3〜4 の強い酸性雨も記録されている。酸性雨により森林が枯れたり，湖沼が酸性化し魚が死滅するなど深刻な問題となっている。

●地球温暖化

◆石油や石炭などの化石燃料の大量使用により，**大気中の二酸化炭素が増加**することによりおこる。大気中の二酸化炭素や水蒸気は，地表が放射する**赤外線をよく吸収**する。このため地表付近の温度を高く保つ**温室効果**がおこる。このように近年は二酸化炭素が大気中に増えてきているので，地球の温暖化が問題となっている。

●オゾン層の破壊

◆地表から約 15〜30 km にあるオゾン層は，生物にとって有害な**紫外線を吸収**する大切な役割を果たしている。しかし，大気中に排出された**フロン**などによりオゾン層が破壊され，南極上空にオゾンホールが発見されている。

環境汚染物質

●フロン

◆フロンは，メタンCH_4などの炭化水素のHをFやClで置換してできた化合物の総称である。熱的にも化学的にも安定で金属を腐食しないため，冷蔵庫やクーラーの冷媒などとして使われている。

●PCB

◆耐熱性・耐薬品性・絶縁性に優れているため，コンデンサーやトランスの絶縁体，印刷インクの添加剤などに使用されていたが，現在は製造が禁止されている。分解しにくく，廃棄処理が困難である。

●アスベスト

◆繊維状に結晶した鉱石で，耐熱性・絶縁性に優れている。煙突，タイル，電気製品など広く用いられていたが，現在は使用が禁止されている。アスベストの粉塵が大気に混ざると汚染物質になり，呼吸器障害や肺がんをおこす。

●ダイオキシン

◆非常に強い毒性をもつ有機塩素系化合物で発がん性や催奇形性が強く，分解されにくい。ベトナム戦争でアメリカ軍が使用した除草剤に含まれていたものである。有機塩素系の化合物の中には，燃焼にあたってこれを生成するものがある。

●マイクロプラスチック

◆大きさが5 mm未満のプラスチック粒子のこと。海洋などに拡散しているため，生態系に与える影響が問題となっている。

例題31

次の各々の場合について，合成抵抗 R〔Ω〕を求めよ。

(1)

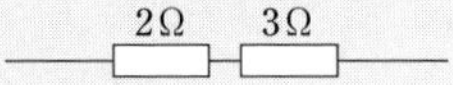

(2)

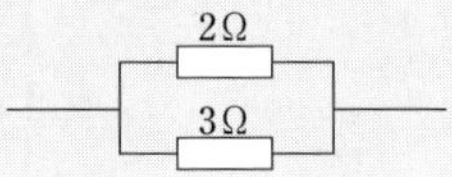

解答

(1)　直列接続なので

$$R = 2 + 3 = 5〔\Omega〕$$

(2)　並列接続なので

$$\frac{1}{R} = \frac{1}{2} + \frac{1}{3} = \frac{5}{6} \qquad \therefore \quad R = \frac{6}{5} = 1.2〔\Omega〕$$

●複雑な回路

例題32

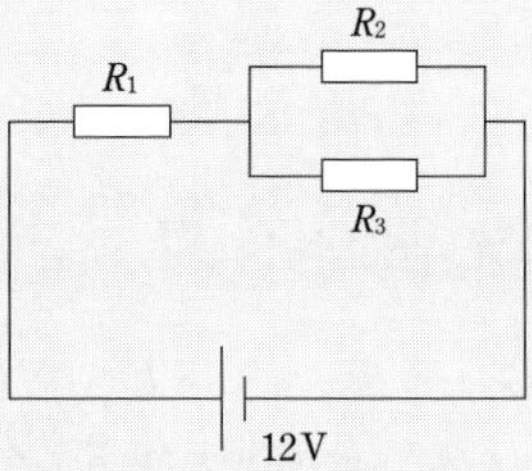

$R_1 = 4$〔Ω〕，$R_2 = 20$〔Ω〕，$R_3 = 30$〔Ω〕の抵抗，および起電力12Vの電池を上図のように接続した。次の各問いに答えよ。

(1)　合成抵抗は何Ωか。

(2)　各抵抗を流れる電流はそれぞれ何Aか。

解答

(1)　まず，R_2，R_3 だけの合成抵抗 R'〔Ω〕を求める。

R_2 と R_3 は並列に接続されているので

$$\frac{1}{R'} = \frac{1}{R_2} + \frac{1}{R_3} = \frac{1}{20} + \frac{1}{30} = \frac{5}{60} = \frac{1}{12}$$

$$\therefore \quad R' = 12〔\Omega〕$$

次に，全体の合成抵抗 R〔Ω〕を求める。

R_1 と R' とは直列に接続されているので

$$R = R_1 + R' = 4 + 12 = 16〔\Omega〕$$

解答・解説

第 1 章　物質の構成

No.1　正答　2

◆単体：1種類の元素からなる物質で，Bのヘリウム He とDの黒鉛 C が該当する。

◆化合物：2種類以上の元素からなる物質で化学的方法でないと成分に分離できないもので，Aのベンゼン C_6H_6 とCのショ糖 $C_{12}H_{22}O_{11}$ およびFのプロパン C_3H_8 が該当する。

◆混合物：2種類以上の単体や化合物が混じりあったもので，Eの食塩水(食塩と水が混合)とGの空気(酸素と窒素などが混合)が該当する。

No.2　正答　3

3　ろ過ではなく蒸留の方法を用いる。

No.3　正答　3

同素体とは，同じ元素からなる単体でも，性質が異なるものをいう。

よって，Aの黄リンと赤リン(元素 P)，Cのダイヤモンドと黒鉛(元素 C)，Eの酸素とオゾン(元素 O)が互いに同素体である。

注)同位体と間違えないようにすること。

第 2 章　物質の状態変化

No.4　正答　1

一定量の氷に一定の熱を加えていったときの温度の変化は，下図のようになる。

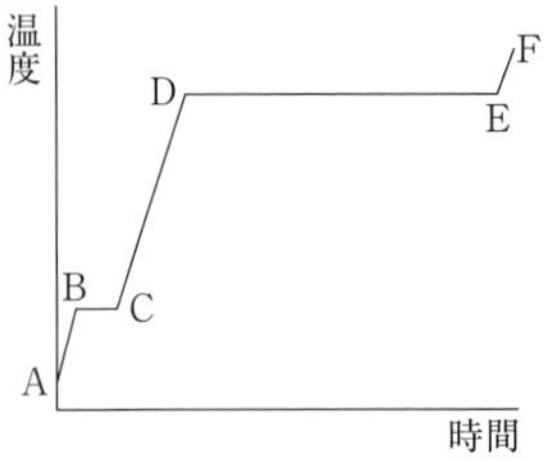

A－B 間：固体の氷のみ存在する。
B－C 間：氷と水の両方が存在する。
C－D 間：液体の水のみ存在する。
D－E 間：水と水蒸気の両方が存在する。
E－F 間：気体の水蒸気のみ存在する。

水の融解熱は 6.01 kJ/mol，水の蒸発熱は 40.7 kJ/mol である。したがって，B－C 間に要する時間の方がD－E 間に要する時間より短い。

No.5　正答　4

1　融解についての記述である。
2　凝固についての記述である。
3　蒸発についての記述である。
5　凝縮についての記述である。

No.6　正答　3

A・B　同じ温度，同じ圧力，同じ体積の気体は，その物質の種類によらず同じ数の分子を含む。このような性質は固体でも液体でも認められない。

C　飲み物に氷をいれると，氷が解けて水になるとき，融解熱を吸収するので飲み物が冷える。同じくアルコールを手に付けると涼しく感じられるのは，液体のアルコールが蒸発して気体になるとき，気化熱を吸収するので涼しく感じられる。

No.7　正答　2

図より酢酸の融点は 16.6 ℃，沸点は 118 ℃であることがわかる。

1　固体のみ存在するのは A－B 間である。
3　液体のみ存在するのは C－D 間である。
4　液体と気体が共存するのは D 点以降である。
5　気体のみ存在するのは沸騰終了後である。

第 3 章　原子と分子およびイオン

No.8　正答　1

原子の中心には原子核があり，正電荷をもつ陽子と電荷をもたない中性子からできている。原子核のまわりを負電荷をもつ電子が運動している。アは原子核，イは中性子，ウは陽子があてはまる。原子核中の陽子の数は，その原子の原子番号であるので，エは A があてはまる。陽子と中性子の数の和が質量数である。オは質量数があてはまる。

No.9　正答　1

2　同位体は陽子の数が同じでも，中性子の数が異なるために質量数が異なる。
3　原子核に近い軌道にあるほど強く引きつけられる。
4　中性子は電荷をもたない。原子は正の電荷をもつ原子核と，負の電荷をもつ電子からなっているので，電気的に中性である。
5　原子の種類は陽子の数で決まる。

第 4 章　周期表

No.10　正答　4

1　アの元素は炭素 C であり価電子を 4 個もつ。イオンになりにくい。
2　イの元素は貴ガスに属するネオン Ne である。貴ガスは安定した電子配置をもつので，化合物をつくりにくい。
3　ウの元素はナトリウム Na である。価電子を 1 個もつので 1 価の陽イオンになる。
4　エの元素は硫黄 S である。
5　オの元素は塩素 Cl である。価電子を 7 個もち，1 価の陰イオンになる。

No.11　正答　1

2　左右遠く離れた元素どうしは一般にイオン結合になる。
3　17 族元素は非金属元素であり，ハロゲンとよぶ。
4　イオン化エネルギーは周期表の下ほど小さい。
5　化学的性質が似ているのは，同一の族に並ぶ元素である。

No.12　正答　3

ハロゲンは，17 族に属する元素で価電子が 7 個なので，1 価の陰イオンになる。単体は 2 原子分子であり，原子どうしは共有結合をしている。反応性は原子番号が小さいほうが大きいのでフッ素が最も大きい。

No.13　正答　5

1　アルカリ金属は，電子を受け取りやすい原子や分子と反応しやすい。
2　単体はすべて金属結合による金属結晶である。
3　原子はいずれも最外殻に 1 個の電子をもっている。これを放出して 1 価の陽イオンになりやすい。
4　アルカリ金属は，空気中の酸素や水蒸気と反応しやすく化合物をつくりやすいので，石油中で保存する。

No.14　正答　5

1　陽性が強い元素の単体は金属であり，金属的性質をもつ。
2　陽性は周期表の下へいくほど強い。
3　遷移元素はすべて金属元素であり，典型元素には金属元素と非金属元素がある。つまり，遷移元素は陽性を有しているが，典型元素は陽性を有すものも陰性を有すものもいる。
4　同一周期の元素では左へ行くほど陽性が強くなる。

第 5 章　化学結合とその結晶

No.15　正答　3

1　共有結合の結合力は非常に強いため硬い。
2　分子結晶は電気を通さない。
4　結合力の強い結晶は，融点や沸点が高い。
5　水銀は金属であるが，常温で唯一液体である。

No.16　正答　3

A　イオン結合は結合力が強い。その結晶は一般に硬くてもろく，沸点，融点が高い。固体は電気を通さないが，融解した液体や水溶液は電気を通す。

第6章　物質量と化学反応式

No.17　正答　4

メタンのモル質量は

$$12+1\times4=16\text{〔g/mol〕}$$

である。いまメタンが32 gあるので，その物質量は

$$\frac{32}{16}=2.0\text{〔mol〕}$$

である。よって，メタン32 gに含まれるメタンの分子数は

$$6.0\times10^{23}\times2.0=1.2\times10^{24}\text{〔個〕}$$

No.18　正答　2

気体1 molは，その気体の種類によらず，標準状態（0 ℃，1.013×10^5 Pa）で22.4 Lの体積を占める。いま，この気体は標準状態において2800 mL（＝2.8 L）を占めるのでその物質量は

$$\frac{2.8}{22.4}=\frac{1}{8}\text{〔mol〕}$$

である。もとめる分子量をMとすると，この物質1 molの質量はM〔g〕になるので

$$1.0：M=\frac{1}{8}：1$$

$$M=8$$

No.19　正答　5

メタンの完全燃焼の化学反応式は

$$CH_4+2\,O_2 \rightarrow CO_2+2\,H_2O$$

メタンの分子量は16なので，メタンのモル質量は16 g/molである。いま，メタンが80 gあるので物質量は5 molである。反応式より，1 molのメタンを完全燃焼させるのに必要な酸素は2 molなので，5 molのメタンを完全燃焼させるのに必要な酸素をx〔mol〕とすると

$$1：2=5：x$$

$$x=10\text{〔mol〕}$$

また，標準状態における1 mol気体の体積は，その種類によらず22.4 Lを占めるので，10 molの酸素が占める体積は

$$22.4\times10=224\text{〔L〕}$$

よって，消費された酸素は224 Lである。

No.20　正答　1

プロパンの完全燃焼の化学反応式は

$$C_3H_8+5\,O_2 \rightarrow 3\,CO_2+4\,H_2O$$

この反応式より，反応するプロパンC_3H_8と酸素O_2の体積比は

$$C_3H_8：O_2=1：5$$

だから24 Lのプロパンと反応する酸素の体積は

$$24\times5=120\text{〔L〕}$$

No.21　正答　3

メタン，プロパンの完全燃焼の化学反応式は

$$CH_4+2\,O_2 \rightarrow CO_2+2\,H_2O$$

$$C_3H_8+5\,O_2 \rightarrow 3\,CO_2+4\,H_2O$$

同温，同圧，同体積の気体は，物質量が同じなので反応式の係数で考えればよい。

メタン，プロパン1 molを完全燃焼させるときに必要な酸素の量は

メタン→2 mol　プロパン→5 mol

なので，プロパンの完全燃焼に必要な酸素の量はメタンの2.5倍である。

また，メタン，プロパン1 molを完全燃焼させたときに発生する二酸化炭素の量は

メタン→1 mol　プロパン→3 mol

なので，プロパンの完全燃焼で発生する二酸化炭素の量はメタンの3.0倍である。

No.22　正答　4

一酸化炭素の完全燃焼の化学反応式は

$$2\,CO+O_2 \rightarrow 2\,CO_2$$

よって，反応式より2 molの一酸化炭素から2.0 molの二酸化炭素が発生する。

No.23　正答　1

A　質量保存の法則でラボアジエが発表した。

B　定比例の法則でプルーストが発表した。

C　倍数比例の法則でドルトンが発表した。

D　気体反応の法則でゲーリュサックが発

表した。
E　アボガドロの法則でアボガドロが発表した。

第 7 章　酸と塩基

No.24　正答　3

1　食塩の化学式はNaClであり，水に溶けると

$$\mathrm{NaCl} \rightarrow \mathrm{Na^+} + \mathrm{Cl^-}$$

と電離するので，ナトリウムイオンNa^+と塩化物イオンCl^-は，1：1の割合でできる。

2　砂糖やエタノールは原子が共有結合により結びついているので，分子は水溶液中でも電離しない。

4　水溶液は，その中に水酸化物イオンOH^-が水素イオンH^+より多いと塩基性，水素イオンH^+が水酸化物イオンOH^-より多いと酸性を示す。

5　2種類の塩の水溶液を混ぜると異なる符号のイオンどうしが結合して沈殿をつくることがある。

No.25　正答　3

$[H^+] = 10^{-n}$mol/LのときpH＝nなので，$[H^+] = 10^{-5}$mol/Lより

$$\mathrm{pH} = 5$$

No.26　正答　4

硫酸は2価の酸である。0.05 mol/Lの硫酸20.0 mLに含まれるH^+は

$$2 \times 0.05 \times \frac{20.0}{1000}〔\mathrm{mol}〕$$

水酸化ナトリウムは1価の塩基である。0.05 mol/Lの硫酸を中和するのに必要な0.05 mol/Lの水酸化ナトリウム水溶液をx〔mL〕とすると，0.05 mol/Lの水酸化ナトリウム水溶液x〔mL〕に含まれるOH^-は

$$1 \times 0.05 \times \frac{x}{1000}〔\mathrm{mol}〕$$

中和したとき，H^+とOH^-の物質量が等しいので

$$2 \times 0.05 \times \frac{20.0}{1000} = 1 \times 0.05 \times \frac{x}{1000}$$

$$x = 40.0〔\mathrm{mL}〕$$

No.27　正答　1

水酸化ナトリウムのモル濃度をx〔mol/L〕とする。中和の関係式より

$$2 \times 0.06 \times \frac{11.5}{1000} = 1 \times x \times \frac{30}{1000}$$

$$x = 0.046〔\mathrm{mol/L}〕$$

水酸化ナトリウムNaOH 1 molは40 gだから，0.046 mol/Lの溶液1 Lをつくるのに必要な水酸化ナトリウムの質量は

$$40 \times 0.046 = 1.84〔\mathrm{g}〕$$

したがって，水酸化ナトリウムの純度は

$$\frac{1.84}{2.00} \times 100 = 92.0〔\%〕$$

第 8 章　酸化還元反応

No.28　正答　4

ア～キの酸化数の変化を調べる。

ア　酸化数は0→＋2に増加しているので，Cuは酸化されている。

イ　酸化数は＋2→＋2で変化していないので，Baは酸化，還元のどちらもされていない。

ウ　酸化数は0→－1に減少しているのでClは還元されている。

エ　酸化数は＋3→0に減少しているのでFeは還元されている。

オ　酸化数は＋7→＋2に減少しているのでMnは還元されている。

カ　酸化数は－2→0に増加しているのでSは酸化されている。

キ　酸化数は＋1→＋1で変化していないので，Agは酸化，還元のどちらもされていない。

よって，還元されたのはウ，エ，オである。

No.29　正答　3

ア　イオン化傾向が水素より大きい金属は，希硫酸と反応して水素を発生するので

C，D＞A，B，E

イ　イオン化傾向の小さな金属が析出して付着するので

A＞B

ウ　CからDに電流が流れたので，Cが正極，Dが負極になっている。イオン化傾

向の大きい金属が負極になるので

D＞C

エ　イオン化傾向の差の大きい金属ほど，起電力が大きくなるので，アの結果も考慮すると

E＞A

これらの結果から，金属A～Eをイオン化傾向の大きい順序に並べると

D＞C＞E＞A＞B

No.30　正答　1

水溶液が青くなったのは，銀に比べイオン化傾向の大きい銅がイオンとなって溶け出したためである。その反応は

$$Cu \rightarrow Cu^{2+} + 2e^-$$

また，銅の放出した電子を銅線の表面で銀イオンが受け取り，銀となり表面に付着する。その反応は

$$Ag^+ + e^- \rightarrow Ag$$

No.31　正答　2

電解質溶液に 2 本の金属棒を離して浸し，電流を流すと電流は流れるが，非電解質溶液では流れない。よって，AとCは非電解質溶液なので電流は流れない。

No.32　正答　2

電流が流れて豆電球が点灯するのは電解質溶液である。また，点灯しないのは非電解質溶液である。選択肢のうち非電解質溶液なのは，砂糖水である。

No.33　正答　5

純水はほとんど電流を通さないので，水を電気分解するときは，少量の水酸化ナトリウム(または硫酸)を加えてから行う。少量の水酸化ナトリウムを加えた場合の水の電気分解は

陽極：$4OH^- \rightarrow O_2 + 2H_2O + 4e^-$

(酸素生成)

陰極：$2H_2O + 2e^- \rightarrow H_2 + 2OH^-$

(水素生成)

1　水を電気分解すると，陽極に酸素，陰極に水素が発生する。

2　陽極に発生する酸素と陰極に発生する水素の体積比は1：2である。

3　発生した水素と酸素を混合して，電気火花で点火すると水が生成する。

4　水素，酸素とも水にわずかに溶けるが，水に溶けると中性を示す。

5　過酸化水素水に酸化マンガン(Ⅳ)を加えると酸素が発生する。

$$2H_2O_2 \rightarrow 2H_2O + O_2$$

No.34　正答　3

水を電気分解すると，水素と酸素が発生する。

$$2H_2O \rightarrow 2H_2 + O_2$$

この反応式より，水 2 mol に対して水素 2 mol，酸素 1 mol 発生する。水 1 mol は 18 g なので水 72 g は

$$\frac{72}{18} = 4\text{〔mol〕}$$

となる。上記の物質量比より水 4 mol に対し酸素は 2 mol 発生する。標準状態(0 ℃，1.013×10^5 Pa)における気体の体積は 22.4 L なので，2 mol では

$$22.4 \times 2 = 44.8\text{〔L〕}$$

第9章　気体の性質

No.35　正答　2

温度が一定なので，ボイルの法則を用いる。求める体積をV〔L〕として，ボイルの法則 $P_1V_1 = P_2V_2$ にそれぞれの値を代入すると

$$1.5 \times 10^5 \times 8.0 = 6.0 \times 10^5 \times V$$
$$V = 2.0\text{〔L〕}$$

No.36　正答　1

ボイル・シャルルの法則を用いる。求める体積をV〔L〕として，ボイル・シャルルの法則 $\frac{P_1V_1}{T_1} = \frac{P_2V_2}{T_2}$ にそれぞれの値を代入すると

$$\frac{1.0 \times 10^5 \times 0.3}{27 + 273} = \frac{9.0 \times 10^4 \times V}{177 + 273}$$
$$V = 0.5\text{〔L〕}$$

No.37　正答　2

10 % 過酸化水素水 680 g 中に，過酸化水素 H_2O_2 は 68 g 溶けている。H_2O_2 の分子量は 34 なので，物質量は 2 mol となる。

問題中の化学反応式より，2 mol の H_2O_2 を完全分解すると，1 mol の酸素が発生する。

1.2×10^5 Pa，127 ℃，1 mol での気体の体積は，気体の状態方程式 $PV = nRT$ より

$$V = \frac{nRT}{P}$$

なので，式に各値を代入すると

$$V = \frac{1 \times 8.31 \times 10^3 \times (273 + 127)}{1.2 \times 10^5}$$

$$= 27.7〔L〕$$

No.38　正答　3

発生した二酸化炭素の物質量は，気体の状態方程式 $PV = nRT$ より

$$n = \frac{PV}{RT}$$

なので，式に各値を代入すると

$$n = \frac{9.0 \times 10^4 \times 27.7}{8.31 \times 10^3 \times (273 + 27)} = 1〔mol〕$$

プロパンの完全燃焼の反応式は

$$C_3H_8 + 5\,O_2 \rightarrow 3\,CO_2 + 4\,H_2O$$

これより，生成する二酸化炭素と水の物質量比は

二酸化炭素：水 = 3：4

したがって，同時に生じた水は $\frac{4}{3}$ mol である。水 1 mol は 18 g だから，水 $\frac{4}{3}$ mol の質量は

$$18 \times \frac{4}{3} = 24〔g〕$$

第 10 章　溶液の性質

No.39　正答　1

80 ℃ の硝酸ナトリウムの飽和水溶液は

100 g(水) + 150 g(硝酸ナトリウム)

= 250〔g〕

20 ℃ の硝酸ナトリウムの飽和水溶液は

100 g(水) + 85 g(硝酸ナトリウム)

= 185〔g〕

いま，80 ℃ の硝酸ナトリウムの飽和水溶液 100 g を 20 ℃ にしたときの硝酸ナトリウムの析出量を x〔g〕とすると，20 ℃ の飽和水溶液は $(100 - x)$ g と表せる。よって

$$250 : 185 = 100 : (100 - x)$$

が成り立ち，この式を解くと

$$185 \times 100 = 250(100 - x)$$

$$18500 = 25000 - 250\,x$$

$$250\,x = 6500$$

$$x = 26〔g〕$$

No.40　正答　1

分圧の比は物質量の比に等しいので，同じ物質量(物質量の比 1：1)の酸素と窒素の混合気体の分圧の比は 1：1 である。

したがって，20℃ で圧力(分圧)が等しいとき，水に溶けている酸素と窒素の物質量の比は 2：1 になる。　…①

20℃ の空気の場合では，酸素と窒素が物質量の比 1：4 で混合しているので，酸素と窒素の分圧の比は 1：4 である。つまり，窒素の分圧は酸素の分圧の 4 倍である。

ヘンリーの法則より，一定の温度ならば，一定量の溶媒に溶けることのできる気体の物質量はその気体の圧力に比例するので，酸素の分圧を①のときと同じとみると，窒素の分圧は 4 倍であるから，溶ける物質量も 4 倍になる。よって，このとき水に溶けている酸素と窒素の物質量の比は，

$$2 : (1 \times 4) = 1 : 2$$

No.41　正答　4

1　コロイド粒子は 10^{-7}～10^{-5} cm(1～100 nm)程度の大きさで，半透膜を用いて分子やイオンと分けることができる。

2　一般にコロイド粒子は正の電荷か負の電荷のいずれかを帯びている。コロイド溶液中に電極を入れて直流電圧を加えると，帯電している電荷と反対の符号の電極へ向かって移動する。これを電気泳動という。コロイド粒子は正極または負極のどちらか一方の電極に集まる。

3　溶液の状態になっているときをゾル，寒天状に固まっているときをゲルという。

5　ブラウン運動は水分子(溶媒分子)がコロイド粒子に衝突することにより起こる。

第11章 物質の変化と平衡

No.42 正答 3

メタンの生成を表す反応式は次の通り。

$$C(黒鉛) + 2\,H_2(気) \rightarrow CH_4(気) \quad \Delta H = Q〔kJ〕$$

この式は,

(黒鉛の完全燃焼の式) + (水素の完全燃焼の式) × 2 − (メタンの完全燃焼の式)

で求められるから,

$$Q = -394 + (-286) \times 2 - (-891) = -75〔kJ〕$$

よって,メタンの生成エンタルピーは,**−75 kJ/mol** である。

No.43 正答 2

ア　四酸化二窒素を加えるとそれを減少させる向き,つまり右向きに平衡は移動する。よって,二酸化窒素が増加する向きに平衡が移動する。

イ　気体の総物質量は左辺 1 mol,右辺 2 mol である。圧力を小さくすると,気体の総物質量が増加する向き,つまり右向きに平衡は移動する。よって,二酸化窒素が増加する向きに平衡が移動する。

ウ　温度を上げると温度が低くなる吸熱反応の向き,つまり右向きに平衡は移動する。よって,二酸化窒素が増加する向きに平衡が移動する。

エ　触媒を加えても平衡は移動しない。

第12章 非金属元素

No.44 正答 1

ア　気体の乾燥は濃硫酸が**吸湿性**をもつためにおこる。

イ　この反応は熱濃硫酸の**強い酸化力**によるものである。

ウ　この反応は濃硫酸の**脱水作用**によるものである。

No.45 正答 2

A　ハロゲン化水素は,一般に無色・**刺激臭**のある気体である。

B　ハロゲン化水素は,**フッ化水素**を除いて強い酸性を示す。

C　ハロゲンが水素と結びつく力は原子量が**小さい**ほど強い。

D　ハロゲン化水素は分子量が**大きい**ほど分解しやすい。

No.46 正答 3

A　**酸素** O_2についての記述である。

B　**アンモニア** NH_3についての記述である。

C　**窒素** N_2についての記述である。

D　**一酸化炭素** CO についての記述である。

E　**二酸化炭素** CO_2についての記述である。

No.47 正答 2

アンモニアは水に溶けやすく,フラスコ内に水が入るとフラスコ内のアンモニアが水に溶け,気体のアンモニアが減るのでフラスコ内の圧力が下がる。よって,水がフラスコの中に噴水のように噴出する。

No.48 正答 3

3　大気中では太陽からの紫外線によって酸素 O_2からオゾン O_3がつくられる。地上約 20 km にあるのは,オゾン層で紫外線を吸収し生物を保護するはたらきをしている。

No.49 正答 4

炭酸カルシウム(石灰石)に希塩酸を加えたとき発生する気体は,二酸化炭素である。

1　二酸化炭素は空気より重く,水に少し溶けるので下方置換で捕集する。

2　二酸化炭素は炎に近づけても燃焼しない。

3　二酸化炭素を石灰水に通すと石灰水は白く濁る。

4　二酸化炭素が水に溶けたものを炭酸水とよぶ。

5　二酸化炭素を水酸化ナトリウム水溶液に通すと二酸化炭素は,水酸化ナトリウムと反応して炭酸ナトリウムを生成する。

第13章 金属元素

No.50 正答 4

アルミニウムを精錬するには，ボーキサイトとよばれる原料鉱石から純粋なアルミナ，すなわち酸化アルミニウムをつくる。これを炭素電極で溶融塩電解する。この際，アルミナは融点が高いので氷晶石を混ぜて融点を下げるようにする。電解により電解槽の陰極部にアルミニウムが生成する。

No.51 正答 2

1 アルミニウムについての記述である。水銀は常温で唯一液体として存在する金属である。

3 水銀についての記述である。

4 銀についての記述である。

5 鉄は天然には単体としては存在せず，酸化物を主成分とする鉄鉱石の形で存在する。湿った空気中では赤褐色ののさびを生じる。

No.52 正答 5

アの炎色反応を示すのは，肢中 Na，K，Ba である。イの水酸化物で水溶性のものは，肢中 Na，K，Ba である。ウの2価の陽イオンになるのは，肢中 Be，Mg，Ba である。エの硫酸塩で水に溶けにくいのは，硫酸バリウム $BaSO_4$である。

よって，すべてを満たすのは，バリウム Ba である。

No.53 正答 2

A ネスラー試薬は，アンモニウムイオン NH_4^+の検出に用いられる。

B 硝酸銀は塩化物イオン Cl^-(塩化銀 AgCl の白色沈殿が生じる)の検出に用いられる。

C 塩化バリウムは硫酸イオン SO_4^{2-}(硫酸バリウム $BaSO_4$の白色沈殿が生じる)の検出に用いられる。

D 硫化水素は銅(Ⅱ)イオン Cu^{2+}(硫化銅 CuS の黒色沈殿が生じる)の検出に用いられる。

第14章 有機化合物

No.54 正答 1

2 有機化合物を構成する元素は，C を主成分に H，O，N，S，P，ハロゲンなどがあるが，無機化合物に比べ非常に少ない。

3 融点，沸点は比較的低く，高温で分解されやすく，燃えやすいものが多い。

4 水に溶けにくく，エーテルなどの有機溶媒に溶けやすい化合物が多い。

5 有機化合物は異性体をもつ化合物が多く見られる。

No.55 正答 5

A 最も簡単な炭化水素はメタン CH_4 である。

B メタンは無色の気体である。

C ブタン C_4H_{10} は炭素原子が4つのアルカンである。

No.56 正答 2

アルカンの一般式は，C_nH_{2n+2}と表される。いま，水素の原子数が20なので

$$2n+2=20$$

$$n=9$$

よって，水素の原子数が20のアルカンの炭素数は9である。

No.57 正答 2

A アルコールは鎖状炭化水素の水素原子をヒドロキシ基(−OH)で置換したものである。

B メタノールを酸化するとホルムアルデヒドとなる。

C エタノールはエチレンと水からつくられる。

D エタノールはナトリウムと反応し水素を発生する。

No.58 正答 2

B アルコールは分子量の小さいものは水に溶けやすいが，大きいものは溶けにくい。その水溶液は中性を示す。また，フェノールはヒドロキシ基−OH をもつ化合物であるがアルコールではない。水にわ

ずかに溶け，その水溶液は弱酸性を示す。
D　カルボン酸で還元性をもつものはギ酸である。

No.59　正答　4

1　アミノ酸は，分子内に塩基性を示すアミノ基と酸性を示すアミノ基をもつため，酸と塩基の両方の性質をもつ。このため，酸性，中性，アルカリ性のどの性質ももつ。
2　タンパク質は変性するとそのはたらきを失う。
3　タンパク質の主成分は，炭素 C，水素 H，酸素 O，窒素 N である。
5　アミノ酸は天然に多く存在する。

★第4編 生　物

第1章　細胞

細胞の構造と働き

●真核細胞と原核細胞

◆細胞は，核のつくりの違いなどから，真核細胞と原核細胞に分けられる。真核細胞は核膜に包まれた核をもつもので，動物細胞，植物細胞は真核細胞である。一方，原核細胞は核をもたないもので，細菌などは原核細胞である。真核細胞と原核細胞は，内部の構造は異なるが，遺伝子の本体であるDNAをもつ，という点で共通している。

●真核細胞の構造

細胞
- 核 ―― 染色体，核小体
- 細胞質 ― 核以外の部分（細胞小器官，細胞質基質）

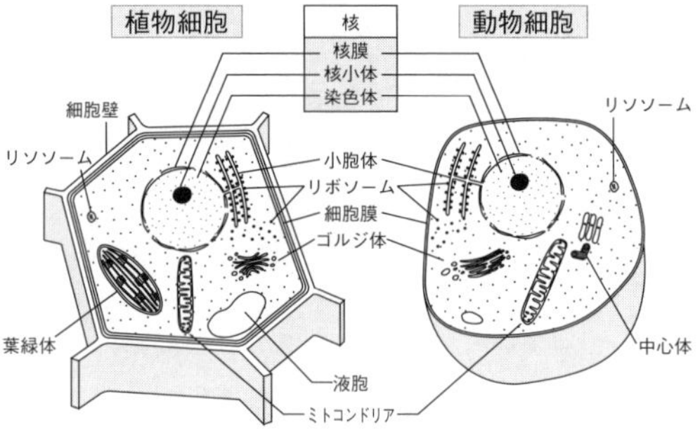

●核

◆ふつう細胞に1個ずつあり，球状をしている。DNAを含む遺伝子が存在し，遺伝情報を保持するとともに，細胞質でおこる代謝を支配する。

●細胞質

◆細胞の核以外の部分を細胞質といい，ミトコンドリアや葉緑体・ゴルジ体などの細胞小器官の間を細胞質基質が満たしている。また，核の支配を受けて代謝を営む。

① **細胞膜**：細胞質の最外層にあり，細胞を包む膜で**選択的透過性**を示す。タンパク質とリン脂質からなり，細胞への物質の出入りを調節する。

② **ミトコンドリア**：**呼吸**を行い，エネルギー(**ATP**)を生産する。

③ **葉緑体**：植物細胞だけに見られ，緑色色素であるクロロフィルを含み**光合成**を行う。

④ **リボソーム**：小胞体の表面やその付近にある小さい粒子で，**タンパク質の合成**を行う。

⑤ **ゴルジ体**：**物質の分泌と輸送**に関与する。

⑥ **細胞質基質**：細胞質中の細胞小器官のないところで，酵素などのタンパク質を含み，解糖系や発酵，タンパク質合成などの場である。ゾル状で，生きている細胞では原形質流動をする。

⑦ **細胞壁**：植物細胞だけに見られる細胞膜の外側を包むセルロースからなる丈夫な膜。細胞の形を保ち細胞を保護する。

⑧ **液胞**：成長した植物細胞に発達したものが見られる。糖，有機酸，アントシアン(色素)などを含む細胞液で満たされ，浸透圧の調節や代謝によって生じた不要な物質の貯蔵を行う。

⑨ **小胞体**：表面にリボソームが付着し，細胞質における**物質移動の通路**である。

⑩ **中心体**：動物細胞と下等植物の細胞に見られ，高等植物の細胞には見られない。核の付近に存在し，**細胞分裂**のとき，紡錘体と星状体の形成に関与する。

⑪ **リソソーム**：細胞内で不要になった物質を分解する(細胞内消化)。

チェック

- ◆細胞膜→細胞と外界を仕切る膜，選択的透過性
- ◆ミトコンドリア→呼吸による ATP の生産
- ◆葉緑体→光合成，植物細胞のみに見られる
- ◆リボソーム→タンパク質合成の場
- ◆ゴルジ体→物質の分泌・輸送
- ◆細胞質基質→解糖系，発酵，タンパク質合成の場。ATP の生産
- ◆細胞壁→セルロースなどでできた丈夫な膜，細胞の保護，形の保持，植物細胞のみに見られる
- ◆液胞→浸透圧の調節，不要物質の貯蔵

細胞の構成物質

成分物質		割合(動物細胞)	働き
水		70%	溶媒，物質の運搬，化学反応の場，体温の安定
有機物	タンパク質	18%	細胞の主成分，酵素の本体
	脂質	5％	エネルギー源，生体膜の成分
	炭水化物	2％	エネルギー源(植物細胞では細胞壁の成分)
	核酸	1％	DNA と RNA の 2 種類
無機塩類		1％	体液の浸透圧の調節

膜の性質と働き

●半透性

◆水などの溶媒分子は通すが，スクロース(ショ糖)などの溶質分子は通さない性質をいう。細胞膜は半透性をもつ**半透膜**である。

●全透性

◆溶媒分子，溶質分子のどちらも通す性質をいう。細胞壁は全透性をもつ**全透膜**である。

●選択的透過性

◆特定の物質を選択的に通す性質をいう。細胞膜には，細胞ごとに必要な物質を通過させるタンパク質が配置されている。

●能動輸送

◆ATP のエネルギーを利用して濃度の低い方から高い方へ物質を移動させる輸送。細胞はこの働きによって特定の物質を取り込んだり排出したりする。

●浸透

◆濃度の異なる溶液を半透膜で仕切ると濃度の低い方から高い方へ水分子(溶媒分子)が移動する現象。浸透を起こさせる圧力を**浸透圧**という。

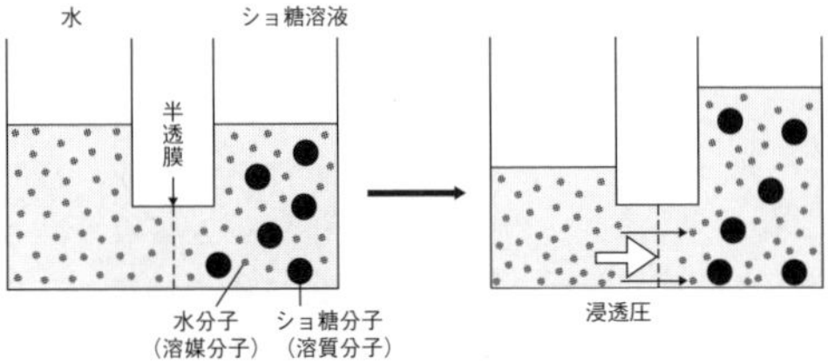

●動物細胞と浸透

◆動物細胞を濃度の高い溶液(高張液)に浸すと，細胞は水を失って収縮する。濃度の低い溶液(低張液)に浸すと細胞は吸水して膨張し，破裂することもある。濃度の等しい溶液(等張液)に浸すと細胞膜を通しての水の移動が見かけ上は生じないので，細胞の体積は変化しない。

チェック

◆生理食塩水→体液と等張な食塩水
→ヒトでは約 0.9%

●植物細胞と浸透

◆植物細胞を高張液に浸すと，細胞は水を失って収縮する。このとき，細胞膜に囲まれた部分だけが縮んで細胞壁から分離する。この現象を**原形質分離**という。低張液に浸すと，細胞は吸水して膨張するが，丈夫な細胞壁をもつため破裂することはない。

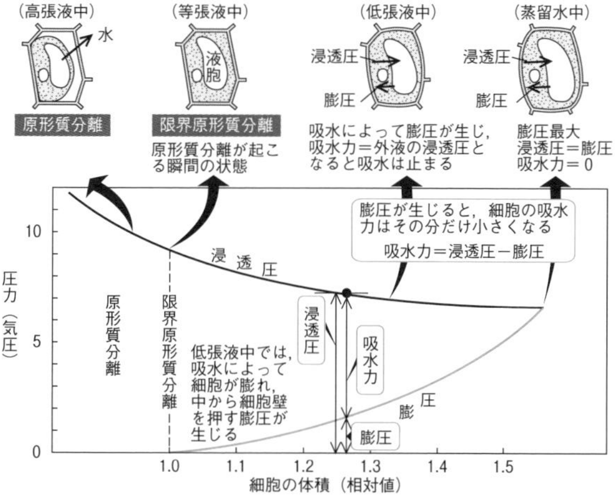

チェック

◆高張液に浸す→細胞は水を失って収縮する。
→植物細胞では原形質分離がおこる。
◆低張液に浸す→細胞は吸水して，膨張する。

練習問題

（354ページより解答・解説）

★★
No.1 細胞の各部に関する記述として正しいものは，次のうちどれか。

1　ゴルジ体は光合成を行い，水と二酸化炭素から糖を合成して酸素を放出するもので，植物細胞のみに見られる。

2　ミトコンドリアは，呼吸を行いエネルギーを生産したり，タンパク質の合成を行ったりするもので，動物細胞のみに見られる。

3　中心体は遺伝子をもち，細胞の構造と働きを決める重要な役割を果たしており，これを除去された細胞は生き続けられない。

4　液胞は内部に細胞液が満たされており，細胞の吸水や不要物質の貯蔵などを行う部分で，発達した大きなものがおもに植物細胞に見られる。

5　細胞膜は不要物質を排出させる性質をもち，動物細胞では細胞壁と呼ばれる。

★
No.2 植物細胞と動物細胞の構造の違いに関する記述として正しいものは，次のうちどれか。

1　動物細胞には細胞質があるが，植物細胞にはない。

2　動物細胞にはゴルジ体があるが，植物細胞にはない。

3　植物細胞には細胞壁があるが，動物細胞にはない。

4　動物細胞にはミトコンドリアがあるが，植物細胞にはない。

5　動物細胞には葉緑体があるが，植物細胞にはない。

★★
No.3 図はある植物細胞を異なる濃度のスクロース溶液A，Bに浸した場合の細胞の変化を示したものである。このA，Bの溶液についての記述として正しいものは，次のうちどれか。なお浸透圧とは水が浸透する圧力であり，膨圧とは細胞壁を押し広げようとする圧力である。

Aのスクロース溶液に浸した場合

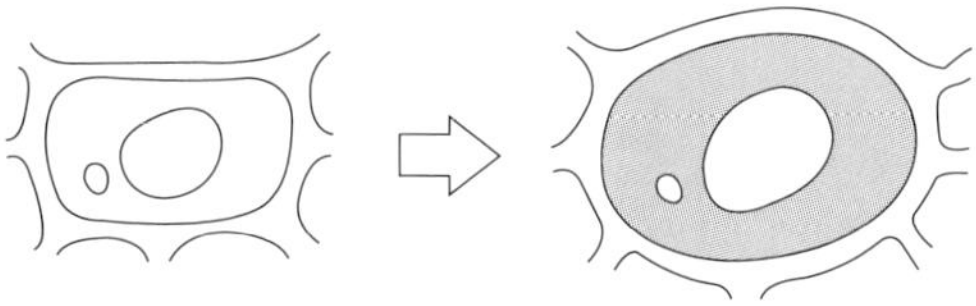

Bのスクロース溶液に浸した場合

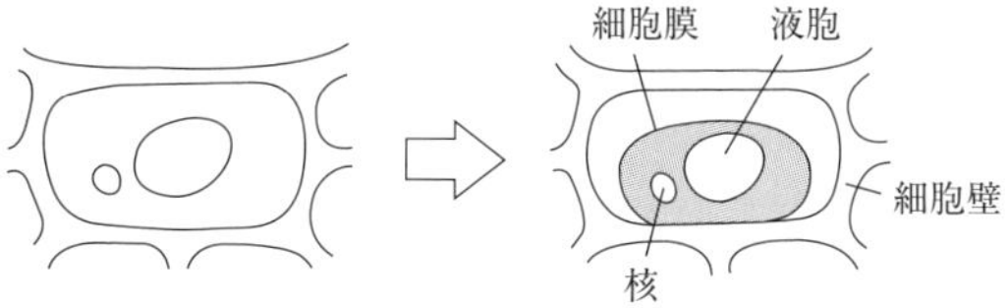

1　スクロース溶液の濃度は，BよりAのほうが高い。
2　Aのスクロース溶液の濃度は，この植物の細胞液の濃度より高い。
3　浸透圧は溶液Aより溶液Bのほうが大きい。
4　溶液Bでは浸透圧と膨圧が等しくなる。
5　溶液Aの浸透圧は，この植物の細胞液の浸透圧より大きい。

第2章　酵素

酵素の性質

●酵素

◆酵素は生体内で起こる**化学反応を促進する触媒**として働く。触媒自身は反応の前後で変化しない。酵素はきわめて微量で効果があり，くり返し何回でも働く。**主成分はタンパク質**であるが，酵素として機能するためにタンパク質以外の**補酵素**を必要とするものもある。

●基質特異性

◆酵素の働きを受ける物質を**基質**という。酵素は特定の基質と結合して化学反応を起こす性質(**基質特異性**)があり，酵素と基質のこのような関係は鍵と鍵穴の関係に例えられる。代謝は，ふつういくつもの連続した反応から成り立ち，それぞれの反応には異なった酵素が働いているため，酵素の種類は非常に多い。また，ある種類の酵素が欠けても他の酵素がその酵素の代わりとして働くことができない。

●温度と反応速度

◆多くの酵素は35〜40℃で最もよく働く。この温度を最適温度という。60℃以上の高温では酵素の主成分であるタンパク質の立体構造が変化し(**変性**)，酵素としての働きを失う(**失活**)。

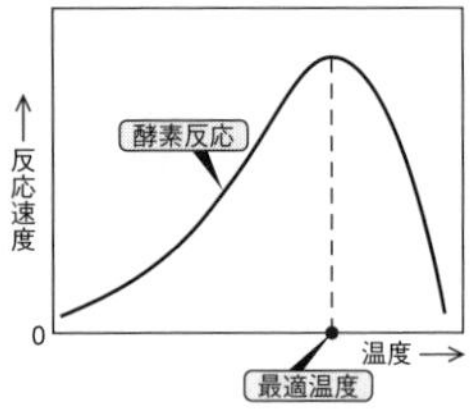

タンパク質は一度変性すると，温度を下げてももとに戻らないので，酵素として再び働くことはない。

チェック

最適温度35〜40℃で60℃以上で働きを失う。

●pHと反応速度

◆酵素が最もよく働くpHを**最適pH**といい，多くの酵素は中性付近(pH6〜8)で最もよく働く。酵素の種類によって最適pHは異なり，ペプシンのようにpH2の強酸性で最もよく働く酵素もある。

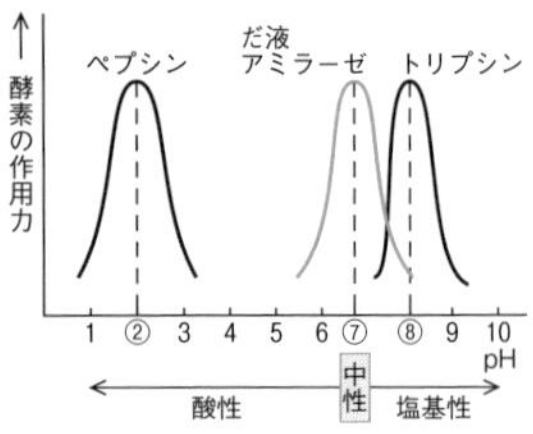

酵素の種類

加水分解酵素	基質に水が加わって分解する反応を触媒する酵素で，消化に関係する酵素が多い。		
	炭水化物分解酵素	アミラーゼ	デンプン→マルトース＋デキストリン
		マルターゼ	マルトース→グルコース
		スクラーゼ	スクロース→グルコース＋フルクトース
		ラクターゼ	ラクトース→グルコース＋ガラクトース
	タンパク質分解酵素	ペプシン	タンパク質→ペプトン
		トリプシン	タンパク質→ポリペプチド
		ペプチダーゼ	ペプトン・ポリペプチド→アミノ酸
	脂肪分解酵素	リパーゼ	脂肪→脂肪酸＋モノグリセリド
酸化還元酵素	基質を酸化・還元する反応を触媒する酵素で，呼吸に関係する酵素が多い。		
	デヒドロゲナーゼ（脱水素酵素）		基質から水素と電子を取り，電子を電子受容体に与える。
	カタラーゼ		過酸化水素 H_2O_2 を水と酸素に分解する。
その他の酵素	デカルボキシラーゼ（脱炭酸酵素）		基質のカルボキシ基から二酸化炭素を取り出す。

消化と吸収

●消化

◆食物に含まれる栄養素はだ液，胃液，すい液，腸液に含まれる消化酵素の働きによって単糖類，アミノ酸，脂肪酸，モノグリセリドに分解される。

●吸収

◆消化された栄養素は小腸の柔毛(柔突起)から吸収される。

消化のしくみ

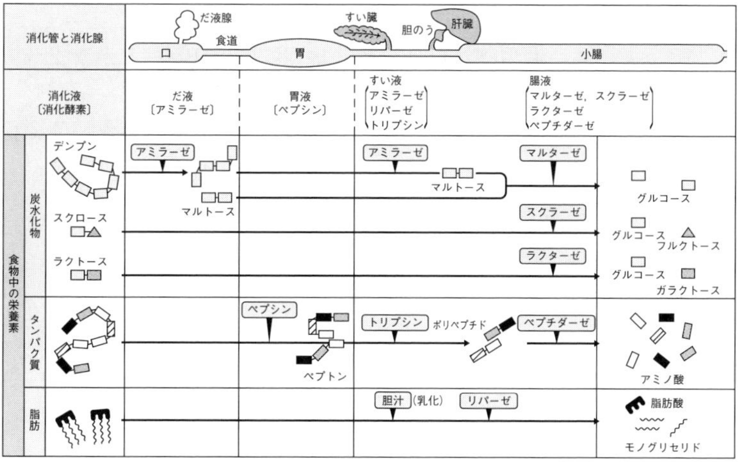

＊胆汁：肝臓でつくられる消化液で，消化酵素は含んでいないが，脂肪を乳化し，リパーゼを作用しやすくすることで，脂肪の消化を助けている。

練習問題

（354ページより解答・解説）

★
No.4 酵素の性質に関する記述として正しいものは，次のうちどれか。

1 細胞内で働く酵素は，細胞内に一様に分布している。

2 酵素は，一般に 35～40℃ で最もよく働くが，タンパク質であるため高熱に対して不安定である。

3 無機触媒は，特定の物質にしか反応しないが，酵素は多くの物質に対して反応を促進する。

4 酵素は，pH の影響を受けやすく，一般に pH 2 あたりで最も働きが強い。

5 ヒトの体内の酵素のほとんどは消化に関する酵素であり，基質を酸化したり還元したりするので，酸化還元酵素と呼ばれる。

★★
No.5 ヒトの消化作用に関する記述として正しいものは，次のうちどれか。

1 口腔の粘膜にあるだ液腺から分泌されるアミラーゼは塩基性でよく働き，タンパク質をアミノ酸に分解する。

2 胃壁から分泌される胃液は酸性であり，その中に含まれるペプシンはタンパク質を分解する。

3 胆のうでつくられ十二指腸から分泌される胆汁はアミラーゼを含み，脂肪をグリコーゲンに分解する。

4 大腸壁から分泌される腸液にはリパーゼが含まれ，デンプンをマルトースに分解する。

5 肝臓でつくられ，すい臓から分泌されるすい液には，消化酵素は含まれないが，腸内で腸液の働きを促進する。

★★
No.6 消化に関する次の文中の空欄ア〜エにあてはまる語句の組合せとして，正しいものはどれか。

食物中に含まれる炭水化物，タンパク質，脂肪は，消化管を通る間に小腸の(　ア　)から吸収できるような小さな分子に分解される。これを消化という。デンプンはだ液やすい液に含まれるアミラーゼによって(　イ　)に分解される。(　イ　)は，さらにすい液や腸液に含まれるマルターゼによってグルコースに分解される。タンパク質は(　ウ　)に含まれるペプシンによってペプトンに分解され，続いて，すい液に含まれるトリプシンによってペプチドになる。このペプチドは，腸液に含まれるペプチターゼによってアミノ酸に分解される。脂肪は，おもにすい液に含まれる(　エ　)によって脂肪酸とモノグリセリドに分解される。

	ア	イ	ウ	エ
1	柔毛	マルトース	胃液	リパーゼ
2	樹状突起	スクロース	胃液	リパーゼ
3	柔毛	スクロース	だ液	ウレアーゼ
4	樹状突起	マルトース	だ液	ウレアーゼ
5	柔毛	マルトース	だ液	リパーゼ

第3章 代謝

代謝とエネルギー

●代謝

◆生体内で行われる様々な化学反応を**代謝**という。代謝は同化(合成反応)と異化(分解反応)に大きく分類される。

同化▶ ・同化とは，簡単な物質から複雑な物質が合成される代謝で，**エネルギーを必要とする反応**である。

例 光合成，窒素同化

異化▶ ・異化とは，複雑な物質を簡単な物質に分解する代謝で，エネルギーを取り出す反応である。

例 呼吸，発酵

●ATP

◆生体内のエネルギー代謝ではATP(アデノシン三リン酸)がエネルギーの仲介をしている。全生物に共通のエネルギー物質である。ATPのリン酸どうしをつなぐ高エネルギーリン酸結合は，切れるときに，蓄えられていたエネルギーを放出し，結合するときにエネルギーを吸収する。

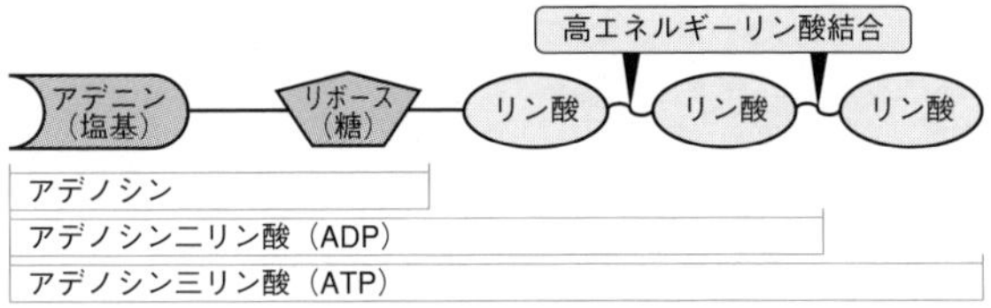

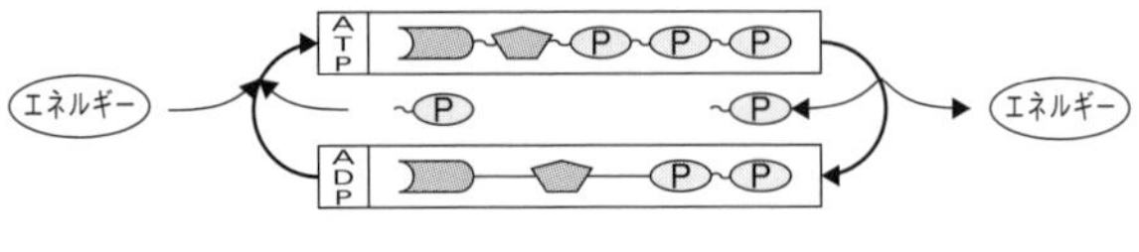

光合成

●光合成

◆光合成は，植物細胞に存在する**葉緑体**で行われる。葉緑体は二重膜で包まれた，だ円形または円形の細胞小器官でクロロフィルを含む偏平な袋(**チラコイド**)が入っている。チラコイドが重なった部分を**グラナ**といい，チラコイド以外の基質部分を**ストロマ**という。

●光合成の反応

◆光合成は次の①～④の過程からなる。①～③はチラコイドで，④はストロマで行われる。③と④は酵素が関係する。

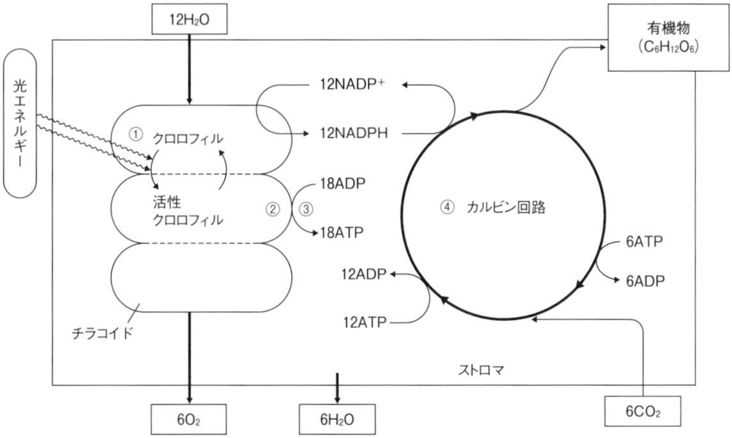

チラコイドでの反応▶

① チラコイド膜のクロロフィルが光エネルギーを吸収し，活性化して電子を放出する(光化学反応)。クロロフィルはマグネシウムを含む光合成色素で，可視光線のうち赤色光と青紫(青)色光を吸収する。

② 活性化したクロロフィルによって，チラコイド内部の水は分解され，水素イオンと電子と酸素が生じる。水素イオンはストロマで電子伝達物質に渡される。酸素は葉の気孔から植物体外に放出される。

③ 電子がチラコイド膜の電子伝達系を移動する間に生じたエネルギーで，ADPからATP(アデノシン三リン酸)が合成される(光リン酸化)。

ストロマでの反応▶

④ ②で水の分解によって生じた水素イオンと③で合成されたATPを用いて，葉の気孔から取り込んだ二酸化炭素を還元し，有機物(グルコース)を合成する反応である。この回路反応を**カルビン回路**という。

チェック

◆光合成全体の化学反応式

$$6\,CO_2 + 12\,H_2O + \text{光エネルギー} \rightarrow (C_6H_{12}O_6) + 6\,H_2O + 6\,O_2$$

（$C_6H_{12}O_6$：有機物）

●光合成の特性

◆一定時間内に行われる光合成量は，光の強さ・温度・二酸化炭素濃度などの影響を受ける。このうち，不足すると反応が低下してしまう要因を限定要因という。

光の強さと光合成速度▶

・光合成速度は，光の強さが増すと大きくなるが，ある一定の光の強さに達すると一定になる。この状態を**光飽和**といい，光飽和になる光の強さを**光飽和点**という。

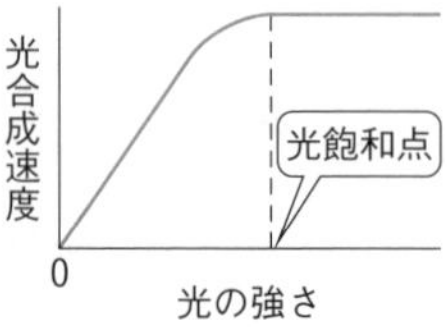

温度と光合成速度▶

・光合成速度は，光が弱いときは温度に関係なくほぼ一定であるが，光が十分に強いときは温度の影響を受ける。温度が高くなれば光合成速度は大きくなり，約 30 ℃ で最大に達した後，それ以上温度が高くなると光合成速度は急激に低下する。一般に，強光条件下での光合成速度が最大になる温度は寒地の植物では低く，熱帯の植物では高い。

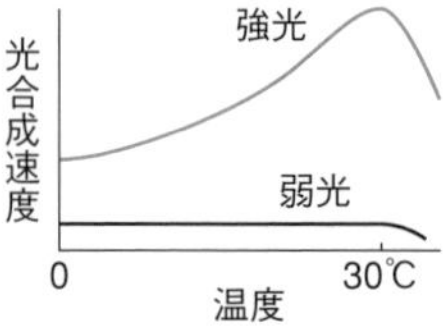

二酸化炭素濃度と
光合成速度▶

・光合成速度は二酸化炭素濃度が高くなれば大きくなるが，二酸化炭素濃度がある濃度に達すると一定になる。光合成速度が一定になる二酸化炭素濃度は，強光条件下の方が弱光条件下より高く，強光条件下の方が二酸化炭素濃度の影響を強く受ける。

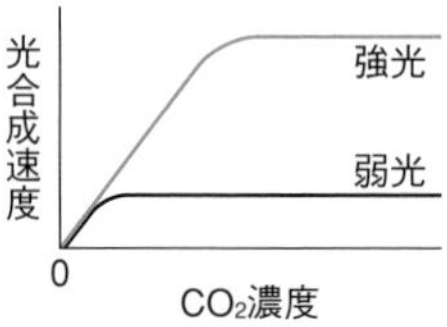

●光合成と呼吸

◆植物は，光合成により二酸化炭素を吸収して酸素を放出する一方で，呼吸により酸素を吸収して二酸化炭素を放出している。光の強さが 0 である暗黒中では呼吸だけを行い，光合成を行っていないので二酸化炭素を放出する。上図より，光の強さが弱い 0〜A では光合成よりも呼吸を盛んに行っているので，二酸化炭素を放出する。光の強さが A のとき，光合成と呼吸が等しくなるので，見

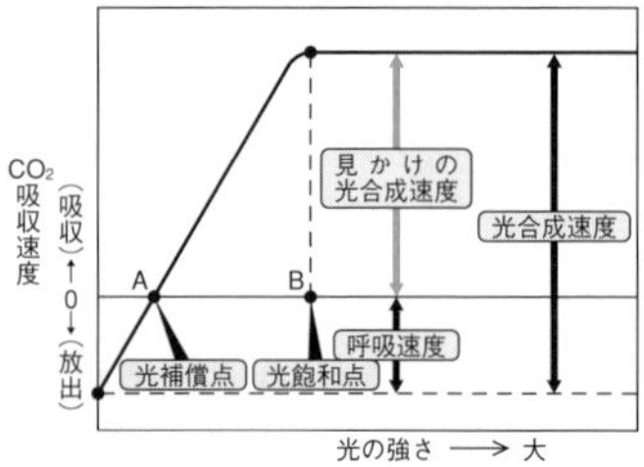

暗　黒	光合成速度＝0	CO_2放出
光補償点以下	光合成速度＜呼吸速度	
光補償点	光合成速度＝呼吸速度	±0
光補償点以上	光合成速度＞呼吸速度	CO_2吸収

かけ上，二酸化炭素の吸収・放出のどちらも見られない。このときの光の強さを**光補償点**という。光補償点以下の光の強さでは，光合成によって合成する有機物よりも，呼吸で消費する有機物の方が多いので，植物はいずれ枯れる。光の強さが光補償点より大きくなると，呼吸よりも光合成を盛んに行っているので，二酸化炭素を吸収する。また，光の強さをBより強くしても，二酸化炭素の吸収速度がそれ以上増加しなくなる。このときの光の強さを**光飽和点**という。

チェック

(真の)光合成速度＝見かけの光合成速度＋呼吸速度

●陽生植物と陰生植物（陽葉と陰葉）

◆日当たりのよい所で生育する**陽生植物**と日陰で生育する**陰生植物**を比較すると，光補償点，光飽和点は陽生植物の方が高く，呼吸速度，光合成速度の最大値も陽生植物の方が大きい。

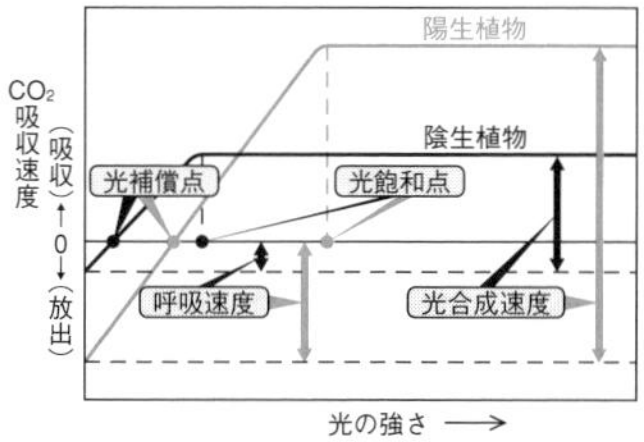

	光補償点	光飽和点	呼吸速度	光合成速度
陽生植物(陽葉)	高い	高い	大きい	大きい
陰生植物(陰葉)	低い	低い	小さい	小さい

また，同一の植物でも，日当たりのよい所にある陽葉と日かげにある陰葉では，陽葉のさく状組織の方が発達しているので，陽葉は厚く，陰葉は薄い。光補償点，光飽和点，呼吸速度，光合成速度の最大値も陽葉の方が大きい。

●細菌の光合成

◆原核生物である細菌は葉緑体をもたないが，光合成を行うものもいる。

・**紅色硫黄細菌**，緑色硫黄細菌などの光合成細菌は，光合成色素として**バクテリオクロロフィル**をもち，水の代わりに**硫化水素 H_2S を用いて光合成を行う**。そのため，酸素を発生しないが，菌体に硫黄が蓄積される。

$$6\,CO_2 + 12\,H_2S + \text{光エネルギー} \rightarrow (C_6H_{12}O_6) + 6\,H_2O + 12\,S$$

シアノバクテリア▶

・ネンジュモなどのシアノバクテリアは，クロロフィル a をもち，植物と似た光合成を行い，酸素を発生する。

化学合成

●化学合成

◆光エネルギーではなく，無機物を酸化して生じる化学エネルギーを用いて二酸化炭素と水から有機物を合成することを化学合成という。光合成に比べてエネルギーの利用効率がはるかに低い。化学合成を行う細菌には，**亜硝酸菌**，**硝酸菌**，**硫黄細菌**などがある。

独立栄養生物と従属栄養生物

●独立栄養生物

◆他の生物に依存せず，無機物から有機物を合成して生活する生物。光合成を行う植物は独立栄養生物である。

●従属栄養生物

◆独立栄養生物が作った有機物を直接または間接的に取り入れて生活する生物。細菌類，菌類，動物などは従属栄養生物である。

呼吸

●呼吸のしくみ

◆呼吸は，生命活動に必要なエネルギーを獲得する働きで，ほとんどの生物が行っている。呼吸基質がグルコースの場合，**解糖系**，**クエン酸回路**，**電子伝達系**（水素伝達系）の3つの反応系からなる。

チェック

◆呼吸全体の化学反応式

$$C_6H_{12}O_6 + 6\,O_2 + 6\,H_2O$$
$$\rightarrow 6\,CO_2 + 12\,H_2O + \text{エネルギー（最大 38 ATP）}$$

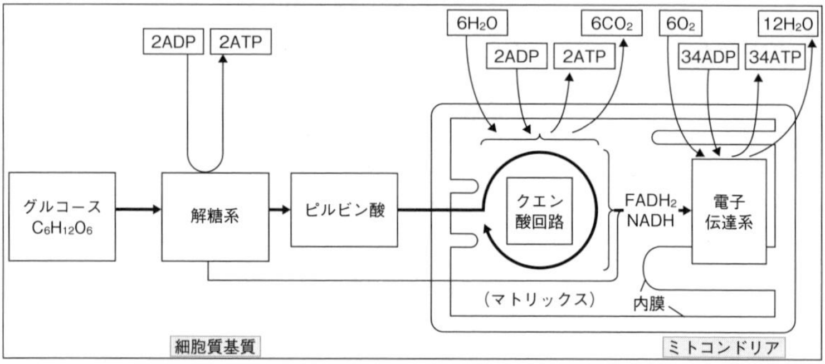

解糖系▶　・細胞質基質において，**グルコースがピルビン酸に分解**される反応で，酸素を必要としない。この反応でグルコース1モルを分解すると，ATPが2モルつくられる。

クエン酸回路▶　・ミトコンドリアにおいて，マトリックスに存在する酵素によって，解糖系で生じたピルビン酸がさらに分解される反応で，酸素の存在下で進行する。この反応で二酸化炭素を放出し，高いエネルギーをもつ電子を取り出すとともに，ATPが2モル生成される。

電子伝達系▶　・ミトコンドリアにおいて，クエン酸回路などで生じた高いエネルギーをもつ電子を受け渡すことで，ATPが最大で34モル生成される。エネルギーを渡した電子と水素イオンと酸素が結合し，最終的に水になる。反応には酸素を必要とする。呼吸の3つの反応系のうち，最も多量のエネルギーを発生する反応である。

チェック

◆呼吸の過程

- **解糖系…細胞質基質**
- **クエン酸回路…ミトコンドリア**
- **電子伝達系…ミトコンドリア**

◆最も エネルギーを多量に発生する反応過程は電子伝達系(水素伝達系)である。

発酵と解糖

●発酵

◆微生物の中には，酵母や乳酸菌など，酸素がなくてもグルコースなどの有機物を分解して，エネルギーを生産することのできる生物がいる。微生物によって，有機物が酸素を必要とせずに分解されることを**発酵**という。

発酵は，できる物質によって，**アルコール発酵**，**乳酸発酵**，**酢酸発酵**などに分けられる。また，発酵のうち，有機窒素化合物が分解されて，毒性や悪臭のある物質ができるときは，**腐敗**という。

アルコール発酵	酵母によって，グルコースがピルビン酸を経てエタノールと二酸化炭素に分解される反応である。この反応では 2 分子の ATP を生じる。
乳酸発酵	乳酸菌によって，グルコースがピルビン酸を経て乳酸に分解される反応である。この反応では 2 分子の ATP を生じる。
酢酸発酵	酢酸菌によって，エタノールが酢酸に酸化される反応で**酸素を使う**。

●解糖

◆激しく運動する動物の筋組織では，酸素の供給が不十分になり，酸素を用いないでグルコースが分解され，ピルビン酸を経て乳酸が生成される。これを**解糖**といい，乳酸発酵と同じ反応である。このとき生成する乳酸が，筋肉疲労の原因の一つとなる。

練習問題

（355ページより解答・解説）

★
No.7 光合成に関する次の記述のうち，**誤っている**ものはどれか。

1　ある濃度に達するまでは，CO_2 濃度が増加するにつれて，光合成の速度も大きくなっていく。

2　光合成の速度が最大になる温度は，植物の種類によって異なるが，一般に 5～40℃ の範囲内にある。

3　光合成で消費される CO_2 量と呼吸で排出される CO_2 量とが同じになる光の強さを，光補償点という。

4　光合成は，緑色植物では細胞中に含まれる葉緑体で行われる。

5　光合成には，緑色から黄色にかけての光(波長 500～600 nm 程度)が最も有効である。

★★
No.8 緑色植物についての記述として正しいものは，次のうちどれか。

1　緑色植物が光合成を盛んに行うのに最も適した温度は，温帯の植物でも熱帯の植物でも同じである。

2　緑色植物は，同一の植物でも，日当たりのよいところにある陽葉の方が，日陰にある陰葉よりも光補償点が低い。

3　緑色植物は，光が強くなると光合成を盛んに行うが，光の強さがある程度を超えると，さらに光の強さを増しても光合成はそれ以上盛んにならない。

4　緑色植物は，光が当たっているときには呼吸を行わず，光合成のみを行い，気孔から酸素を取り入れて二酸化炭素を作る。

5　緑色植物は，光合成により根から取り入れた二酸化炭素と葉から吸収した水を原料として葉緑体の中でタンパク質を作る。

★★
No.9 緑色植物における，昼間と夜間（光が当たらない暗闇）の光合成量と呼吸量についての記述として正しいものは，次のうちどれか。

1　夜間は呼吸も光合成もしていない。
2　昼間と夜間では，夜間の呼吸量の方が多い。
3　昼間と夜間では，夜間の光合成量の方が多い。
4　弱い光の所では，光合成量と呼吸量がつりあうときがある。
5　夜間は呼吸も光合成もしている。

★
No.10 次の文中の空欄A～Cにあてはまる語句の組合せとして，正しいのはどれか。

多くの生物は主要なエネルギー源としてグルコースを用いているが，呼吸においてグルコースを分解する過程は，［A］，［B］，［C］の３段階に分けられる。このうち，［A］の過程は細胞質基質で行われ，他の２つの過程はミトコンドリアの中で行われる。これらの過程のうち，グルコース１分子当たり最も多くのエネルギーが取り出されるのは［C］である。

	A	B	C
1	解糖系	クエン酸回路	電子伝達系
2	解糖系	電子伝達系	クエン酸回路
3	クエン酸回路	解糖系	電子伝達系
4	クエン酸回路	電子伝達系	解糖系
5	電子伝達系	クエン酸回路	解糖系

★

No.11　生物は外界から物質を取り入れ，有機物を合成・分解し，それをエネルギーとして，生命活動を行っている。細胞内においてエネルギーが取り出される過程を示した下図に関する記述として，妥当なのはどれか。

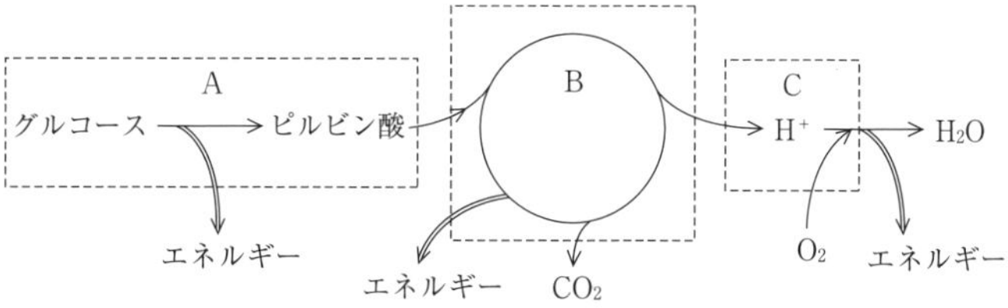

1　Aは細胞質基質で行われる反応でO_2を必要とする。

2　Aは電子伝達系とよばれ，反応を行わせるためにエネルギーを利用しない。

3　Bは解糖系とよばれ多くの生物に共通の化学反応系である。

4　Bは細胞質基質で行われる反応で，クエン酸からいろいろな物質を経由して反応が進む。

5　Cはミトコンドリアで行われる反応で，エネルギー合成が効率よく行われる。

★★

No.12　発酵に関する記述として正しいものは，次のうちどれか。

1　発酵は，微生物がエネルギーを獲得するために有機物を分解することをいい，無機質を分解することは腐敗という。

2　パンは，小麦粉と酵母をこねた生地を発酵させて作るのが一般的で，酵母はアミノ酸発酵により酸素を生成してパンを膨張させる。

3　ヨーグルトは，家畜などの乳に乳酸菌を加えて作るのが一般的で，乳酸菌はブドウ糖や乳糖をもとに乳酸を生成する。

4　みそは，蒸した米のデンプンをコウジカビや麦芽を用いて糖化し，その後酢酸菌によって酢酸発酵させたものを熟成させて作る。

5　ワインはブドウの果実をあらかじめコウジカビを用いて糖化し，酵母によってアルコール発酵させたものを蒸留させて作る。

第 4 章　個体の恒常性と調節

恒常性

●恒常性

◆外界の状態が変化しても，体内環境を一定に保とうとする生物の性質やしくみを**恒常性**(**ホメオスタシス**)という。この働きは自律神経系と内分泌系により行われる。

体液

●体液

◆動物体内の細胞を取りまく液体で，ヒトの場合，**血液**，**リンパ液**，**組織液**からなる。

●血液

◆ヒトの場合，体重の約 13 分の 1 を血液が占め，液体成分である血しょうと有形成分である赤血球，白血球，血小板からなる。血球は骨髄でつくられ，ひ臓で破壊される。赤血球はひ臓のほか肝臓でも破壊される。

血液の成分		形　状	直径(μm)	数(血液 1 ㎣中)	働　き
有形成分(血液の45%)	赤 血 球	中央のくぼんだ円盤状，無核	7 ～ 8	450万(女)～500万(男)	ヘモグロビンを含み，O_2を運搬する。
	白 血 球	不定形，有核	8 ～15	6000～8000	免疫に関与する。食作用で細菌などを殺す。
	血 小 板	不定形，無核	2 ～ 3	20万～40万	血液の凝固に関係する。
液体成分(血液の55%)	血しょう	薄い黄色の透明に近い液体			栄養分・老廃物(CO_2，尿素)・ホルモン・抗体・熱などを運搬する。血液凝固や免疫に関与する。

●ヒトの血液循環

◆血液は心臓を出て，動脈，毛細血管，静脈を経て心臓へ戻ってくる。

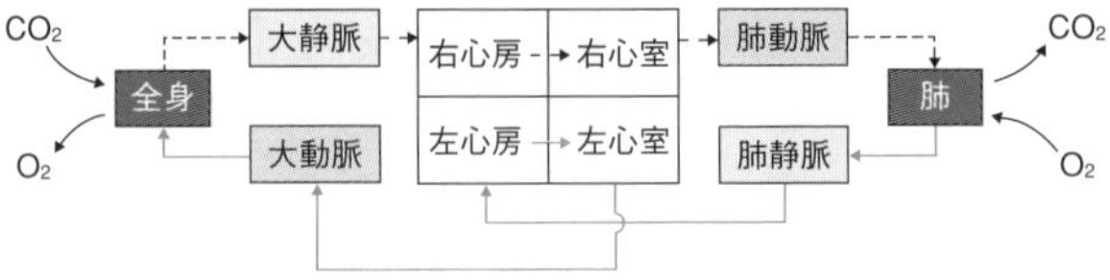

───▸ 動脈血：酸素O_2に富む血液

-----▸ 静脈血：酸素O_2が乏しい血液

チェック

肺動脈は静脈血，肺静脈は動脈血が流れている。

●血液凝固

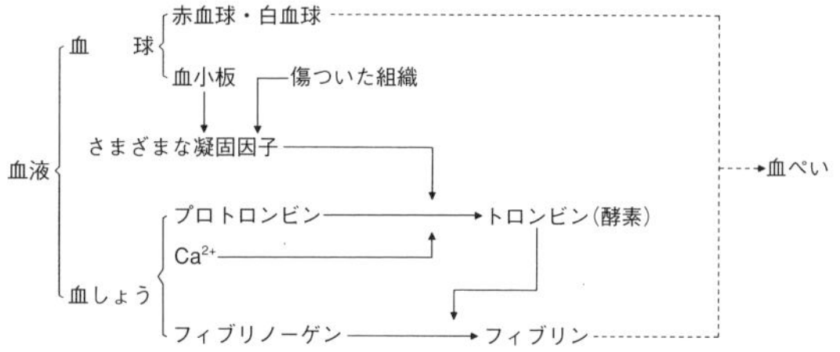

◆血管が傷つくと，傷口にまず血小板が集まりかたまりをつくる。血しょう中では，血小板と傷口の組織から血液凝固因子が放出され，これが血液中のプロトロンビンをトロンビンに変える。トロンビンが血しょう中のフィブリノーゲンに作用してフィブリンという繊維状のタンパク質を生成する。フィブリン分子が集まって網のようになり，血球をその網目に取り込むことにより血ぺいというかたまりをつくり，血液は凝固し傷口をふさぐ。

免疫

●免疫

◆動物体内に侵入した病原体や毒素など，自己とは異なる成分に対して抵抗性をもつ現象を**免疫**という。

自然免疫▶

・生まれつき備わっている免疫。皮膚や体表での物理的な防御，汗や涙などによる化学的防御，好中球やマクロファージなどによる非特異的な食作用，炎症と発熱，リンパ球NK細胞による細胞の破壊などがその例である。

獲得免疫▶

・リンパ球のB細胞，T細胞がはたらく免疫。体液性免疫と細胞性免疫があり，侵入した異物に対して特異的にはたらく。特異的な免疫応答を引き起こす異物を**抗原**と呼ぶ。

●体液性免疫

◆病原体や毒素などの異物が体内に侵入すると，樹状細胞やB細胞などが捕食し，抗原提示をする。ヘルパーT細胞は，自らが抗原として認識したものと同じ抗原を提示するリンパ球B細胞を刺激する。刺激されたB細胞は活性化し増殖して抗体産生細胞となり，抗原に特異的に結合する**抗体**を生産し，血液中に放出する。抗体とは，免疫グロブリンというタンパク質である。抗体が抗原と特異的に結合（**抗原抗体反応**）し，抗原を排除する免疫を**体液性免疫**という。

免疫記憶▶

・T細胞とB細胞の一部は記憶細胞となって，再び同じ抗原が侵入したとき直ちに抗体をつくることができるので，ヒトは一度ある感染症にかかると，二度とかからないか，もしくはかかっても軽くすむ。はしかはその例である。

●細胞性免疫

◆異物が体内に侵入し，抗原提示を受けたヘルパーT細胞は増殖してキラーT細胞やマクロファージを刺激する。刺激を受けたキラーT細胞は異物を直接攻撃して破壊する。このように細胞が直接抗原を排除する免疫を**細胞性免疫**といい，例として臓器移植のとき起こる拒絶反応がある。

●免疫の異常による疾患と医療

アレルギー反応▶

・免疫反応が過敏に起こり，健康を害するほどの症状を引き起こすこと。花粉症，食物アレルギーなどがその例である。食物，ハチ毒，薬などで起こる急性アレルギー反応をアナフィラキシーといい，これによる全身症状をアナフィラキシーショックという。

エイズ（AIDS）▶

・ヒト免疫不全ウイルス（HIV）に感染してヘルパーT細胞が破壊され，徐々に免疫力が低下する疾患。

予防接種▶

・免疫のしくみを利用して病気を予防する方法。弱毒化した病原体（ワクチン）をあらかじめ接種して感染症を予防する。

血清療法▶

・動物にヘビの毒を注射して抗体をつくらせておき，毒ヘビにかまれた場合にその抗体を含む血清を用いて治療する方法。

肝臓

●肝臓

◆肝臓は，ヒトの体内で最も大きい臓器で，いろいろな代謝を行う。

肝臓の働き▶

① グリコーゲンの合成と貯蔵及びタンパク質，脂肪を代謝する。必要に応じてグリコーゲンをグルコースに分解して血液中に放出する。

② 胆汁を生成する。

③ 代謝を盛んに行い多量の熱を発生し，体温の保持に役立つ。

④　血液を貯蔵し，血液循環量を調節する。

⑤　食物中に含まれたり，代謝によって生じたりした有害物質を無毒化，低毒化する。これを解毒作用という。

⑥　タンパク質の分解によって生じた有害なアンモニアを，オルニチン回路によって毒性の低い尿素に変える。

腎臓

●腎臓

◆腹腔内の背側に1対2個あるそらまめのような形をした臓器である。血液中の老廃物をこしとり尿をつくるとともに，体内の水分量や浸透圧の調節にも働く。

腎臓の構造▶

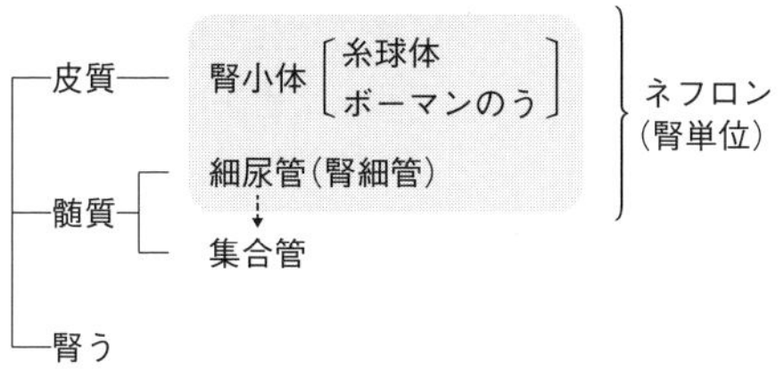

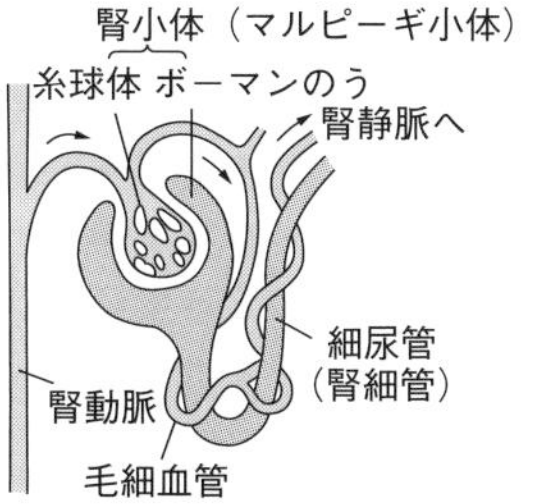

腎臓の働き▶

・血液が糸球体を流れるとき，血液中の成分のうち，血球とタンパク質を除くほとんどの成分が，糸球体からボーマンのうへ**ろ過**され**原尿**となる。原尿が細尿管(腎細管)を流れる間に，原尿中に含まれるブドウ糖(グルコース)や水，一部の無機塩類などが細尿管を取りまく毛細血管に**再吸収**される。尿素などの老廃物はあまり再吸収されず，原尿は集合管を通過し濃縮されて**尿**となり，輸尿管を経てぼうこうに蓄えられ体外に排出される。

自律神経系

●自律神経系

◆内臓や腺に分布し，意思と関係なく自動的に働く。中枢は**間脳視床下部**にあり，**交感神経**と**副交感神経**からなる。交感神経は脊髄の胸髄，腰髄から出る末梢神経，副交感神経は中脳，延髄，脊髄の仙髄から出る末梢神経である。交感神経の軸索の末端からは主に**ノルアドレナリン**が，副交感神経の軸索の末端からは主に**アセチルコリン**が分泌される。

自律神経系の働き▶

・交感神経は興奮時や緊張時に強く働き，副交感神経は安静時に強く働く。多くの場合，内臓などの器官は交感神経と副交感神経の双方の支配を受けており，両神経が互いに拮抗的(対抗的)に働いて，器官の働きを調節している。

組織・器官	心臓(拍動)	肺(呼吸運動)	胃(ぜん動運動)	だ液腺(だ液の分泌)	ひとみ	血管	立毛筋
交感神経	促進	促進	抑制	抑制	拡大	収縮	収縮
副交感神経	抑制	抑制	促進	促進	縮小	―	―

チェック

- ◆**自律神経系の中枢→間脳視床下部**
- ◆**交感神経と副交感神経は拮抗的に働く**
- ◆**交感神経→主にノルアドレナリンを分泌**
- ◆**副交感神経→主にアセチルコリンを分泌**

内分泌系

●ホルモンの特徴

① 内分泌腺で作られ，血液(体液)中に分泌され，血液によって全身に運ばれて作用する。
② 即効性があり，微量で大きな生理作用をもつ。
③ フィードバック機構をもつ。
④ 特定の器官や細胞(標的細胞)のみに作用する。

●ホルモンの調節

◆体には，ホルモンの分泌量を調節するしくみ(フィードバック)が備わっている。

チロキシンの調節▶

・血液中のチロキシン濃度が正常より低い場合，間脳視床下部でチロキシン濃度が正常値より低いことが感知される。この刺激によって，間脳視床下部から甲状腺刺激ホルモン放出ホルモンが分泌され，脳下垂体前葉に働いて甲状腺刺激ホルモンが分泌される。これが甲状腺に働き，甲状腺からチロキシンが分泌され，標的細胞に働くと同時に，視床下部と脳下垂体のホルモン分泌を抑制する。

血液中のチロキシン濃度が高くなると，チロキシンの分泌が抑制される。逆に，チロキシンの濃度が下がると，視床下部と脳下垂体のホルモン分泌が抑制されなくなり，チロキシンの分泌量が増加する。このように，最終産物や最終的な働きの効果が，初めの段階にさかのぼって作用することを**フィードバック**という。

ホルモンの種類と働き

内分泌腺		ホルモン	働き
視床下部		放出ホルモン	ホルモンの分泌促進
		放出抑制ホルモン	ホルモンの分泌抑制
脳下垂体	前葉	成長ホルモン	成長の促進，血糖量増加
		甲状腺刺激ホルモン	チロキシンの分泌促進
		副腎皮質刺激ホルモン	糖質コルチコイドの分泌促進
	後葉	バソプレシン	腎臓での水分の再吸収促進
甲状腺		チロキシン	代謝（異化）の促進，両生類の変態促進
すい臓（ランゲルハンス島）	A 細胞	グルカゴン	グリコーゲンの分解促進→血糖量増加
	B 細胞	インスリン	グリコーゲンの合成促進→血糖量減少
副腎	皮質	糖質コルチコイド	タンパク質の糖化促進→血糖量増加
		鉱質コルチコイド	腎臓での Na^{+} の再吸収促進
	髄質	アドレナリン	グリコーゲンの分解促進→血糖量増加

●血糖量の調節

◆血液中のグルコースを**血糖**といい，ヒトでは約 0.1％（血液 100 mL あたり約 100 mg）に保たれている。

高血糖▶ ・高血糖になると間脳視床下部が感知し，副交感神経を通じてすい臓ランゲルハンス島 B 細胞から**インスリン**が分泌される。インスリンは，組織でのグルコースの取り込みと消費を高める。また，グルコースからグリコーゲンへの再合成を促進し，肝臓に蓄えることによって血糖量を減少させる。

低血糖▶ ・低血糖になると間脳視床下部が感知し，交感神経を通じて副腎髄質から**アドレナリン**が分泌される。また，すい臓ランゲルハンス島 A 細胞から**グルカゴン**が分泌される。これらのホルモンは肝臓に蓄えられているグリコーゲンをグルコースに分解して，血糖量を増加させる。間脳視床下部が脳下垂体前葉に働きかけると，脳下垂体前葉から副腎皮質刺激ホルモンが分泌され，副腎皮質から**糖質コルチコイド**が分泌される。糖質コルチコイドは，組織のタンパク質をグルコースに分解して血糖量を増加させる。

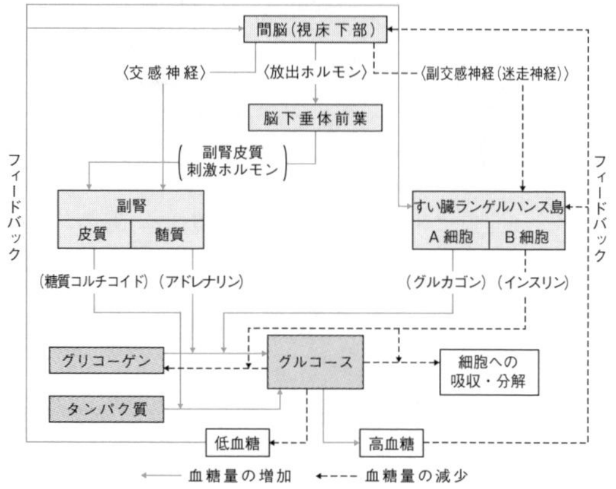

チェック

◆**血糖量の正常値**

→約 0.1%（血液 100 mL あたり約 100 mg）

◆**血糖量を増加させるホルモン**

→アドレナリン，グルカゴン，糖質コルチコイドなど

◆**血糖量を減少させるホルモン**

→インスリン

●体温の調節

◆哺乳類と鳥類は，外界の温度が変化しても体温を一定に保つことができる**恒温動物**である。皮膚で寒さを感じると，寒冷刺激は，感覚神経を通じて間脳視床下部の体温調節中枢へ伝えられる。この結果，交感神経が働いて皮膚の立毛筋と血管が収縮する（鳥肌）。また，汗腺の働きが停止し発汗しなくなり，熱の放散が抑制される。さらに，アドレナリン，糖質コルチコイド，チロキシンなどの分泌が促進され，肝臓や筋肉での代謝が促進されて熱の発生が増加する。これらのしくみによって，体温が上昇する。

練習問題

（356ページより解答・解説）

★★

No.13 ヒトの血液に関する記述として正しいものは，次のうちどれか。

1　血液中の赤血球は，リンパ節でつくられるが，白血球は骨髄で作られる。

2　血液は，栄養素と酸素のほか，ホルモンも体の必要なところに運搬する。

3　血液を，ガラス容器にとって放置すると，赤血球が沈殿して固まった部分と白血球が上澄みとなった透明の液とに分かれる。

4　出血したとき血液が凝固してできた塊は，血管が修復されても取り除かれることはない。

5　ABO式血液型は，血液中の血小板の有無および，その量の多少によって分類したものである。

★★

No.14 次の文中の空欄A～Dにあてはまる語句の組合せとして，正しいものはどれか。

病原体が体内に侵入すると，その病原体や病原体がつくるタンパク質などの高分子物質(毒素)を無毒化する(　A　)が生じる。これは，主に，血しょう中に存在し，(　B　)というタンパク質からできている。体内に侵入した病原体などの非自己成分を(　C　)といい，特定の毒素に対して抵抗性をもつ免疫を(　D　)という。(　D　)が自己に不利に働く場合にアレルギー反応が生じるが，花粉症などはその例である。

	A	B	C	D
1	抗体	免疫グロブリン	ワクチン	獲得免疫
2	抗体	免疫グロブリン	抗原	獲得免疫
3	抗原	プロトロビン	抗体	自然免疫
4	抗原	プロトロビン	抗体	自然免疫
5	抗体	フィブリノーゲン	抗原	自然免疫

★★
No.15 次の図は，ヒトの心臓のつくりと血液の循環を示したものである。この図に関する記述として正しいものはどれか。

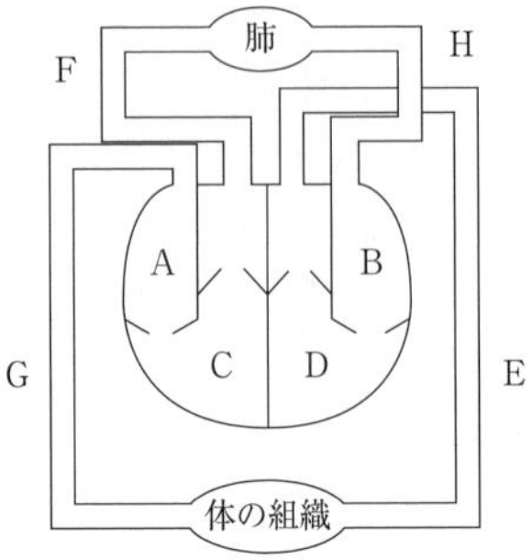

1　血液が循環する順序は，A→G→体の組織→E→D→B→H→肺→F→C→Aの順で，血液が流れる速度は肺からFへ流れ出すときが最も速い。

2　心臓と肺を結ぶFとHの血液中には，体内で不要な細菌をとり込んだ白血球が多く含まれており，この細菌は肺から体外に出される。

3　心臓は図の左側のAとCが同時に，図の右側のBとDも同時に，また右側と左側が交互に収縮するため，身体内に勢いよく血液を巡らせることができる。

4　体の組織は多くの酸素を必要とするため，EおよびGのうちの体の組織に近い部分の血管は太くなっており，この部分は大動脈と呼ばれている。

5　Cの中の血液は暗い赤色をしており，Dの中の血液は鮮やかな赤色をしているが，これは後者のほうが酸素を多く含んでいるからである。

★★
No.16 次のA～Eのうち，ヒトの肝臓の働きに関する記述をすべて選んでいるのはどれか。

A　アンモニアを毒性の強い尿素に変える。

B　グルコースをグリコーゲンに変えて貯蔵する。

C　リパーゼによって脂肪を脂肪酸とモノグリセリドにする。

D　胆汁を生成する。

E　原尿にある水分，塩類，糖などを再吸収する。

1　A，D

2　A，E

3　B，D

4　B，E

5　C，D

★★
No.17 ヒトの腎臓に関する記述として，**誤っている**ものはどれか。

1　ヒトの腎臓は腹腔の背中側に一対ある。

2　腎臓には尿を生成する単位となる構造があり，腎単位(ネフロン)と呼ばれる。1つの腎臓中には，約100万個の腎単位がある。

3　腎臓には，体内でアミノ酸などが分解されて生じた有毒なアンモニアを毒性の低い尿素に合成する働きがある。

4　腎臓は，老廃物の排出や水分の排出を調節することによって体液の恒常性を保つ重要な役割を果たしている。

5　腎単位は，ボーマンのうとそれに包まれた糸球体からなる腎小体とこれに続く細尿管(腎細管)からできている。

★★
No.18 自律神経系の働きに関する次の文中の空欄ア〜エにあてはまる語句の組合せとして，正しいものはどれか。

自律神経系には，交感神経と副交感神経の2種類がある。内臓には，その2種類の神経が分布し，互いに反対の作用をしている。たとえば，急に敵に襲われたような場合には，（　ア　）神経が作用し，心拍数は増加するが，消化管の活動は抑制される。また，（　ア　）神経は，（　イ　）を刺激し，（　ウ　）を分泌させる。環境が平和になり安心すると，（　エ　）神経が作用し，心拍数や消化管の活動は元に戻る。

	ア	イ	ウ	エ
1	交感	副腎髄質	アドレナリン	副交感
2	交感	すい臓	インスリン	副交感
3	交感	すい臓	アドレナリン	副交感
4	副交感	副腎髄質	アドレナリン	交感
5	副交感	すい臓	インスリン	交感

★★
No.19 動物のホルモンに関する記述として正しいものは，次のうちどれか。

1　体外から摂取された後，分解吸収され，生体に必要な有機物の合成やエネルギーの産出の際に，その基質となる物質である。

2　細胞質に微小体の一つとして存在する物質であり，生体の環境変化や成長段階に応じて活性化して代謝やエネルギー代謝を調節する。

3　内分泌腺とよばれる器官でつくられて血液によって運ばれ，それぞれ特定の器官に作用して，代謝，形態形成などに影響を及ぼす物質である。

4　すい臓と肝臓の外分泌腺でつくられて消化管内に放出され，そこで行われる栄養素の加水分解などの異化作用に働く物質である。

5　甲状腺と生殖腺から分泌されて生体触媒として作用する物質であり，細胞の化学反応の速度は，この濃度の変化によって調節される。

★★
No.20 次の文中の下線部ア～オのうち，正しいものはどれか。

ヒトの血糖量は，ア肝臓のランゲルハンス島から分泌されるホルモンによって調整されており，血糖量が増えるとイアドレナリンによってグルコースからのグリコーゲンの生成が促進され，血糖量が減少するとグルカゴンによってグリコーゲンからのグルコースの生成が促進される。このような作用をウフィードバックという。このほか，副腎から分泌されるホルモンにも血糖量のエ減少を助ける働きがあり，これらのオ不足が糖尿病の主な原因となる。

1　ア
2　イ
3　ウ
4　エ
5　オ

第 5 章　遺伝子とその働き

DNA と RNA

●DNA と RNA

◆遺伝子の本体は DNA であり，真核細胞では核内の染色体にその大部分が含まれている。ヒトの体細胞の核には 1 個当たり 46 本の染色体が含まれている。RNA は核内の DNA がもつ遺伝情報を細胞質へもち出し，タンパク質合成のために働く。DNA と RNA はともに核酸である。

ヌクレオチド▶

・核酸はヌクレオチドという単位が鎖状につながった構造をしており，ヌクレオチドはリン酸・糖・塩基の 3 つの部分からなる。DNA も RNA も 4 種類のヌクレオチドがあり，それぞれ塩基の種類が異なる。

ヌクレオチド

ゲノム▶

・DNA の塩基配列は遺伝情報の意味を決める。この情報をゲノムといい，細胞内でのタンパク質合成の際のアミノ酸配列を決めている。

	核酸の種類	
	DNA(デオキシリボ核酸)	RNA(リボ核酸)
糖	デオキシリボース	リボース
塩基	A(アデニン)ーT(チミン) G(グアニン)ーC(シトシン)	A(アデニン)ーU(ウラシル) G(グアニン)ーC(シトシン)
構造	二重らせん	一本鎖
働き	遺伝子の本体 自己複製する(半保存的複製)	タンパク質合成 はたらきにより，m(伝令)RNA，t(転移)RNA，r(リボソーム)RNA の 3 種類に分類される
存在場所	染色体	核小体，細胞質
分子量	100万～10億	数万～200万

●DNA と RNA の構造

DNAの構造（二重らせん構造）

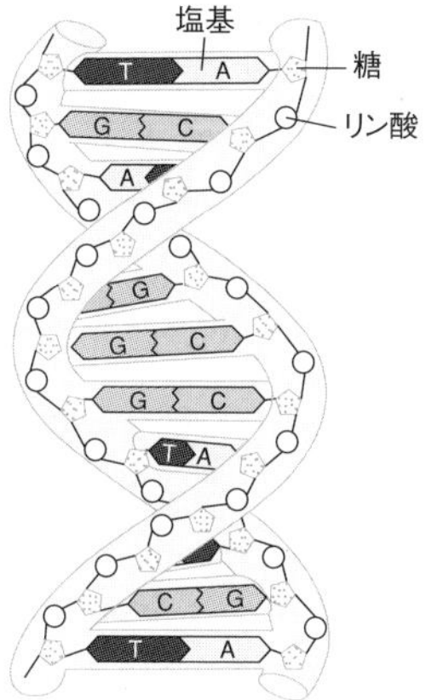

RNAの構造（一本鎖）

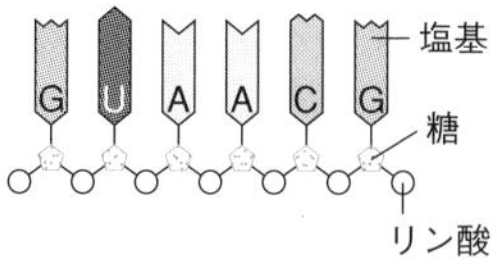

遺伝情報の複製と分配

●体細胞分裂

◆体細胞をつくるときに見られる細胞分裂で，成長の盛んな部位，例えばタマネギの根の先端などで起こっている。1個の母細胞が2個の娘細胞に分裂し，**分裂の前後で細胞あたりのDNA量は変わらない**。

●細胞周期

◆体細胞分裂をくり返す細胞で，分裂が終わってから次の分裂が終わるまでを**細胞周期**という。分裂の準備を行う間期と分裂をする分裂期に大別される。

〈植物細胞〉

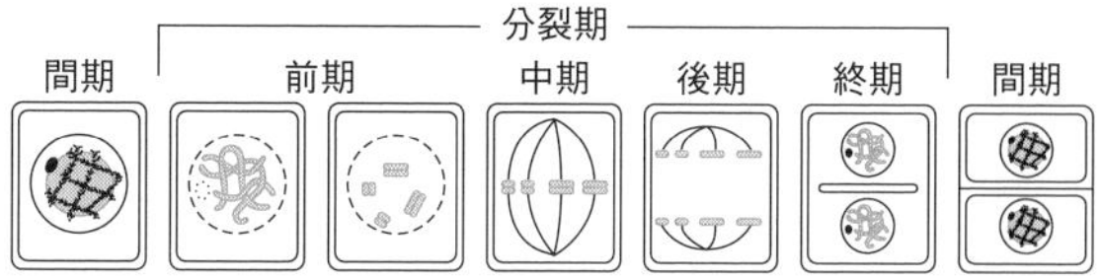

間期：DNAが複製され，もとの2倍になる。

前期：糸状の染色体が折りたたまれて太く短い棒状になる。染色体は縦裂する。核膜・核小体が消失し，紡錘体が形成される。

中期：染色体が赤道面に並び，紡錘糸が付着する。

後期：染色体が分離し，紡錘糸に引かれて両極に移動する。

終期：染色体が両極に達し，糸状に戻る。核膜・核小体が現れ，細胞質分裂が起こる。

間期：新しい2個の娘細胞が形成される。

植物細胞と動物細胞の違い▶

① 動物細胞では**星状体**が現れて，ここから**紡錘糸**が伸びる。植物細胞では星状体はなく，極にできた基点から紡錘糸が現れる。

② 動物細胞では細胞膜がくびれて，細胞質が分裂する。植物細胞では細胞の中央付近に**細胞板**が形成され，細胞質を仕切って，細胞質が分裂する。

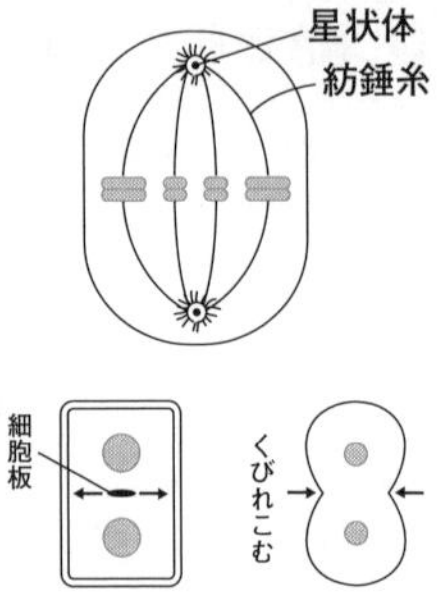

〈植物細胞〉 〈動物細胞〉

遺伝情報の発現

●タンパク質の合成

◆タンパク質が合成される過程は，**転写**と**翻訳**の2段階からなる。

転写▶ ・DNAの塩基配列がRNAに写し取られること。できたRNAをmRNA(伝令RNA)という。

翻訳▶ ・mRNAの塩基配列の情報が，tRNA(転移RNA)を介してアミノ酸の配列に読みかえられる過程。リボソーム上で行われる。

セントラルドグマ▶ ・生物における遺伝情報の流れが，DNA→RNA→タンパク質の一方向であること。

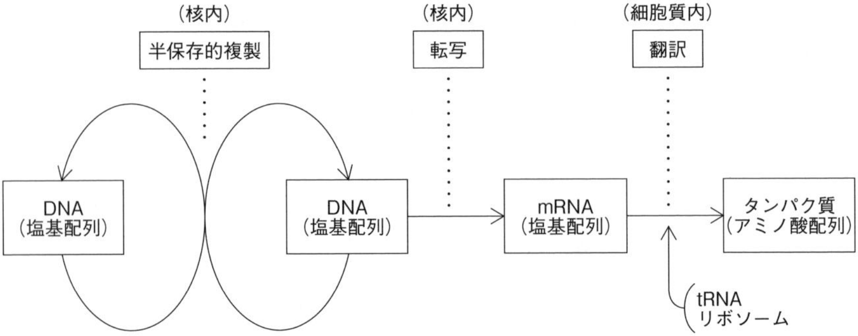

練習問題

（357ページより解答・解説）

No.21 ★ 核酸はDNA，RNAともにヌクレオチドと呼ばれる構造単位から成り立っている。このヌクレオチドはさらに3つの成分が互いに結合してできているが，この3つの成分の組合せとして正しいものは，次のうちどれか。

1　ケイ酸塩，リン酸塩，硝酸塩
2　タンパク質，炭水化物，脂肪
3　リン酸，糖，塩基
4　ミトコンドリア，ゴルジ体，色素体
5　窒素，リン酸，カリウム

第6章　生殖と発生

生殖

●生殖

◆生物個体が同じ種類の新しい個体をつくることを**生殖**といい，**無性生殖**と**有性生殖**がある。生殖のために特別に分化した細胞(胞子，卵，精子など)を**生殖細胞**といい，中でも，合体して新個体を形成するものを**配偶子**という。

●無性生殖

◆配偶子によらない生殖法で，母体から分離した細胞または細胞群が新個体になる。新個体を形成する能率はよいが，親のもつ遺伝子がそのまま子に受け継がれるので，環境の変化に対して適応しにくく，生存に不利になることもある。

無性生殖の種類

分裂	母体が分裂して新個体になる。 【例】アメーバ，ゾウリムシ，ミドリムシ，イソギンチャク
出芽	母体に芽のような突起が生じ，それが分離して新個体になる。 【例】酵母，ヒドラ，カイメン，サンゴ
胞子生殖	母体の一部が分裂して胞子(分生子)となり，これが発芽・生育して新個体になる。 【例】アオカビ
栄養生殖	植物の根・葉・茎などの栄養器官の一部が新個体になる。植物のさし木，さし芽なども人為的な栄養生殖である。 【例】ジャガイモ，サツマイモ，イチゴ，オニユリ，タケ，ヤマノイモ

●有性生殖

◆雌雄に分化した母体にできる配偶子の合体によって新個体をつくる。新個体を形成する能率は悪いが，両親からそれぞれの遺伝子が受け継がれるので，遺伝子の組合せにより，環境の変化に適応することのできる新しい形質が生じやすい。このため，生存に有利なことがある。

有性生殖の種類

接合	形や大きさのよく似た2個の配偶子の合体によって新個体をつくる。 【例】アオミドロ，ケイソウ
受精	合体する2個の配偶子の形や大きさに極端な差があり，大きく運動性のない卵(雌性配偶子)と小さく運動性のある精子(雄性配偶子)の合体によって新個体をつくる。できた接合子を受精卵という。 【例】多細胞動物(ヒト，カエルなど)，植物(ワラビ，スギゴケ，イチョウ，マツ，サクラなど)

チェック

◆**無性生殖**

→**親と子の遺伝子構成が同じなので，環境の変化に適応しにくい。**

◆**有性生殖**

→**親と子の遺伝子構成が異なるので，環境の変化に適応しやすい。**

配偶子の形成

●減数分裂

◆生殖細胞を作るときに見られる細胞分裂である。2回の分裂が連続して起こり，1個の母細胞が4個の娘細胞に分裂し，**分裂後は細胞あたりのDNA量が半減する**。

〈植物細胞〉

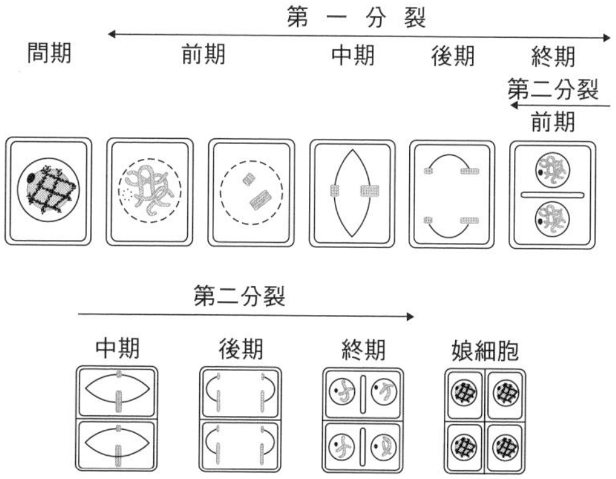

〈第一分裂〉

間期：DNAが複製され，もとの量の2倍になる。

前期：相同染色体が対合して，二価染色体を形成する。染色体は縦裂する。核膜・核小体が消失する。

中期：二価染色体が赤道面に並び，紡錘体が完成する。

後期：二価染色体が分離し，紡錘糸に引かれて両極へ移動する。

終期：染色体が両極に達し，細胞質分裂が起こり，2個の細胞になる。

〈第二分裂〉

前期：第一分裂の終期と同時に進行する。

中期：染色体が赤道面に並び，紡錘体が完成する。

後期：染色体が分離し，紡錘糸に引かれて両極へ移動する。

終期：染色体が両極に達し，糸状に戻る。核膜・核小体が現れ細胞質分裂が起こる。

娘細胞：4個の娘細胞（生殖細胞）が形成される。

動物の発生

●卵割

◆受精卵の初期の細胞分裂を**卵割**といい，卵割の結果生じた細胞を**割球**という。卵には胚の発生に必要な栄養分として**卵黄**が含まれており，卵黄の量や分布によって卵割の様式が異なっている。

卵の種類		卵割の様式		初期発生の過程	例
				2細胞期　4細胞期　8細胞期　胞胚期	
等黄卵	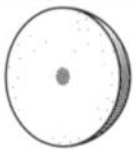 卵黄は少なく，ほぼ一様に分布している	全割	等割	 ほぼ同じ大きさの割球ができる。	キョク皮動物（ウニ，ナマコ，ヒトデ） 哺乳類（ヒト，ウマ）
端黄卵	 卵黄は比較的多く，植物極側にかたよって分布している	全割	不等割	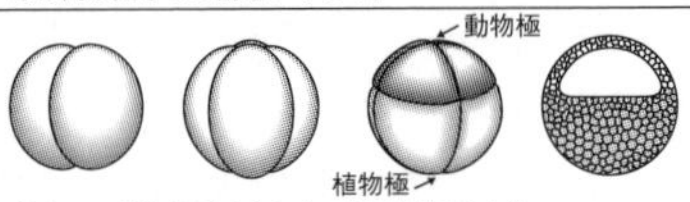 割球は，動物極側が小さく，植物極側が大きい。	両生類（カエル，イモリ）
端黄卵	 卵黄はきわめて多く，非常にかたよって分布している	部分割	盤割	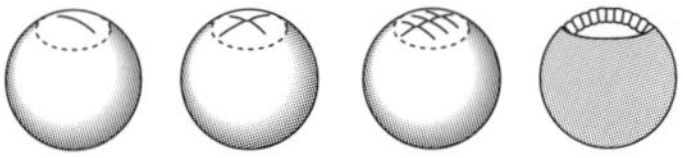 動物極の付近だけで卵割が起こる。	魚類（メダカ） ハ虫類（ヘビ，トカゲ） 鳥類（ニワトリ）
心黄卵	 卵黄は多く，中央にかたよって分布している	部分割	表割	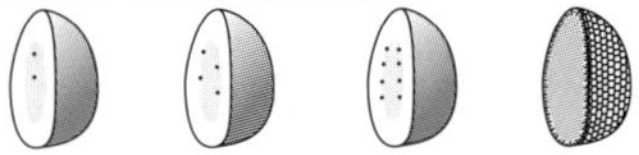 初めは核のみが分裂し，その後，核が表面に移動して細胞質分裂する。	昆虫類（バッタ） 甲殻類（エビ，カニ）

●発生

◆動物の受精卵が卵割を開始すると，2 細胞期→4 細胞期→8 細胞期→……→桑実胚期→胞胚期→原腸胚期……と発生が進行する。原腸胚期には，胚表面の細胞群が原口から陥入し，外胚葉，中胚葉，内胚葉の 3 つの細胞群に分化する。そして，各胚葉から特定の組織や器官が形成される。

- 外胚葉
  - 表皮…毛髪，ツメ，眼の水晶体など
  - 神経系…脳，脊髄，網膜・視神経など
- 中胚葉
  - 筋肉，骨格
  - 循環系…心臓，血管など
  - 排出系…腎臓など
  - 生殖系…卵巣，精巣など
- 内胚葉
  - 消化器系…胃，腸，肝臓，すい臓など
  - 呼吸器系…肺など

練習問題

（357ページより解答・解説）

★
No.22　次の生物A～Eの生殖方法について，無性生殖の分裂を行うものを選んだ組合せとして，正しいものはどれか。

A　ヒドラ
B　酵母
C　ミドリムシ
D　コウジカビ
E　イソギンチャク

1　A，C
2　A，D
3　B，D
4　B，E
5　C，E

★★
No.23　無性生殖，有性生殖に関する記述として正しいものは，次のうちどれか。

1　無性生殖のうち配偶子が合体するものには，同形配偶子が合体するものと，異形配偶子が合体するものとがある。
2　無性生殖は新形態が出現しやすく，生物にとって環境の変化に適応しやすいので，有性生殖よりも種の保存の面から有利である。
3　無性生殖をする世代と有性生殖をする世代を交互に繰り返す現象(世代交代)は，コケ植物など下等植物に多くみられるが，動物にはみられない。
4　世代交代をするシダ植物などは，無性生殖をする世代は染色体数が $2n$ であり，胞子形成のときには減数分裂する。
5　有性生殖の接合は，その多くが同じ遺伝子をもつ特別な生殖細胞間で行われる。

★No.24 図はある生物の細胞分裂の様子を表したものである。図に関する次の文中の空欄A，Bにあてはまる語句の組合せとして正しいものはどれか。

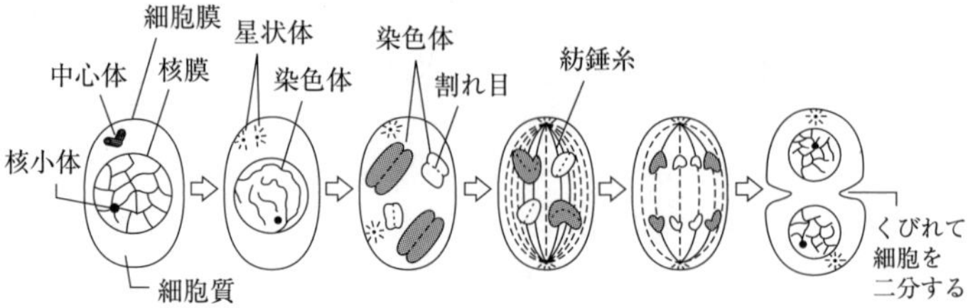

①分裂する前　②前期の初め　③前期の後半　④中期　⑤後期　⑥終期

「細胞壁がなく，分裂の終期に細胞質がくびれて二分することからわかるように，この図は(　A　)を示している。また各染色体が２つに縦裂し，染色体が縦裂面から分かれて新しい核に配分され，細胞分裂を終えることから明らかなように，これは(　B　)を示している。」

	A	B
1	植物細胞	減数分裂
2	植物細胞	体細胞分裂
3	生殖細胞	減数分裂
4	動物細胞	減数分裂
5	動物細胞	体細胞分裂

第 7 章　いろいろな遺伝現象

遺伝用語

●形質　◆生物のもつ形・色・大きさなどの特徴。

遺伝形質▶　・形質のうち，遺伝して子孫に伝わるもの。

対立形質▶　・種子の形の「丸形としわ形」，子葉の色の「黄色と緑色」のように，対をなしている形質のことで，同じ個体に同時に現れることはない。

顕性形質と潜性形質▶　・対立形質をもつ両親の交雑において，雑種第一代(F_1)に現れる形質を**顕性形質**，現れない形質を**潜性形質**という。

●遺伝子　◆遺伝形質を決定する因子をいい，さまざまな遺伝情報をもつ。その本体であるDNAは，二重らせん構造をしており自己複製を行う。対立形質を発現する遺伝子を対立遺伝子といい，顕性形質を発現する顕性遺伝子と潜性形質を発現する潜性遺伝子がある。対立遺伝子は相同染色体上の同じ位置に存在する。

遺伝子記号▶　・個々の形質に対応する遺伝子を表す記号。一般に顕性遺伝子はアルファベットの大文字，潜性遺伝子は小文字で表す。

遺伝子型▶　・個体のもつ遺伝子の組合せを遺伝子記号で表したもの。AA，aa，AABBのように同じ対立遺伝子が対になっている遺伝子型の個体を**ホモ**，Aa，AaBbのように異なる対立遺伝子が対になっている遺伝子型の個体を**ヘテロ**という。

表現型▶　・遺伝子の働きによって表に現れる形質のことで，一般に「丸形」「しわ形」などのような言葉で表される。

●交雑　◆遺伝的に異なる形質をもつ個体をかけ合わせること。

親(P)▶　・初めに交雑する個体。

雑種第一代(F_1)▶　・親の交雑によって生じた子。

雑種第二代(F_2)▶　・F_1の交雑(自家受精など)によって生じた子。

自家受精▶　・同じ個体内の雌雄の配偶子による受精。

純系▶　・すべての遺伝子座の遺伝子がホモ接合になっている生物の系統。

遺伝形質

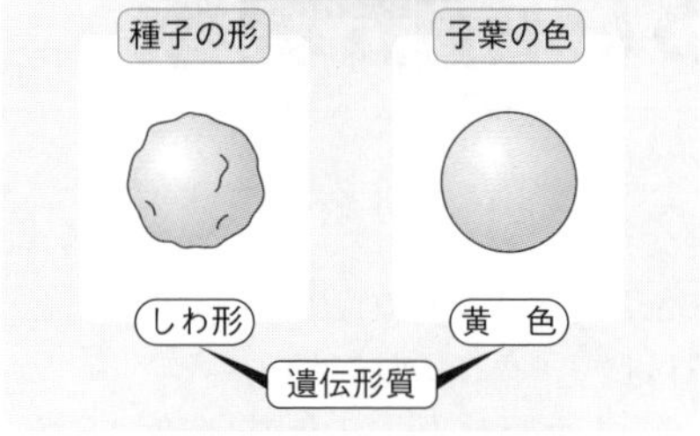

対立形質

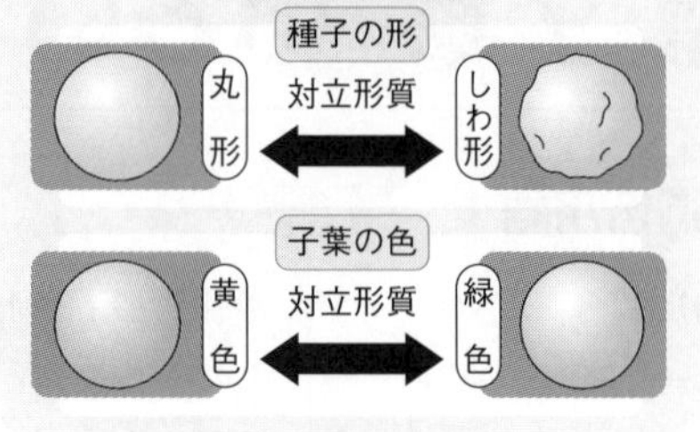

顕性形質と潜性形質

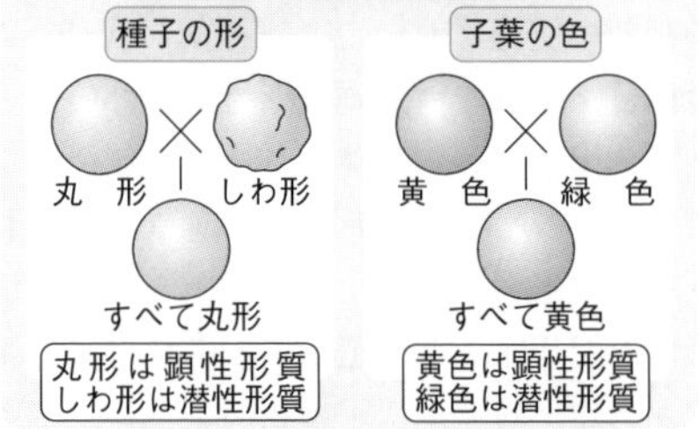

遺伝子記号

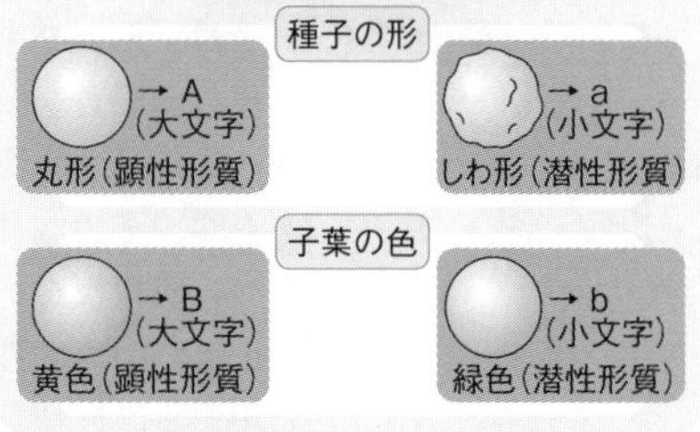

遺伝子型と表現型

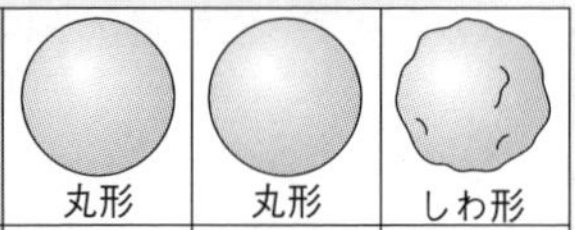

種子の形	丸形	丸形	しわ形
遺伝子型	AA	Aa	aa
表 現 型	丸形 〔A〕	丸形 〔A〕	しわ形 〔a〕

遺伝子型 AA や aa の表現型をそれぞれ遺伝子記号を使って〔A〕や〔a〕のように表すことがある

ホモとヘテロ

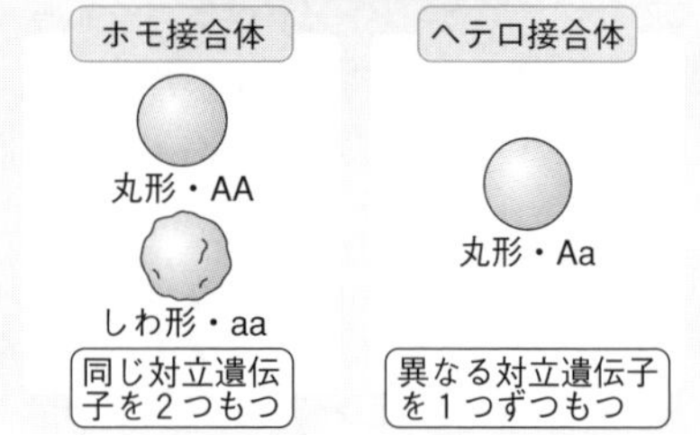

メンデルの発見

●メンデルの発見

◆メンデルはエンドウの交雑実験を行い，次のような遺伝に関する規則性を発見した。

・雑種第一代(F_1)では親(P)のもつ顕性形質が現れ，潜性形質は現れない。

分離の法則▶ ・生殖細胞(配偶子)ができるとき，対立遺伝子は互いに分離して，別々の生殖細胞に1つずつ入る。

独立の法則▶ ・2組以上の対立遺伝子がそれぞれ異なる染色体上にあるとき，それぞれの遺伝子は互いに独立して各生殖細胞(配偶子)に配分される。

一遺伝子雑種

●一遺伝子雑種

◆1対の対立形質に注目して交雑したときに得られる雑種。

例　エンドウの種子の形(丸形としわ形)

丸形が顕性形質で遺伝子記号をA，しわ形が潜性形質で遺伝子記号をaとする。

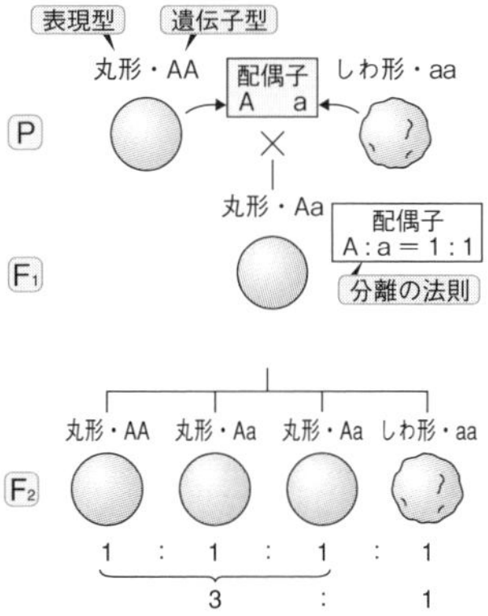

種子が丸形のエンドウAAとしわ形のエンドウaaを交雑する。

F_1はすべて丸形の種子Aaが生じる。このF_1の自家受精によって，F_2をつくる。

	A	a
A	AA	Aa
a	Aa	aa

種子が丸形のものAAとAaとしわ形のものaaが現れて，その表現型の分離比は，
丸形：しわ形＝3：1

チェック

◆雑種第一代(F_1)に現れた「丸形」が顕性形質

◆雑種第一代(F_1)に現れなかった「しわ形」が潜性形質

二遺伝子雑種

●二遺伝子雑種

◆2対の対立形質に注目して交雑したときに得られる雑種。

例　エンドウの種子の形(丸形としわ形)

　　エンドウの子葉の色(黄色と緑色)

　種子の形は丸形が顕性形質で遺伝子記号をA，しわ形が潜性形質で遺伝子記号をa，子葉の色は黄色が顕性形質で遺伝子記号をB，緑色が潜性形質で遺伝子記号をbとする。

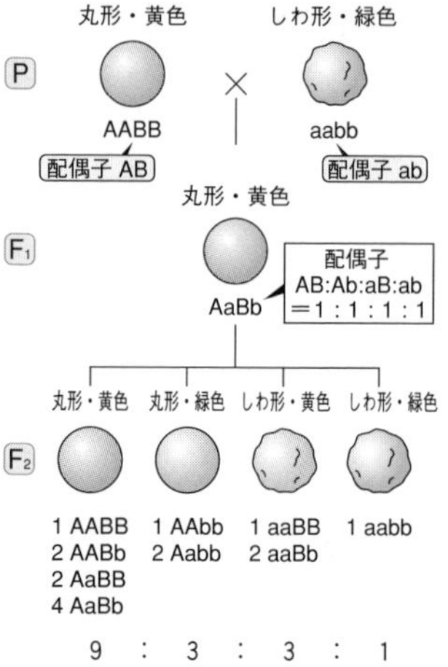

種子が丸形で子葉の色が黄色のエンドウAABB(配偶子はAB)と，しわ形で緑色のエンドウaabb(配偶子はab)を交雑する。

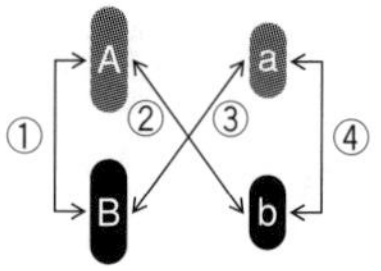

F_1において，2組の対立遺伝子A(a)とB(b)は異なる染色体上にあるので，それぞれの遺伝子は互いに独立して各配偶子に配分される(独立の法則)。その組合せは上の①～④の4通り。よって，

AB：Ab：aB：ab
＝1：1：1：1

	AB	Ab	aB	ab
AB	AABB	AABb	AaBB	AaBb
Ab	AABb	AAbb	AaBb	Aabb
aB	AaBB	AaBb	aaBB	aaBb
ab	AaBb	Aabb	aaBb	aabb

■…丸形・黄色
■…丸形・緑色
■…しわ形・黄色
■…しわ形・緑色

よって，F_1の自家受精によってできるF_2の表現型の分離比は，

丸形・黄色：丸形・緑色：しわ形・黄色：しわ形・緑色
＝　9　：　3　：　3　：　1

不完全顕性

●不完全顕性

◆対立遺伝子間にはっきりとした顕性・潜性の関係がない場合(不完全顕性)には，F_1 に両親の中間の形質をもった中間雑種が現れる。

例　マルバアサガオ，オシロイバナの花の色(赤色，桃色，白色)

花の色を赤色にする遺伝子の遺伝子記号を R，白色にする遺伝子の遺伝子記号を r とする。

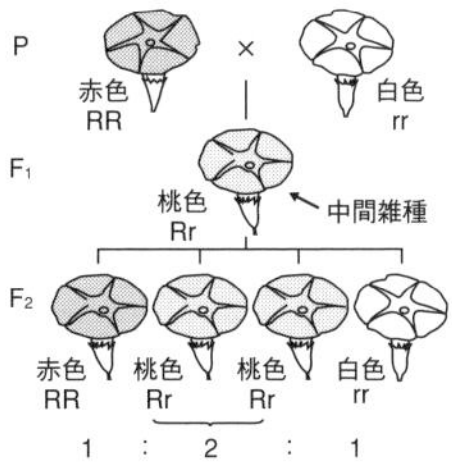

親として赤色 RR と白色 rr の花を交雑すると，R と r の間にはっきりとした顕性・潜性の関係がないので，F_1 はすべて桃色 Rr が生じる。F_2 では赤色 RR，桃色 Rr，白色 rr の花が現れて，その表現型の分離比は赤色：桃色：白色＝1 ： 2 ： 1 となる。

チェック

不完全顕性では，表現型と遺伝子型が一致する。

複対立遺伝子

●複対立遺伝子

◆1つの形質の発現に3個以上の遺伝子が関係しているとき，それらを**複対立遺伝子**という。

例　ヒトの ABO 式血液型

A，B，O の3種類の遺伝子が関係し，A と B の間には顕性・潜性の関係はなく，A と B は O に対して顕性である。

表現型	A 型	B 型	AB 型	O 型
遺伝子型	AA AO	BB BO	AB	OO

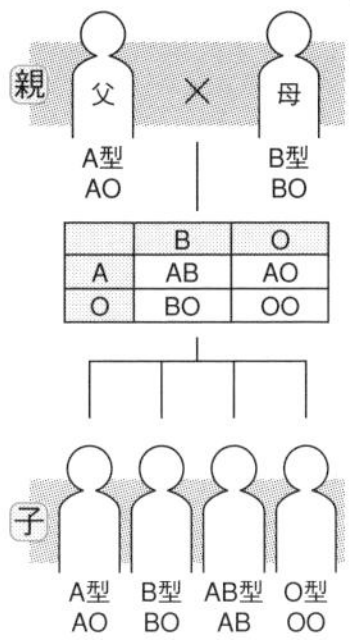

父親が A 型，母親が B 型のとき，子に現れる可能性がある ABO 式血液型について考える。

父親の A 型の遺伝子型を AO，母親の B 型の遺伝子型を BO とすると(父親 AA，母親 BB よりも可能性が広がるため)。子の遺伝子型は AO，BO，AB，OO となるから，A 型，B 型，AB 型，O 型の子が生まれる可能性がある。

チェック

O 型の子が生まれるためには遺伝子 O を両親から受け継ぐ必要がある。よって，両親の一方でも AB 型であると，O 型の子は生まれない。

また，AB 型の子が生まれるためには両親から遺伝子 A，遺伝子 B をそれぞれ受け継ぐ必要がある。よって，両親の一方でも O 型であると，AB 型の子は生まれない。

致死遺伝子

●致死遺伝子

◆ある遺伝子がホモになると，死という形質を発現する場合，その遺伝子を**致死遺伝子**という。

例　ハツカネズミの体色（黄色と黒色）

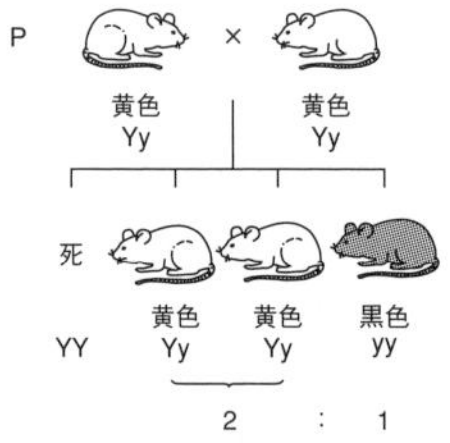

ハツカネズミの体色は黄色が顕性形質（遺伝子記号 Y），黒色が潜性形質（遺伝子記号 y）である。黄色の遺伝子 Y は潜性の致死遺伝子としても働くので，遺伝子型が YY の個体は発生の初期に死亡する。

遺伝子型 Yy の雌雄の交雑では，遺伝子型が YY の子は胎児期に死亡して生まれないため，子の表現型は黄色：黒色 = 2 ： 1 になる。

いろいろな様式の遺伝

●補足遺伝子

◆2 対の対立遺伝子が互いに補足的に働き，ある 1 つの形質が発現する場合，その遺伝子を**補足遺伝子**という。

例　スイートピーの花の色，ニワトリのとさかの形

●抑制遺伝子

◆2 対の対立遺伝子のうち，一方の顕性遺伝子が他方の顕性遺伝子の作用を抑制する働きをもつ場合，前者の遺伝子を**抑制遺伝子**という。

例　カイコのまゆの色

性の決定

●性染色体

◆性の決定に関する遺伝子をもつ染色体を**性染色体**といい，X，Y，Z，W などの記号で表す。ふつう，生物は性染色体を 2 本もっており，性決定の型は 4 つに分けられる。

性決定の型		性染色体の組合せ	生物例
雄ヘテロ型	XY型	雄(♂)XY　雌(♀)XX	ヒト，キイロショウジョウバエ
	XO型	雄(♂)X　雌(♀)XX	バッタ，コオロギ，トンボ
雌ヘテロ型	ZW型	雄(♂)ZZ　雌(♀)ZW	ニワトリ，カイコガ
	ZO型	雄(♂)ZZ　雌(♀)Z	ミノガ，トビゲラ

伴性遺伝

●伴性遺伝

◆性以外の形質を発現する遺伝子が性染色体上に存在する場合，その形質は性と深い関係をもって遺伝する。形質の現れ方が雌雄で異なる遺伝を**伴性遺伝**という。性決定の型がXY型の場合，遺伝子はX染色体上に存在するが，Y染色体上には存在しない。伴性遺伝の例として，キイロショウジョウバエの眼の色，ヒトの色覚，血友病の遺伝などがあげられる。

キイロショウジョウバエの眼の色の遺伝▶

・性決定の型はXY型で，顕性の赤眼遺伝子をもつX染色体をX^A，潜性の白眼遺伝子をもつX染色体をX^aとすると以下のようになる。

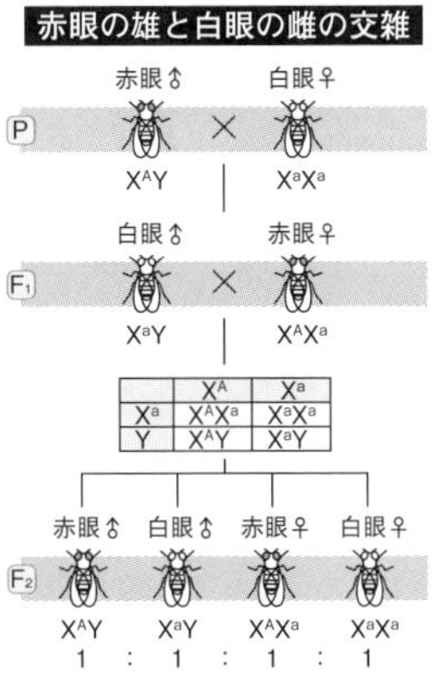

●雌雄とも赤眼：白眼＝1：1に現れる

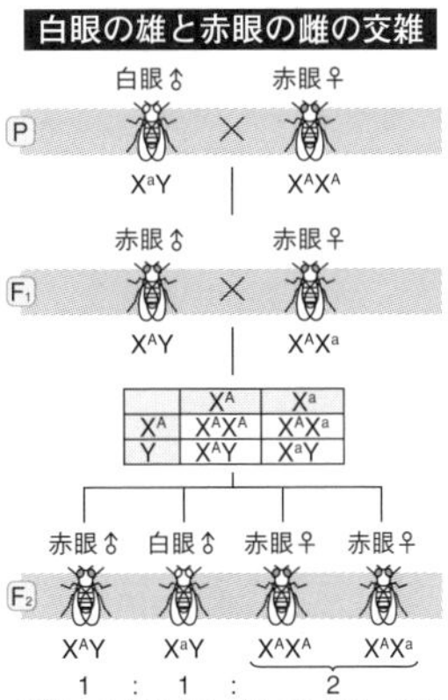

●雌では赤眼だけ，雄では赤眼：白眼＝1：1に現れる

ヒトの色覚の遺伝▶

・ヒトは，赤色と緑色の区別がつかない色覚をもつ場合がある。原因となる遺伝子は潜性で，X染色体上にあるため，伴性遺伝をする。その遺伝子をもつX染色体をX^aとすると，男性ではX^aY，女性ではX^aX^aの場合にこの色覚をもつ。

練習問題

（357ページより解答・解説）

No.25 ★★ 次の記述は遺伝子に関するものである。空欄A～Dにあてはまる語句の組合せとして正しいものはどれか。

[A] はエンドウを使って遺伝の研究を行った。エンドウのさやには黄色のものと緑色のものの2種類があり，1つの個体には2色のさやが混じることはなく，どちらか一方の色のさやしかできない。

黄色のさやの純系のエンドウと緑色のさやの純系のエンドウを「親」として，これを交配してできた種子から成長した「子」のさやを見ると，すべての個体のさやが緑色であった。このように，対立形式をもつ個体を交雑したとき，「子」に現れる形質を [B] という。この「子」どうしを交配してできた種子から成長した「孫」は，緑色のさやのものと黄色のさやのものが [C] で現れる。

また，緑色のさやの純系の「親」と黄色のさやの純系の「孫」を交配してできた種子から成長したエンドウでは，緑色のさやのものと黄色のさやのものが [D] で現れる。

	A	B	C	D
1	メンデル	顕性形質	3：1	1：0
2	メンデル	顕性形質	1：1	3：1
3	ダーウィン	顕性形質	3：1	1：0
4	ダーウィン	潜性形質	3：1	1：0
5	メンデル	潜性形質	1：1	3：1

★★

No.26 メンデルは，2対の対立形質に着目してつくった二遺伝子雑種についても，遺伝の法則が成り立つことを明らかにした。

たとえば，エンドウの場合，種子の形には丸としわがあり，子葉の色には黄色と緑色がある。丸・黄(遺伝子型 AABB)と，しわ・緑(aabb)の交雑で得られる F_1(雑種第一代)は，すべて丸・黄となった。この F_1 どうしを交雑すると，F_2(雑種第二代)では丸・黄，丸・緑，しわ・黄，しわ・緑が9：3：3：1の割合で現れた。

この F_2 のしわ・緑と F_1 を交雑した場合に現れる表現型の分離比として，妥当なものは次のうちどれか。

	丸・黄	：	丸・緑	：	しわ・黄	：	しわ・緑
1	1	：	0	：	0	：	0
2	0	：	0	：	0	：	1
3	1	：	0	：	0	：	1
4	0	：	1	：	1	：	0
5	1	：	1	：	1	：	1

★★

No.27 オシロイバナの赤花と白花の交配によって生じた雑種第一代(F_1)は，すべて花の色が桃色である。F_1 の自家受精によって生じた雑種第二代(F_2)の結果と，F_1 と白花の交配によって生じた結果をそれぞれ示したものの組合せとして正しいのは，次のうちどれか。

	$F_1 \times F_1$	$F_1 \times$ 白花
1	赤：桃：白＝1：1：1	赤：白＝1：1
2	赤：桃：白＝1：1：2	赤：白＝1：1
3	赤：桃：白＝1：1：2	桃：白＝1：1
4	赤：桃：白＝1：2：1	赤：桃＝1：1
5	赤：桃：白＝1：2：1	桃：白＝1：1

★
No.28 ヒトのABO式血液型では，A・B・AB・O型の4つの血液型に区別される。親と子の血液型に関する次の記述のうち，正しいものはどれか。

1　A型とB型の親からは，A・B・AB・O型の子が生まれる可能性がある。

2　A型とO型の親からは，A型の子しか生まれない。

3　B型とB型の親からは，B型の子しか生まれない。

4　AB型とB型の親からは，AB型とB型の子しか生まれない。

5　AB型とO型の親からは，AB型の子が生まれる。

★★★
No.29 図は，ある種の花の赤色の系統(遺伝子型AAbb)と白色の系統(遺伝子型aaBB)のものを親(P)として交雑すると得られる雑種第一代(F_1) および，F_1の自家受精による雑種第二代(F_2) の表現型と花の色を表したものである。この花に関する記述として正しいものは，次のうちどれか。

ただし，Aは花の赤色を発現する遺伝子で，また，Aはaに対し，Bはbに対し顕性な遺伝子である。

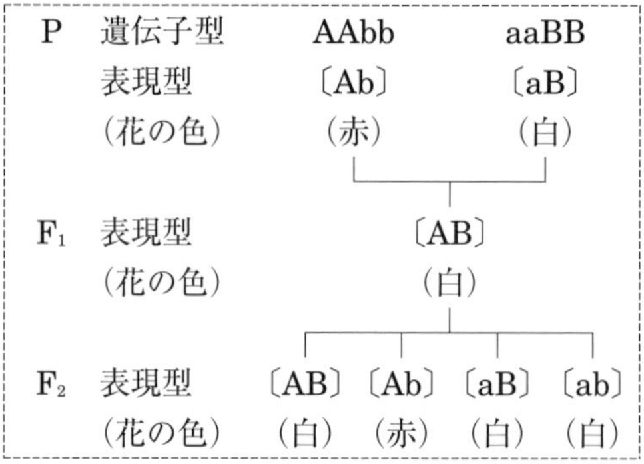

1　F_1の遺伝子型は4通りある。

2　F_1が白色であるのは遺伝子型にAが1つしかないためである。

3　F_2の赤色の花の遺伝子型は1通りしかない。

4　F_2の白色の花のうち，Pの白色の花と同じ遺伝子型のものはない。

5　F_2の赤色の花と白色の花の比率は3：13である。

★★
No.30 ショウジョウバエの白眼の雌と赤眼の雄を交雑させたところ，雑種第一代(F_1) は雌がすべて赤眼，雄がすべて白眼となった。この F_1 の雌と雄を交雑させた結果として正しいものは，次のうちどれか。ただし，ショウジョウバエの眼色の遺伝は伴性遺伝であり，赤眼と白眼は対立形質で，赤眼は白眼に対して顕性である。

1　雌，雄ともすべて赤眼で生まれる。
2　雌はすべて赤眼，雄はすべて白眼で生まれる。
3　雌，雄とも赤眼と白眼が1：1の割合で生まれる。
4　雄はすべて白眼，雌は赤眼と白眼が1：1の割合で生まれる。
5　雄はすべて赤眼，雌は赤眼と白眼が1：1の割合で生まれる。

第 8 章　植物の環境応答

屈性と傾性

●屈性

◆植物または植物の器官が刺激の方向に対して決まった方向に屈曲する反応を**屈性**という。屈性は刺激の種類により，光屈性，重力屈性，水分屈性，接触屈性，化学屈性などに分けられ，刺激源の方向へ屈曲する場合を正(+)の屈性と呼び，その反対方向へ屈曲する場合を負(−)の屈性という。

●傾性

◆植物の器官が刺激の方向とは無関係に一定の方向に屈曲する反応を**傾性**という。温度傾性，光傾性，接触傾性などがある。

植物ホルモン

●オーキシン

◆植物細胞の成長を促進する植物ホルモンである。主に植物体の先端部で合成され，基部方向に移動して下部組織の細胞に作用する。

光屈性▶

・オーキシンには，光を当てると，陰側に移動するという性質がある。そのため，茎に光を当てると，オーキシンは陰側に移動し，この濃度差のまま下降する。これによりオーキシンの濃度が高い陰側の成長が促進され，茎は光の当たる側へ屈曲する。

重力屈性▶

・植物を暗黒中に水平に置くと，重力の刺激でオーキシンは植物の下側に極性移動する。茎ではオーキシン濃度の高い下側の成長が促進され，根ではオーキシン濃度の高い下側の成長が阻害される。そのため，茎は上方に屈曲し(負の重力屈性)，根は下方に屈曲する(正の重力屈性)。これは，茎や根などの器官によって，成長が促進されるオーキシン濃度が異なり，根よりも茎の方がオーキシンの最適濃度が高いため，茎の成長にとっての最適なオーキシン濃度は根には高濃度となり，成長が阻害されるからである。

●その他の植物ホルモン

植物ホルモン	働き
ジベレリン	細胞の伸長成長を促進する。種子の休眠解除を促す。
アブシシン酸	水分が欠乏すると急速に合成され，気孔を閉ざす。
エチレン	気体の植物ホルモンで，果実の成熟や細胞の肥大成長を促進する。

花芽形成の調節

●光周性

◆日長時間(実際には連続した暗期)の長さの変化によって，植物が花芽形成などの影響を受ける性質のことである。

花芽形成と限界暗期▶

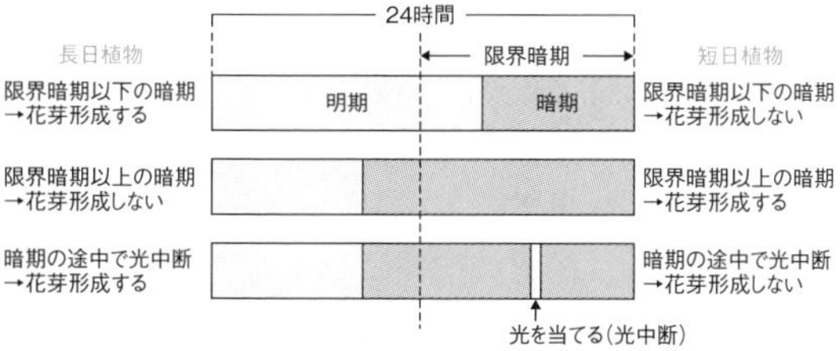

＊**限界暗期**　花芽が形成されるために必要な暗期の長さの限界

長日植物▶

・暗期が限界暗期より短いとき花芽を形成する植物で，春～初夏に開花する。

例　アブラナ，ホウレンソウ，ダイコン，コムギ，ハナショウブ

短日植物▶

・暗期が限界暗期より長いとき花芽を形成する植物で，夏～秋に開花する。

例　アサガオ，キク，コスモス，ダイズ，イネ

中性植物▶

・暗期の長さに関係なく，一定の大きさに生育すると花芽を形成する植物で，四季咲きのものが多い。

例　トマト，タンポポ，ワタ，ハコベ，トウモロコシ

練 習 問 題

（360ページより解答・解説）

No.31 ★★ オーキシンに関する記述として正しいものは，次のうちどれか。

1　植物の根でつくられる水溶性物質で，水分の吸収とともに，茎・枝へと移動する。

2　光の当たる方向へ移動する性質があり，このため芽や茎に光を当てると，光の方向へ屈曲する。

3　植物の成長に与える作用は，植物の部位により異なるが，一般に高濃度では成長を促進し，低濃度では成長を阻害する。

4　休眠中の種子の発芽など，速い成長を行う部分で，その成長を促進する特性がある。

5　植物の成長を促進または抑制させる働きがあり，頂芽の成長が促進されるときは，側芽の成長は抑制される。

★★
No.32 植物の成長を促進するオーキシンについては次のようなことが知られている。

ア　幼葉鞘などの成長点を含む茎の先端や若い葉で形成されて下降し，下部組織の成長を促進する。

イ　光の当たらない側へ移動するので，結果的に光の当たらない側に多く分布する。

ウ　水溶性で寒天のようなものは透過するが，雲母片のように水を通さないものではその移行が妨げられる。

以上を前提とした場合，(A)～(D)の実験をすると幼葉鞘はどのようになるか。

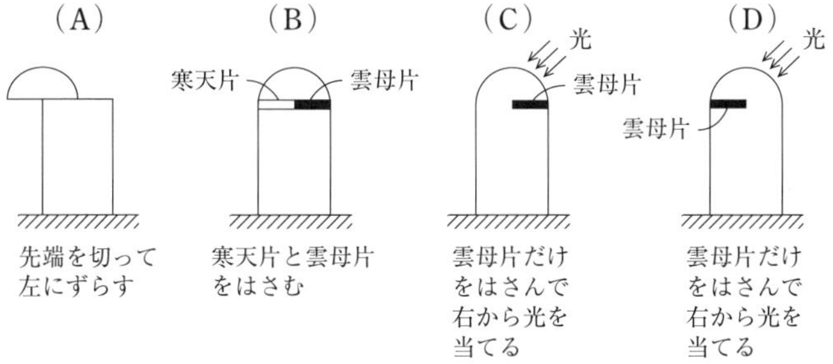

	(A)	(B)	(C)	(D)
1	成長しない	右へ曲がって伸びる	右へ曲がって伸びる	左へ曲がって伸びる
2	右へ曲がって伸びる	左へ曲がって伸びる	ほとんど成長しない	右へ曲がって伸びる
3	左へ曲がって伸びる	成長しない	左へ曲がって伸びる	左へ曲がって伸びる
4	右へ曲がって伸びる	右へ曲がって伸びる	右へ曲がって伸びる	ほとんど成長しない
5	左へ曲がって伸びる	左へ曲がって伸びる	左へ曲がって伸びる	右へ曲がって伸びる

★★

No.33　次の文中の空欄A～Fのうち，A～Dにあてはまる語句の組合せとして正しいものは，次のうちどれか。

植物が日長の長短を感じとり，花芽の発育を制御する性質を光周性とよぶ。この場合，実際に発育の制御に関係しているのは[A]の長さである。植物のうち，[B]の長さがある時間より長くないと花芽を形成しないものを[C]，[B]の長さがある時間より短くないと花芽を形成しないものを[E]，[B]の長さに関係なく花芽を形成するものを中性植物と呼ぶ。[C]としては[D]が，[E]としては[F]がある。

	A	B	C	D
1	夜(暗期)	暗期	長日植物	ホウレンソウ
2	夜(暗期)	暗期	短日植物	アサガオ
3	夜(暗期)	暗期	長日植物	キク
4	昼(明期)	明期	短日植物	ダイコン
5	昼(明期)	明期	長日植物	タンポポ

★★

No.34　植物の光周性に関する文中の空欄A～Dにあてはまる語句の組合せとして，正しいものはどれか。

アサガオの芽生えに朝夕覆いをして，日照時間を短くすると，やがて小さな苗につぼみができてくる。このことからアサガオは[A]植物であるといえる。覆いをしている途中で，白色光を短時間照射して，さらに覆いを続けるとアサガオは[B]。このことから，花芽の形成には一定の連続した[C]が必要なことがわかる。花芽の形成の光周性は季節外れの花を咲かせるのに利用されており，秋に咲くキクを年末に咲かせるために，夕方の一定時間[D]ことが行われている。

	A	B	C	D
1	長日	開花する	明期	電灯で照らす
2	長日	開花しない	暗期	覆いをする
3	短日	開花する	明期	電灯で照らす
4	短日	開花しない	明期	覆いをする
5	短日	開花しない	暗期	電灯で照らす

第9章 動物の反応と行動

刺激の受容

●刺激の受容

◆受容器(眼，耳，鼻などの感覚器)が外界の刺激を受け取り，その情報は神経系を通じて効果器に伝えられ，刺激に応じた様々な行動が引き起こされる。

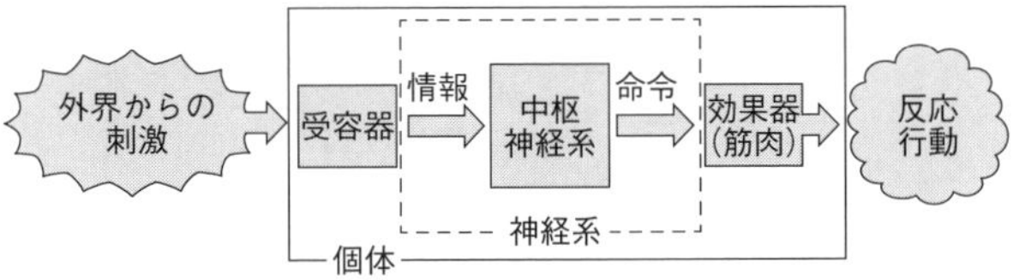

●受容器と適刺激

受容器		適刺激	感覚
鼻	嗅上皮	空気中の化学物質	嗅覚
耳	コルチ器	音波	聴覚
	前庭	からだの傾き	平衡覚
	半規管	からだの回転	
舌	味覚芽	液体中の化学物質	味覚
皮膚	触点(圧点)	接触などの圧力	触覚・圧覚
	痛点	強い圧力，熱など	痛覚
	温点	高い温度	温覚
	冷点	低い温度	冷覚
眼	網膜	光(可視光)	視覚

視覚

●目の構造

◆光を適刺激とする感覚を視覚という。視覚が成立する経路は次のとおりである。

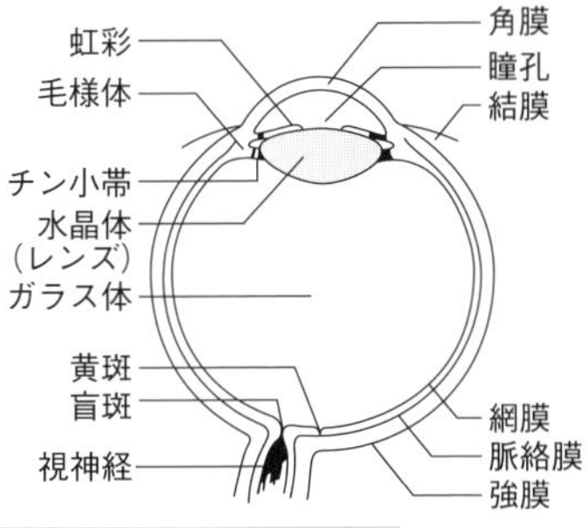

光 → 角膜 → 瞳孔 こう彩によって眼に入る光量を調節 →

水晶体 光を屈折させる → 網膜 像を結ぶ → 視細胞 興奮

→ 視神経 → 大脳の視覚中枢 → 視覚

●遠近調節

◆遠くを見るときは**毛様体が弛緩し，チン小帯が引かれて緊張する**ため，水晶体が薄くなる。近くを見るときは**毛様体が収縮し，チン小帯が弛緩する**ため，水晶体が厚くなる。近視眼は眼球軸が長すぎるため，網膜より前に像を結ぶ状態であり，凹レンズできょう正する。老視眼は水晶体の弾性が減退したため，焦点距離がうまく調節できなくなった状態であり，凸レンズできょう正する。

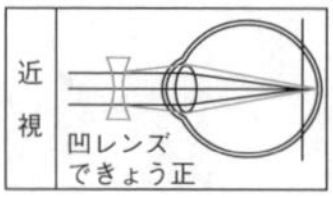

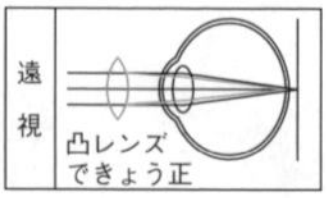

●網膜と視細胞

◆網膜には**桿体細胞**と**錐体細胞**の２種類の視細胞がある。

桿体細胞▶
・薄暗い所でよく働き，明暗を識別する。桿体細胞に含まれる**視紅（ロドプシン）**は光があたると分解し，そのとき放出されるエネルギーで桿体細胞が興奮する。興奮は視神経で大脳の視覚中枢へ伝えられる。暗い所から急に明るい所へ出ると視紅が急激に分解されるのでまぶしく感じる。視紅の再合成にはビタミンＡが必要なため，ビタミンＡが不足すると**夜盲症**になる。

錐体細胞▶
・明るい所でよく働き，色彩を識別する。

盲斑・黄斑▶
・網膜上の**盲斑**は視神経が出ていく点であり，視細胞がないので，像を結んでも見えない。**黄斑**はレンズを通った光が集まる点であり，視細胞が最も多く存在する。光に対して最も敏感であるため，像を結ぶとよく見える。

聴覚

●耳の構造

◆耳は外耳，中耳，内耳の３つの部分からできていて，音を感じるほか，体の回転や傾きを感じる働きもある。

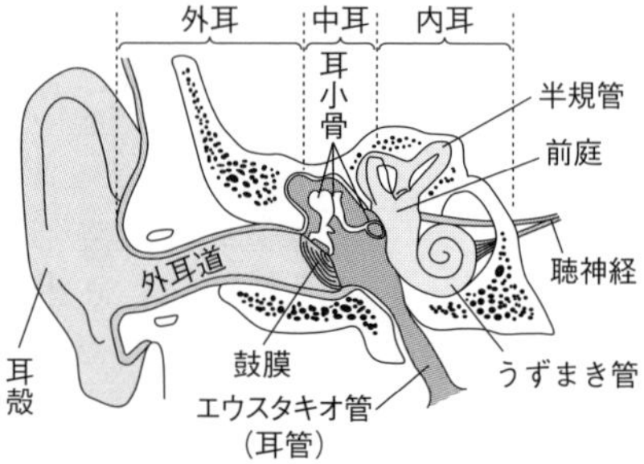

聴覚が成立する経路は次のとおりである。

音波 空気の振動 → **耳殻** 音波を集める → **外耳道** →

鼓膜の振動 → **耳小骨** 振動の増幅 →

うずまき管 管内のリンパ液が振動 → **コルチ器** 聴細胞が興奮 →

聴神経 → **大脳の聴覚中枢** → **聴覚**

前庭・半規管▶

・耳はヒトの平衡受容器でもあり，**体の傾きは前庭**，**体の回転は半規管**で受容する。

神経系

●ニューロン

◆神経組織を構成する細胞を**ニューロン**(神経細胞)といい，核をもつ細胞体，1本の長く伸びた突起である軸索，枝分かれした多数の短い突起である樹状突起からなる。軸索の末端は，狭いすき間を隔てて他のニューロンや効果器と接している。この接続部を**シナプス**という。

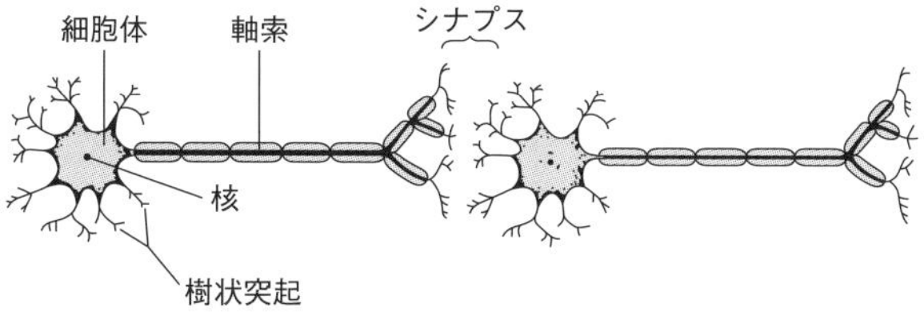

●興奮

◆細胞において，細胞膜の外側を基準としたときの内側の電位を膜電位という。ニューロンが強い刺激を受けて，膜電位の正負が瞬間的に大きく変化することを**興奮**という。

静止電位▶

・ニューロンの細胞膜では，ナトリウムポンプの働きでふだんは細胞膜の外側にナトリウムイオン Na^+ が多く，内側にカリウムイオン K^+ が多く存在している。このような状態では，外側が正(+)，内側が負(−)に帯電している。この膜電位を**静止電位**という。

活動電位▶

・ニューロンの細胞膜は閾値(限界値)より大きい刺激を受けると膜の透過性が変わり，ナトリウムイオン Na^+ が外側から急激に細胞内に流れ込んで膜電位が逆転し，内側が正(+)，外側が負(−)になる。この膜電位を**活動電位**という。

●興奮の伝導

◆同じニューロン内の軸索を興奮が伝わっていくことを興奮の**伝導**という。

刺激を受けると，活動電位が発生し，局所的に膜電位が逆転することによって活動電流が流れ，**両方向**の隣接部へ興奮が伝えられる。

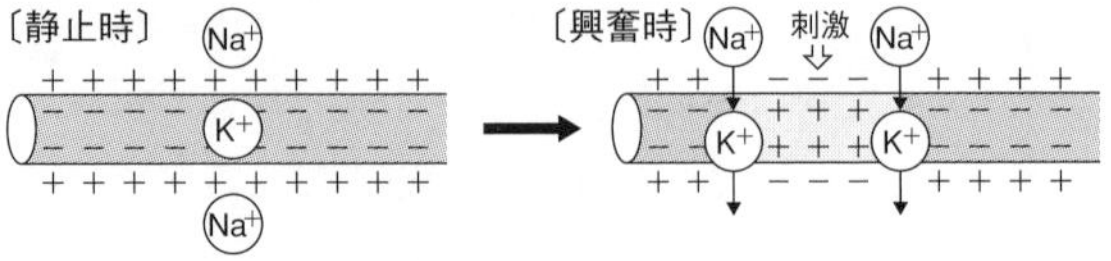

●興奮の伝達

◆シナプスを経由して隣接するニューロンへ興奮が伝わることを**伝達**という。

シナプスでは細胞膜が連続していないため，興奮が直接伝導することはできない。興奮がニューロンの軸索の末端まで伝わると，シナプスで電気信号が化学信号に置換され，軸索の末端から**ノルアドレナリン**，**アセチルコリン**などの神経伝達物質が分泌されて，次のニューロンに興奮が伝えられる。神経伝達物質は軸索の末端から分泌され，神経細胞体の側からは分泌されないので，興奮は**一方向**にしか伝達されない。

興奮の伝導	興奮の伝達
電気的変化による。１つのニューロン内を刺激部から両方向へ伝導	神経伝達物質による。接続するニューロンや効果器へ一方向に伝達
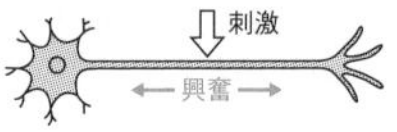	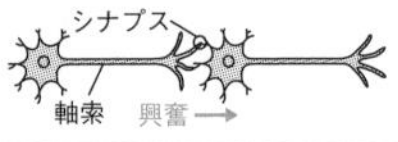

●全か無かの法則

◆個々のニューロンは，興奮するか，しないかの２通りしかなく，刺激の大きさによって興奮の大きさが変わることはない。これを**全か無かの法則**という。ただし，ニューロンごとに興奮を起こす刺激の閾値は異なっているので，刺激が強いほど興奮を起こすニューロンの数は多くなり，神経全体の興奮は大きくなる。

●神経系

◆ニューロンが集まった中枢を持つ神経系を集中神経系という。このうち，ヒトなどの脊椎動物では管状神経系が発達している。

- **中枢神経系** 情報を整理し，命令を出す神経
  - **脳** 大脳，中脳，小脳，間脳，延髄
  - **脊髄**
- **末梢神経系** 体全体に分布し，刺激を集めたり，命令を伝える神経
  - **体性神経系** 感覚や運動のように，意識に関係する神経
    - **感覚神経** 受容体(目，耳など)からの刺激を中枢に伝える求心性神経
    - **運動神経** 中枢からの命令を効果器(骨格筋などの作動体)に伝える遠心性神経
  - **自律神経系** 内臓や腺などに分布し,意思とは関係なく働く神経で,中枢から末梢へと興奮を伝える遠心性神経
    - **交感神経**
    - **副交感神経**

●脳

大脳▶ ・左右の大脳半球に分けられ，左半球は右半身，右半球は左半身の働きを調節する。感覚，随意運動，言語・記憶・思考・判断・感情など高度な精神活動の中枢である。

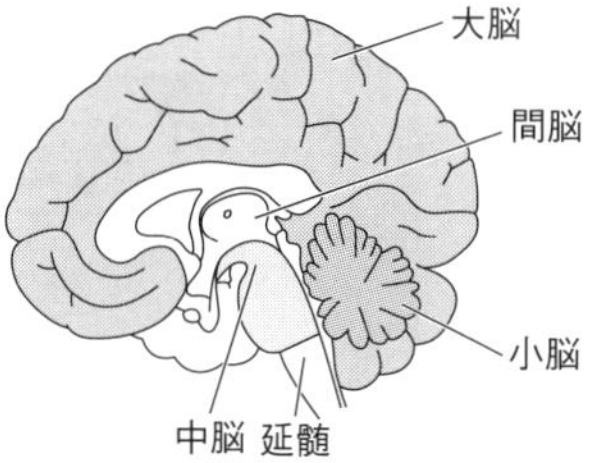

間脳▶ ・視床や視床下部などからなる。視床は，感覚神経と大脳の中継点である。視床下部は，自律神経系と内分泌系の中枢であり，体温調節・血糖量調節などを担う。

中脳▶ ・姿勢保持，眼球運動，瞳孔調節の中枢である。

小脳▶ ・筋肉運動の調節や，体の平衡を保つ中枢である。

延髄▶ ・呼吸運動や血液循環(心臓の拍動など)の調節，消化液・だ液・涙の分泌，そしゃく，くしゃみなどの反射の中枢である。大脳からの神経が延髄で交さして脊髄へ出ていく。

●脊髄

◆脊椎骨の中央を走る円柱構造で，大脳と受容器および効果器との間の興奮を中継する。脊髄反射の中枢でもある。

●反射

◆意識(大脳)とは無関係に起こる反応で，中枢は脊髄・延髄・中脳である。刺激を受けてから反射が起こるまでの経路を反射弓という。

例 熱いものに触れると，思わず手を引っ込める。
膝の下を叩くと，無意識のうちに足が跳ね上がる(膝蓋腱反射)。
突然顔の前にものが飛んでくると，瞬間的に目を閉じる。

動物の行動

●動物の行動

◆動物の行動には，遺伝的にプログラムされた**生得的行動**と，生まれた後の経験によって得られる**学習**による行動がある。

生得的行動の中には，ある刺激を受けて，種によって独自の定まった行動を示す場合がある。この刺激を**かぎ刺激**という。繁殖期のイトヨ（魚）の雄が，他の腹の赤い雄の個体を攻撃するのは，腹部の赤い色がかぎ刺激となっている。

生得的行動	走性		刺激に対して一定の方向に移動する性質で，刺激源に近づく正の走性と刺激源から遠ざかる負の走性がある。
		光走性	刺激は光である。
		【例】	（正）ガやカブトムシが電灯に集まる。
			（負）ミミズが日光を避け，土の中にもぐる。
		重力走性	刺激は重力である。
		【例】	（正）ミミズが土の中にもぐる。
			（負）マイマイ（カタツムリ）が棒を登る。
		流れ走性	刺激は水流である。
		【例】	（正）メダカが水の流れに逆らって泳ぐ。
		化学走性	刺激は化学物質である。
		【例】	（正）ハエが腐った食物に集まる。
	その他の行動	【例】	はたらきアリが，えさ場へ他のアリを誘導するため道しるべフェロモンを地面に残す。
			ミツバチは8の字ダンスで仲間に餌場の方向と距離を伝える。
			渡り鳥が渡りの季節になると，一定の方向に向かって飛び続ける。
学習による行動	慣れ		無害な刺激に対して反応しなくなる現象
		【例】	軟体動物のアメフラシの水管を何度もくり返し刺激すると，はじめは引き込んでいたえらを次第に引き込まなくなる。
	古典的条件づけ		反射を起こす刺激とその反射と直接関係のない刺激（条件刺激）を同時にくり返し与えると，そのうちに条件刺激だけで，その反射が起こるようになる。大脳が関係している。
		【例】	「パブロフの犬」犬にベルの音（条件刺激）を聞かせながら餌を与え続けると，犬の大脳の聴覚中枢と味覚中枢の間に新しい連絡経路が形成され，犬はベルの音を聞いただけで，だ液を分泌するようになる。
	試行錯誤		経験をくり返すことによって，より適切な行動がとれるようになること。
		【例】	ネズミを迷路の入口におくと，はじめのうちはなかなか出口に到達できないが，やがて間違えることなく，素早く出口に到達できるようになる。
	刷込み	【例】	アヒルのヒナはふ化後最初に見た動くものを親とみなして，後をついて歩く。
	知能行動		経験や学習を基礎にして，未経験のことに対して状況を判断・推理し，結果を予測して行動すること。
		【例】	チンパンジーは，手の届かないところにあるバナナを棒を使って引き寄せることができる。

練習問題

（360ページより解答・解説）

★★
No.35　動物の感覚器に関する記述として正しいものは，次のうちどれか。

1　ヒトの聴覚器は耳で，外耳，中耳，内耳の３つの部分から成り立っている。中耳にあるうずまき管とよばれる部分に聴細胞があり，音波は耳管を通り脳に伝達される。

2　哺乳類や鳥類の目は，網膜に焦点を合わせるとき，脈絡膜という膜の働きで，焦点距離を変えている。

3　脊椎動物は鼻腔にある嗅覚上皮の感覚細胞が興奮することによって，においを感じるが，昆虫の嗅覚器は触角にあって毛状をしている。

4　夕方など薄暗いときにヒトの目で物を見た場合，形が認識できても色が識別できないのは錐体細胞だけが働いているからである。

5　ヒトの内耳にある耳管と半規管は平衡感覚をつかさどっており，耳管は重力の方向を感じとり，半規管は自分の体の位置を感じとっている。

★★
No.36　ヒトの視覚に関する次の文中の空欄ア～ウに入る語句の組合せとして，正しいのはどれか。

目は光を受容する視覚器官である。光は水晶体(レンズ)で屈折し網膜の上で像を結ぶ。ヒトは水晶体の厚みで遠近のピントを調節している。例えば，近いところを見るときは，毛様体の筋肉が収縮され，水晶体が[　ア　]なるため，焦点距離が[　イ　]なる。

また，ヒトは瞳孔の大きさを変化させることで，目に入る光の量を調節する。例えば，暗いところでは，瞳孔が[　ウ　]する。

	ア	イ	ウ
1	厚く	長く	拡大
2	厚く	長く	縮小
3	厚く	短く	拡大
4	薄く	長く	拡大
5	薄く	短く	縮小

No.37 ★ 耳における音を伝える仕組みについて，順序の正しいものはどれか。

1　耳小骨→鼓膜→聴細胞→うずまき管のリンパ液→前庭階
2　鼓膜→耳小骨→うずまき管のリンパ液→前庭階→聴細胞
3　鼓膜→耳小骨→前庭階→うずまき管のリンパ液→聴細胞
4　前庭階→うずまき管のリンパ液→耳小骨→鼓膜→聴細胞
5　聴細胞→うずまき管のリンパ液→鼓膜→前庭階→耳小骨

No.38 ★★ 神経に関する記述として正しいものは，次のうちどれか。

1　興奮は，細胞膜を通じてナトリウムイオンが移動し，膜電位が静止電位から活動電位に変わることで生じる。
2　ニューロンは，刺激がある一定の強さになると興奮し，その活動電位の大きさは，刺激の強弱によって変化する。
3　ニューロンは，細胞体とそこから伸びる数本の突起でできており，その末端と他のニューロンとの連結部分を受容体という。
4　ヒトの場合，感覚器で生じた興奮は，背根の脊髄神経節を通る感覚神経によって，感覚中枢である間脳に伝えられる。
5　興奮の伝達は，ニューロンの末端でバソプレシンやノルアドレナリンなどの神経伝達物質が分泌されることによって行われる。

No.39 ★ 脳の働きに関する記述として正しいものは，次のうちどれか。

1　大脳は複雑な精神活動や情緒の中枢であり，眼球運動の中枢でもある。
2　小脳は体の各部の平衡を保つ中枢であり，血糖量調節の中枢でもある。
3　中脳は瞳孔の拡大，縮小などの中枢であり，脳下垂体を支配している。
4　間脳は嗅覚以外の各種感覚の中継や自律神経系の中枢である。
5　延髄は呼吸運動や心臓の拍動を調節する中枢であり，随意運動の中枢でもある。

No.40 ★ 動物の行動に関する記述として正しいものは，次のうちどれか。

1　ミドリムシが光を当てられるとべん毛運動を起こし光の方向に向かって移動する行動は，「条件づけによる行動」である。

2　アメフラシの水管を何度もさわるうちに，はじめは引き込んでいたえらを引き込まなくなる行動は「負の流れ走性」である。

3　チンパンジーが手の届かないところにあるバナナを棒を使って引き寄せる行動は「生得的行動」である。

4　繁殖期のイトヨの雄が，他の腹の赤い雄の個体を攻撃する行動は「学習による行動」である。

5　人工的にふ化したガチョウのひなが，生後初めて会ったものの後をついて歩く行動は「刷込みによる行動」である。

第 10 章　生物群集と生態系

生態系

●生態系

◆生物群集とそれをとりまく非生物的環境からなる自然のまとまりである。

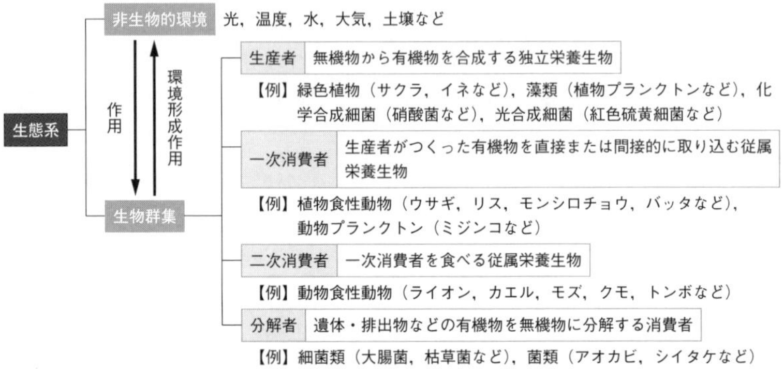

●食物連鎖・食物網

◆生産者→一次消費者→二次消費者→三次消費者……→高次消費者という「食う－食われる」の関係を**食物連鎖**という。実際の食物連鎖は複雑な網目状に絡み合っており，これを**食物網**という。

キーストーン種▶ ・食物網の上位にあって他の生物の生活に大きな影響を与える種。

●生態ピラミッド

◆生産者を出発点とする食物連鎖の各段階を栄養段階といい，個体数や生物量などを栄養段階の順に積み上げた図を生態ピラミッドという。生産者，一次消費者，二次消費者，三次消費者と栄養段階が高くなるにつれて，個体数，生物量ともに減少することが多い。

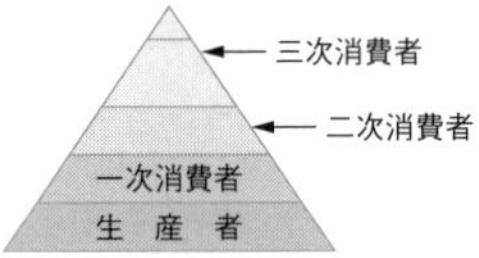

チェック

◆生態ピラミッド

個体数，生物量→栄養段階が高いほど減少

物質循環

●物質循環

◆自然界の各元素は生態系の中で生物群集と非生物的環境の間で循環している。

炭素の循環▶

・光合成によって生物に取り込まれた炭素は，呼吸によって二酸化炭素に戻され，大気中に放出される。また，

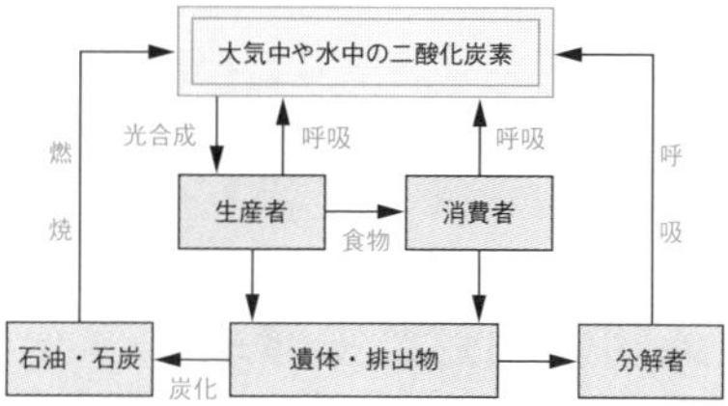

生物の遺体，排出物に含まれる炭素は分解者によって二酸化炭素に戻され，大気中に放出される。石炭，石油，天然ガスなどの化石燃料は，過去の光合成産物であり，掘り出されて燃焼されることによって，二酸化炭素として大気中に放出される。

窒素の循環▶

・動植物の遺体や排出物に含まれる有機窒素化合物は，分解者によってアンモニウムイオンに変えられ，さらに硝化菌によって硝酸イオンに変えられる。これらのイオンは緑色植物に吸収されて**窒素同化**に利用される。また，大気中の窒素は，根粒菌，アゾトバクター，クロストリジウムなどの窒素固定細菌やある種のシアノバクテリアだけが窒素化合物にでき(**窒素固定**)，植物の根から吸収され，植物体内でアミノ酸やタンパク質などの有機窒素化合物に変えられる。

窒素の循環

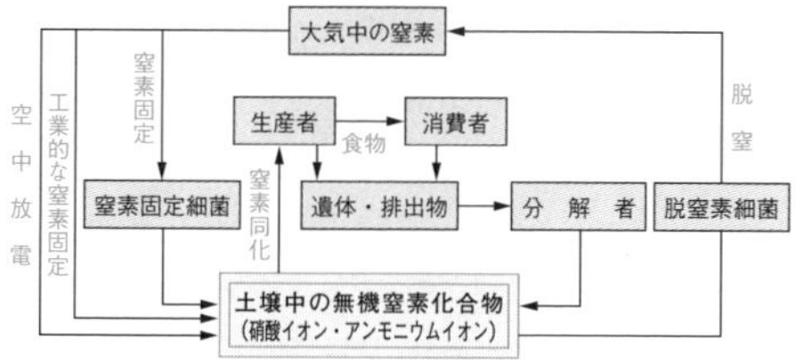

チェック

物質は生態系内を循環する。

エネルギーの流れ

●エネルギーの流れ

◆太陽の光エネルギーは光合成で化学エネルギーに変換されたあと，食物連鎖を通じて利用され，熱エネルギーとなって自然界へ放出される。エネルギーは生態系の中を循環しない。

チェック

エネルギーは生態系内を循環しない。

人間の活動と生態系

●人為的攪乱

◆生態系に影響を与える攪乱のうち，人間活動によって引き起こされるものを人為的攪乱という。

●地球温暖化

◆大気中の二酸化炭素やメタンなどの**温室効果ガス**は，地表からの赤外線を吸収して再び放出し，それが地表や大気の温度を上昇させる。これを**温室効果**という。人間活動による石炭，石油などの化石燃料の大量消費が大気中の二酸化炭素濃度を増加させており，それが地球温暖化の主な原因の一つと考えられている。

●森林の破壊

◆建築用材，紙の原料としての森林の伐採，大規模な焼き畑，放牧地の開発によって熱帯林が失われている。熱帯の土壌はうすく，強い雨によって流出しやすいので，一度伐採されると熱帯林の回復は困難である。熱帯林の破壊は，生物多様性の破壊につながるだけでなく，大気中の二酸化炭素の増加によって，地球の温暖化や異常気象を引きおこす原因となっている。

●富栄養化

◆河川，湖沼などに有機物を含んだ汚水が流入しても，量が多くなければ水中の微生物によって分解されるので，汚濁をおこすことはない。この現象を**自然浄化**という。自然浄化を上まわる汚水が流入すると，窒素，リンなどの栄養塩類が増加し，水が富栄養化する。これにより，特殊なプランクトンが異常に発生して溶存酸素が不足し，水生生物が大量死する原因となる。

●生物濃縮

◆有機水銀，DDT，PCBなど特定の有害物質が生物体内に外部環境よりも高い濃度で蓄積される現象を生物濃縮という。栄養段階が高次の消費者になるほど高濃度に蓄積される傾向がある。環境中に存在する**マイクロプラスチック**は，有害物質を吸着しやすく，生態系に与える影響が懸念される。

●外来生物

◆人間の活動によって意図的に，または意図されずに本来の生息場所から別の場所へ移され,そこで定着した生物(オオクチバスなど)。在来生物を捕食したり，在来生物の食物や生息場所を奪ったりするなど，生態系に影響を与えるものがいる。

個体群

●個体群

◆ある一定空間に生活している同種の生物個体の集まりを個体群という。

個体群密度▶

・個体群において，その生物が生活する面積や体積などの単位生活空間あたりの個体数を**個体群密度**という。

$$\text{個体群密度}=\frac{\text{個体数}}{\text{生活空間}}$$

個体群密度には一定の限界があり，それ以上になると生活できないような条件が現れる。

個体群の成長▶

・密閉された生活空間で生物を飼育すると，他の生活条件を十分に整えても，個体数はやがて一定になる。このときの個体数の最大値を環境収容力という。

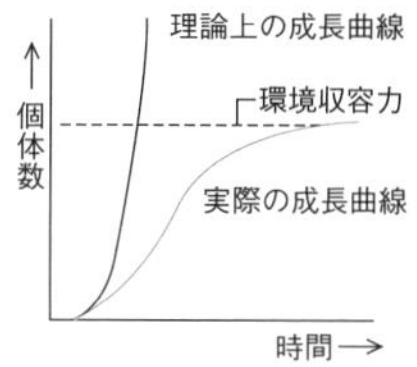

個体群の成長曲線

密度効果▶

・個体群密度の変化に伴って，個体の形態，生理，個体群の増殖率が変化するなど，各個体や個体群に影響が現れることを**密度効果**という。同種の個体間における競争(種内競争)は，密度効果を引き起こす主な要因である。

相変異▶

・バッタでは個体群密度が高くなると，前翅が長く，後あしが短い移動能力の高い個体となる。一方，個体群密度が低くなると，前翅が短く，後あしが長い移動能力が低く，産卵数の多い個体となる。

●種間の相互作用

種間競争▶

・生活要求のよく似た個体群どうしの間で，食物や生活空間をめぐって起こる争いである。一方は生き残るが他方は絶滅する。

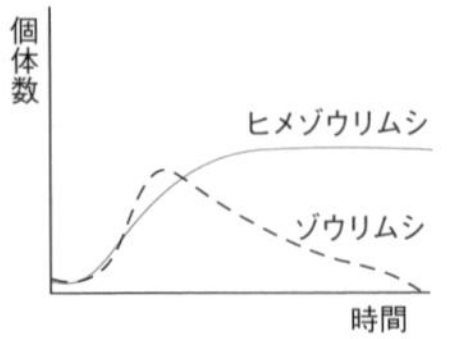

例　ゾウリムシとヒメゾウリムシ

捕食と被食▶

◆食う–食われるの関係で，被食者(食べられる方)となる動物が増加すると，少し遅れて捕食者(食べる方)となる動物も増加し，周期的な変動が見られる。

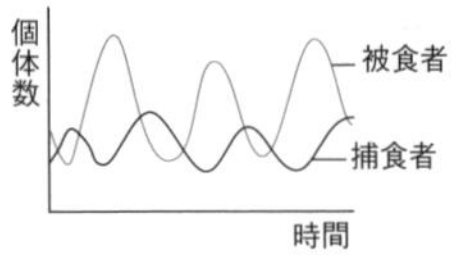

例　ハダニ(被食者)とカブリダニ(捕食者)

共生▶

・異種の生物が密接な結びつきをもって生活するような関係で，双方が利益を受ける場合を双利共生，片方だけが利益を受けて，他方は利益も不利益も受けない場合を片利共生という。片方は利益を受けるが，他方は不利益を受ける場合を寄生といい，寄生するものを寄生者，されるものを宿主という。

植生の遷移とバイオーム

●植生

◆ある地域に生育している植物集団を総称して植生といい，相観によって，森林，草原，荒原などに大別される。

●植生の遷移

◆植生は，時間とともに移り変わり，一定の方向性をもって変化していく。

乾性遷移▶

湿性遷移▶

●バイオーム

◆同じような環境条件のもとでは，同じような相観をもつ植生ができるが，これをまとめてバイオームという。陸上のバイオームの分布は，気温・降水量などの環境要因に支配される。

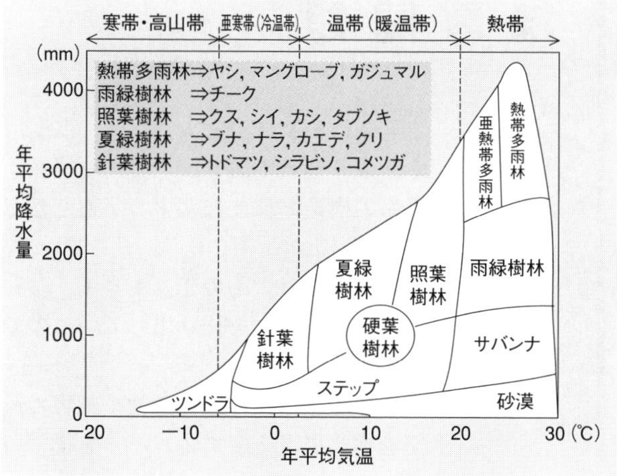

寒帯・高山帯
亜寒帯(冷温帯)
温帯(暖温帯)
熱帯
(mm)
熱帯多雨林⇒ヤシ, マングローブ, ガジュマル
雨緑樹林　⇒チーク
照葉樹林　⇒クス, シイ, カシ, タブノキ
夏緑樹林　⇒ブナ, ナラ, カエデ, クリ
針葉樹林　⇒トドマツ, シラビソ, コメツガ
4000
3000
2000
1000
0
年平均降水量
亜熱帯多雨林
熱帯多雨林
雨緑樹林
照葉樹林
夏緑樹林
硬葉樹林
針葉樹林
サバンナ
ステップ
ツンドラ
砂漠
−20
−10
0
10
20
30 (℃)
年平均気温

練習問題

（361ページより解答・解説）

No.41 ★★ 生態系は生物群集と大気，光，温度，水，土壌など非生物的環境から成り立っており，互いに影響し，依存しあっている。この生態系の構造と機能に関する記述として正しいものは，次のうちどれか。

1 緑色植物は太陽の光エネルギーを利用して光合成を行い，無機物から有機物を作り出しているので，生産者として働いている。

2 菌類や細菌類は緑色植物や動物の遺体や排出物などの無機物を有機物に変えてエネルギーを得ているので，生産者として働く。

3 動物は，緑色植物や他の動物を食べ，体内でタンパク質をアミノ酸に分解しているので，分解者として働く。

4 生物の遺体は細菌によって分解されるが，それによって生じた有機物中の炭素は，大部分が緑色植物の根から吸収された後，呼吸によって大気中に放出される。

5 緑色植物の光合成によって光エネルギーから変換された熱エネルギーは，すべて消費者や分解者を通じて生態系の中を絶えず循環している。

No.42 ★ ひとつの生態系の生物群は，多種多様な生物で構成されているが，これらの生物どうしは栄養の関係で密接につながりあい，生産者・消費者・分解者に分けることができる。この三者の組合せとして正しいものは，次のうちどれか。

	生産者	消費者	分解者
1	ススキ	バッタ	ヘビ
2	イネ	ネズミ	動物プランクトン
3	動物プランクトン	タイ	サメ
4	クローバー	ウシ	細菌類
5	キャベツ	モンシロチョウ	コケ類

★★
No.43　次の生態系に関する文中の空欄Ａ～Ｅにあてはまる語句の組合せとして，正しいものはどれか。

生物群集を構成する生物の間には，一般に食物連鎖の関係がみられるとともに，それぞれの生物は，光・温度・空気・土壌など，生物をとり巻く非生物的環境との間で，物質やエネルギーのやりとりをしながら生活している。

たとえば，大気中の二酸化炭素に含まれる（　Ａ　）は，（　Ｂ　）によって有機物に変えられ，植物自身の生長と（　Ｃ　）に使用される。また，一部は食物連鎖を通じて動物や微生物に利用され，最後に大気中に放出される。また，太陽エネルギーは（　Ｂ　）によって化学エネルギーに変換され，植物に取り入れられる。化学エネルギーは植物の（　Ｃ　）に利用されたり，また一部は食物連鎖を通して動物や微生物の（　Ｃ　）に利用され，最後に熱エネルギーとなって大気中に放出される。このように（　Ａ　）は，生態系を（　Ｄ　）が，エネルギーは生態系を（　Ｅ　）。

	Ａ	Ｂ	Ｃ	Ｄ	Ｅ
1	酸素	光合成	呼吸	循環する	循環しない
2	酸素	光合成	呼吸	循環しない	循環する
3	炭素	光合成	呼吸	循環する	循環しない
4	炭素	呼吸	光合成	循環する	循環しない
5	炭素	呼吸	光合成	循環しない	循環する

★★
No.44　酸性雨による森林等の被害に関する記述として正しいものは，次のうちどれか。

1　酸性雨のおもな原因は，大気中の二酸化炭素量が増加し，森林の同化吸収量を大きく上回ったことである。

2　被害がヨーロッパの一部に限られているのは，この地方に耐酸性の弱い樹種が多いためである。

3　酸性雨被害対策として，中和剤の散布は酸性化した湖沼には有効であるが，酸性化した土壌には効果がない。

4　硫黄酸化物は森林に大きな害を与えるが，窒素酸化物は植物の養分にもなるので害は少ない。

5　被害を防ぐ根本対策は，工場の排煙や自動車の排気ガスに含まれる硫黄酸化物・窒素酸化物の発生を抑えることである。

第11章　生物の分類と進化

生物の分類

●陸上植物の分類

種子植物の特徴

種子植物		①維管束をもち，根・茎・葉の区別がある。 ②花という器官を形成し，種子ができる。	
種子植物	裸子植物	①花は雌花・雄花の区別のある単性花で，ふつう花被がない。 ②胚珠が裸出している。 ③すべて木本で，木部に仮道管をもち，道管はない。	マツ，イチョウ，ソテツ，スギ，ヒノキなど
種子植物	被子植物	①花は雌花・雄花の区別のある単性花または区別のない両性花で，花被がある。 ②胚珠は子房で包まれている。 ③木本または草本で，木部に道管をもつ。 ④重複受精が行われる。	
種子植物	被子植物・双子葉類	①子葉は2枚である。 ②葉は，単葉か複葉で，葉脈は網状である。 ③維管束は輪状で，形成層があるため肥大成長する。	サクラ，カキ，キク，エンドウなど
種子植物	被子植物・単子葉類	①子葉は1枚である。 ②葉は単葉で，葉脈は平行である。 ③維管束は散在し，形成層がないため肥大成長しない。	イネ，トウモロコシ，ススキ，ツユクサ，チューリップなど

シダ植物とコケ植物

シダ植物	①根・茎・葉の区別がある。 ②維管束がある。 ③胞子でふえる。 ④葉緑体をもち，光合成を行う。	イヌワラビ ゼンマイ スギナ
コケ植物	①根・茎・葉の区別がない。 ②維管束がない。 ③胞子でふえる。 ④葉緑体をもち，光合成を行う。	ゼニゴケ スギゴケ

●脊椎動物の分類

脊椎動物の特徴

種類	生活場所	体温	呼吸	発生の仕方	皮膚
魚類	水中	変温	えら	卵生	うろこ
両生類	幼生――水中 成体――陸上	変温	幼生――えら 成体――肺，皮膚	卵生	粘膜
ハ虫類	陸上	変温	肺	卵生	うろこ
鳥類	陸上	恒温	肺	卵生	羽毛
哺乳類	陸上	恒温	肺	胎生	毛

生物の系統と進化

●生物の分類

◆生物の分類の基本となる単位は**種**である。多様な生物は，類縁関係の近い生物の集まりから順に，種・属・科・目・綱・門・界・ドメインという単位に階層的に分類される。

●系統樹

◆生物が進化してきた道すじを**系統**といい，生物の系統を樹状の図で表したものが**系統樹**である。生物の共通の祖先は，単細胞の原核生物と考えられている。

●進化説

進化説	提唱者	内容
用不用説	ラマルク	用いられる器官は発達し，用いられない器官は退化することで，その形質が子孫に伝えられ，進化が起こるとする説。しかし，現在では一代で得た獲得形質は遺伝しないことがわかっている。
自然選択説	ダーウィン	同じ親から生まれた子の間にも変異がある。生存競争の結果，より環境に適した変異をもつものが生き残り，その形質が子孫に遺伝していくとする説。
隔離説	ワグナー	地理的な隔離によって種の分化が促されるとする説。
突然変異説	ド・フリース	自然界に起こる突然変異が進化の要因となるとする説。

練習問題

（362ページより解答・解説）

★★
No.45　脊椎動物の体のつくり，繁殖方法に関する記述として正しいものは，次のうちどれか。

1　魚類は，尾とひれをもち，水中生活や遊泳に適した体のつくりをしている。体はうろこや粘液で覆われ，えら呼吸を行い，交尾による体内受精で生み出された卵で増えるものが多い。

2　両生類は，親になると肺呼吸をするので，陸上の乾燥地帯でも生活でき，皮膚は体の熱を逃がさないように粘液で覆われている。交尾による体内受精をし，水中で産卵を行っている。

3　は虫類は，皮膚・肺が発達し，陸上生活に適応している。体はうろこや甲らで覆われている。卵と精子の受精は雌の体内で行われ，親と同じ形になるまで卵殻の中で成長する。

4　鳥類は，翼や羽毛をもち，空中生活に適した体をしている。変温動物であり冷水の中でも凍死しない。少しの酸素や養分で飛行できることから，肺や心臓は未発達で体を軽くしている。交尾による体内受精で卵生である。

5　哺乳類は，背骨を中心とした外骨格をもち，体全体が毛と厚い皮で覆われ，肺・心臓・脳などが発達している。交尾によって体内受精し，胚は卵黄の養分を吸収して成長する。

★
No.46　次の動物Ａ～Ｅのうち昆虫類に分類される動物を選んだ組合せとして，正しいものはどれか。

Ａ　クモ
Ｂ　ゲンゴロウ
Ｃ　ムカデ
Ｄ　ハエ
Ｅ　ダニ

1　Ａ，Ｃ
2　Ａ，Ｄ
3　Ｂ，Ｄ
4　Ｂ，Ｅ
5　Ｃ，Ｅ

★
No.47 シダ植物の特徴に関する記述として正しいものは，次のうちどれか。

1　シダ植物は，維管束をもっている。
2　シダ植物は，胚珠がむき出しになっている。
3　シダ植物は，葉緑体をもっていない。
4　シダ植物は，雄株・雌株にそれぞれ花を付ける。
5　シダ植物は，根，茎，葉の区別がない。

★★★
No.48 コケ植物，シダ植物，種子植物に関する次のア～ウの記述の正誤の組合せとして妥当なのはどれか。

ア　陸上植物はコケ植物，シダ植物，種子植物に分けられる。コケ植物はシダ植物や種子植物と異なり，光合成をせず，他の生物に寄生して生活する。

イ　種子植物は裸子植物と被子植物に分けられる。裸子植物は後に種子となる器官から子房が露出しているという特徴をもつ。裸子植物の例はイチョウである。

ウ　被子植物は単子葉類と双子葉類に分けられる。双子葉類は子葉が２枚で葉脈が平行に走り，根はひげ根である。双子葉類の例としてアサガオやタンポポがある。

	ア	イ	ウ
1	正	正	正
2	正	誤	正
3	正	正	誤
4	誤	正	正
5	誤	誤	誤

解答・解説

解答・解説

第1章　細胞

No.1　正答　4

1　葉緑体に関する記述である。

2　ミトコンドリアは，植物細胞および動物細胞に見られる。タンパク質の合成はリボソームで行われる。

3　核に関する記述である。

5　細胞膜は植物細胞および動物細胞に見られ，細胞への物質の出入りを調節する膜である。細胞壁は植物細胞だけに見られ，細胞膜の外側を包む層である。

No.2　正答　3

1　細胞質は細胞の中で核以外の部分をさし，動物，植物どちらの細胞にもある。

2　ゴルジ体は動物，植物どちらの細胞にもある。

4　ミトコンドリアは動物，植物どちらの細胞にもある。

5　葉緑体は植物細胞のみに見られる。

No.3　正答　3

植物細胞をAのスクロース溶液に浸した場合，細胞は吸水して膨張しているので，スクロース溶液Aは細胞液より低張である。

植物細胞をBのスクロース溶液に浸した場合，細胞は水を失って原形質分離を起こしているので，スクロース溶液Bは細胞液より高張である。

1　スクロース溶液の濃度は，溶液Aより溶液Bの方が高い。

2　Aのスクロース溶液の濃度は，この植物の細胞液の濃度より低い。

4　溶液Bに植物細胞を浸した場合，細胞壁に囲まれた部分の体積は変化していないので膨圧は生じていない。

5　溶液Aの浸透圧は，この植物の細胞液の浸透圧より小さい。

第2章　酵素

No.4　正答　2

1　酵素は，細胞内でそれぞれ特定の場所に存在する。

3　無機触媒は特定の物質だけでなく，多くの物質に対して反応を促進するが，酵素は特定の物質(基質)だけに働く基質特異性をもつ。

4　酵素はpHの影響を受けやすく，ふつう中性付近(pH 6～8)で最もよく働く。ただし，胃液に含まれるペプシンのように強酸性(pH 2付近)で最もよく働く酵素もある。

5　消化酵素は加水分解酵素である。酸化還元酵素は，呼吸に関与しているものが多い。また，消化酵素のように細胞外で働くものもあるが，酵素の多くは細胞内で一定の部分に存在して働く。

No.5　正答　2

1　だ液腺から分泌されるアミラーゼは中性でよく働き，デンプンをマルトースに分解する。

3　胆汁は，肝臓で作られ，胆のうに一時蓄えられた後，十二指腸に分泌される。胆汁は消化酵素を含んでいないが，脂肪の消化を助ける。すい液に含まれるリパーゼは脂肪をモノグリセリドと脂肪酸に分解する。

4　小腸壁から分泌される腸液に含まれるマルターゼは，マルトースをグルコースに分解する。だ液やすい液に含まれるアミラーゼはデンプンをマルトースに分解する。

5　すい臓で作られるすい液には，デンプンをマルトースに分解するアミラーゼ，ペプトンをペプチドに分解するトリプシン，脂肪をモノグリセリドと脂肪酸に分解するリパーゼなどの消化酵素が含まれている。

No.6　正答　1

ア　炭水化物，タンパク質，脂肪は消化酵素の働きで分解され，小腸の柔毛から吸収される。

イ　だ液やすい液に含まれるアミラーゼは，デンプンをマルトースに分解する。

ウ　胃液に含まれるペプシンは，タンパク質をペプトンに分解する。

エ　脂肪は，すい液に含まれるリパーゼによって脂肪酸とモノグリセリドに分解される。

第3章　代謝

No.7　正答　5

5　光合成に有効なのは，葉緑体に含まれるクロロフィルが最もよく吸収する，赤色光と青紫(青)色光である。

No.8　正答　3

1　緑色植物が光合成を盛んに行うのに最も適した温度は，熱帯の植物の方が温帯の植物より高い。

2　陽葉の方が陰葉に比べて光補償点は高い。また，光飽和点，呼吸速度，光合成速度の最大値も陽葉の方が大きい。

4　緑色植物は光が当たっていても，当たっていなくても呼吸を行う。また一方で，光が当たっているときには光合成を行い，気孔から二酸化炭素を取り入れ，根から水を吸収して，有機物をつくる。

5　緑色植物は光合成によって，葉の気孔から取り入れた二酸化炭素と根から吸収した水を原料として，葉緑体の中でグルコース(有機物)をつくる。

No.9　正答　4

1　植物は光の当たらない夜間でも呼吸している。

2　植物の行う呼吸は光の強さの影響を受けないので，呼吸量は昼間，夜間どちらも同じである。

3　植物は光の当たらない夜間は光合成を行わないので，光合成量は昼間の方が夜間より多い。

5　植物は光の当たらない夜間は光合成を行っていない。

No.10　正答　1

A　呼吸の3つの過程のうち，細胞質基質で行われるのは解糖系である。

B　呼吸の3つの過程のうちのクエン酸回路である。

C　呼吸の3つの過程のうち，最も多くのエネルギーが取り出されるのは電子伝達系である。

No.11　正答　5

1　Aは酸素 O_2 を必要としない反応過程である。

2　Aはグルコースがピルビン酸に分解される反応過程だから，解糖系である。解糖系では，グルコース1分子あたり2分子のATPが消費され，4分子のATPが合成される。

3　Bはピルビン酸がさらに分解され，二酸化炭素を放出しエネルギーを取り出す反応過程だから，クエン酸回路である。

4　クエン酸回路は，ミトコンドリアで行われる。

No.12　正答　3

1　発酵と腐敗は，どちらも微生物がエネルギーを獲得するために有機物を分解することをいう。腐敗は有機窒素化合物などを分解するため，悪臭が発生する。

2　酵母はアルコール発酵を行い，グルコースをエタノールと二酸化炭素に分解する。パンはアルコール発酵で発生した二酸化炭素を生地に取り込み，生地が膨張する。

4　みそは蒸した米のデンプンをコウジカビのつくるアミラーゼによって糖化した後，酵母によってアルコール発酵を行い，熟成する。酢酸菌の行う酢酸発酵を利用して製造されるのは食酢である。

5　ワインはブドウを破砕したものに酵母を加え，アルコール発酵させて製造される。

第4章 個体の恒常性と調節

No.13 正答 2

1 赤血球，白血球などの血球は骨髄で作られる。

3 血液をガラス容器にとって放置すると，赤血球や白血球などが固まって沈殿した血ぺいと上澄み液の血清に分かれる。

4 出血時に血液が凝固してできた血ぺいは，血管が修復される頃になると，酵素の働きによって溶解され(線溶)，取り除かれる。

5 ABO式血液型は赤血球表面にある凝集原A，Bと血清中にある凝集素α，βの組合せによって決まる。

血液型	凝集原(赤血球)	凝集素(血清)
A型	A	β
B型	B	α
AB型	A，B	なし
O型	なし	α，β

No.14 正答 2

A 病原体や病原体がつくるタンパク質などの高分子化合物を無毒化するのは抗体である。

B 抗体は免疫グロブリンからできている。

C 体内に侵入した病原体などの非自己成分を抗原という。

D 特定の病原体や毒素に対して抵抗性をもつ免疫を獲得免疫という。

No.15 正答 5

1 血液が循環する順序は左心室(D)→大動脈(E)→体の組織→大静脈(G)→右心房(A)→右心室(C)→肺動脈(F)→肺→肺静脈(H)→左心房(B)である。血液が流れる速度は心臓からEへ流れ出すときが最も速い。

2 細菌は肺から体外に出されるわけではなく，白血球が食作用などによって取り込んで消化・分解し，排除する。

3 心臓はAが収縮した後Cが収縮し，また，Bが収縮した後Dが収縮する。

4 EおよびGのうち体の組織に近い部分は細くなっている。Gのうち心臓に近い部分は太くなっており，この部分を大静脈という。

No.16 正答 3

A 尿素は毒性の強い物質ではない。肝臓はオルニチン回路によって，タンパク質の分解で生じた毒性の強いアンモニアを毒性の弱い尿素に変える。

C リパーゼはすい液に含まれる酵素で，リパーゼの働きによって，小腸で脂肪が脂肪酸とモノグリセリドに分解される。

E 原尿中に含まれる水分，塩類，糖などは，腎臓の細尿管と集合管を通る間に再吸収される。

No.17 正答 3

3 肝臓のオルニチン回路で，有毒なアンモニアは毒性の低い尿素に変えられる。

No.18 正答 1

ア 急に敵に襲われたような興奮時に強く働くのは，交感神経である。

イ・ウ 交感神経の興奮は副腎髄質を刺激し，アドレナリンを分泌させる。

エ 環境が平和になり安心した安静時に強く働くのは，副交感神経である。

No.19 正答 3

1 ホルモンは内分泌腺で作られ，血液によって運ばれ，特定の器官に作用して体の生理作用を調節する物質である。

2 生体の成長段階に応じて活性化されるのはDNAであり，細胞の核内に存在する。また，生体内でのエネルギー代謝にはATPが関与している。

4 すい臓などにある外分泌腺で作られ，消化管内に放出され，そこで栄養素の加水分解を行うのは消化酵素である。

5 生体内で起こる化学反応を促進する生体触媒は酵素である。酵素は内分泌腺からは分泌されない。

No.20 正答 3

1 ランゲルハンス島はすい臓にある組織である。

2 すい臓ランゲルハンス島B細胞（β細胞）から分泌されるインスリンは，グルコースをグリコーゲンに合成して肝臓に貯蔵したり，組織で糖を消費する作用を促進し血糖量を減少させる。副腎髄質から分泌されるアドレナリンは，グリコーゲンをグルコースに分解して血糖量を増加させる。

4 副腎髄質から分泌されるアドレナリンはグリコーゲンの分解を促進し，また，副腎皮質から分泌される糖質コルチコイドは，タンパク質の分解を促進して血糖量を増加させる。

5 すい臓ランゲルハンス島B細胞から分泌されるインスリンの分泌不足が糖尿病の原因である。

第5章 遺伝子とその働き

No.21 正答 3

核酸の構成単位であるヌクレオチドはリン酸，糖，塩基の3つの成分から成り立っている。

第6章 生殖と発生

No.22 正答 5

無性生殖のうち，ヒドラ，酵母は出芽，ミドリムシ，イソギンチャクは分裂，コウジカビは胞子生殖を行う。

No.23 正答 4

1 配偶子が合体するのは有性生殖である。

2 無性生殖は親と子の遺伝子構成が全く同じであるので，生物にとって環境の変化に適応しにくい。よって，有性生殖よりも種の保存の面から有利であるとはいえない。

3 世代交代は植物で多く見られる。動物でもミズクラゲなど一部で世代交代がみられる。

5 有性生殖の接合は，異なる遺伝子をもつ配偶子間で行われるのが一般的である。

No.24 正答 5

A 星状体が見られ，分裂の終期に細胞膜がくびれて細胞質が二分するので，動物細胞である。

B 1個の母細胞が2個の娘細胞に分裂しているので，体細胞分裂である。体細胞分裂では，分裂の前後でDNA量が変化しない。減数分裂では，2回の分裂が連続して起こる。

第7章 いろいろな遺伝現象

No.25 正答 1

A メンデルはエンドウを使って遺伝の研究を行った。

B 親として対立形質を交雑したとき，F_1（雑種第一代）に現れた形質が顕性形質，F_1に現れなかった形質が潜性形質である。親として黄色のさやの純系のエンドウと緑色のさやの純系のエンドウを交雑したとき，その子であるF_1はすべて緑色のさやのエンドウであったので，F_1に現れた緑色が顕性形質，F_1に現れなかった黄色が潜性形質である。

C 緑色の形質を発現する遺伝子をA，黄色の形質を発現する遺伝子をaとすると，2つの交雑は次のように表される。

P（親）　緑色 × 黄色
AA　aa
配偶子 A　配偶子 a

F_1（子）　緑色
Aa
配偶子 A：a＝1：1

F_2（孫）

	A	a
A	AA	Aa
a	Aa	aa

AA：Aa：aa ＝1：2：1
緑色：黄色＝3：1

D 親（緑色）の遺伝子型はAA，孫（黄色）の遺伝子型はaaであるので，これらの交雑は次のようになる。

P　緑色（親）　×　黄色（孫）
AA　　aa
配偶子　A　｜　配偶子　a
子　緑色
Aa
緑色：黄色＝1：0

No.26　正答　5

種子の形では丸が顕性で遺伝子記号はA，しわが潜性で遺伝子記号はaである。また，子葉の色では黄色が顕性で遺伝子記号はB，緑色が潜性で遺伝子記号はbだから，交雑は次のように表される。

P　丸・黄　×　しわ・緑
AABB　　aabb
配偶子　AB　｜　配偶子　ab
F_1　丸・黄
AaBb
配偶子　AB：Ab：aB：ab
＝1：1：1：1

F_2

	AB	Ab	aB	ab
AB	AABB	AABb	AaBB	AaBb
Ab	AABb	AAbb	AaBb	Aabb
aB	AaBB	AaBb	aaBB	aaBb
ab	AaBb	Aabb	aaBb	aabb

丸・黄：丸・緑：しわ・黄：しわ・緑
＝　9　：　3　：　3　：　1

P　F_2のしわ・緑　×　F_1
aabb　　AaBb
子

	AB	Ab	aB	ab
ab	AaBb	Aabb	aaBb	aabb

丸・黄：丸・緑：しわ・黄：しわ・緑
＝　1　：　1　：　1　：　1

No.27　正答　5

赤花を発現する遺伝子をR，白花を発現する遺伝子をrとする。Rとrの間には顕性・潜性の関係が見られず不完全顕性である。

P　赤花　×　白花
RR　　rr
配偶子　R　｜　配偶子　r
F_1　桃色花
Rr
配偶子　R：r＝1：1

F_2

	R	r
R	RR	Rr
r	Rr	rr

RR：Rr：rr＝1：2：1
赤花：桃色花：白花＝1：2：1

P　F_1　×　白花
Rr　　rr
子

	R	r
r	Rr	rr

Rr：rr＝1：1
桃色花：白花＝1：1

No.28　正答　1

1　子に現れる血液型の可能性だから，A型はAO，B型はBOで考えればよい。

親　A型　×　B型
AO　　BO
子

	A	O
B	AB	BO
O	AO	OO

よって，A型，B型，AB型，O型の子が生まれる可能性がある。

2　A型，O型の子が生まれる可能性がある。

親　A型　×　O型
AO　　OO
子

	A	O
O	AO	OO

3　B型，O型の子が生まれる可能性がある。

親　B型　×　B型
　　BO　　　BO

子

＼	B	O
B	BB	BO
O	BO	OO

4　A型，B型，AB型の子が生まれる可能性がある。

親　AB型　×　B型
　　AB　　　BO

子

＼	A	B
B	AB	BB
O	AO	BO

5　A型，B型の子が生まれる可能性がある。

親　AB型　×　O型
　　AB　　　OO

子

＼	A	B
O	AO	BO

No.29　正答　5

Aは赤色を発現する遺伝子であるが，BはAの発現を抑制する遺伝子であり，AとBをもつと花の色は白色，Aとbをもつと赤色になる。

aは白色を発現する遺伝子だから，aとB，aとbをもつと花の色は白色になる。

1　F_1の遺伝子型はAaBbの1通りである。

2　F_1が白色であるのは遺伝子Bをもつためである。

3　F_2の赤色の花の遺伝子型はAAbb，Aabbの2通りである。

4　F_2の白色の花の遺伝子型はAABB，AaBB，AABb，AaBb，aaBB，aaBb，aabbの7通りであるから，Pの白色の花の遺伝子型aaBBと同じものがある。

P　赤色　×　白色
　AAbb　　　aaBB
配偶子　Ab　　配偶子　aB

F_1　白色
AaBb
配偶子　AB：Ab：aB：ab
＝　1　：　1　：　1　：　1

F_2

＼	AB	Ab	aB	ab
AB	AABB	AABb	AaBB	AaBb
Ab	AABb	AAbb	AaBb	Aabb
aB	AaBB	AaBb	aaBB	aaBb
ab	AaBb	Aabb	aaBb	aabb

〔AB〕：〔Ab〕：〔aB〕：〔ab〕
＝　9　：　3　：　3　：　1
赤色：白色＝3：13

No.30　正答　3

ショウジョウバエの性決定の型はXY型だから，性染色体は雄はXY，雌はXXである。眼の色の遺伝は伴性遺伝で，遺伝子は性染色体のうちX染色体上に存在する。赤眼は白眼に対して顕性だから，赤眼を発現する遺伝子をA，白眼を発現する遺伝子をaとすると，赤眼遺伝子をもつX染色体はX^A，白眼遺伝子をもつX染色体はX^aである。

P　白眼・雌　×　赤眼・雄
　　X^aX^a　　　X^AY

F_1　赤眼・雌　×　白眼・雄
　　X^AX^a　　　X^aY

F_2　赤眼・雌　　赤眼・雄
　　X^AX^a　　　X^AY
　　白眼・雌　　白眼・雄
　　X^aX^a　　　X^aY

F_2の眼の色は雌・雄どちらも赤眼：白眼＝1：1である。

第8章 植物の環境応答

No.31 正答 5

1 茎の先端部でつくられ，重力の影響を受けて下降する。

2 光の当たらない側へ移動し，光の当たらない側の成長を促進するので，芽や茎は光の方向に屈曲する。

3 低濃度では成長を促進し，高濃度では成長を阻害する。

4 休眠中の種子の発芽に関与する植物ホルモンはジベレリンである。

No.32 正答 4

A オーキシンをつくる茎の先端部を切りとって，切り口の左側にのせた。つまり，オーキシンは茎の左側に偏って存在する。オーキシンの存在する左側の成長が促進されるので，茎は右へ曲がって伸びる。

B オーキシンは水に溶けやすいので，寒天片を通るが，雲母片を通らない。オーキシンを作る茎の先端部を切りとり，切り口の左側に寒天片，右側に雲母片をのせた。つまり，オーキシンは茎の左側に偏って存在するので，オーキシンの存在する左側の成長が促進され，茎は右へ曲がって伸びる。

C 茎の右側から光を当てたので，オーキシンは光の当たらない左側へ移動した。オーキシンを通さない雲母片は茎の右側だけ差し込んであるので，左側では重力の影響でオーキシンが下降する。つまり，オーキシンは茎の左側に偏って存在するので，オーキシンの存在する左側の成長が促進され，茎は右へ曲がって伸びる。

D 茎の右側から光を当てたので，オーキシンは光の当たらない左側へ移動した。オーキシンを通さない雲母片は茎の左側だけに差し込んであるので，オーキシンは下降しない。つまり，茎の成長が盛んな部分にはオーキシンがほとんど存在しないので，茎はほとんど成長しない。

No.33 正答 2

A 花芽の発育の制御に関係するのは夜(暗期)の長さである。

B・C 暗期の長さがある時間より長くないと花芽を形成しない植物を短日植物という。

D 短日植物の例はアサガオ，キク，コスモスなどである。

E・F 暗期の長さがある時間より短くないと花芽を形成しない植物を長日植物といい，アブラナ，ダイコン，ホウレンソウなどがある。

暗期の長さに関係なく花芽を形成する植物を中性植物といい，トマト，タンポポなどがある。

No.34 正答 5

A 日照時間を短くし，暗期の長さを長くすると花芽を形成するので，アサガオは短日植物である。

B 覆いをしている(暗期)途中に光を短時間照射すると，連続した暗期の長さが限界暗期より短くなるので，短日植物であるアサガオは開花しない。

C 光中断実験より，花芽の形成には一定の連続した暗期が必要である。

D 秋に咲く短日植物であるキクを年末に咲かせるためには，夕方の一定時間電灯で照らすと，暗期の長さが限界暗期より短くなるので開花を遅らせることができる。

第9章 動物の反応と行動

No.35 正答 3

1 うずまき管は内耳にある。うずまき管のコルチ器にある聴細胞の興奮は聴神経によって，大脳の聴覚中枢へ伝えられる。

2 焦点距離は，毛様体，チン小帯という筋肉の収縮，弛緩によって，水晶体の厚みを変化させて調節されている。

4 夕方など薄暗いとき，形が認識できても色が識別できないのは桿体細胞だけが働いているためである。錐体細胞は明るいときによく働き，色を識別する視細胞である。

5 内耳にある前庭は体の傾き，半規管は体の回転を感じる平衡感覚をつかさどっている。

No.36 正答 3

ア・イ 近いところを見るとき，毛様筋が収縮され，チン小帯がゆるみ，水晶体が厚くなるため，焦点距離が短くなる。

ウ 暗いところでは瞳孔が拡大し，明るいところでは瞳孔が縮小する。

No.37 正答 2

音波は空気の振動である。空気の振動は鼓膜を振動させ，その振動は耳小骨によって増幅される。耳小骨の振動はうずまき管のリンパ液に伝えられる。リンパ液の振動は前庭階から鼓室階へ伝えられ，このときに基底膜を振動させる。この振動でコルチ器の聴細胞がおおい膜と接触することによって，聴細胞が興奮する。聴細胞の興奮は聴神経によって大脳の聴覚中枢へ伝えられる。

No.38 正答 1

2 ニューロンは，刺激がある一定の強さになると活動電位が発生して興奮するが，刺激の強さがそれ以上強くなっても，活動電位の大きさは変化しない。

3 ニューロンどうしの接続部はシナプスである。

4 感覚の中枢は大脳にある。

5 興奮の伝達は，アセチルコリンとノルアドレナリンと呼ばれる神経伝達物質によって行われる。バソプレシンは脳下垂体後葉から分泌されるホルモンで，腎臓の細尿管で水の再吸収を促進する。

No.39 正答 4

1 眼球運動の中枢は中脳である。

2 血糖量調節の中枢は間脳である。

3 脳下垂体の働きを支配するのは間脳である。

5 随意運動の中枢は大脳である。

No.40 正答 5

1 (光)走性による行動である。

2 慣れによる行動である。

3 学習による行動で，知能行動である。

4 生得的行動である。

第10章 生物群集と生態系

No.41 正答 1

2 菌類や細菌類は緑色植物や動物の遺体や排出物に含まれる有機物を無機物に変えてエネルギーを得ており，消費者の中でも分解者と呼ばれる。

3 動物は，緑色植物や他の動物を食べることによって取り込んだ有機物を無機物に変えてエネルギーを得ており，消費者と呼ばれる。

4 生物の遺体に含まれる有機物中の炭素は，細菌や菌類の呼吸によって二酸化炭素CO_2になり，大気中に放出される。生物の遺体に含まれる有機窒素化合物は，細菌や菌類に分解された後，植物の根から吸収されて利用される。

5 光合成によってクロロフィルに吸収された光エネルギーは，化学エネルギーに変換される。化学エネルギーは，食物連鎖によって生産者から消費者へ移動した後，最終的には熱エネルギーとして大気圏外へ放出される。生態系内を絶えず循環するわけではない。

No.42 正答 4

生産者…光合成(炭素同化)によって無機物から有機物を合成する独立栄養生物

例：ススキ，イネ，クローバー，キャベツ，コケ類

消費者…生産者が合成した有機物を利用する従属栄養生物

例：バッタ，モンシロチョウ，タイ，サメ，ヘビ，ウシ，ネズミ，動物プランクトン

分解者…生産者，消費者の遺体，排出物に含まれる有機物を無機物に分解する従属栄養生物

例：細菌類

No.43 正答 3

A・B 二酸化炭素CO_2に含まれる炭素Cは光合成によって有機物に変えられる。

C 光合成によって生産された有機物は一部，植物自身の呼吸によって消費され，

大気中に二酸化炭素として放出される。

D　炭素Cなどの物質は生態系を循環する。

E　太陽から放射される光エネルギーは，光合成によって化学エネルギーに変換され，植物に取り入れられる。化学エネルギーは，植物の呼吸に利用され，また，食物連鎖によって消費者である動物や分解者である細菌類，菌類に移動して呼吸に利用され，最終的には熱エネルギーとして大気中に放出される。このようにエネルギーは生態系を循環しない。

No.44　正答　5

1　化石燃料の大量消費による大気中の二酸化炭素の増加は温室効果を引き起こし地球温暖化の原因となる。

2　酸性雨による被害は世界各地で見られたが，近年 SO_x や NO_x の発生を抑える技術が普及し，先進国では問題が解決しつつある。

3　中和剤の散布は湖沼，土壌のどちらにも効果があるが，被害を除く抜本的な対策ではない。

4　硫黄酸化物 SO_x,窒素酸化物 NO_x は大気中で硫酸塩，硝酸塩に変化し，雨滴に溶け込んで，雨滴を酸性化し酸性雨の原因となる。

第11章　生物の分類と進化

No.45　正答　3

1　多くの魚類は体外受精を行う。体内受精を行うのは，軟骨魚類などの一部に限られる。

2　両生類は親になると，肺呼吸のほか皮膚呼吸も行う。体表面が湿っていないと皮膚呼吸ができないため，水の近くで生活しなくてはならず，陸上の乾燥地帯では生活できない。

4　鳥類は体温を一定に保つことができる恒温動物で，肺や心臓は発達している。体が軽いのは骨が軽いからである。

5　哺乳類は外骨格をもたず，内骨格をもつ。

No.46　正答　3

A～Eはすべて節足動物であるが，ゲンゴロウ，ハエが昆虫類，クモ，ダニはクモ類，ムカデは多足類である。

No.47　正答　1

2　シダ植物は胞子を形成して増えるので，胚珠をもっていない。胚珠がむき出しになっているのはイチョウ，マツなどの裸子植物である。

3　シダ植物は葉緑体をもち，光合成を行う。

4　シダ植物は花を付けない。

5　シダ植物は根，茎，葉の区別がある。コケ植物には根，茎，葉の区別がない。

No.48　正答　5

ア　コケ植物もシダ植物，種子植物と同様に光合成を行う。また，コケ植物とシダ植物は胞子で増えるが，種子植物は種子で増える。

イ　裸子植物は子房がなく，後に種子となる胚珠が露出しているという特徴をもつ。

ウ　被子植物の双子葉類は，子葉が2枚で葉脈は網状脈であり，根は主根と側根がある。単子葉類は子葉が単葉で葉脈は平行脈であり，根はひげ根である。

★ 第5編 地　学

第 1 章　地球の概観

地球の形と大きさ

●形と大きさ

◆地球は近似的に見ると球であるが，厳密には完全な球ではなく，自転による遠心力によって赤道半径の方が極半径よりもわずかに長い回転だ円体をしている。地球の形に最もよく合う回転だ円体を**地球だ円体**という。

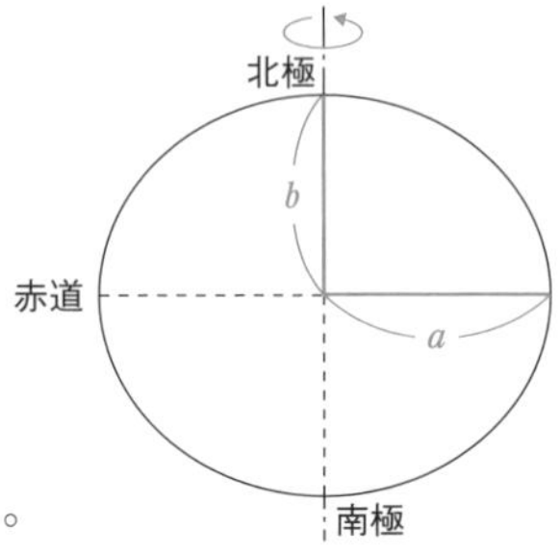

・赤道半径 $a \fallingdotseq 6378$ km

・極半径 $b \fallingdotseq 6357$ km

・偏平率 $\dfrac{a-b}{a} \fallingdotseq \dfrac{1}{298}$

●ジオイド

◆地球の表面は陸地や海があり，山や谷もある。また，平らにみえる海面もわずかに凹凸がある。海水面の高さは波浪や潮汐によって変動するが，平均すれば一定の滑らかな面となる。この面を平均海水面という。

陸地についても平均海水面でおおわれたと仮定すると，このときできた地球全体をおおう閉曲面をジオイドという。ジオイドは標高の基準となっている。

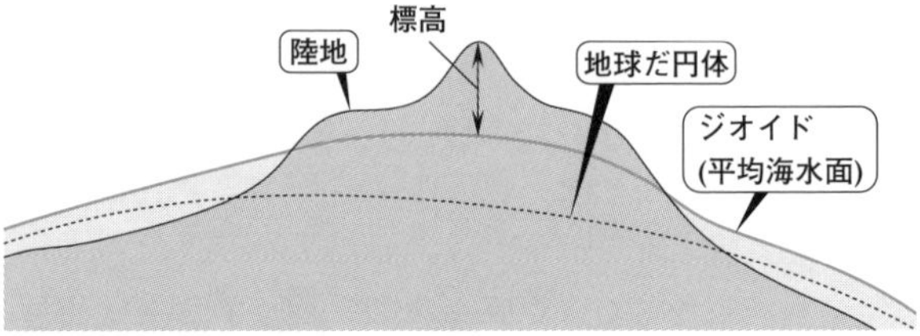

チェック

- **◆地球の形→赤道半径＞極半径**
- **◆地球の半径→約 6400 km**
- **◆ジオイド→地球全体が平均海水面でおおわれたと仮定したときの閉曲面**

地球にはたらく力

●重力

◆重力とは，地球の中心に向かう万有引力と地球の自転によって生じる遠心力との合力である。遠心力は極では0で，赤道に近づくほど大きくなる。地球は極半径の方が赤道半径より短いので，万有引力は極で最大で，赤道に近づくほど小さくなる。したがって，重力は極で最大で，低緯度になるほど小さくなり，赤道では最小になる。重力加速度 g は緯度によって異なるが，ほぼ $9.8\ \mathrm{m/s^2}$ である。

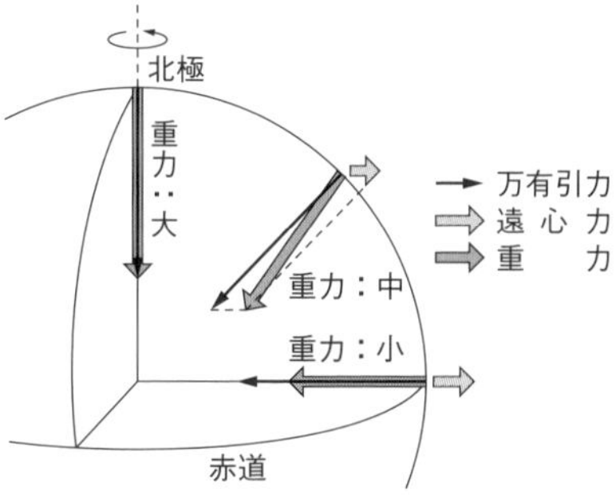

チェック

◆**重力**　→**万有引力と遠心力の合力**
→**極で最大，赤道で最小**
→**重力加速度 g=9.8〔m/s²〕**

●潮汐

◆海面はふつう1日に2回上下する。この現象を**潮汐**という。潮汐が起こる原因は月と太陽の引力であるが，地球に及ぼす潮汐力の影響は太陽より月の方が大きいため，潮汐は地球と月の位置関係に左右される。地球上の月と面した側（上図のA）とその反対側（上図のB）では満潮となり，上図のCとDの部分では干潮となる。また，地球は月に対して1日に約1回転の割合で自転しているため，1日に約2回の潮の干満がおこることになる。

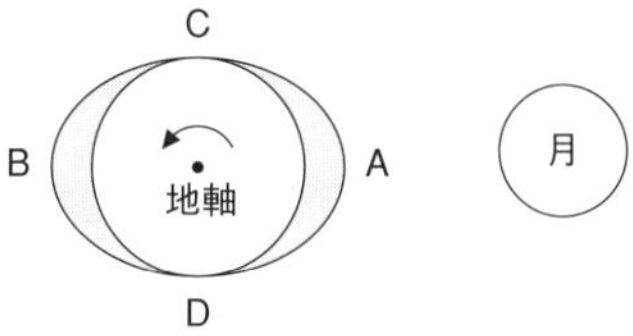

大潮▶ ・太陽—月—地球が直線上にある満月と新月のとき，月の引力に太陽の引力が加わるため，満潮時と干潮時の海面差が最大となり**大潮**となる。

小潮▶ ・太陽—地球—月が直角になる上弦の月と下弦の月のときは，月の引力と太陽の引力が直角に働くため，満潮時と干潮時の海面差が最小となり**小潮**となる。

チェック

◆潮汐が起こる原因
→月と太陽の引力，月の引力の影響の方が大きい
◆満潮，干潮→それぞれ，1日に2回

地球の内部構造

●地球の内部構造

◆地球内部の構造は，地震波の観測とその速度分布や伝播の様子を調べることにより推定される。地表に近いところから**地殻**，**マントル**，**核**(**外核**，**内核**)に分けられている。

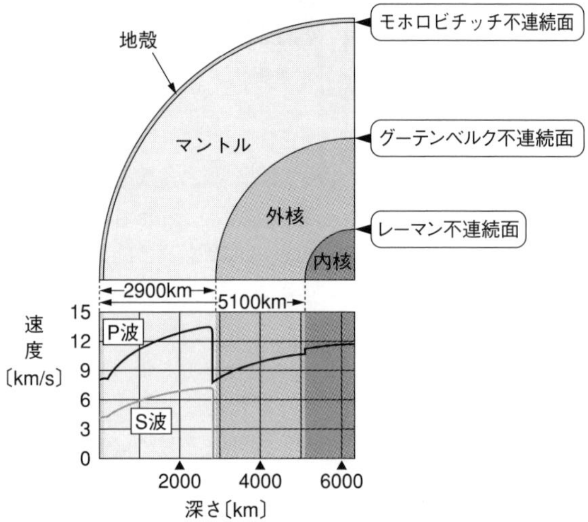

地殻▶ ・地殻の厚さは大陸地殻では 30～60 km，海洋地殻では 5～10 km である。大陸地殻は**花こう岩質の上部地殻**と**玄武岩質の下部地殻**に分かれ，海洋地殻は**玄武岩質**からなる。地殻とマントルの間には地震波の伝わる速度が急に増加する境界面があり，**モホロビチッチ不連続面**(**モホ面**)とよばれている。

マントル▶ ・上部マントルはかんらん石や輝石を主成分とするかんらん岩からできている。下部マントルは高圧のため，かんらん岩の結晶型が変化していると考えられる。マントルはP波もS波も伝わるので固体であると考えられている。

核▶ ・深さ 5100 km 付近を境にして**外核**と**内核**に分かれている。いずれも鉄が主成分で，少量のケイ素，ニッケルなどを含む。外核はS波が伝わらないので液体であり，内核はP波の伝わる速度が増加する大きさから固体であるとわかる。

チェック

◆**地球内部の構造**
　→**地表から，地殻，マントル，核（外核，内核）**
◆**地殻の厚さ→大陸地殻＞海洋地殻**
◆**モホロビチッチ不連続面（モホ面）**
　→**地殻とマントルの境界面で地震波の伝わる速度が急に増加**
◆**マントル→固体**
◆**外核→液体でS波が伝わらない**

●アイソスタシー

◆海水中に氷山が浮かんでいるように，地殻はマントルより密度が小さいので，マントル上に浮かんでいると考えられている。この状態を**アイソスタシー**という。

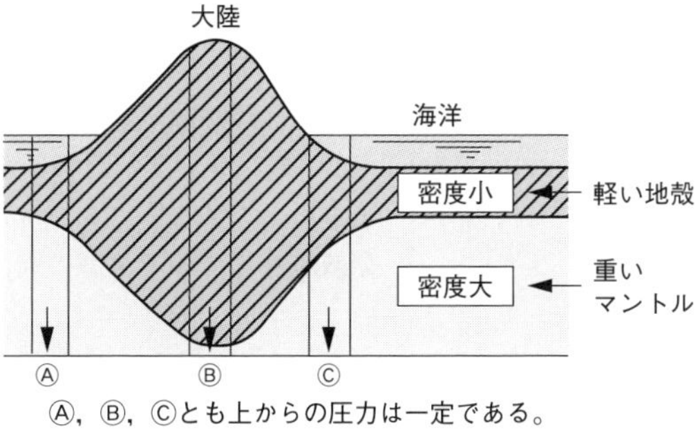

Ⓐ，Ⓑ，Ⓒとも上からの圧力は一定である。

プレートの運動

●プレート

◆地球の内部の構造の分け方には，変形のしやすさによる分け方もある。地殻とマントル最上部からなる硬い岩盤部分を**リソスフェア**，マントル上部の流動しやすい部分を**アセノスフェア**という。プレートはリソスフェアの部分に相当する。

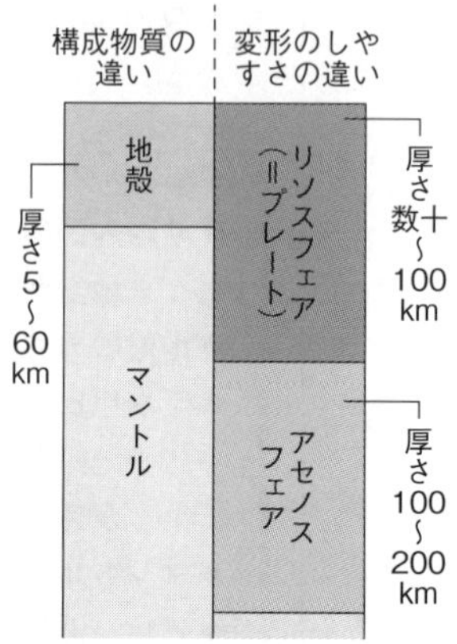

●プレートテクトニクス

◆地球の表面は，十数枚のプレートにおおわれており，アセノスフェアの上を年に数 cm の速さで移動している。それぞれのプレートが異なる方向に移動するため，その境界で，地震，火山活動，造山運動などの地殻変動が起こる。この考え方を**プレートテクトニクス**という。

●プレート境界

◆プレートの境界には，発散境界，すれ違い境界，収束境界の 3 種類がある。

発散境界▶

・2 つのプレートの割れ目からマグマが上昇し，冷えて固まることで新しいプレートがつくられ，両側へ移動する。発散境界にできる海底の火山が連なった山脈を**中央海嶺**という。

すれ違い境界▶

・プレートどうしがすれ違うように反対向きに動いている境界を**トランスフォーム断層**という。

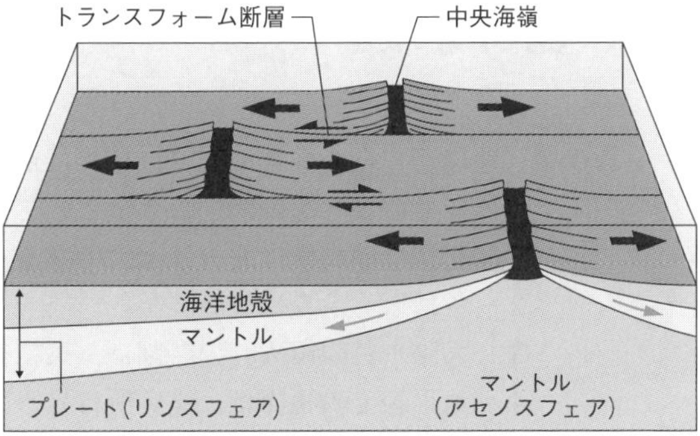

収束境界▶　·1つのプレートが他のプレートの下に沈み込んだり，互いに衝突したりする境界のことである。海洋プレートは大陸プレートより重いため，大陸プレートの下に沈み込む。このような，沈み込み帯にできる深い溝を**海溝**という。大陸プレートどうしが収束する衝突帯では，衝突によって大陸が押し上げられ，大山脈が形成される。

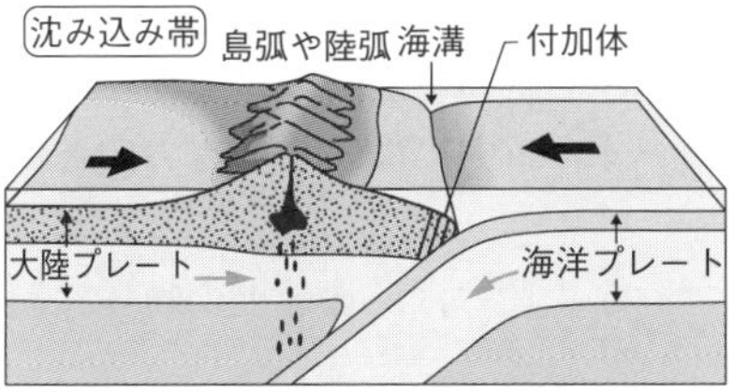

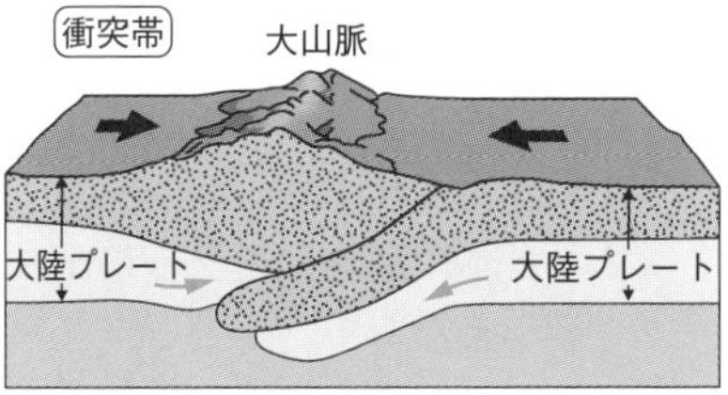

練習問題

（448ページより解答・解説）

★★
No.1　地球が完全な球体でなく，極半径が赤道半径よりも短い回転だ円体であることを証明する事実として正しいのはどれか。

1　北極星の高度は北方ほど大である。
2　冬は寒く，夏は暑い。
3　太陽や月の出入りの時刻は，東に行くほど早くなっている。
4　地平線上の視界は，高い所に昇るにつれて広くなる。
5　重力は，遠心力の影響を除いても極で大きく赤道で小さい。

★
No.2　重力に関する記述として，**誤っている**ものはどれか。

1　地球上の物体に働く地球の引力（万有引力）は，地球の重心（ほぼ中心）に向かう力である。
2　地球上の物体には，地球の自転によって地球の自転軸に直角外向きの遠心力が働く。
3　重力は赤道で最大になり，極で最小となる。
4　重力の向きを鉛直方向といい，これと垂直な面が水平面である。
5　重力は，地球上の物体に働く地球の引力と遠心力との合力である。

★★
No.3　潮の干満に関する記述として正しいのはどれか。

1　潮の干満は通常１日に１回見られるが，さらに数年の周期で大きく変化する。
2　日本では春分のときに干満の差が最大となり，秋分のときに最小となる。
3　潮の干満は陸風，海風の発達程度，気圧の変化によって引き起こされる。
4　潮の干満の原因となるおもな天体は月と太陽である。
5　日本では，日本海側の干満の差は太平洋岸のそれよりはるかに大きい。

★★
No.4　地球の内部構造に関する記述として正しいのはどれか。

1　マントルは液体であるため，地震波のＳ波(横波)やＰ波(縦波)を通さない。

2　地殻を構成している岩石はおもに堆積岩である。

3　地殻の厚さは一様ではなく大陸の地殻は厚く，海洋の地殻は薄くなっている。

4　地殻に含まれる元素のうち，重量比で一番多いのは鉄である。

5　地球の内部にある核は固体の外核と液体の内核からなっている。

★★
No.5　地球内部の構成に関する次の文中の空欄Ａ～Ｅにあてはまる語句の組合せとして正しいのはどれか。

地殻の構造は大陸部と海洋部では大きく異なっている。大陸地殻は，おもに［　A　］からなる上部地殻と，おもに［　B　］からなる下部地殻で構成されている。これに対し，海洋地殻はおもに［　B　］によって構成されている。

上部マントルはおもに［　C　］からなり，下部マントルでは圧力の増加により鉱物の結晶構造が変化し安定な鉱物に変わっていると考えられている。

核は，［　D　］を主成分とし，外核と内核に分けられ，内核は［　E　］になっていると考えられる。

	A	B	C	D	E
1	花こう岩	かんらん岩	玄武岩	Fe	液体
2	花こう岩	玄武岩	かんらん岩	Fe	固体
3	玄武岩	花こう岩	かんらん岩	Fe	固体
4	玄武岩	花こう岩	かんらん岩	MgO	固体
5	玄武岩	かんらん岩	花こう岩	MgO	液体

★★

No.6 プレートテクトニクスに関するア～カの記述のうち，正しいのをすべて選んだ組合せはどれか。

ア　プレートは海溝で生成され，2つのプレートがぶつかり合い盛り上がって海嶺ができる。

イ　プレートは海嶺で生成され，海溝に沈み込んでアセノスフェアの中に消滅する。

ウ　プレートは地殻とマントルの上部からなり，厚さは数十～100 km 程度である。

エ　プレートはマントルに浮かぶ地殻のみからなり，厚さは7～20 km 程度である。

オ　プレートの移動速度は1年間で数 cm 程度である。

カ　プレートの移動速度は1年間で数 m 程度である。

1　ア，エ，オ

2　ア，エ，カ

3　イ，ウ，オ

4　イ，エ，オ

5　イ，エ，カ

第 2 章　地球内部のエネルギー

地震

●地震波

◆地震のときは，初めに小さな揺れがあり，その後から大きく揺れる。初めに伝わってくる地震波を**P 波**(Primary wave)といい，後から伝わってくる地震波を**S 波**(Secondary wave)という。そしてその後に**表面波**が伝わってくる。

P 波▶ ・波の進行方向と平行に振動する**縦波**(疎密波)で，振幅は小さく，周期は短い。地殻中を伝わる速度は 6～7 km/s である。**固体中・液体中ともに伝わる**。

S 波▶ ・波の進行方向に直角な方向に振動する**横波**で，振幅は大きく，周期は長い。地殻中を伝わる速度は 3～4 km/s である。**固体中のみを伝わり，液体中は伝わらない**。したがって，液体である**外核は伝わらない**。

表面波▶ ・地球の表面など性質の異なる物質の境界面に沿って伝わる波で，振幅は大きく周期は長い。伝わる速度は約 3 km/s である。

●初期微動と主要動

◆地下で地震が発生した地点を**震源**，その真上の地上の点を**震央**という。P 波と S 波はどちらも震源で同時に発生するが，P 波の方が S 波より速く伝わるので，観測地点には P 波が先に到達する。

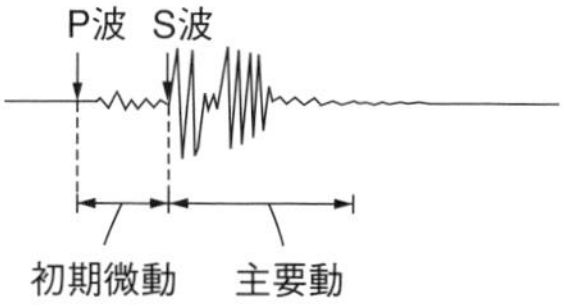

初期微動▶ ・P 波が伝わってから S 波が伝わってくるまでの小さな揺れを**初期微動**といい，その時間を初期微動継続時間(PS 時間)という。初期微動継続時間は，震源から離れた観測地点ほど長くなる。

主要動▶ ・S 波が伝わってからおきる大きな揺れを**主要動**という。

チェック

◆地殻中を伝わる速度→P波>S波
◆P波→縦波で固体中，液体中ともに伝わる。
◆S波→横波で固体中のみを伝わり，液体中は伝わらない。液体である外核は伝わらない。
◆初期微動→P波が伝わってからS波が伝わってくるまでの小さな揺れ。初期微動継続時間は震源から離れた観測地点ほど長くなる。

●地震の表し方

◆地震は個々の場所における振動の大きさを表す「**震度**」と，地震そのものの大きさを表す「**マグニチュード**」の2つで表される。

震度▶
・ある観測地点での地震の振動の大きさの程度で，0，1，2，3，4，5弱，5強，6弱，6強，7の10段階に分けられている。震度は一般に震央付近で大きく，震央から遠ざかるにつれて小さくなる。ただし，地盤などの影響を受けるため，必ずしも震央から遠い観測地点ほど震度が小さいとは限らない。軟弱な地盤の地域は地盤の硬い地域よりも震度が大きくなる。

マグニチュード▶
・地震そのものの規模(放出したエネルギー)を表し，記号Mを用いる。マグニチュードの値が1大きくなると，地震のエネルギーは約32倍になり，2大きくなると地震のエネルギーは1000倍(32^2倍)となる。

チェック

◆震度
→ある観測地点での地震の振動の大きさを表す。
→0～7(5，6は強弱の2段階)の10段階。
→地盤などの影響を受け，軟弱な地盤の地域は震度が大きくなる。

◆マグニチュード
→地震そのものの規模を表す。
→マグニチュードの値が1大きいと，エネルギーは約32倍大きくなり，2大きいと，エネルギーは1000倍大きくなる。

●地震の分布

◆地震は地球上どこでも同じように発生するわけではなく，限られた地域で多く発生している。地震が多く発生するところを地震帯といい，**環太平洋地震帯**，**アルプス・ヒマラヤ地震帯**，海洋の海嶺付近の**中央海嶺地震帯**などがある。日本は環太平洋地震帯に属し，世界でも地震の発生数が非常に多い地域にあたる。

●日本付近の地震

◆日本周辺には，太平洋プレートが日本海溝から，フィリピン海プレートが南海トラフなどから日本の下に沈み込んでいる。また，北米プレートとユーラシアプレートの境界は日本を通っていると考えられている。このように４つのプレートが互いに押し合っているため，地震活動が活発である。

プレート間地震▶

・日本海溝や南海トラフで沈み込む海洋プレートは大陸プレートを引きずり込みながら沈んでいくが，引きずり込まれた大陸プレートが急激に元に戻ることで地震が発生する。

地震発生前の期間

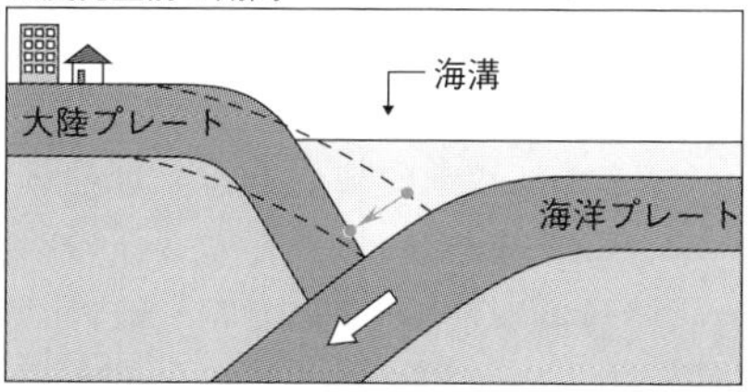

地震発生時

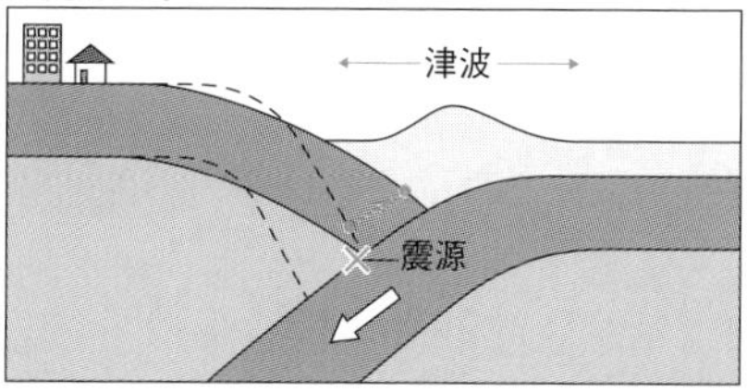

プレート内地震▶

・地震はプレートの内部でも発生する。日本周辺では複数のプレートが水平方向に動いているため，大陸プレートが水平方向に押されて岩盤の破壊が起こり，地震が発生する。また，海洋プレート内でも深発地震や海溝の外側でプレートがたわむことで発生する地震がある。

●緊急地震速報

◆激しい揺れをもたらすＳ波の到着を事前に知らせるもので，地震発生後に震源近くで観測されたＰ波のデータから，各地の震度を予測する。

練習問題

（448ページより解答・解説）

★

No.7　地震波のＰ波（縦波）とＳ波（横波）に関する記述として正しいのはどれか。

1　Ｐ波は波の進行方向と垂直に，Ｓ波は音波のように波の進行方向にそれぞれ振動する。

2　Ｓ波は固体と液体の中を伝わるが，Ｐ波は固体の中だけ伝わる。

3　地震の揺れは，Ｓ波よりもＰ波の方が大きい。

4　震源ではまずＳ波が発生し，その後Ｐ波が発生する。

5　Ｐ波とＳ波は速度が違うために，Ｐ波の方が早く観測地に到達する。

★★

No.8　次のア～エのうち，地震の震源地を特定するのに必要なものの組合せはどれか。

ア　複数の地点でのＰ波のゆれの大きさ

イ　複数の地点でのＰ波の到達時刻

ウ　複数の地点でのＳ波のゆれの大きさ

エ　複数の地点でのＳ波の到達時刻

1　ア，イ

2　ア，ウ

3　イ，ウ

4　イ，エ

5　ウ，エ

★
No.9 地震に関する記述として正しいのはどれか。

1　震度とは，地震そのものの大きさである。

2　震度とは，観測地点における地震の揺れの強さを表し，現在の日本では8段階に分けられている。

3　地震の発生した地点を震央といい，震央の真上の地表の地点を震源という。

4　マグニチュードは，震央に近いほど大きくなる。

5　マグニチュードは，地震のエネルギーと関係し，1増えるとエネルギーは約32倍となる。

★★
No.10 地震に関する記述として正しいのはどれか。

1　世界的にみると，規模の大きい地震は太平洋および大西洋の中心部で起こることが多い。

2　地震のマグニチュードは地震の規模の大きさを表し，震度は各観測地点での地震動のはげしさを表している。

3　大きな振動の前に小さな振動，すなわち初期微動が感じられることが多いが，観測地点が震央から離れるほど初期微動の続く時間は短くなる。

4　震央からの距離が同程度のとき，地盤のやわらかい所ほど振動は小さく緩やかになるため，家屋の倒壊のような被害は少なくなる。

5　火山活動と地震とは深い関係があり，火山噴火の後には地震が多く発生するが，噴火の前に発生することはない。

★★
No.11 地震に関する次の文中の空欄ア～エにあてはまるものの組合せとして正しいのはどれか。

地球内部の構造を推定する手がかりの一つとして地震波の伝わり方がある。震源から発生する地震波にはＰ波とＳ波があるが，震央から離れたある地点で観測すると最初に到達するのは(　ア　)である。

震源が浅い地震について，横軸として震央からの距離を，縦軸としてＰ波が到達するのにかかった所要時間をとってグラフ(走時曲線とよぶ)を描くと，図Ⅰのように折れ曲がる。これは地球の表層部は(　イ　)に分けられると考えることで説明できる。

つまり，図ⅠのＣ点までは図Ⅱにおける(　ウ　)の経路を通ってきた波が最初に到達し，図ⅠのＣ点よりも遠いところでは(　エ　)の経路を通ってきた波が最初に到達するためである。

図Ⅰ

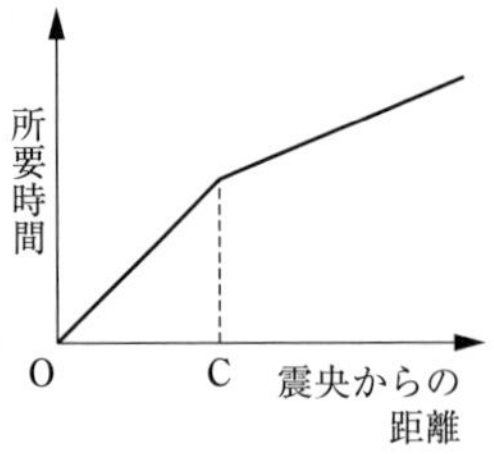

図Ⅱ

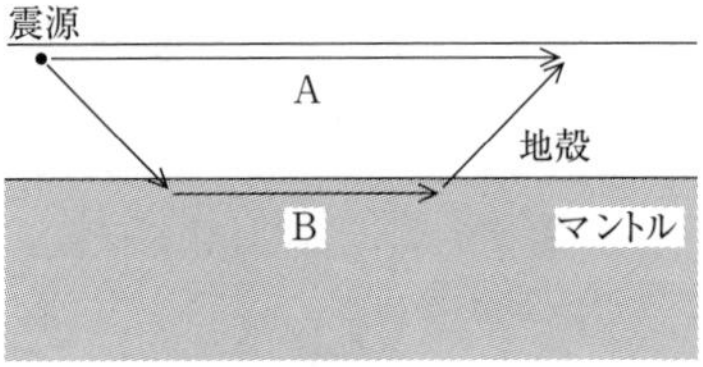

	ア	イ	ウ	エ
1	横波であるＳ波	Ｐ波が速く進む地殻と遅く進むマントル	A	B
2	横波であるＳ波	Ｐ波が遅く進む地殻と速く進むマントル	B	A
3	横波であるＰ波	Ｐ波が速く進む地殻と遅く進むマントル	B	A
4	縦波であるＰ波	Ｐ波が速く進む地殻と遅く進むマントル	B	A
5	縦波であるＰ波	Ｐ波が遅く進む地殻と速く進むマントル	A	B

第 3 章　地殻の構成物質

火山

●火山

◆火山は地球上の特定の地域に集中して分布しており，火山帯をつくっている。火山の多いおもな地域は日本列島を含む太平洋の弧状列島，南北アメリカの太平洋沿岸地域，地中海沿岸地域，大洋の海嶺系などである。このうち，太平洋周辺地域は**環太平洋火山帯**とよばれている。

マグマ▶

・地下深部で岩石が部分的に融解し，マグマが形成される。深いところでは圧力が高いため，ガス成分と岩石が融解してできた高温・液状のケイ酸塩が混じった状態になっている。マグマが上昇してマグマだまりを作るあたりでは，マグマからガス成分が遊離し，その結果，ガスの圧力が高くなり地表付近の岩石を破り噴火がおこる。噴火によって地表に運び出された物質を火山噴出物といい，火山ガス，溶岩や火山灰，火山礫などの火山砕屑物に分けられる。火山ガスの 90% 以上は水蒸気 H_2O で，そのほか二酸化炭素 CO_2，二酸化硫黄 SO_2，硫化水素 H_2S などを含む。溶岩はマグマが噴出したもので，マグマの分化に応じて，**玄武岩マグマ**，**安山岩マグマ**，**流紋岩マグマ**などがある。玄武岩マグマは二酸化ケイ素の含量が少なく粘性が低いのでおだやかな噴火をする。安山岩マグマや流紋岩マグマは，二酸化ケイ素の含量が多く粘性が高いので爆発的な噴火をする。

溶岩の性質と火山の形

火山岩（マグマ）	玄武岩……………安山岩……………流紋岩
SiO_2 の量	少ない←……………→多い
温度	高い←……………→低い
粘性	低い←……………→高い （流れやすい←……………→流れにくい）
噴火の形式	おだやか←……………→激しい
噴火の周期	短い←……………→長い
火山地形	溶岩台地 盾状火山……………成層火山……………溶岩ドーム

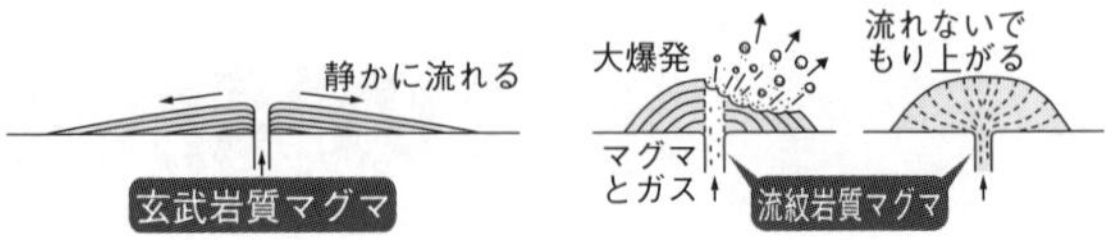

火成岩

●火成岩

◆マグマが冷えて固まったものを**火成岩**といい，**火山岩**と**深成岩**に分けられる。

火山岩▶ ・マグマが地表あるいは地表近くで急冷され固結したものである。結晶は大きく成長せず，**石基**とよばれる小さな鉱物の粒や非結晶の部分を主体とした岩石ができる。石基の中に存在する比較的大きな結晶を**斑晶**という。このように石基と斑晶からなる組織を**斑状組織**という。

深成岩▶ ・マグマが地下深いところでゆっくり冷やされると，鉱物の結晶が大きく成長し，粒径のそろった鉱物の結晶が集まった岩石ができる。このような組織を**等粒状組織**という。

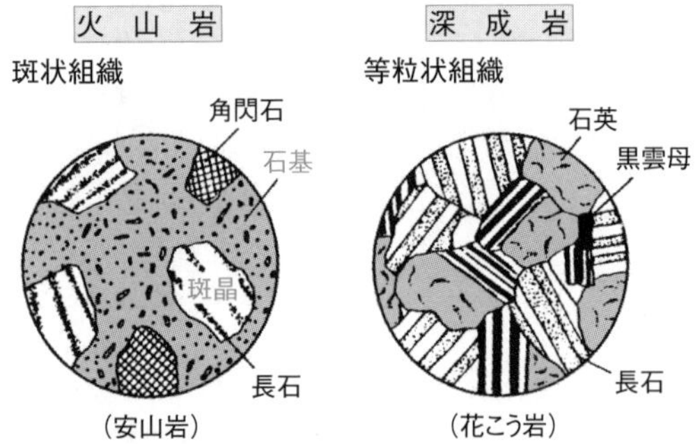

造岩鉱物▶ ・火成岩を構成する主要な造岩鉱物は 7 種類あり，無色鉱物と有色鉱物に分けられる。造岩鉱物の化学組成はその大部分がケイ素 Si と酸素 O を主としたケイ酸塩鉱物である。ケイ酸塩鉱物の正四面体の結晶構造の間に Fe，Al，K，Na，Mg，Ca などの元素がはいり込んでいろいろな造岩鉱物ができている。

無色鉱物	石英，カリ長石，斜長石
有色鉱物	かんらん石，輝石，角閃石，黒雲母

火成岩は無色鉱物に富むと白っぽく，有色鉱物に富むと黒っぽくなる。

火成岩の分類

種類	超苦鉄質岩	苦鉄質岩	中間質岩	ケイ長質岩
SiO_2の量（%）	少――――45――――52――――66――――多			
火山岩		玄武岩	安山岩	デイサイト・流紋岩
深成岩	かんらん岩	斑れい岩	閃緑岩	花こう岩
色指数	大――――約70――――約35――――約15――――小 （黒っぽい）←――――――――→（白っぽい）			
比重（g/cm^3）	約3.2（重い）←――――――――→（軽い）約2.7			

主な造岩鉱物の量（体積比）

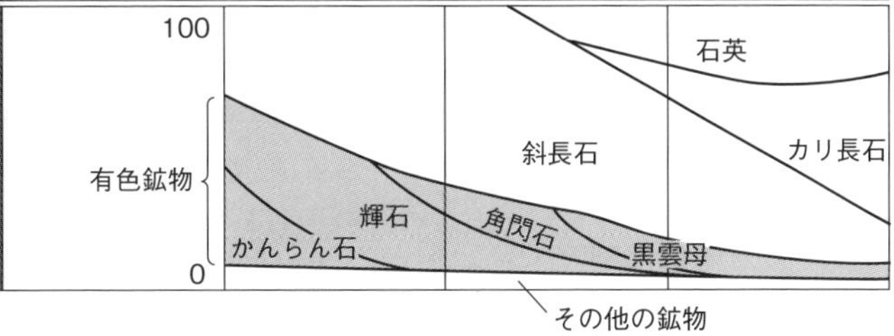

チェック

◆火山岩→斑状組織　例：玄武岩，安山岩

◆深成岩→等粒状組織　例：花こう岩

多い→白っぽい

↑

◆火成岩の色調→二酸化ケイ素の含有量

↓

少ない→黒っぽい

流水のはたらきと地形の変化

●流水のはたらき

◇流水は，侵食，運搬，堆積の3つの作用をもつ。

侵食作用▶ ・地表の一部を削り取ったり，溶かし去ったりするはたらき。

運搬作用▶ ・削り取った土砂などを流れによって他の場所に運ぶはたらき。

堆積作用▶ ・運搬作用によって運んだものを積もらせるはたらき。

チェック

◆流水のはたらき→侵食，運搬，堆積

●河川水の作用

侵食作用▶　・河川の上流で特に激しく，V字谷，おう穴などをつくる。

運搬作用▶　・流れの速い上流・中流で大きい。

堆積作用▶　・河川の下流では浸食・運搬作用が衰えると，堆積作用が働く。河川が山地から平地に出るところでは勾配が急にゆるやかになり，急に流速が小さくなるため，堆積作用が盛んになり**扇状地**ができる。沖積平野，天井川，自然堤防，三角州なども堆積作用によってできた地形である。

●地下水の作用

◆地下水の作用として特徴的なものは石灰岩に対する溶食作用で，**鐘乳洞**などの**カルスト地形**をつくりだす。

●海水の作用

◆海岸が波浪や磯波によって侵食されると，**海食崖**，**海食台**などをつくる。また，削りとられた物質は沿岸流によって運搬され堆積し，**砂し**，**砂州**，**陸けい島**などをつくる。

●地盤変動と侵食作用

◆地盤の隆起・沈降や海水面の変動と侵食作用によりできる地形には，**海岸段丘**，**河岸段丘**，**リアス海岸**などがある。

堆積岩

●堆積岩

◆地表に露出する岩石は，風化や侵食によってしだいに破壊されていく。こうして生じた砕屑物は，水や風によって運搬され堆積する。はじめに堆積した堆積物の上にさらに新しい堆積物が堆積するため，下の堆積物は上からの圧力を受け，粒子と粒子の間の水がしぼり出され粒子どうしが固結していく。さらに，粒子の間からしぼり出された水には，二酸化ケイ素 SiO_2 や炭酸カルシウム $CaCO_3$ などが含まれているので，これらが粒子の間に沈殿してさらに粒子どうしを強く結びつける。このように堆積物が長い年月をかけて少しずつ固結し堆積岩をつくる過程を，**続成作用**という。

堆積岩の特徴▶
① 堆積物が堆積するときにできた状態がしま模様になってみえる層理がある。
② 化石を含むことがある。

堆積岩の分類▶　・堆積岩は堆積物の起源や粒子によって次のように分けられる。

砕屑岩	風化や侵食によって生じた岩石の粒子が堆積してできた岩石。		
	泥	→	泥岩
	砂	→	砂岩
	礫	→	礫岩
火山砕屑岩	火山の噴出物が堆積してできた岩石。		
	火山灰	→	凝灰岩
	火山岩塊 火山灰	→	凝灰角礫岩
生物岩	生物の遺がいが堆積してできた岩石。		
	石灰質($CaCO_3$)の殻 骨格をもつ生物の遺がい	→	さんご石灰岩, フズリナ(紡錘虫)石灰岩
	ケイ質(SiO_2)の殻 骨格をもつ生物の遺がい	→	放散虫チャート，珪藻土
化学岩	水中の溶解物が沈殿・堆積してできた岩石。		
	二酸化ケイ素 SiO_2	→	チャート
	炭酸カルシウム $CaCO_3$	→	石灰岩
	塩化ナトリウム NaCl	→	岩塩
	硫酸カルシウム $CaSO_4$	→	石こう

変成岩

●変成作用

◆高温や高圧の条件下におかれると，岩石は溶融することなく組織を変えたり，含有される鉱物の分子結合を変えて，まったく別の新しい鉱物に変化することがある。この過程を**変成作用**という。

●変成岩

◆変成作用を受けてできた岩石である。

接触変成岩▶

・マグマが貫入し，まわりの堆積岩などがマグマの熱によって変成する作用を**接触変成作用**という。接触変成岩は接触変成作用によってできた変成岩で，**結晶質石灰岩**(**大理石**)，**ホルンフェルス**などがある。

広域変成岩▶

・大規模な地殻変動によって，岩石に強い圧力が働き，さらに熱も加わっておこる変成作用を**広域変成作用**という。広域変成作用は，数百 km にわたって帯状の地域で変成作用がおこる大規模なものである。広域変成作用によってできた変成岩を広域変成岩といい，結晶片岩，片麻岩，千枚岩などがある。

チェック

◆接触変成岩→マグマの貫入による。

例：結晶質石灰岩(大理石)，ホルンフェルス

◆広域変成岩→大規模な地殻変動による。

例：結晶片岩，片麻岩

練習問題

（449ページより解答・解説）

★★
No.12 次の火山の噴火と溶岩の性質に関する次の空欄ア～オにあてはまる語句の組合せとして正しいのはどれか。

溶岩に含まれているSiO_2が（　ア　）と粘性が高くなり，爆発が（　イ　）なる。SiO_2が（　ウ　）と粘性が低くなり，爆発が（　エ　）なる。前者の場合，火山の形は（　オ　）となる。

	ア	イ	ウ	エ	オ
1	少ない	激しく	多い	穏やかに	盾状火山
2	多い	激しく	少ない	穏やかに	溶岩ドーム
3	少ない	激しく	多い	穏やかに	溶岩ドーム
4	多い	穏やかに	少ない	激しく	盾状火山
5	少ない	穏やかに	多い	激しく	溶岩台地

★★
No.13 次の文中の空欄A～Dにあてはまる語句の組合せとして，正しいのはどれか。

マグマが冷え固まってできる岩石のうち，マグマが地表近くで急速に冷え固まってできた岩石は（　A　），地下深くでゆっくり冷え固まってできた岩石は深成岩とよばれている。（　A　）の組織を顕微鏡により観察すると，細かい結晶やガラス質の物質からなる石基の中に大粒の斑晶がみられることが多く，これを（　B　）組織という。また，深成岩は，SiO_2の含有率が高いものから順に，（　C　），閃緑岩，斑れい岩などがある。SiO_2の含有率の高いマグマからできた岩石は，一般に（　D　）である。

	A	B	C	D
1	火山岩	斑状	花こう岩	淡色
2	変成岩	等粒状	花こう岩	暗色
3	火山岩	斑状	玄武岩	暗色
4	火山岩	等粒状	玄武岩	暗色
5	変成岩	斑状	安山岩	淡色

★
No.14 次表は，火成岩の種類とその造岩鉱物について整理したものである。この表の空欄A～Eにあてはまる語句を正しく組み合わせたものはどれか。

火山岩	A	B	流紋岩
深成岩	斑れい岩	閃緑岩	C

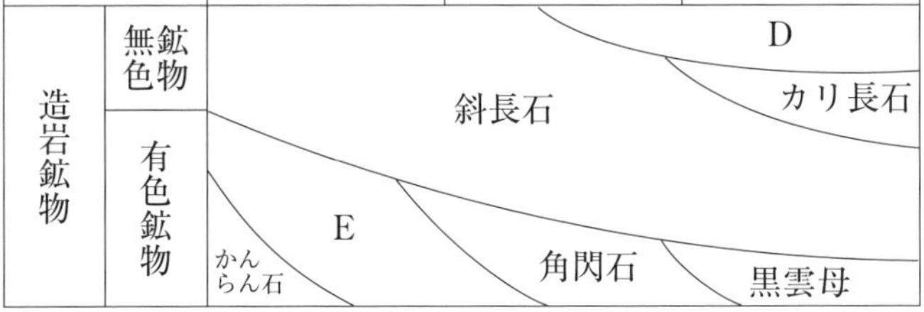

	A	B	C	D	E
1	玄武岩	安山岩	花こう岩	石英	輝石
2	安山岩	玄武岩	花こう岩	石英	輝石
3	玄武岩	安山岩	花こう岩	輝石	石英
4	花こう岩	玄武岩	安山岩	石英	輝石
5	安山岩	花こう岩	玄武岩	輝石	石英

★★
No.15 堆積岩に関する記述として正しいのはどれか。

1　泥岩が接触変成作用によって再結晶すると，かたくて緻密な流紋岩になる。

2　凝灰岩は，火山から噴出した火山砕屑物が集まってできたもののうち，おもに火山灰からなるものをいう。

3　石灰岩は，有孔虫，サンゴ，貝など二酸化ケイ素を成分とする殻をもつ生物の遺がいが集まってできたものである。

4　砂岩は砕屑岩の1つで，粒径2 mmから4 mmの細礫からなるものをいう。

5　岩塩やチャートは，乾燥気候下で湖沼や内湾からの水の蒸発によって形成される。

★★

No.16 岩石に関する記述として正しいのはどれか。

1　有孔虫やさんごなどの遺がいが堆積してできた石灰岩は，堆積岩の生物岩に分類される。

2　玄武岩は，火山の噴火による火山灰が固まってできた岩石で，堆積岩の火山砕屑岩に分類される。

3　安山岩は，マグマが地下の深いところでゆっくり冷えて固まってできた岩石で，火成岩の深成岩に分類される。

4　花こう岩は，マグマが地表付近に噴き出し，急に冷やされて固まってできた岩石で，火成岩の火山岩に分類される。

5　大理石は，泥岩が造山活動の高圧による変成作用によってできた岩石で，変成岩の広域変成岩に分類される。

第4章 地球の歴史

地層の構造

●整合と不整合

◆上下の地層が連続して堆積した状態を**整合**，下の地層が浸食された後に上の地層が堆積した状態を**不整合**という。

整合▶ ・地層が堆積するとき連続して堆積し，時間的に長い中断がない場合の上下の地層関係をいう。

不整合▶ ・地層が堆積するとき，地層と地層の間に長時間の堆積の中断がある場合の上下の地層関係をいう。地層Aが堆積した後隆起して地上にあらわれ，風化・浸食されたあと再び沈降し，その上に地層Bが堆積した場合，地層AとBは不整合になる。不整合面はかつての地表面であり，浸食面なので，凸凹が激しいことが多く，その上下で地層が平行になっていないことが多い。また，含まれている化石の種類が異なるなどの現象がみられる。

不整合のでき方の一例

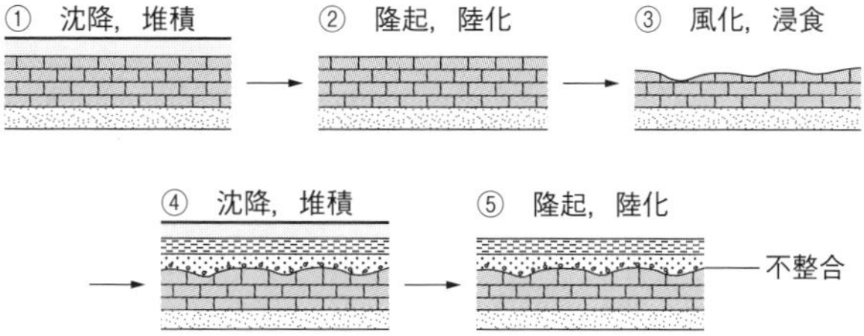

●断層

◆地層が圧力や張力を受けて割れ目がずれたものである。断層面の上側を上盤，下側を下盤という。相対的に上盤がずり落ちた正断層，相対的に上盤がずり上がった逆断層，断層面に沿って水平にずれた横ずれ断層がある。

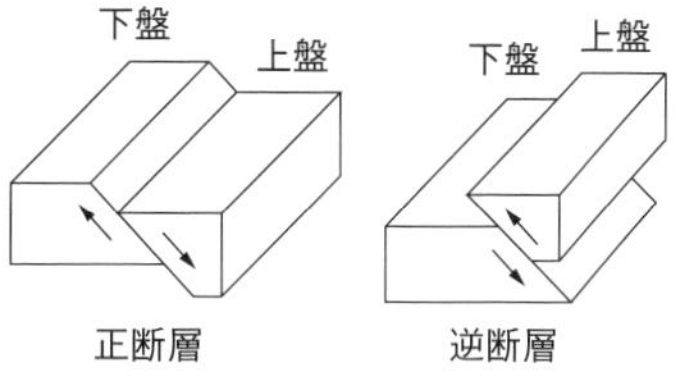

●しゅう曲

◆地層が圧縮力を受けて，波状に曲げられたものである。

●地層累重の法則

◆自然の状態ではふつう堆積岩は地層をなして存在する。層状に重なる地層では，しゅう曲などによって地層が逆転していなければ，下位の地層ほど古く，上位の地層ほど新しい。

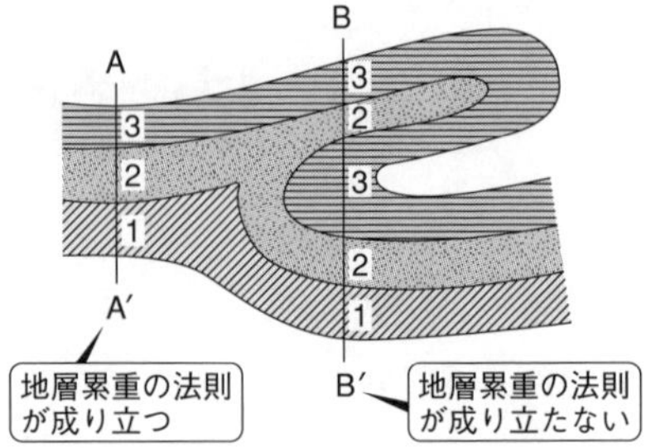

●地層の新旧

◆地層の新旧については，次の①～④のような法則が，一般にあてはまる。

① 地層が逆転していなければ上位にある地層ほど新しい。

② 火成岩が貫入し，まわりの岩石が接触変成を受けていれば，貫入した火成岩の方がまわりの岩石より新しい。

③ ある岩層が異なる岩層の岩片(礫)を含んでいれば，岩片を含む岩層の方が新しい。

④ 断層があれば，切られている地層の堆積より断層の方が新しい。

地層の新旧の決定(順序)

1 C層の堆積
2 C層のしゅう曲
3 花こう岩の貫入
4 B層の堆積
5 断層F
6 A層の堆積

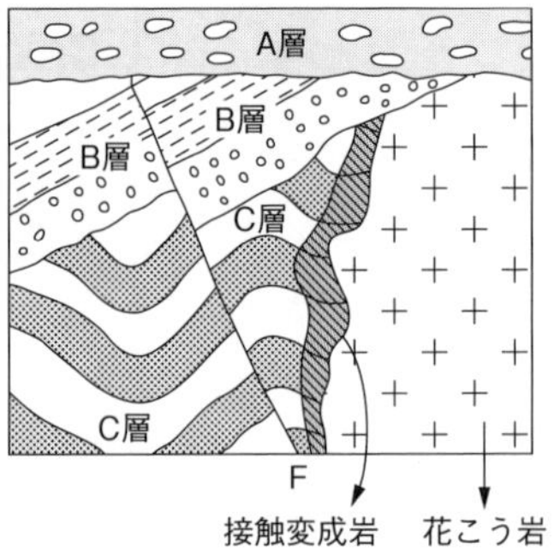

化石

●化石

◆過去に生息していた生物の遺骸が石化したり，足あと・巣穴などの痕跡が地層中に残され，現在発見されたものが**化石**である。

示相化石▶

・生物は種類によって，生活する場所や環境が異なっているので，地層中に化石がみつかれば，その地層ができたときの環境を推定することができる。このような化石が**示相化石**である。示相化石となるのに適しているのは，次のような特徴をもつ化石である。

① 現生生物と比較することで生息環境が特定できる。
② 生息していた場所で化石になる。

例 造礁サンゴ→水のきれいな熱帯・亜熱帯の浅い海であったことを示す。
シジミ→淡水と海水が混じる河口付近であったことを示す。

示準化石▶

・生物は長い間に進化しており，ある特定の時代にしか生存していなかった生物の化石がみつかれば，その地層ができた時代を特定することができる。このような化石を**示準化石**という。示準化石となる条件は次の3つである。
① 生息期間が短い(進化の速度が速い)。
② 広範囲にわたって生息していた。
③ 個体数が多い。

例 古生代→三葉虫，フズリナ(紡錘虫)，クサリサンゴ，リンボク，ロボク
中生代→アンモナイト，恐竜，トリゴニア(二枚貝の一種)
新生代→カヘイ石(ヌンムリテス)，哺乳類(ナウマンゾウなど)

地質年代

●地質年代

◆地球ができてから現在までの期間を，地質学的な証拠によって区分したものを**地質年代**という。

相対年代▶

・地球は約46億年前にできたといわれている。それ以降の歴史を古生物，特に動物の著しい変化を境にして区分したものである。古い方から**先カンブリア時代**，**古生代**，**中生代**，**新生代**に大きく分けられ，さらに紀，世へと細分されている。

数値年代▶

・相対年代では，ある時代が実際に何年前であったかはわからない。相対年代に対して現在からさかのぼった具体的な年数で示したものが数値年代(絶対年代，放射性年代)である。数値年代は半減期の長い放射性元素(^{238}U，^{40}K，^{87}Rb など)を利用して決められている。

チェック

◆相対年代→動物の著しい変化を境にして区分したもの。
◆数値年代→現在からさかのぼった具体的な年数で示したもの。

数値年代（単位：100万年）	地質年代（相対年代）			地質年代の特徴	
	先カンブリア時代			●細菌類・藻類の出現	
541	古生代	カンブリア紀		●動物 【前期】無セキツイ動物の時代，三葉虫，筆石の繁栄 【中期】魚類の時代，クサリサンゴ・ハチノスサンゴなどサンゴ類の繁栄 【後期】両生類の時代，フズリナ（紡錘虫）の繁栄 ●植物 【前半】藻類の時代 【後半】シダ植物の時代（石炭紀），裸子植物の出現	
485		オルドビス紀			
444		シルル紀			
419		デボン紀			
359		石炭紀			
299		ペルム紀（二畳紀）			
252	中生代	三畳紀		●動物 ハ虫類の時代，アンモナイト，恐竜の繁栄，始祖鳥の出現（ジュラ紀） ●植物 裸子植物の時代	
201		ジュラ紀			
145		白亜紀			
66	新生代	古第三紀	暁新世	温暖な気候からしだいに寒冷化	●動物 哺乳類の時代，ヒトの出現（約700万年前） ●植物 被子植物の時代
56			始新世		
34			漸新世		
23		新第三紀	中新世	寒冷化	
			鮮新世		
2.6		第四紀	更新世	氷期と間氷期のくり返し	
			完新世		

日本列島の地質構造

●糸魚川－静岡構造線

◆日本列島を西南日本と東北日本に2分する構造線で，東側には**フォッサマグナ**という大地溝帯がある。西南日本はフィリピン海プレートの沈み込む境界に，東北日本は太平洋プレートの沈み込む境界に平行である。

●中央構造線

◆関東から九州までを2分する構造線で，これによって西南日本の地質は，内帯（日本海側）と外帯（太平洋側）に分けることができる。

練 習 問 題

（450ページより解答・解説）

★★
No.17 次の図は，ある地点における地質断面図である。この地点ではA～Eの特徴が認められる。A～Eの形成過程を古い順に並べたものとして正しいのはどれか。

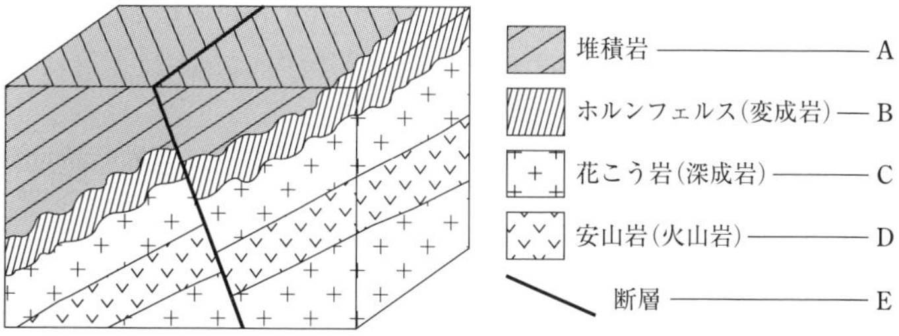

1　A－B－C－D－E
2　A－C－B－D－E
3　A－E－B－C－D
4　C－A－E－D－B
5　C－B－A－E－D

★
No.18 地層の地質年代を決めるのに有効な化石は，示準化石または標準化石とよばれるが，古生代，中生代，新生代のそれぞれの示準化石をすべて正しく挙げているものはどれか。

	古生代	中生代	新生代
1	カヘイ石	フズリナ	アンモナイト
2	リンボク	クサリサンゴ	三葉虫
3	カヘイ石	三葉虫	アンモナイト
4	アンモナイト	リンボク	クサリサンゴ
5	フズリナ	アンモナイト	カヘイ石

No.19 ★★ 地質年代に関する記述として正しいのはどれか。

1　先カンブリア時代は，地表は高温のマグマオーシャンであったため，生命が誕生したのは古生代に入ってからである。

2　古生代のカンブリア紀には三葉虫をはじめとする無脊椎動物が誕生した。

3　古生代のペルム紀末には大量絶滅が起こり，古生代に繁栄していたしていたアンモナイトも絶滅した。

4　中生代は，植物では被子植物が繁栄し，動物では両生類が大型化した恐竜が大繁栄した。

5　新生代になると哺乳類が進化し，古第三紀には人類も誕生した。

第 5 章　大気の構造

大気圏

●大気圏

◆地球を取り巻く大気の層を**大気圏**という。大気は高度が高くなるほど希薄になり，やがて大気の存在しない宇宙空間へ移っていく。水蒸気を除いた大気のおもな成分は，窒素 N_2(約 78%)と酸素 O_2(約 21%)で，残りはアルゴン Ar などである。この割合は高度約 100 km まではほぼ変わらない。大気圏は温度をもとにして，地表に近いところから対流圏，成層圏，中間圏，熱圏の 4 つに分けられる。

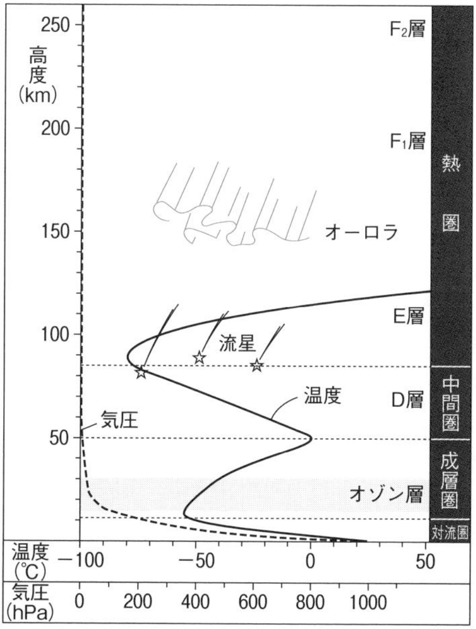

対流圏▶

・高さ 11 km くらいまでの範囲で，温度は 100 m 上昇するごとにおよそ 0.6℃ 低くなる。上昇気流が発生しやすいので，対流が盛んにおこり，雲の発生や降水などの**気象現象**がおこる。対流圏と成層圏の境界である圏界面(対流圏界面)の高度は，緯度によって異なり，極では低く，赤道では高くなる。

成層圏▶ ・高さ 11〜50 km くらいの範囲で，温度は高さとともに高くなる。高さ 15〜30 km を中心にオゾン O_3 が比較的多く含まれる**オゾン層**が存在する。オゾンは太陽放射に含まれる**紫外線**を吸収するため，この付近は比較的気温が高い。成層圏で実際に気温が最も高くなるのは，オゾンが最も多く分布するところよりも 20〜30 km ほど上空である。

オゾン層は生物に有害な紫外線を吸収することによって，地上の生物を守る役割を果たしている。オゾン層は**フロンガス**によって破壊される。紫外線を大量に浴びると皮膚ガンなどを引きおこす恐れがある。

中間圏▶ ・高さ 50〜85 km の範囲で，高度が上昇するにつれて温度が低くなる。電離層 D 層がみられ，高緯度地方では**夜光雲**がみられることもある。

熱圏▶ ・高さ 85〜500 km くらいの範囲で，高度が上昇するにつれて温度が高くなる。熱圏には，大気中の窒素分子や酸素分子の一部が，紫外線や X 線によって電離した電子密度の高い層が存在する。このような層を**電離層**といい，熱圏には E 層，F_1 層，F_2 層が存在する。電離層は電波を強く反射するので，地球上で電波を遠くまで伝える働きがある。下層では**オーロラ**や**流星**が発生する。

●外気圏

◆熱圏より上の範囲で，温度が非常に高く，非常に希薄な大気が存在している。地表からの高さ約 2000〜4000 km と約 12000〜20000 km の 2 ヶ所に地球をドーナツ状に取り巻く強い放射能帯が存在し，**バンアレン帯**とよばれている。

チェック

◆大気の組成→窒素 N_2（約 78％），酸素 O_2（約 21％）
◆大気圏→地表から対流圏，成層圏，中間圏，熱圏。
・対流圏→高度が上昇するにつれて温度が低くなる。
　　　雲の発生や降水などの気象現象がおこる。
・成層圏→高度が上昇するにつれて温度が高くなる。
　　　紫外線を吸収するオゾン層が存在する。
・中間圏→高度が上昇するにつれて温度が低くなる。
　　　夜光雲がみられる。
・熱　圏→高度が上昇するにつれて温度が高くなる。
　　　電離層があり，オーロラや流星が発生する。
◆外気圏→非常に高温で，バンアレン帯が存在する。

大気中の水

●大気中の水

◆大気中には水分が水蒸気として含まれており，水蒸気量や水蒸気圧で表される。

飽和水蒸気量▶

・大気は水蒸気をいくらでも含むことができるわけではなく，その量には限りがある。一定の体積の大気が含むことのできる最大の水蒸気量が**飽和水蒸気量**で，単位は g/m^3 で表される。飽和水蒸気量は温度が高いほど大きくなる。

飽和水蒸気圧▶

・大気(空気)は窒素，酸素などのほか，水蒸気を含む混合気体である。大気中に含まれる水蒸気の分圧を水蒸気圧という。飽和水蒸気量に達しているときの水蒸気圧が**飽和水蒸気圧**で，温度が高いほど大きくなる。

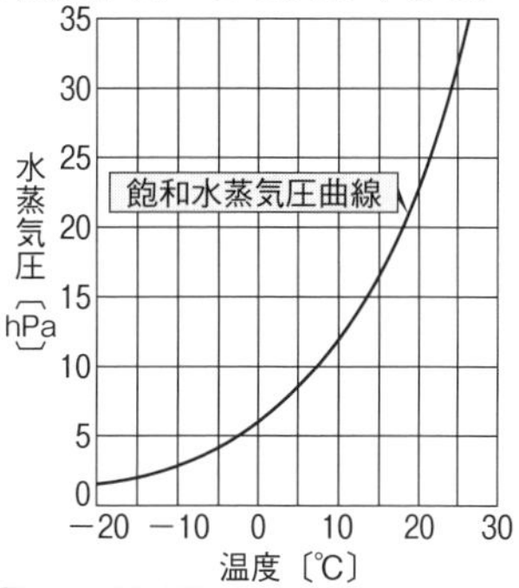

チェック

一定体積の空気は温度が高いほど水蒸気を多く含む。

●相対湿度

◆相対湿度とは，大気中に含まれている水蒸気の飽和の程度をパーセント単位で示したもので，一般に湿度といえば相対湿度を示している。

$$\text{相対湿度}=\frac{\text{大気中の水蒸気圧(水蒸気量)}}{\text{その温度での飽和水蒸気圧(飽和水蒸気量)}}\times 100$$

水蒸気圧が同じであれば，飽和水蒸気圧は温度が高いほど大きいので，温度が高いほど相対湿度が低くなる。

●露点

◆温度が低くなると飽和水蒸気圧が小さくなるので，水蒸気で飽和されていない大気でも，温度を低くすると飽和水蒸気圧に達し，大気中に含まれる水蒸気の一部は凝結して小さな水滴になる。このように，大気が水蒸気で飽和され，水蒸気の凝結がおこり始める温度を**露点**という。

チェック

水蒸気を多く含む大気ほど露点が高くなる。

断熱変化

●断熱変化

◆熱の出入りがない状態で気体が膨張することを**断熱膨張**といい，断熱膨張すると気体の温度が低くなる。空気塊が上昇すると，上空ほど気圧が低いので，空気塊が膨張する。その際，まわりの大気との間で熱のやりとりをせずに，エネルギーを費やして周囲の大気を押しのけるので，空気塊の温度が下がる。

熱の出入りがない状態で気体が圧縮することを**断熱圧縮**といい，断熱圧縮すると気体の温度が高くなる。空気塊が下降すると，下層ほど気圧が高いので，空気塊が圧縮される。その際，まわりの大気との間で熱のやりとりをせずに，周囲から押さえ込まれ，気体内部のエネルギーが増加するので，空気塊の温度が上がる。

乾燥断熱減率▶

・水蒸気で飽和されていない空気塊が 100 m 上昇するごとに約 1℃ の割合で温度が低くなる。この割合を**乾燥断熱減率**という。

湿潤断熱減率▶

・飽和に達して水蒸気の凝結を伴う場合は，潜熱(凝結熱)が放出され，空気があたためられるため，温度の減少率が低下する。このときは，空気塊が 100 m 上昇するごとに約 0.5℃ の割合で温度が低くなる。この割合を**湿潤断熱減率**という。

チェック

- ◆**乾燥断熱減率→1℃/100 m**
- ◆**湿潤断熱減率→0.5℃/100 m**

●フェーン現象

◆水蒸気を含んだ空気塊が山の斜面に沿って上昇し，山脈を越え，反対側の斜面に沿って下降する場合，山の斜面を上昇する途中で水蒸気の凝結が起こり，雲が発生して雨を降らせるので，風下側の山ろくでは空気塊の温度が高くなり，乾燥した状態になる。この現象を**フェーン現象**という。

例　図のように空気塊が 2000 m の山を越える場合を考える。ただし，最初の温度が 20℃，1500 m の高さで雲が発生するとする。

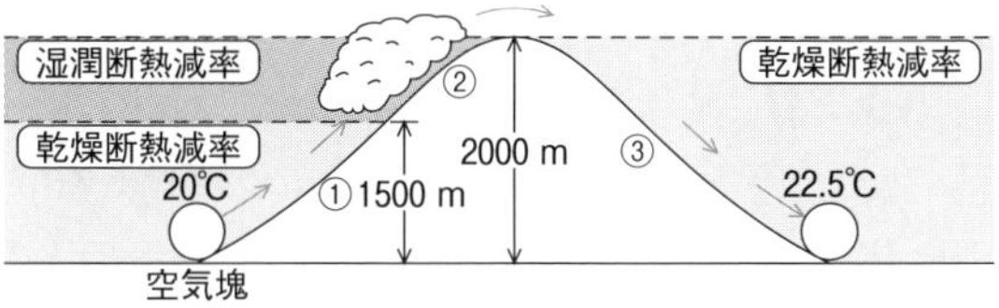

① 0～1500 m では，断熱膨張により乾燥断熱減率で温度が下がるので，1500 m の地点での空気塊の温度は

$$20-1\times\frac{1500}{100}=5〔℃〕$$

② 1500 m で雲が発生し，空気塊は水蒸気で飽和されたので 1500～2000 m では湿潤断熱減率で温度が下がり，2000 m の地点での空気塊の温度は

$$5-0.5\times\frac{2000-1500}{100}=2.5〔℃〕$$

③ 2000 m から山を下りると，断熱圧縮によって温度が上がり，空気塊は不飽和になる。したがって，乾燥断熱減率で温度が上がるので，山の風下側の 0 m の地点での空気塊の温度は

$$2.5+1\times\frac{2000}{100}=22.5〔℃〕$$

練習問題

（450ページより解答・解説）

★★
No.20　地球を取り巻く大気圏には次のA～Dのような特徴をもつ層がある。地表に近いものから遠いものへの順序で正しく並べてあるものはどれか。

A　上空にいくほど温度が低くなり，その上部では約－90℃と，大気圏中で最低となる。

B　上下方向の対流が盛んに行われている。

C　紫外線やX線によって，窒素や酸素の電離が盛んに行われている。

D　上下方向の対流がなく，高度が上がるにつれて温度は高くなる。

1　B－C－D－A
2　B－D－A－C
3　B－D－C－A
4　D－B－A－C
5　D－B－C－A

★★
No.21　大気の層状構造に関する記述として正しいのはどれか。

1　対流圏では100 m上昇するごとに約0.6℃ずつ気温が下がり，水蒸気がほとんどなくなるので気象現象は起こらない。

2　成層圏では分子がイオンになり，太陽からの影響でオーロラが発生する。

3　大気層の下部には酸素分子が多く，上部には窒素分子の割合が多い。

4　オゾン層は生物に有害な紫外線を吸収するが，フロンガスによって破壊され，問題になっている。

5　地上85 kmから数百kmぐらいまでを熱圏といい，E層，F層などの電離層があって，無線通信などの電波を吸収する。

★★
No.22 A～Eから霧が発生しやすい場合をすべて選んである組合せはどれか。

A　海上で暖流の上の空気が寒流の上に流れていったとき

B　山を越えた空気が山の斜面に沿って降りてきたとき

C　夜間に地表の温度が下がり，地表付近の空気が冷やされたとき

D　日射が強く地表付近の気温が上がり，空気が対流によって上昇したとき

E　雨のあと，天気がよくなり，気温が上がったとき

1　A，C

2　A，E

3　B，C

4　B，D

5　D，E

★★
No.23 次の文中の空欄ア～ウにあてはまる語句の組合せとして正しいのはどれか。

大気の温度は，一般に高度が上がるとともに低下する。いま，空気塊が，地形などによって強制的に上昇させられ，ある高度に達したとき，その周囲の大気の温度より空気塊の温度が高ければ，空気塊は(　ア　)。このような状態は，高度とともに温度が低下する割合(減率)が，周囲の大気のそれより空気塊のほうが(　イ　)場合に生じる。一般に，空気塊の温度の減率が周囲の大気の温度の減率より(　イ　)場合，大気は対流を(　ウ　)。

	ア	イ	ウ
1	さらに上昇を続ける	小さい	起こしやすい
2	さらに上昇を続ける	大きい	起こさない
3	上昇を止める	大きい	起こしやすい
4	逆に降下し始める	小さい	起こさない
5	逆に降下し始める	大きい	起こしやすい

No.24 ★★ 海抜0mの平野で，局地的に35℃に熱せられた水蒸気を含む空気塊が断熱的に上昇するとき，高度3000mでその気温が9℃になった。このとき雲ができ始める高度として正しいのはどれか。

1　2000m
2　2200m
3　2400m
4　2600m
5　2800m

No.25 ★★ フェーン現象に関する記述として正しいのはどれか。

1　フェーン現象とは，湿った空気塊が山脈の風上側の斜面を上昇するとき，太陽の放射熱で熱せられ，山脈を越えると，風下側に高温で湿った気象状態をもたらすことをいう。
2　フェーン現象とは，湿った空気塊が山脈の風上側の斜面を上昇するとき，雲を発生させ，山脈を越えると，風下側に高温で乾燥した気象状態をもたらすことをいう。
3　フェーン現象とは，乾いた空気塊が山脈の風上側の斜面を上昇するとき，上空で冷やされ，山脈を越えると，風下側に低温で乾燥した気象状態をもたらすことをいう。
4　フェーン現象は，わが国では，夏の台風の通過した後に起こる特異な気象現象であり，夏以外の季節には起こることがない。
5　フェーン現象はわが国では，冬の季節風の吹くときに起こる特異な気象現象であり，冬以外の季節には起こることがない。

第6章　大気の運動

太陽放射

●太陽放射

◆太陽は莫大なエネルギーを光や熱の形で宇宙空間に向けて放射している。太陽が放射するエネルギーの大部分は人の目で感じることができる可視光線，可視光線より波長が短く人の目で感じることができない紫外線，可視光線より波長が長く人の目で感じることができない赤外線の形で放射されている。地表に到達する太陽放射のエネルギーは，太陽放射が大気中を通るとき吸収・散乱されるため，大気圏外での太陽放射エネルギーより全体的に少なくなっている。大気中のオゾン O_3，二酸化炭素 CO_2，水蒸気 H_2O などが特定の波長の光を吸収するため，地表に到達する太陽放射のエネルギー曲線のあちこちにくぼみ(図中の■の部分)がみられる。太陽から放射される紫外線のうち，0.29 μm より波長の短いものは，成層圏にあるオゾン層によってほとんど吸収される。

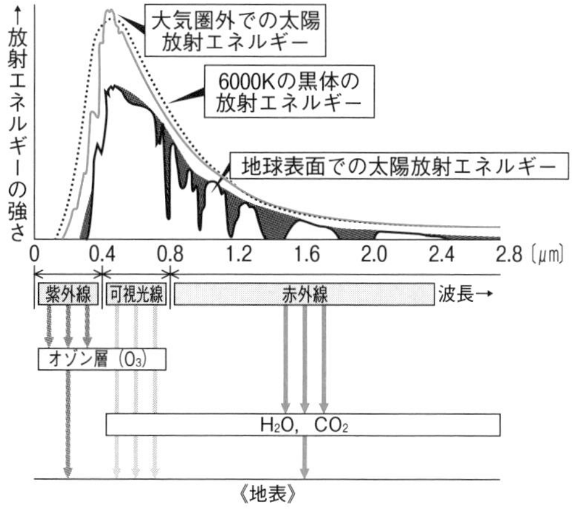

●太陽定数

◆地球の大気圏の上面で，太陽光線に垂直な平面 1 m^2 が 1 秒間に受けるエネルギー量を**太陽定数**といい，その値は約 1.37 kW/m^2 である。しかし，実際には太陽から放射されるエネルギーの約 50% は大気圏の上面で反射・拡散され，また，大気によって吸収されるため，地表へ到達する日射量は，平均すると太陽定数の約 8 分の 1 程度の量となる。

地球の熱収支

●地球の熱収支

◆太陽から放射されて地球に入ってくるエネルギーと，地球から放射されて大気圏外に出ていくエネルギーは等しいので，地球全体の熱収支はつり合っている。

太陽放射のゆくえ▶

・地球の大気圏外に到達した太陽放射エネルギーを 100 とすると，地表面の反射 7，大気と雲の反射 23 で，計 30 が大気圏外に出ていく。また，大気と雲の吸収 23 が大気圏で吸収される。このため，地表面の吸収は 47 である。

地球放射のゆくえ▶

・地表からの赤外放射 117 のうち，105 は大気と雲で吸収され，12 は大気圏外に出ていく。潜熱輸送によって 25，熱対流によって 6 が放出され，大気に吸収される。大気と雲の赤外放射 159 のうち，101 は下向きに放射されて地表に吸収され，58 は上向きに放射されて大気圏外に出ていく。

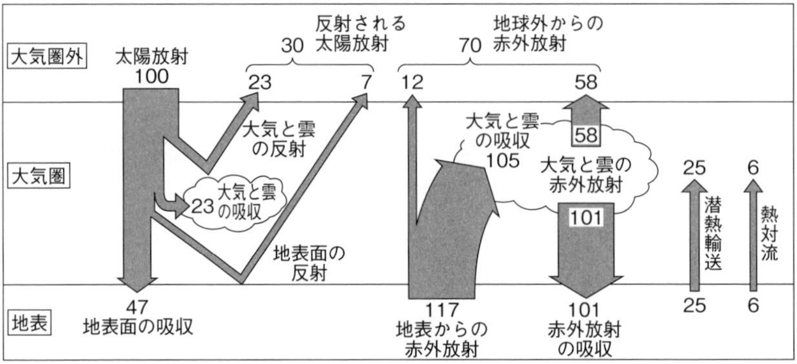

●緯度ごとの熱収支

◆太陽放射によって地球の受け取るエネルギー量は，低緯度地域で多く，高緯度地域になるほど少なくなっている。また，地球放射によって宇宙空間へ放射されるエネルギー量は，低緯度地域でやや多くなるものの，緯度による差はほとんどみられない。緯度38° 付近を境にして，太陽放射によって，地球が受け取るエネルギー量と地球放射によって宇宙空間へ放出されるエネルギー量が逆転する。低緯度地域では，太陽から受け取るエネルギーが地球から宇宙空間へ放出されるエネルギーを上まわり，エネルギーは過剰になる。逆に高緯度地域では太陽から受け取るエネルギーが地球から宇宙空間へ放出されるエネルギーを下まわり，エネルギーは不足する。それにもかかわらず，低緯度地域にエネルギーが蓄積され温度が上昇し続けず，また高緯度地域で温度が低下し続けないのは，大気や海水の循環によって低緯度地域の過剰なエネルギーが高緯度地域に運搬され，高緯度地域のエネルギー不足を補っているからである。

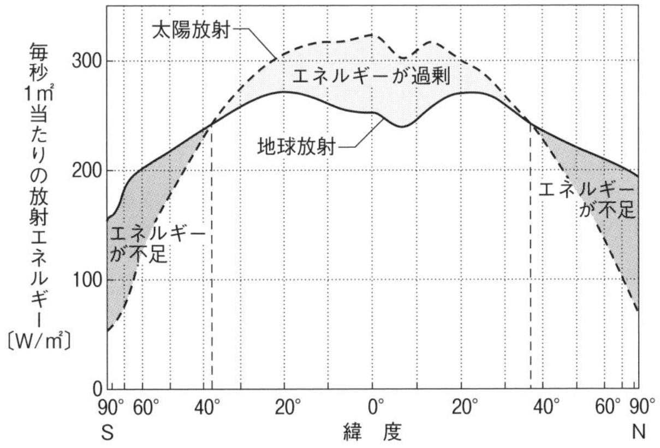

大気にはたらく力

●気圧

◆空気には重さがある。大気の重さが地面に対して及ぼす圧力を**気圧**という。

1 気圧（atm）= 760 mmHg = 1013 hPa（ヘクトパスカル）

●気圧傾度力

◆空気の流れ，すなわち風が吹くためには力が必要である。風が吹くためには，水平方向の2地点間に気圧差がなければならない。これを気圧傾度といい，気圧傾度によって生じる力を**気圧傾度力**という。気圧傾度力は等圧線に直角に気圧の高い方から低い方に働くので，風は気圧の高い方から低い方へ吹く。

●等圧線

◆各地の気圧の値が等しい地点を結んでできる線を**等圧線**という。等圧線が密に混み合っているところは気圧傾度が大きく，等圧線がまばらなところは気圧傾度が小さい。したがって，等圧線が密なところほど，強い風が吹く。

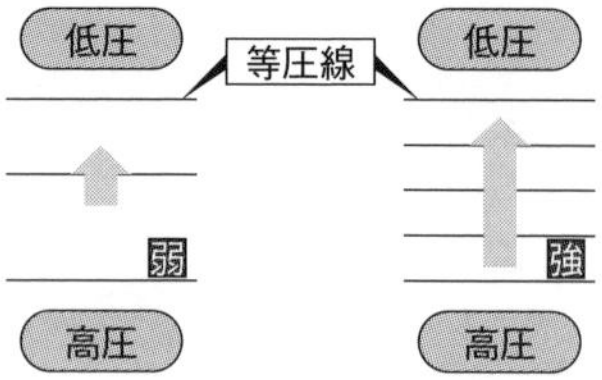

●転向力（コリオリの力）

◆地球が自転しているため，地球上での運動を観測してみると自転によるみかけの力が働いている。この力が**転向力（コリオリの力）**で，北半球では運動方向に対して直角右向き，南半球では直角左向きに働く。赤道上では転向力は働かない。転向力の大きさは高緯度になるほど大きく，また運動の速さが大きいほど大きい。

チェック

◆転向力→北半球：運動方向に対して直角右向き
→南半球：運動方向に対して直角左向き

風の吹き方

●地衡風

◆上空を吹く風は地表との間に摩擦力が働かないため，大気の水平方向の運動に加わる力は気圧傾度力と転向力だけである。このため，上空では気圧傾度力と転向力がつり合って等圧線に対して平行に風が吹く。このような風を**地衡風**という。地衡風は，北半球では高圧部を右にみるように，南半球では高圧部を左にみるように等圧線に対して平行に吹いている。

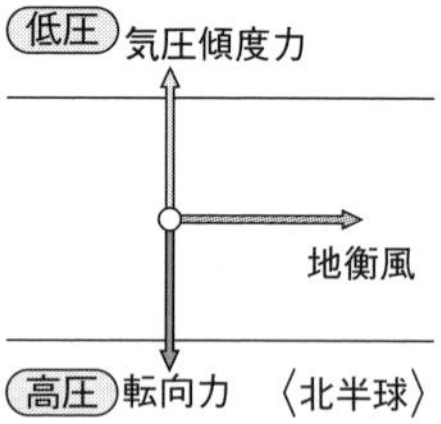

●地上風

◆地表付近を吹く風は地表との間に摩擦力が働くため，上空を吹く風のように等圧線に平行に吹いていない。地表付近では風の向きと逆向きに摩擦力が働くため，転向力と摩擦力の合力が

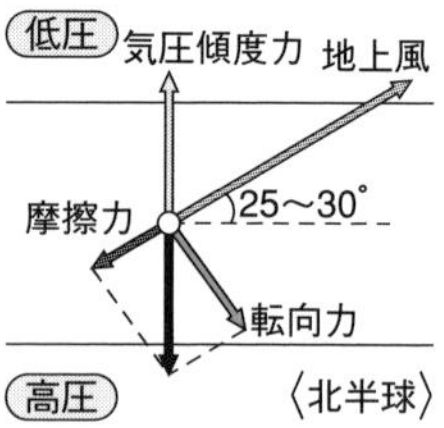

気圧傾度力とつり合っている。このような風を**地上風**という。このため，地上風は等圧線と25〜30°の角度をなして高圧部から低圧部に向かって吹いている。

大気の循環

●大気の大循環

◆地球をとりまく大気は緯度による熱収支の違いによって大規模な循環をしている。低緯度，中緯度，高緯度に存在する3つの対流系よりなっており，これによって地表付近では緯度30°と60°を境にして，**貿易風**，**偏西風**，**極偏東風**の3つの風系が形成されている。

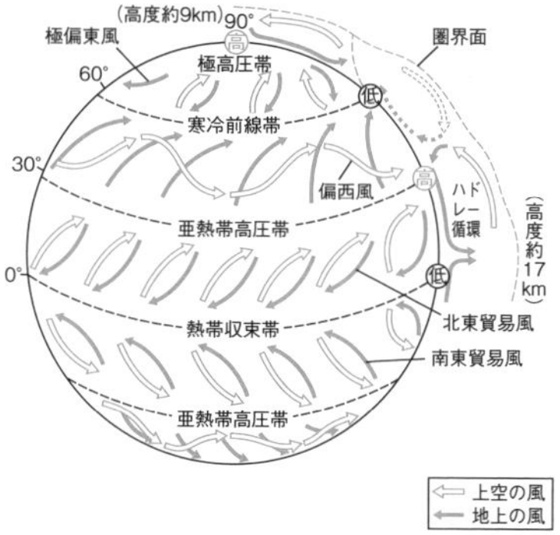

ジェット気流▶

・中緯度の圏界面付近(約10 km上空)に風速の大きい偏西風が吹いており，**ジェット気流**とよんでいる。ジェット気流は細い帯状をなし，南北に蛇行しながら地球をとりまいており，風速は数十 m/sで強いときには100 m/sにも達する。冬季に強く，夏季に弱い。

●季節風(モンスーン)

◆大陸は海洋に比べて比熱が小さいため，夏季には大陸の方が温度が高くなり，海洋から大陸へ風が吹き込む。逆に冬季には海洋の方が温度が高くなり，大陸から海洋へ風が吹き込む。1年を周期としたこのような風を**季節風**という。日本付近では冬季にシベリア高気圧から北西風が吹き出し，夏季には小笠原高気圧より南東風が吹き出す。

●海陸風

◆昼間は日射によって海より陸の方が高温になるため低圧になり，海から陸に向かって海風が吹く。また，夜間は陸が冷やされて海より低温になるため，陸から海へ陸風が吹く。このような1日周期の風を**海陸風**という。海風と陸風が入れかわる朝方と夕方に風が止まり，これを**なぎ**という。

練 習 問 題

（451ページより解答・解説）

★★
No.26　図のA－A′，B－B′は北半球（大気圏を含む）における緯度別の太陽放射吸収量と地球から放出される地球放射量のいずれかである。これに関する次の文中のア，イの{　}内から正しいものを選んである組合せはどれか。

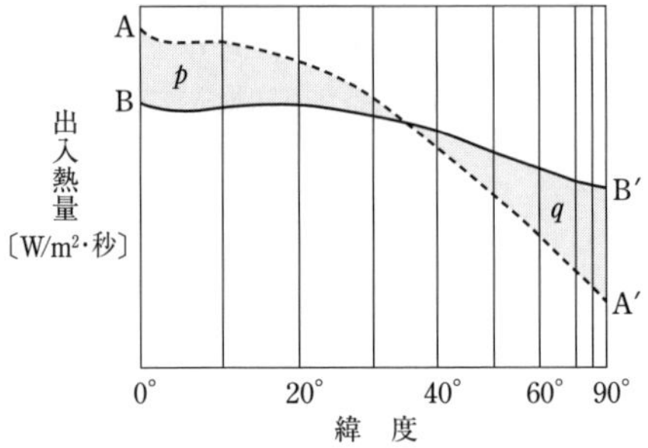

地球放射量を示しているのはア{A－A′／B－B′}である。A－A′とB－B′が交差しているのは，熱が大気の循環や海流などによって低緯度地方から高緯度地方へ運ばれるためである。移動する熱の総量は図中の p の面積で示され，イ{q の面積と等しい。／q の面積より大きい。／q の面積より小さい。}

	ア	イ
1	A－A′	q の面積と等しい。
2	A－A′	q の面積より大きい。
3	B－B′	q の面積と等しい。
4	B－B′	q の面積より大きい。
5	B－B′	q の面積より小さい。

★
No.27　地球の自転の向きと，地球を取り巻く大気の大循環の地上の風の模式図として正しいのはどれか。

1

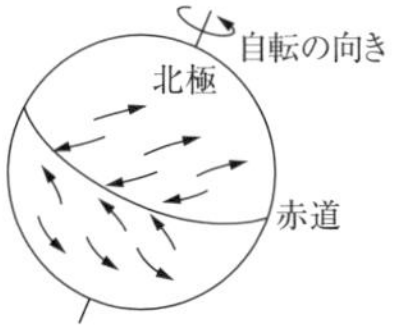

2

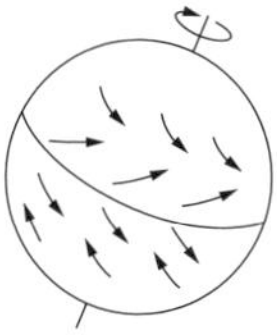

3

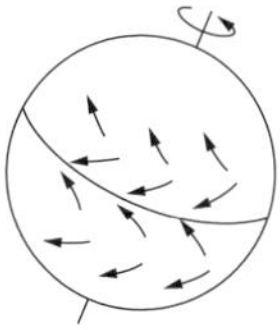

4

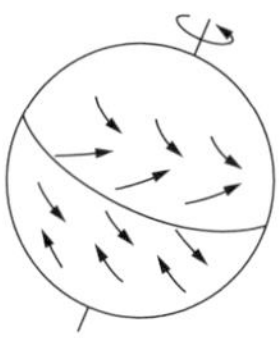

5

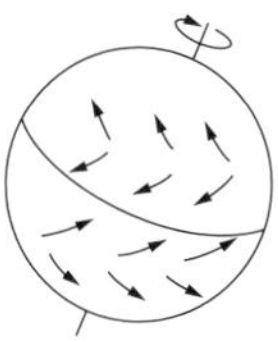

★★
No.28　文中の空欄Ａ～Ｄにあてはまる語句の組合せとして正しいのはどれか。

水と岩石の違いをみると，岩石の比熱は水より［　Ａ　］いので，岩石のほうが［　Ｂ　］く，［　Ｃ　］い。このため大陸と海洋の境界域においては，夏は大陸のほうが高温になるので，大陸の上の大気は上昇し，海洋から空気が流れ込み，冬は大陸の上の空気が冷えて，海洋上の空気が暖かいため，大陸から海洋に向かって風が吹く。これが［　Ｄ　］である。

	Ａ	Ｂ	Ｃ	Ｄ
1	小さ	暖まりやす	冷めやす	季節風
2	大き	暖まりやす	冷めにく	貿易風
3	小さ	暖まりにく	冷めやす	季節風
4	小さ	暖まりやす	冷めやす	貿易風
5	大き	暖まりにく	冷めにく	季節風

第7章　気象現象

高気圧と低気圧

●高気圧

◆等圧線が閉じており，その中の気圧が周囲より高いとき，これを**高気圧**という。地上付近では，風は**高気圧の中心から北半球では時計回り**（右回り），**南半球では反時計回り**（左回り）に吹き出す。高気圧の中心付近では風が四方に吹き出すため，これを補って上空から**下降気流**が生じる。したがって，断熱圧縮がおこり，雲もなく天気がよい。

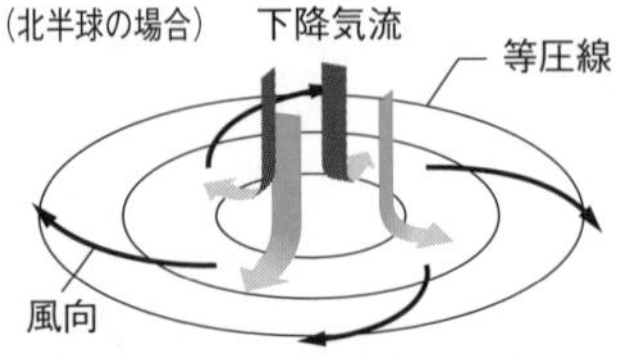

移動性高気圧▶
・日本付近を通過する移動性高気圧は春と秋に頻繁にあらわれ，西から東へ移動する。

チェック

◆高気圧→中心から風が吹き出す。
→北半球：時計回り，南半球：反時計回り。

●低気圧

◆等圧線が閉じており，その中の気圧が周囲より低いとき，これを**低気圧**という。地上付近では，風は**低気圧の中心に向かって北半球では反時計回り**（左回り），**南半球では時計回り**（右回り）に吹き込む。低気圧の中心付近ではまわりから吹き込んできた風が**上昇気流**となるため，雲が発生しやすく天気が悪い。

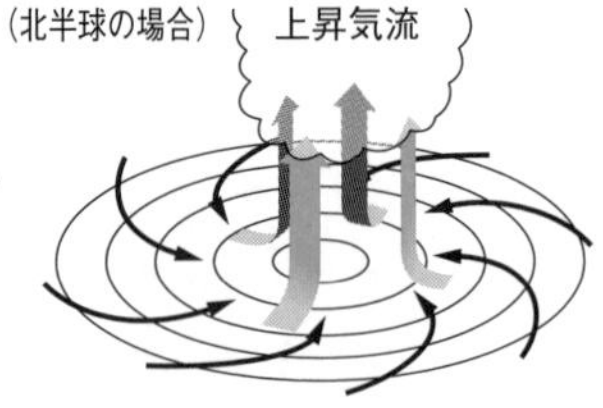

温帯低気圧▶
・南北の気温差が大きい中緯度地域で発生する低気圧。前線を伴い，北半球では**南西側に寒冷前線**が，**南東側に温暖前線**ができる。右図のように主な雨域は温暖前線側に広く

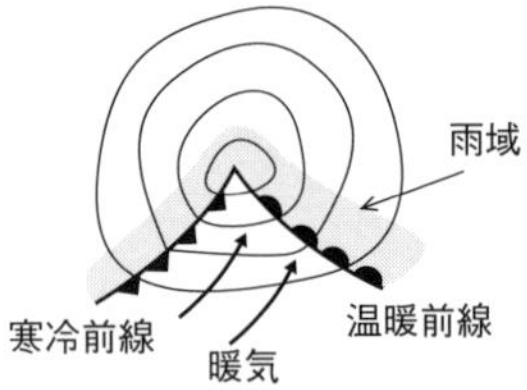

分布する。やがて，寒冷前線が温暖前線に追いついて閉塞前線となり，低気圧はしだいに消滅する。温帯低気圧は，日本付近では偏西風にのって東～東北の方向へ移動する。

熱帯低気圧▶ ・熱帯や亜熱帯の海域で発生する低気圧で，等圧線はほぼ同心円を形成し，間隔は中心に近づくほど密になっている。また，前線を伴わない。

チェック

◆低気圧→中心に向かって風が吹き込む。
→北半球：反時計回り，南半球：時計回り
◆温帯低気圧→北半球では，南東側に温暖前線，南西側に寒冷前線ができる。

台風▶ ・熱帯低気圧の中心付近で水蒸気を多量に含んだ大気が上昇し，上空で雲が発生する。そのとき多量の潜熱を放出するため周囲の大気が暖められ，上昇気流が激しくなる。こうして発達した熱帯低気圧のうち**最大風速が 17.2 m/s** を超えるものを**台風**とよぶ。台風のエネルギー源は水蒸気が水滴になり雲が生じるときに放出する潜熱で，台風が海上にあるときは，エネルギー源である水蒸気が補給されるので台風はなかなか衰弱しない。しかし，上陸すると水蒸気が補給されないので台風は衰弱する。台風の中心を**台風の目**といい，風が弱く下降気流があるので雲が消え，青空がのぞくこともある。台風の進行方向に対して右側は台風自身の風速に台風の進行速度が加わるので，風がより一層強くなる。台風は北東貿易風に流されて西～西北西へ進み，小笠原高気圧（北太平洋高気圧）の縁に沿うように移動する。沖縄付近の北緯 25～30° 付近（転向点）に達すると向きを北～北東に変え，日本列島に接近する。転向点で台風が向きを変えるのは，小笠原高気圧の張り出しの形と偏西風の影響を強く受けるためである。

チェック

◆台風→最大風速が 17.2 m/s を超える熱帯低気圧。
→台風のエネルギー源は水蒸気が雲になるときの潜熱。
→台風の進行方向に対し右側は風が一層強い。

気団

●気団

◆大陸や海上に大気が長い間とどまっていると，その場所の影響を受けて，広い範囲にわたって気温や湿度などの性質がほぼ一様な大気の塊ができる。これが**気団**である。寒冷な地域に停滞した大気は低温な気団に，温暖な地域に停滞した大気は高温な気団になる。また，海上に停滞した大気は多湿な気団に，大陸上に停滞した大気は乾燥した気団になる。

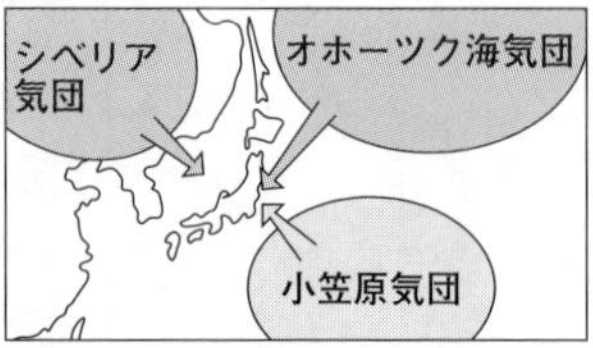

　日本の気候に影響を与える気団は次のようなものがある。

オホーツク海気団▶　・**低温多湿**で梅雨期と秋に発達する海洋性寒帯気団である。

シベリア気団▶　・**低温乾燥**で冬に発達する大陸性寒帯気団である。

小笠原気団▶　・**高温多湿**で夏に発達する海洋性熱帯気団である。

前線

●前線

◆性質の異なる気団が接したときの気団の境界面を前線面といい，前線面と地面の交わるところを前線という。

前線付近のモデル(断面図)と天気のようす

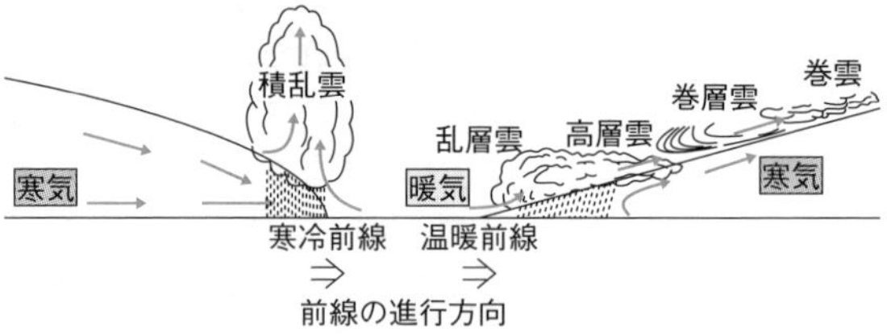

温暖前線▶　・暖気団の勢力が強く，寒気団の上にのし上がってできたものである。前線面の傾斜は比較的ゆるやかである。雨域の幅は200～300 km くらいで，長時間にわたってしとしととおだやかな雨が降ることが多い。前線通過後は徐々に気温が上昇する。天気図では ●●●● で表す。

寒冷前線▶　・寒気団の力が強く，暖気団の下にもぐり込んでできたものである。前線面の傾斜は温暖前線より急である。雨域の幅は50～100 km くらいで，にわか雨を降らせ積乱雲が発生し雷雨を伴うこともある。前線通過後，気温は急に下がり，風向きは西寄りになる。天気図では ▼▼▼▼ で表す。

閉塞前線▶ ・寒冷前線の方が進行速度が速いため，温暖前線に追いついてしまうことがある。その結果，暖気団が寒気団にはさまれて上空に押し上げられ，閉塞前線が生じる。前線付近の天気は悪い。天気図ではで表す。

停滞前線▶ ・寒気団と暖気団の勢力がほぼ等しく，ほとんど移動しない前線をいう。日本付近にみられる梅雨前線や秋雨前線はその例であり長雨を降らせる。天気図ではで表す。

チェック

◆温暖前線→暖気団が寒気団の上にのし上がってできる前線。
→しとしととおだやかな雨が長時間降る。
→前線通過後は気温が高くなる。
◆寒冷前線→寒気団が暖気団の下にもぐり込んでできる前線。
→強い雨が短時間降る。
→前線通過後は気温が低くなる。
◆閉塞前線→寒冷前線が温暖前線に追いついてできる前線。
◆停滞前線→寒気団と暖気団の勢力がほぼ等しく，ほとんど移動しない前線。
→梅雨前線，秋雨前線。

日本の天気

●冬の天気

◆12月中旬をすぎると，大陸北部で**シベリア高気圧**が発達し，日本の北東海上には低気圧が発達する。こうして，冬の代表的な**西高東低**の気圧配置となる。このとき，等圧線は日本付近ではほぼ南北に走るため，**北西の季節風**が吹く。大陸の高気圧から吹き出す風は，寒冷で乾燥しているが，日本海を渡る間に多量の水蒸気を受け取る。水

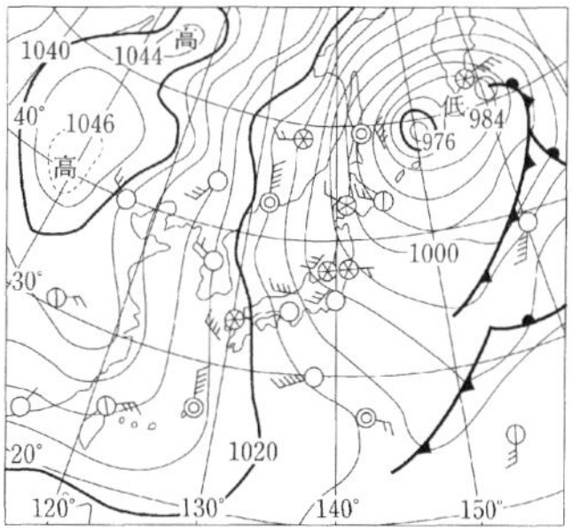

〈西高東低型〉

蒸気を多量に含んだ季節風が，日本列島中央の山脈を越えるとき，ほとんどの水蒸気を雪として日本海側に降らせる。山脈を越えて太平洋側に吹き降りた季節風は乾燥しているため，太平洋側では晴天となる。

2月下旬をすぎるとシベリア高気圧は一進一退をくり返しながら衰えはじめ，北西の季節風も弱まる。このころ台湾付近で発生した低気圧が発達して日本付近に到来し，日本列島の太平洋岸を進むと，この低気圧に向かって北風が吹き込み，太平洋側に大雪を降らせることがある。

チェック

◆冬の天気→気圧配置は西高東低型(シベリア高気圧)。
→北西の季節風が吹き，日本海側は雪，太平洋側は晴天。

●春の天気

◆3月に入ると西高東低の気圧配置がくずれ，低気圧が日本海を通過するようになる。この低気圧が日本海で発達すると，暖かく強い南寄りの風が吹き，一時的に春めいた陽気になる。このようにその年の最初に吹く南寄りの強風を**春一番**という。3月下旬になると，中国の揚子江下流付近で発生した移動性の高気圧と低気圧が交互に日本付近を通過する。**移動性高気圧**におおわれるとおだやかな晴天となるが，夜間は放射冷却によって低温となり，霜が降りることもある。移動性の高気圧と低気圧が頻繁に通過するため，**天気が周期的に変化**する。

5月に入ると移動性高気圧が帯状に連なって到来するので，晴天が続き，夏のような暑さを感じることもある。

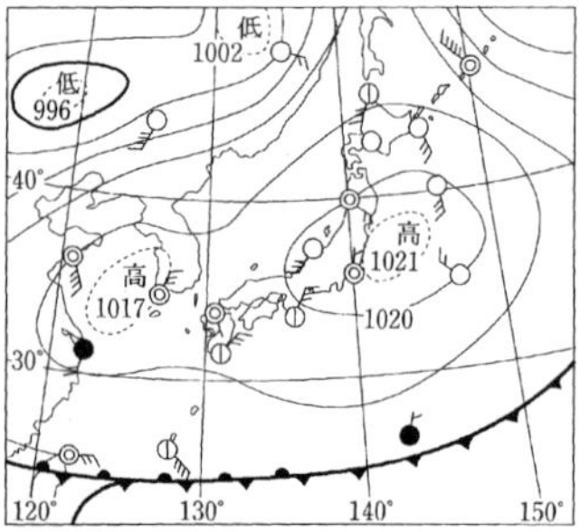

〈5月〉

チェック

◆春の天気→移動性高気圧が通過する。
→天気が周期的に変化する。

●梅雨期の天気

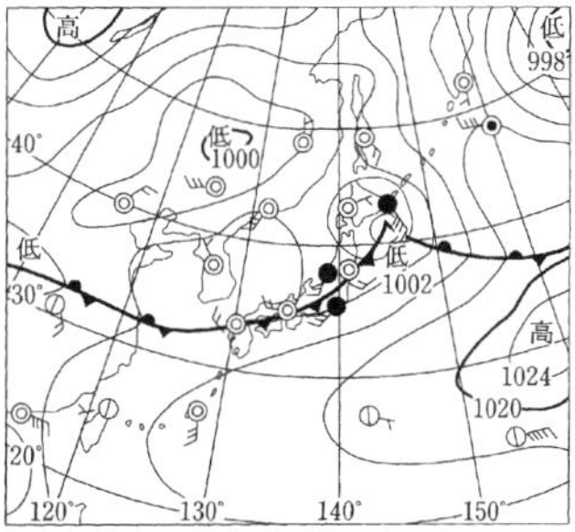

◆6月に入ると，太平洋の**小笠原高気圧**(北太平洋高気圧)が勢力を増し，オホーツク海にも高気圧が発生する。小笠原高気圧から吹き出す高温多湿な気流とオホーツク海高気圧から吹き出す低温多湿な気流が，日本列島の太平洋岸でぶつかり**停滞前線**(**梅雨前線**)が発生する。前線上で低気圧が次々と発生し，北海道を除く各地でくもりや長雨が続く。7月下旬になると，小笠原高気圧が強くなり停滞前線を北へ押し上げ，西から梅雨明けとなる。

チェック

◆梅雨期の天気→小笠原高気圧とオホーツク海高気圧の間に停滞前線(梅雨前線)が発生する。

●夏の天気

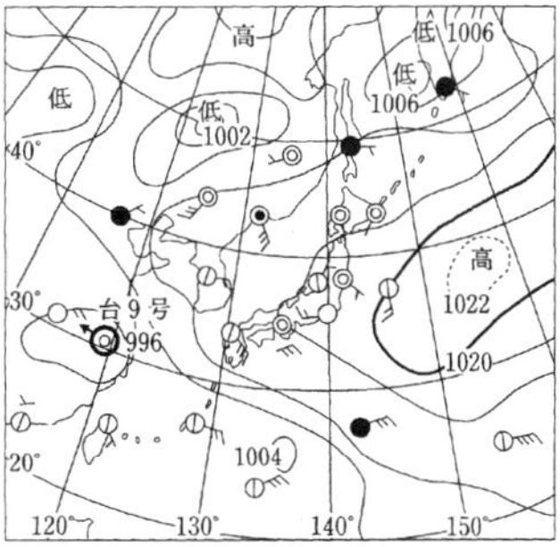

◆日本の南方海上にある**小笠原高気圧**(北太平洋高気圧)が勢力を増し，日本付近をおおうとともに，大陸からオホーツク海にかけて低圧部となるので，**南高北低**の気圧配置となる。高温多湿の小笠原高気圧におおわれるので，蒸し暑い晴天の日が続く。午後になると強い日射によって激しい上昇気流がおこり，積乱雲が生じ局地的に激しい雷雨が発生しやすい。南寄りの風が日本列島中央の山脈を越えるので，日本海側ではフェーン現象によって太平洋側より高温になることがある。

チェック

◆夏の天気→気圧配置は南高北低型(小笠原高気圧)。

●秋の天気

◆9月に入り，小笠原高気圧が勢力を弱めて南へ後退し，大陸の**シベリア高気圧**が南下しはじめると，日本列島の太平洋岸沿いに**停滞前線**(**秋雨前線**)が生じ，くもりや雨の日が多くなる。また，台風が接近しやすい時期でもあり，秋雨前線が停滞しているところへ台風が接近すると，前線を刺激して大雨を降らせることがある。

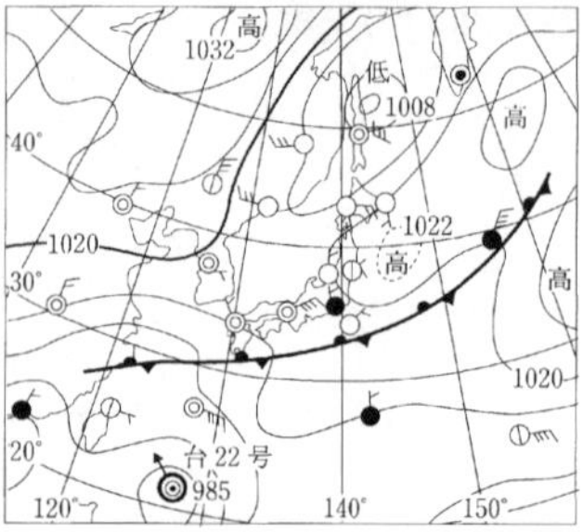

〈秋の長雨の天気図〉

10月下旬になると，秋雨前線も消え，春と同じように大陸から**移動性高気圧**が帯状に連なって進んでくる。移動性高気圧におおわれるとさわやかな秋晴れとなる。11月下旬になると，シベリア高気圧が南下するとともに，移動性高気圧も南下しはじめるため，次第に西高東低型の気圧配置となり，冬の訪れを感じるようになる。

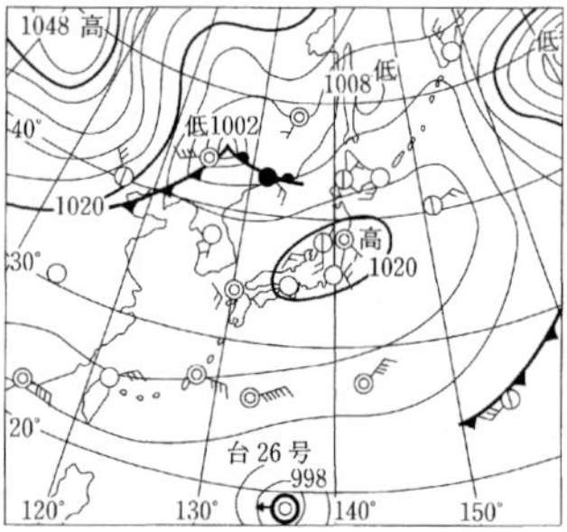

〈秋の移動性高気圧の天気図〉

練習問題

（452ページより解答・解説）

★★
No.29 北半球の高気圧と低気圧に関する記述として正しいのはどれか。

1　高気圧は中心から時計回りに風が吹き出しており，上昇気流がみられる。

2　低気圧は中心から時計回りに風が吹き出しており，下降気流がみられる。

3　高気圧は中心に向かって反時計回りに風が吹き込んでおり，下降気流がみられる。

4　低気圧は中心に向かって反時計回りに風が吹き込んでおり，上昇気流がみられる。

5　高気圧も低気圧も中心から反時計回りに風が吹き出しており，上昇気流がみられる。

★★
No.30 前線に関する記述として正しいのはどれか。

1　高気圧は温暖前線を伴っており，低気圧は寒冷前線を伴っている。

2　温暖前線は暖気が寒気の上に滑り昇ることによりできるため，積雲状の雲が発生し，激しい雨や雷が起こることが多い。

3　寒冷前線は寒気が暖気の下に潜り込むことによりできるため，層状の雲が発生し，しとしとと長雨になることが多い。

4　寒冷前線は温暖前線より進む速度が速いため，やがて追いつき，閉塞前線をつくることがあるが，その下では雨は降ることはない。

5　暖気団と寒気団の勢力が同じでほとんど動かない状態にある前線を停滞前線といい，日本では秋の長雨のときなどにみられる。

★★
No.31 次の図は温暖前線を模式的に表したものであるが，空欄A～Eにあてはまる語句の組合せとして正しいのはどれか。

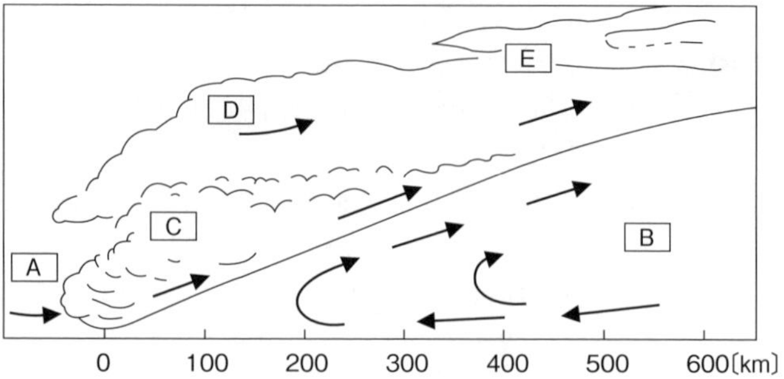

	A	B	C	D	E
1	暖かい空気	冷たい空気	巻層雲	乱層雲	高層雲
2	暖かい空気	冷たい空気	乱層雲	高層雲	巻層雲
3	冷たい空気	暖かい空気	巻層雲	乱層雲	高層雲
4	冷たい空気	暖かい空気	乱層雲	高層雲	巻層雲
5	冷たい空気	暖かい空気	乱層雲	巻層雲	高層雲

★★
No.32 次の文中の空欄A，B，Cにあてはまる記号の組合せとして正しいのはどれか。

北半球においては，図のX地点に近づいている前線の断面図は，［　A　］のようになっていて，X地点の天候は，［　B　］。また，この前線の上空には，［　C　］が発生しやすい。

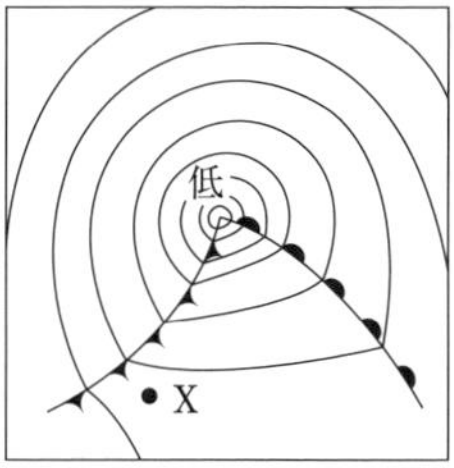

A

ア

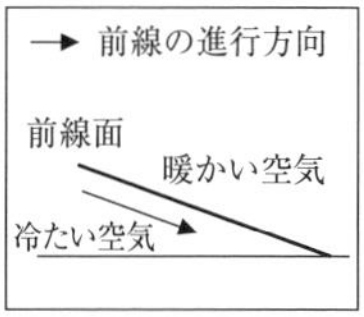

イ

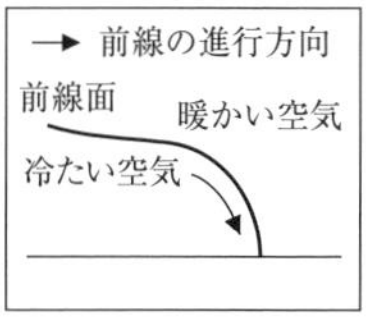

ウ

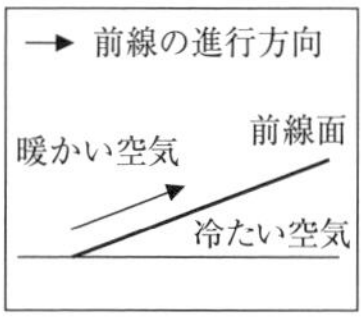

B

ア　今は暖かいが，間もなく風雨が強くなり，気温が下がる。

イ　今は雨が降って寒いが，これから雨がやみ，気温が下がる。

ウ　今は雨が降って寒いが，これから暖かくなる。

C

ア　高層雲

イ　巻雲

ウ　積乱雲

	A	B	C
1	ア	イ	ウ
2	ア	ウ	イ
3	イ	ア	ウ
4	イ	イ	ア
5	ウ	ア	ア

★★
No.33 A～Eは，日本付近において生ずる季節の典型的な気象現象に関する記述であるが，Aの現象のあとに生ずる気象現象を発生順に正しく並べ替えた組合せはどれか。

A　シベリア高気圧が日本の西に，東には低気圧があって西高東低の気圧配置となり，北西の季節風が強まって本州の日本海側では多量の降雪となることがある。

B　オホーツク海高気圧からの寒冷な大気と日本の南方海上からの小笠原高気圧がぶつかり，長く伸びた停滞前線をつくり断続的な雨が降る。

C　小笠原高気圧が停滞前線を北に押し上げ，日本は南高北低の気圧配置となり，高温多湿な気候となる。

D　移動性高気圧と低気圧が交互に西から日本を通過する。また，低気圧が日本の南岸沿いを進むときに上空に寒気があると太平洋岸に雪をもたらすことがある。

E　小笠原高気圧が南に後退を始め，北のシベリア高気圧が南下し，日本の南岸沿いに前線が停滞して，雨が断続的に続く。

1　B→C→D→E
2　C→B→E→D
3　C→D→B→E
4　D→B→C→E
5　D→E→C→B

★★
No.34 わが国の気候に関する記述として正しいのはどれか。

1　春先にオホーツク海高気圧から北東の季節風が吹き出すと，フェーン現象によって，太平洋側に高温で乾燥した強風が吹き，なだれや洪水が起きる原因となる。

2　春になると，周期的に移動性高気圧がやって来るようになり，その中心付近は晴天になるが，夜間の放射冷却によって霜が降り，農作物に被害をもたらすことがある。

3　初夏に南方海上で小笠原高気圧が発達し始めると，日本海を次々に通過する低気圧との間に温暖前線が形成され，長雨や局地的な集中豪雨をもたらす。

4　夏が過ぎて日本付近を覆っていた小笠原高気圧が弱まると，移動性高気圧が周期的に通過するようになって秋の長雨が始まり，北日本にやませが吹く。

5　冬になると，台湾や東シナ海付近で発達した低気圧が，上層に湿った暖気を伴って北上してくるようになり，北西季節風とぶつかって日本海側に局地的な豪雪をもたらす。

★★
No.35 次の文はわが国の気象に関する記述であるが，文中の空欄A～Cにあてはまる語句の組合せとして，正しいのはどれか。

夏が近づく頃，冷たく湿った(　A　)気団と暖かく湿った(　B　)気団が日本付近でぶつかり合い，東西方向に伸びた(　C　)前線ができ，この前線付近では，曇りや雨の日が続き，大雨が降ることもある。これが梅雨である。

	A	B	C
1	オホーツク海	小笠原	停滞
2	オホーツク海	シベリア	停滞
3	シベリア	小笠原	停滞
4	シベリア	小笠原	閉塞
5	シベリア	オホーツク海	閉塞

★
No.36　図に示す気圧配置の説明として正しいのはどれか。

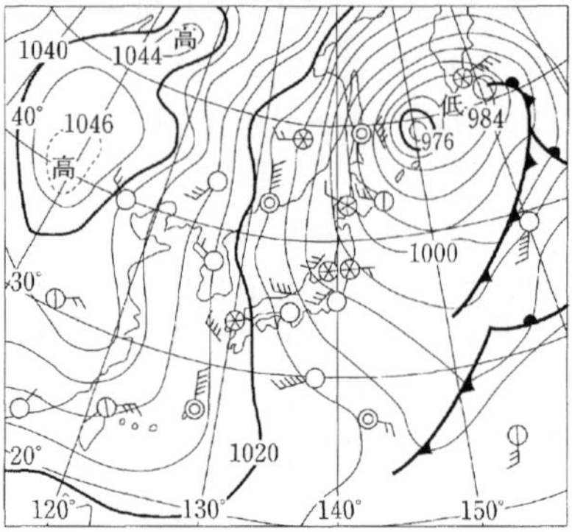

1　春や秋によく現れる気圧配置で，高気圧の前と後には気圧の谷や低気圧があるので，天気は3〜4日の周期で変化し，一般にこの高気圧内では風が弱く高濃度の大気汚染が発生しやすい。

2　梅雨時や秋に典型的に現れる気圧配置で，日本の南岸には前線ができて，東日本から西日本にかけては雲の多い天気が続き，東北，北海道は乾燥した晴天になる。

3　夏によく現れる持続性の大きい気圧配置で，この型のときには日本付近は南寄りの季節風が吹き晴天が続き，また等圧線が西日本から朝鮮半島にかけて大きくうねっていることがわかる。

4　初冬から春先に現れる気圧配置で，この低気圧が発達しながら通るときには日本中で強い南風が吹き荒れ，日本海側ではフェーン現象が起きることがある。

5　冬によく現れる気圧配置で，気圧傾度が大きく，西ないし北西の季節風が吹いて，日本海側では陰曇な天気で雨や雪が降り，太平洋側では晴天がもたらされる。

第 8 章　地球の自転と公転

地球の自転

●地球の自転

◆地球は地軸を中心にして西から東へ自転している。自転周期は約 23 時間 56 分 4 秒である。

チェック

◆地球自転の証拠→フーコーの振り子の振動面の変化
→転向力(コリオリの力)

●フーコーの振り子

◆1851 年フーコーは，長い鉄線の先に鉄球をつるした振り子を振らせ，振り子の振動面が回転することを発見した。振り子に働いている力は重力だけであるから，振動面が回転するのは地面そのものが回転するためである。北極上で振り子を振らせると，振り子の振動面は右(時計)回りに約 1 日に 1 回転する。これは地球が左(反時計)回りに約 1 日に 1 回自転しているためである。振り子を振らせる地点の緯度が低くなるにしたがって，振り子の振動面が回転する角度が小さくなり，最も緯度の低い赤道上で振り子を振らせると，振り子の振動面は回転しなくなる。また，南極上で振り子を振らせると，振り子の振動面は左(反時計)回りに約 1 日に 1 回転する。

チェック

◆振り子の振動面の回転→北極上：右(時計)回り
→赤道上：回転しない
→南極上：左(反時計)回り

●転向力(コリオリの力)

◆地球の自転によって，地球上で運動している物体に働く見かけの力である。物体の運動の向きに対して，北半球では直角右向きに，南半球では直角左向きに働く。

チェック

◆転向力→北半球：直角右向きに働く
→南半球：直角左向きに働く

●恒星の日周運動

◆北の空に見える恒星は，天の北極(ほぼ北極星の位置)を中心にして左(反時計)回りに回転しているように見える。この運動を恒星の**日周運動**という。恒星の日周運動は，地球が西から東へ自転しているために生じる見かけの運動であり，地球の自転の方向とは反対に東から西へ回転しているように動く。ただし，恒星が地球を中心にして回転していても恒星の日周運動は説明できるので，恒星の日周運動は地球の自転に起因する現象であるが，地球の自転の証拠とはならない。

地球の公転

●地球の公転

◆地球は太陽を1つの焦点とするだ円軌道上を西から東へ公転している。公転周期は365.2422日で1日で約1°公転する。

> **チェック**
>
> **◆地球公転の証拠→年周光行差，年周視差**

●年周光行差

◆垂直に降る雨の中を足早で歩くと，雨が斜め前(自分の進む方向)から降っているように見える。これと同様に，公転している地球から恒星をみると，光は真の方向より地球が進行している方向へずれてみえる。このずれを**光行差**といい，1年を周期として変化することから**年周光行差**という。年周光行差の最大値は約20.5″にもなる。

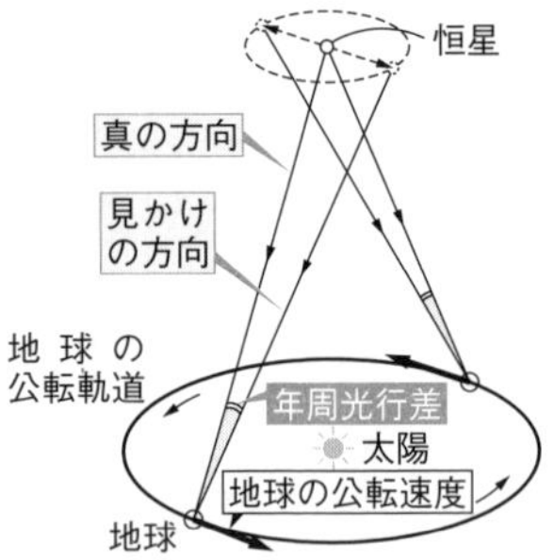

●年周視差

◆地球が公転しているため，恒星のみえる位置が1年を通して非常にわずかではあるがずれてくる。太陽から恒星をみた方向と，地球から同じ恒星をみたときの方向の差を**年周視差**という。太陽に近く黄道面に垂直な方向にある恒星は，さらに遠い恒星

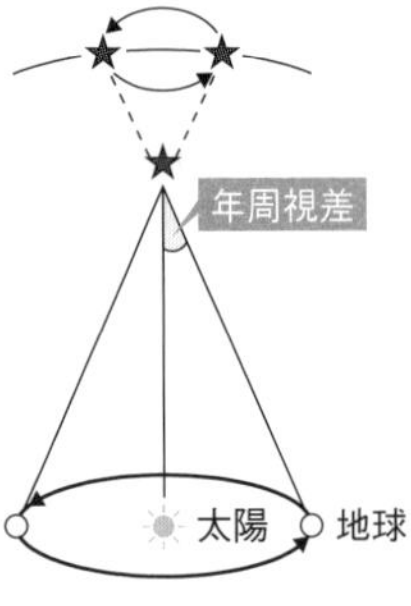

を背景にして１年を周期として天球上を円運動するようにみえる。地球から恒星までの距離は非常に遠いので，年周視差は太陽から最も近いケンタウルスα星でも約 0.76″ と非常に小さい。

●地球の公転と黄道

◆地球が太陽のまわりを１年かかって西から東へ１回公転するので，地球から太陽をみると，太陽は星座の間をぬって西から東へ移動したようにみえる。太陽の年周運動による天球上の通り道が**黄道**である。

●黄道 12 星座

◆日の出前に太陽の昇る付近にみえる星座，日没後に太陽の没した付近にみえる星座は，黄道付近に位置する星座である。このうち黄道上に位置する星座が 12 あり，これを黄道 12 星座という。

星座に対する太陽の動き

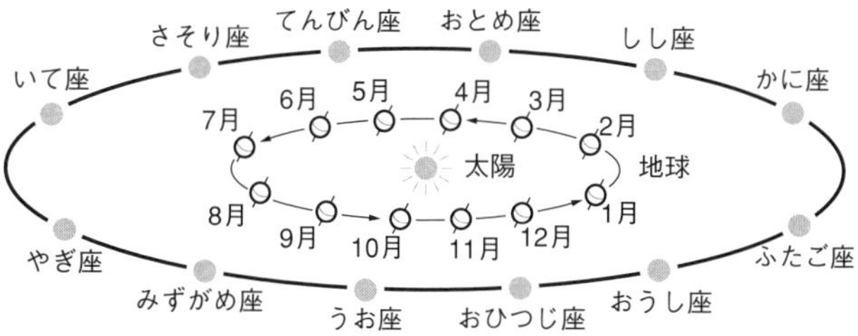

●地軸の傾きと季節変化

◆地球の赤道面と公転軌道面（黄道面）は約 23.4° で交わっており，地球の自転軸は公転面と約 66.6° の傾きをなしている。このため太陽は，夏至には北緯 23.4° の天頂に，冬至には南緯 23.4° の天頂にくる。季節変化がおこるのは，地球の自転軸の傾きにより，太陽の南中高度や昼夜の長さが変化するためである。

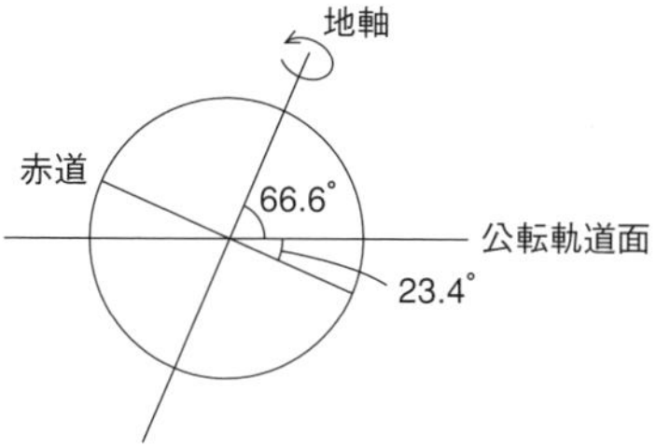

チェック

◆地軸の傾きによって起こる現象
→季節の変化（四季）
→昼夜の長さの変化
→太陽の南中高度の変化

●太陽の年周運動

◆太陽は東から昇り西へ沈むが，その経路は季節によって変化する。

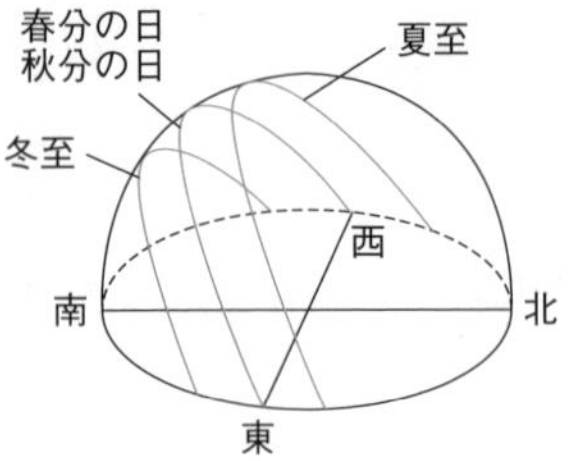

夏至▶ ・1年のうち，真東より最も北寄りの地平線から昇り，天頂近くを通って，真西より最も北寄りの地平線に沈む。太陽の南中高度は最も高い。

冬至▶ ・1年のうち，真東より最も南寄りの地平線から昇り，真西より最も南寄りの地平線に沈む。南中高度は最も低い。

春分の日，秋分の日▶ ・真東の地平線より昇り，真西の地平線へ沈む。

●太陽の南中高度

◆太陽が子午線を通過するときが南中で，そのときの地平線からの角度を**南中高度**という。太陽の日周経路が変化するので，南中高度も変化する。

チェック

◆季節による太陽の南中高度

→夏至：90°−(観測地の緯度−23.4°)

→春分の日・秋分の日：90°−観測地の緯度

→冬至：90°−(観測地の緯度＋23.4°)

練習問題

（453ページより解答・解説）

★★
No.37　A～Dの記述のうち，地球の自転によって起こる現象をすべて選んでいるのはどれか。

A　昼夜の別が生じる。

B　季節の変化が生じる。

C　フーコー振子の振動面が北半球では時計回りに変化する。

D　天球上での恒星の位置が１年周期で小さな円を描くように変化する。

1　A，B
2　A，C
3　B，C
4　B，D
5　C，D

★★
No.38　フーコーの振り子に関する次の文中のア～ウの｛　｝内から，それぞれ正しい語句を選んである組合せはどれか。

北極で振り子を振らせると，その振動面は，地球の自転とア$\left\{\begin{array}{l}\text{反対の}\\ \text{同じ}\end{array}\right\}$方向にまわり，イ$\left\{\begin{array}{l}12\\ 24\end{array}\right\}$時間で１回転する。赤道上でフーコーの振り子を振らせると，

ウ$\left\{\begin{array}{l}\text{振動面は回転しない。}\\ \text{1回転に要する時間は北極でよりも短い。}\end{array}\right\}$

	ア	イ	ウ
1	反対の	12	１回転に要する時間は北極でよりも短い。
2	反対の	24	振動面は回転しない。
3	反対の	24	１回転に要する時間は北極でよりも短い。
4	同じ	12	振動面は回転しない。
5	同じ	24	１回転に要する時間は北極でよりも短い。

★★★

No.39 同じ時刻に同じ方向を眺めても，季節によって見える星座が異なる理由として正しいのはどれか。

1　地球の自転軸が公転面に対して傾いているために星座の南中高度が変わるからである。

2　銀河系が1年に1回自転するために，地球から見える銀河系外にある星座の位置が変わるように見えるからである。

3　地球が自転するために，星座のみかけの位置が地球の自転方向と反対の方向に移動するように見えるからである。

4　地球が太陽の周りを公転するために地球から見ると太陽と反対側(夜側)に見える星座が変わるからである。

5　星座が太陽の周りを公転するため，地球から見ると，地球の周りを回っているように見えるからである。

第 9 章　太陽系と惑星の運動

太陽系

●太陽系

◆太陽および太陽を中心に，そのまわりを運動している天体を総称して**太陽系**といい，太陽，惑星，小惑星，衛星などがある。

惑星▶ ・太陽のまわりを公転している天体で，太陽から近い順に**水星**，**金星**，**地球**，**火星**，**木星**，**土星**，**天王星**，**海王星**の8個がある。

小惑星▶ ・主に火星と木星の間を公転している小さな天体で，その半径は最大で約 500 km であるが，半径 10 km 以下のものが多い。

衛星▶ ・惑星および準惑星のまわりを公転している天体で，例として地球の衛星の月，土星の衛星のタイタンがある。

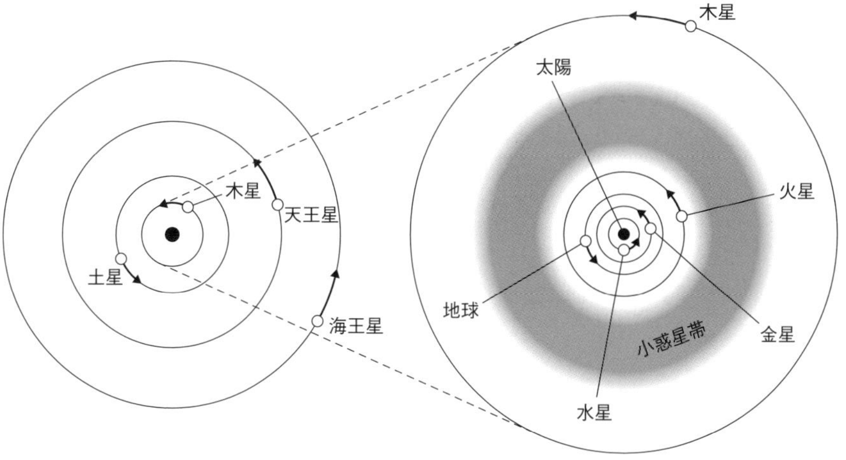

チェック

◆**太陽系の特徴**

① 惑星はすべて天の北側からみて反時計回りに円に近いだ円軌道上を公転しており，太陽の自転方向と同じである。

② 惑星の公転軌道面は，黄道面とほぼ一致している。

③ 太陽系全体の質量のうち，約 99.9% を太陽が占める。

惑星の視運動

●惑星の視運動

◆惑星は地球と同様に太陽のまわりを公転しているため，地球から見た惑星は天球上を徐々に移動しているように見える。これを惑星の**視運動**という。惑星の視運動は地球の公転と惑星の公転の関係で決まるため，非常に複雑な動きである。

順行▶ ・惑星は天球上をふつう西から東へ移動する。これを**順行**という。

逆行▶ ・惑星は東から西へ移動することもある。これを**逆行**という。逆行は地球が内惑星に追い越されるとき，地球が外惑星を追い越すときにおこる。

留▶ ・順行から逆行，逆行から順行に移るとき，惑星は天球上に止まってみえる。これを**留**という。

惑星（外惑星）の天球上の動き

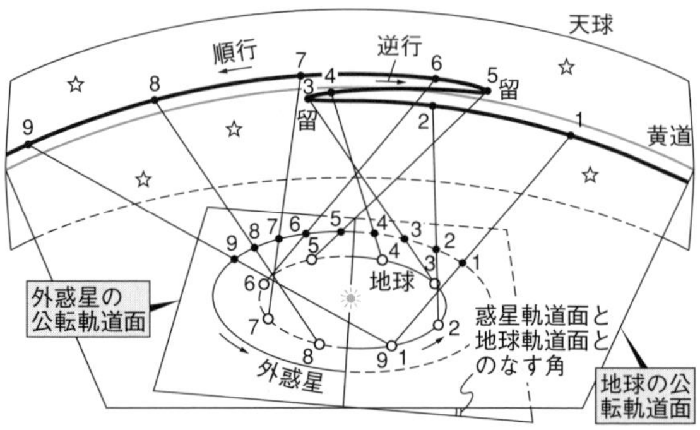

惑星現象

●惑星現象

◆惑星が太陽に対して特定の位置にきたときおこる現象を惑星現象という。

●内惑星の現象

◆地球より内側の軌道上を公転する水星と金星を**内惑星**という。

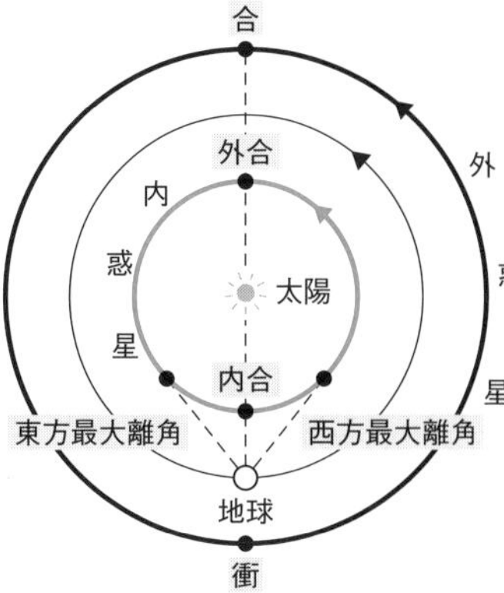

内合▶ ・内惑星が地球と太陽の間にきたときを**内合**という。

外合▶ ・内惑星が太陽と地球を結ぶ線の延長線上(太陽の向こう側)にきたときを**外合**という。

最大離角▶ ・地球からみて，内惑星が太陽の東側に最も離れたときを**東方最大離角**といい，日没後，西の空に輝いてみえる。また，太陽の西側に最も離れたときを**西方最大離角**といい，日の出前，東の空に輝いてみえる。最大離角の大きさは水星で28°，金星で48°である。このころ，内惑星は比較的長時間，東または西の空にみえるので，観察するのに都合がよい。

●外惑星の現象

◆地球より外側の軌道上を公転する火星，木星，土星，天王星，海王星を**外惑星**という。

衝▶ ・地球からみて，外惑星が太陽と反対の方向にきたときを**衝**という。外惑星は衝のとき地球に最も近く，日没とともに昇り，日の出とともに没するので一晩中みることができ，観察するのに最も都合がよい。

合▶ ・地球からみて，外惑星が太陽と同じ方向にきたときを**合**という。

チェック

◆内惑星を最もよく観察できる
→東方最大離角，西方最大離角の位置
◆外惑星を最もよく観察できる
→衝の位置

ケプラーの法則

ケプラーはすべての惑星の空間運動にあてはまる**ケプラーの法則**を提唱した。

●第一法則（だ円軌道の法則）

◆惑星は太陽を１つの焦点とするだ円軌道上を公転する。

●第二法則（面積速度一定の法則）

◆惑星と太陽を結ぶ直線が一定時間に描く面積（面積速度）は常に一定である。

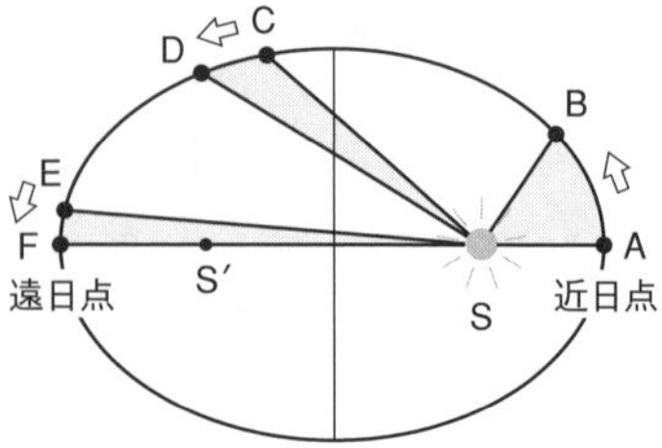

扇形の面積　SAB＝SCD＝SEF

●第三法則（調和の法則）

◆太陽と惑星との間の平均距離 a の３乗と，その惑星の公転周期 p の２乗との比はどの惑星でも等しい。

$\frac{a^3}{p^2}$＝一定，a を天文単位，p を年で表すと $\frac{a^3}{p^2}=1$ となる。

地球型惑星・木星型惑星

●惑星の２つの型

◆惑星は質量・半径・密度などの違いによって，**地球型惑星**と**木星型惑星**に分けられる。太陽系の８個の惑星のうち，水星，金星，地球，火星は地球型惑星に，木星，土星，天王星，海王星は木星型惑星に属している。

チェック

◆地球型惑星→水星，金星，地球，火星

◆木星型惑星→木星，土星，天王星，海王星

天体		赤道半径（km）	太陽からの平均距離（天文単位）	平均密度（g/cm^3）	対恒星公転周期（ユリウス年）	自転周期（日）
地球型惑星	水　星	2439	0.3871	5.43	0.2409	58.65
	金　星	6052	0.7233	5.24	0.6152	243.02
	地　球	6378	1.0000	5.51	1.0000	0.9973
	火　星	3396	1.5237	3.93	1.8809	1.0260
木星型惑星	木　星	71492	5.2026	1.33	11.862	0.414
	土　星	60268	9.5549	0.69	29.457	0.444
	天王星	25559	19.2184	1.27	84.021	0.718
	海王星	24764	30.1104	1.64	164.770	0.671
月		1737	――	3.34	――	27.3217

地球型惑星と木星型惑星の特徴の比較

比較する項目	地球型惑星	木星型惑星
赤道半径(地球＝1)	小さい(0.38～1)	大きい(3.9～11.2)
質量(地球＝1)	小さい(0.055～1)	大きい(14.5～318)
平均密度(g/cm^3)	大きい(3.9～5.5)	小さい(0.7～1.6)
自転周期(日)	長い(1～243)	短い(0.41～0.72)
偏平率	小さい(0～0.006)	大きい(0.017～0.10)
衛星数	少ない(0～2)	多い(14以上)
リング(環)の存在	ない	ある
表面	岩石	ガス
大気の様子	二酸化炭素 CO_2，窒素 N_2 などの重い気体が主成分で量も少ない。	水素 H_2，ヘリウム He，メタン CH_4，アンモニア NH_3 など軽い気体が主成分で量も多い。

惑星の概観

●水星

特徴▶

・太陽に最も近い惑星で大気がない。

・表面は多くのクレーターでおおわれている。

・表面の単位面積あたりの太陽からの受熱量が大きく，自転周期も約59日と長いので，太陽に面した側は非常に高温で430℃にもなるが，反対側は低温で約－170℃になる。

●金星

特徴▶

・地球に最も近い軌道を公転する惑星である。

・アルベド(反射能)が大きく，最も明るく見える惑星で，**明けの明星**，**宵の明星**として知られている。

・二酸化炭素を主成分とする厚い大気が存在し，その温室効果のため表面温度は昼夜に関係なく460℃と高温である。

・自転の向きが他の惑星とは反対で，**東から西へ自転**している。

●火星

特徴▶

・二酸化炭素を主成分とする大気が存在するが，気圧は約1/200気圧しかない。

・両極には**極冠**とよばれる白く輝いてみえる部分が存在する。極冠は二酸化炭素や水が凍ったものと考えられている。

・温度は昼は0～10℃，夜は－100℃になる。

・表面には，大峡谷や水の干上がった川底のような地形のほか，大規模な火山もある。

・自転周期や赤道面の傾斜が地球とよく似ているので，地球と同じような昼夜や四季の変化がみられる。

●木星

特徴▶

・太陽系で**最大の惑星**である。

・水素を主成分としてヘリウム，メタン，アンモニアを含む大気が存在する。

・表面には赤道に平行なしま模様とほぼだ円状の大赤斑がみられる。

・細いリングをもっている。

・衛星は70個以上発見されている。そのうち，ガリレオが発見した4個の衛星はガリレオ衛星とよばれ，そのひとつである**イオ**には活火山がある。

●土星

特徴▶

・太陽系で2番目に大きい惑星である。

・太陽系で**最も密度の小さい惑星**である。

・主に，水素，ヘリウムを含む大気が存在する。

・赤道面と一致するリングをもっている。リングは直径約数cm〜数mの氷を主とした無数のかたまりが土星本体のまわりを自転しているものと考えられている。

・表面には赤道に平行なしま模様がみられる。

・衛星は80個以上発見されている。そのうち，**タイタン**は濃い大気が特徴的で(主成分は窒素97%，メタン2%)，二層の薄い雲が存在し，下層の雲からはメタンの霧雨が降っている。

●天王星

特徴▶

・水素，ヘリウムを主成分としてメタンを含む大気が存在する。

・公転軌道面に対してほぼ**横倒しの状態**で自転している。

・リングをもっている。

●海王星

特徴▶

・大気は水素とその化合物である。表面温度が−200℃と非常に低温であるため，大気の成分はほとんど固体になっていると考えられる。

・リングをもっている。

練習問題

（453ページより解答・解説）

★★
No.40 地球から観測できる天体に関する記述として正しいのはどれか。

1　火星とは異なって金星を真夜中に見ることができないのは，金星が地球よりも太陽に近い軌道を回っているからである。

2　太陽の南中高度が場所によって異なるのは，地球の公転軌道が円形ではなくだ円だからである。

3　北極星がいつも北の方向に見えるのは，他の恒星に比べて，非常に遠距離にあるからである。

4　月食が日食より頻繁に起こるのは，月が地球を１周する間に，月が１回しか自転しないからである。

5　星座が東から昇り，西に沈むのは，地球の自転軸が公転軌道面に対して傾斜しているからである。

★★
No.41 次の文章のＡ～Ｄにあてはまる語句の組合せとして正しいものはどれか。

惑星が天球上を西から東に動く現象を（　Ａ　）といい，天球上を東から西に動く現象を（　Ｂ　）という。（　Ｂ　）は，内惑星では（　Ｃ　）の頃に，外惑星では（　Ｄ　）の頃に起こる。

	Ａ	Ｂ	Ｃ	Ｄ
1	順行	逆行	内合	衝
2	順行	逆行	衝	内合
3	順行	逆行	衝	外合
4	逆行	順行	衝	内合
5	逆行	順行	内合	衝

★★
No.42 下図は内惑星A，外惑星B，および地球の軌道を天の北極から見たものである。惑星A，Bがこの図の位置にあるとき，地球の位置に関する記述として正しいのはどれか。

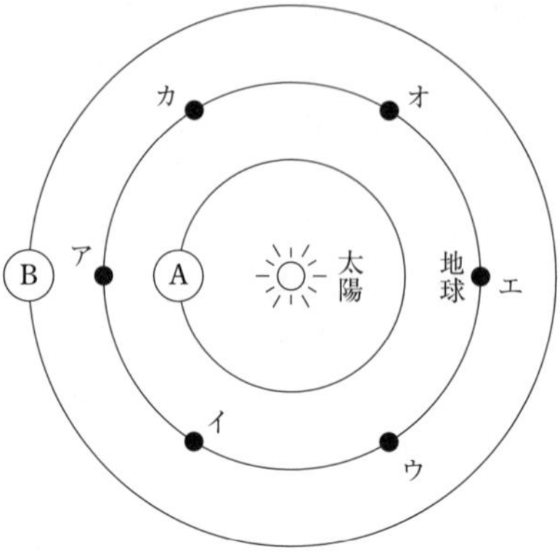

1　惑星Bが衝の状態では，地球はアに位置する。
2　惑星Aが明け方の東の空に見える状態では，地球はイに位置する。
3　惑星Bが一晩中見える状態では，地球はウに位置する。
4　惑星Aが太陽と同時に出没する状態では，地球はオに位置する。
5　惑星Aが東方最大離角にある状態では，地球はカに位置する。

★★
No.43 惑星に関する記述として正しいのはどれか。

1　地球型惑星は，一般に木星型惑星に比べて密度が大きく，かつ質量も大きい。
2　太陽を除く惑星等の太陽系の質量は，全部合わせても太陽の約 0.1% にすぎない。
3　地球型惑星には大気があるが，木星型惑星には大気はない。
4　地球型惑星は衛星を有するがリングをもたず，木星型惑星はリングを有するが衛星をもたない。
5　公転軌道上の速度は，軌道半径の大きい外側の惑星ほど大きい。

★★
No.44 太陽系の惑星に関する記述として正しいのはどれか。

1　水星は，木星型惑星の1つであり，この惑星にはメタンを主成分とする大気が存在し，昼夜と四季の変化が見られる。

2　金星は，地球型惑星の1つであり，この惑星には水素とヘリウムを主成分とする大気が存在し，イオと呼ばれる衛星がある。

3　火星は地球型惑星の1つであり，この惑星には二酸化炭素を主成分とする大気が存在し，白色の極冠が見られる。

4　木星は木星型惑星の1つであり，この惑星には二酸化炭素を主成分とする大気が存在し，多数のクレーターが見られる。

5　土星は地球型惑星の1つであり，この惑星には大気が存在せず，しま模様のリングがみられる。

★★
No.45 惑星に関する記述として正しいのはどれか。

1　木星は太陽に一番近い軌道上を公転している惑星で，大気はほとんど存在していない。

2　火星は美しく輝いて見える惑星で宵の明星，明けの明星とよばれ，大気の主成分は二酸化炭素である。

3　金星は地球に最も近い軌道上を公転している外惑星で，地球のように季節変化がある。

4　水星の質量は地球の約320倍あり，惑星の中で最も大きい。大気はおもに水素からなっている。

5　土星は惑星の中で最も平均密度が小さく，ほとんどが水素とヘリウムからできている。

第10章 太陽と月

太陽

●概観

・太陽と地球の平均距離を1天文単位(1.5×10^8 km)といい，太陽系内の距離の単位として用いられる。

・半径約70万kmで地球の約109倍のガス球である。

・質量約2.0×10^{30} kgで地球の約33万倍である。

・平均密度約1.4 g/cm^{3}で，地球の約1/4である。

・温度は，光球面(表面)で約5800 K，中心部で約1600万Kと推定されている。

・エネルギー源は中心部でおこっている水素の**核融合反応**である。水素原子核4個が融合して，ヘリウム原子核1個が生じる際に莫大なエネルギーが発生する。

チェック

◆半径→地球の約109倍
◆質量→地球の約33万倍
◆平均密度→地球の約1/4
◆エネルギー源→水素の核融合反応

●構造

光球▶ ・太陽をみたとき，白く輝く円盤状に見える表層の部分である。光球は中心部から周辺部にいくほど暗く見える。これを周辺減光という。

彩層▶ ・光球の外側にある厚さ3000 kmの希薄なガス層で，ふだんは肉眼で見えないが，皆既日食のときには赤く輝いているのが見える。

プロミネンス(紅炎)▶ ・彩層から上方に吹き上げられる赤い炎のようなもので，その高さは数万～数十万kmに達する。プロミネンスは太陽面上には黒い線としてみられ，これを**ダークフィラメント**という。

コロナ▶ ・彩層の外側に広がる希薄なガス層で，温度は約100万Kに達している。ここから主にX線や紫外線が放射されている。

黒点▶ ・光球面にみられる黒い点で，温度が約 4000 K と周囲より低いため暗くみえる(光を放っていないわけではない)。黒点は約 11 年周期で増減をくり返し，太陽活動の程度を示す尺度となる。黒点数が多いときは太陽の活動が活発であることを意味する。黒点付近が爆発によって急に明るく輝く現象を**フレア**という。フレアがおこると，地球上で電波の通信異常をおこす**デリンジャー現象**などがみられる。黒点は東から西へ移動しているが，これは太陽が西から東へ自転していることを示している。太陽の自転周期は赤道で約 25 日，緯度 45° で 27 日と高緯度ほど長くなる。

白斑▶ ・黒点のまわりにある特に明るく輝く部分である。

太陽風▶ ・コロナから宇宙空間に向けて飛び出す電子，陽子などの荷電粒子の流れで，その速度は 300〜800 km/s にも達する。太陽風は太陽の活動が活発なとき強くなる。

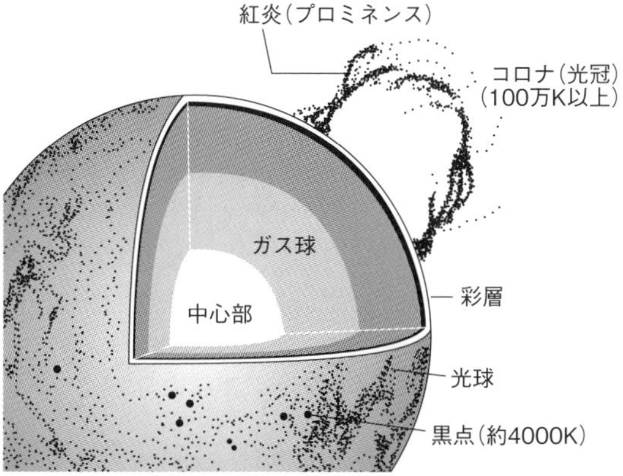

▲太陽の断面

チェック

◆光球→白く輝く円盤状に見える表層の部分。
　→光球面の温度は約 5800 K。
◆彩層→光球の外側にある希薄なガス層。
◆コロナ→彩層の外側に広がる希薄なガス層。
◆黒点→光球面に黒く見える点。
　→周囲より温度が低い。
　→黒点数が多いとき，太陽の活動が活発である。
◆デリンジャー現象→地球上の電波の通信異常。

月

●概観

・地球の唯一の衛星である。
・月までの距離は約 38.4 万 km である。
・半径約 1737 km で，地球の約 1/4 である。
・質量は約 7.3×10^{22} kg で，地球の約 1/80 である。
・大気が存在しないため，表面温度は昼 110℃，夜 −170 ℃と，温度の変化が激しい。
・重力は地球の約 1/6 である。
・表面の重力が小さく，大気や水蒸気を引きつけておくことができないので，大気も水もない。
・明るくクレーターの多い高地(陸)とよばれる部分と，暗くてクレーターが少ない海の部分がある。

●月の運動

◆月は自転しながら地球のまわりを公転している。自転と公転の方向はどちらも同じ西から東である。月の自転周期と公転周期は約 27.3 日で同じであるので，月はいつも同じ面を地球に向けている。このため，地球から月の裏側をみることはできない。

　天球上の月の通り道を**白道**といい，黄道面に対して約 5°傾斜している。

月の満ち欠け▶

・月の満ち欠けは太陽と月の位置によって決まる。図において，月がAの位置にあるときは**新月**，Bの位置にあるときは**上弦の月**，Cの位置にあるときは**満月**，Dの位置にあるときは**下弦の月**である。月の満ち欠けの周期は約 29.5 日である。

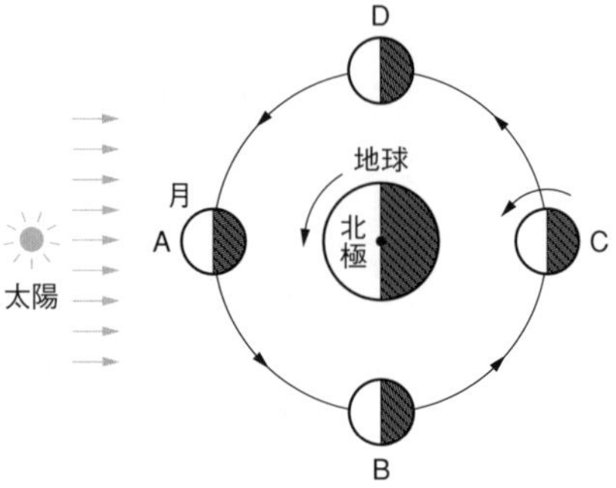

チェック

◆月の自転周期と公転周期が同じ
→地球から月の裏側は見えない。
◆月の満ち欠けの周期(満月から満月まで)→約 29.5 日
◆太陽ー月ー地球→新月
◆太陽ー地球ー月→満月

●日食

◆**太陽ー月ー地球**が直線上に並ぶとき，月の影の中に地球がはいると太陽が欠けはじめる。これが**日食**である。

●月食

◆**太陽ー地球ー月**が直線上に並ぶとき，太陽による地球の影の中に月がはいると月が欠けはじめる。これが**月食**である。

練習問題

（454ページより解答・解説）

★★
No.46 太陽に関する記述として正しいのはどれか。

1　太陽はガス体であるが，自分の重力で圧縮されているため平均密度は地球より大きい。

2　太陽の自転周期は赤道部分では遠心力が働くため高緯度部分に比べて長くなる。

3　太陽の黒点は周囲より温度が低いため黒く見え，太陽の活動が盛んなとき多く発生する。

4　コロナは太陽の最も外側に広がっており，非常に明るいため皆既日食のときでなくても肉眼で観測できる。

5　太陽風は太陽内部の核融合反応でできたヘリウム原子が，太陽外に高速で流出しているものである。

★
No.47 太陽・月・地球に関する記述として正しいのはどれか。

1　太陽の表面でまわりに比べ温度の高い所を，黒点という。

2　太陽は自転していない。

3　地球は，1年に1回，太陽のまわりを自転している。

4　月はいつも同じ面を地球に向けて，地球のまわりを回っている。

5　月が地球のまわりを回る道筋を，黄道という。

★★
No.48 月食と日食に関する記述として，正しいのはどれか。

1　月食は，太陽－月－地球の順に一直線上に並んだときに起こる。

2　皆既日食になるか部分日食になるかは，太陽と地球の距離の違いにより決まる。

3　日食は新月のときに，月食は満月のときに必ず起こる。

4　地球上では，月食が起こる回数は日食が起こる回数よりも多い。

5　皆既日食の継続時間は，皆既月食の継続時間よりも短い。

★★
No.49 天の北極から見たときの，満月から７日目の太陽，地球，月の相対的位置と，地球，月それぞれの公転，自転の向きとを示す図として最も適当なのはどれか。なお，図において太陽はＳ，地球はＥ，月はＭとし，公転と自転の向きは矢印で示すものとする。

1

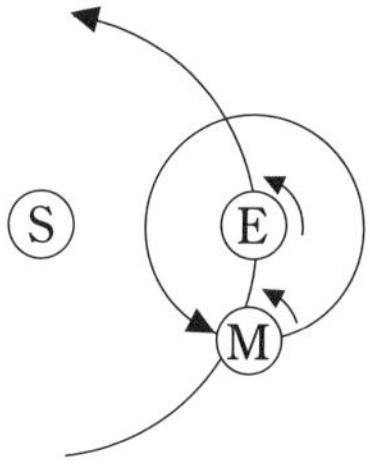

2

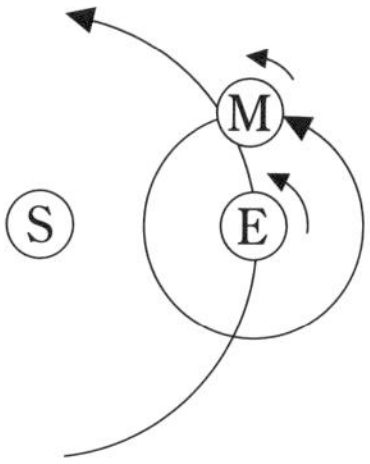

3

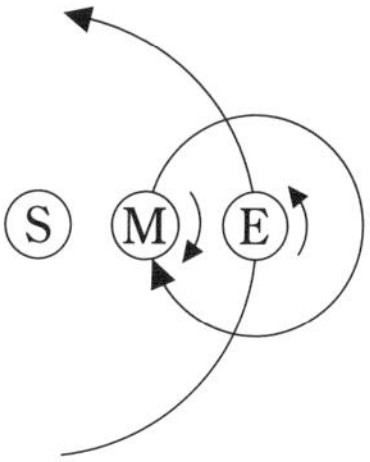

4

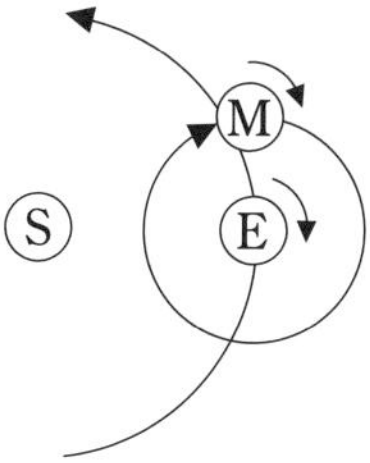

5

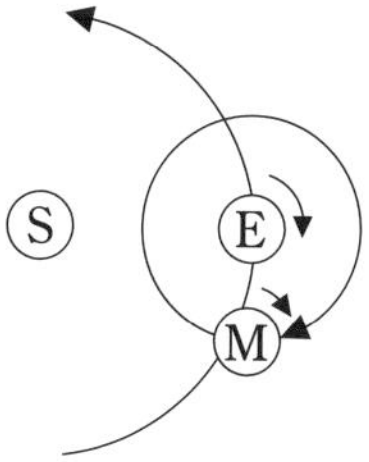

第11章　恒星

恒星の明るさ

●恒星

◆自分自身でエネルギーをつくり出し，光を発する星を**恒星**という。

●恒星の明るさ

◆恒星までの距離はそれぞれ異なるため，同じ明るさの恒星でも距離が遠ければ暗く見え，距離が近ければ明るく見える。恒星の明るさの表し方には**見かけの等級**と**絶対等級**がある。

見かけの等級▶

・地球から見た場合の明るさを見かけの等級といい，等級が小さいものほど明るい。5等級少なくなるほどに，明るさが100倍明るくなるように定義されている(1等級は6等級より100倍明るい)。つまり，**等級差1で明るさは約2.5倍違う**。見かけの等級は恒星の真の明るさを示したものではなく，地球から恒星までの距離によって変わる。例えば，太陽は-26.7等級，シリウスは-1.5等級である。

絶対等級▶

・恒星までの距離は一定ではないので，見かけの等級は恒星本来の明るさを示していることにならない。そこで，すべての恒星を**10パーセク**(32.6光年)の距離に置いたときの明るさを等級で表したものが絶対等級である。例えば，太陽は4.8等級，シリウスは1.4等級である。

チェック

- ◆等級→小さいものほど明るい。
- ◆1等級差→明るさは約2.5倍違う。
- ◆5等級差→明るさは100倍違う。
- ◆見かけの等級→地球からみた場合の明るさ。
- ◆絶対等級→地球から恒星を10パーセクの距離に置いたときの明るさ。恒星本来の明るさを示す。

HR 図

●恒星の色とスペクトル型

◆恒星の色はさまざまであるが，表面温度が高い恒星ほど青白くみえ，表面温度が低い恒星ほど赤味がかってみえる。これは表面温度の高い恒星ほど波長の短い光を強く出し，表面温度の低い恒星ほど波長の長い光を強く出しているからである。恒星の出す光を波長ごとに分けたものを**スペクトル**といい，恒星のスペクトルは吸収線の位置によって7つのスペクトル型に分けられている。

スペクトル型	O	B	A	F	G	K	M
色	青	青白	白	淡黄	黄	橙	赤
表面温度〔K〕	29000 以上	29000～9600	9600～7200	7200～6000	6000～5300	5300～3900	3900 以下

●HR 図

◆横軸にスペクトル型(表面温度)を，縦軸に絶対等級をとって太陽付近の恒星をグラフ上に分布させた図をHR図(ヘルツシュプルング・ラッセル図)という。HR図上での分布をもとに，主系列星，巨星，白色わい星に大別される。

<table>
<tr><th rowspan="3">主系列星</th><td colspan="2">HR 図の左上から右下にかけて斜め帯状に分布する恒星のグループ。大部分の恒星が属する。太陽は絶対等級が 4.8 等級であり，主系列星のほぼ中央に位置する。</td></tr>
<tr><th>左上</th><td>スペクトルは O 型に近づいていく(青白)→表面温度高い
絶対等級が小さい→明るい
直径が大きく，質量が大きい</td></tr>
<tr><th>右下</th><td>スペクトルは M 型に近づいていく(赤味がかる)→表面温度低い
絶対等級が大きい→暗い
直径が小さく，質量が小さい</td></tr>
<tr><th>巨　　星</th><td colspan="2">HR 図の右上に分布する恒星のグループ。表面温度は比較的低いが，絶対等級は小さいため明るい。直径が主系列星より大きく，太陽の 10～100 倍あるが，質量は数倍程度のため，密度がきわめて小さい。特に直径が大きく，非常に明るい恒星は，超巨星といわれる。</td></tr>
<tr><th>白色わい星</th><td colspan="2">HR 図で左下に分布する恒星のグループ。白く輝く暗い恒星で，直径は太陽の 1/100 ほどしかないが，質量は太陽とほぼ同じであるため，密度はきわめて大きい。</td></tr>
</table>

HR 図

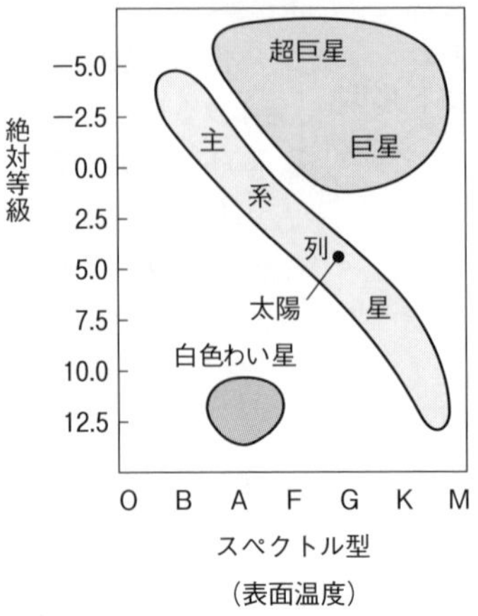

チェック

◆**HR 図→縦軸：絶対等級**
→横軸：スペクトル型(表面温度)
→左側ほど青白くみえ，右側ほど赤味がかってみえる。

◆**主系列星→HR 図の左上から右下にかけて斜めに帯状に分布。**

◆**巨星→HR 図の右上に分布。**

◆**白色わい星→HR 図の左下に分布。**

●恒星の進化

◆星間物質の濃い部分が収縮し，**原始星**が誕生する。さらに収縮が進み，中心部の温度が上昇すると水素の核融合反応が始まり，安定したエネルギーを供給し続ける**主系列星**となる。恒星は，一生のほとんどを主系列星として過ごした後，水素の核融合反応を活発に行い，その結果，外層部が膨張して**巨星**となる。巨星のなかで，質量が太陽と同程度のものは，ヘリウムが収縮して**白色わい星**となるが，比較的質量の大きいものは内部でさらに核融合反応が進み，超新星爆発をおこす。爆発によって放出された物質は，再び星間物質になる。質量がきわめて大きいものは，中心部は収縮して**中性子星**や**ブラックホール**となる。

練習問題

（454ページより解答・解説）

★

No.50 次の文章の空欄にあてはまる語句の組合せとして正しいのはどれか。

HR図は縦軸に［ A ］，横軸に［ B ］をとった図で，前者は光度，後者は表面温度に置きかえられる。図の左上から右下に［ C ］が，その上方に［ D ］が表されている。

	A	B	C	D
1	直径	スペクトル型	主系列星	白色わい星
2	絶対等級	直径	主系列星	白色わい星
3	直径	見かけの等級	白色わい星	巨星
4	絶対等級	スペクトル型	主系列星	巨星
5	絶対等級	スペクトル型	白色わい星	巨星

★★

No.51 次の文中の空欄A～Cにあてはまる語句の組合せとして正しいのはどれか。

恒星の明るさは等級で表される。光の強さが（ A ）違うと等級では（ B ）違うと決めてある。しかし，恒星の明るさは，距離の（ C ）に反比例して変わるので，2つの恒星が出している光の強さを比較するためには，これらの恒星を私たちから等しい距離に持ってきたとしたときの明るさによらなくてはならない。

	A	B	C
1	100倍	2等級	4乗
2	50倍	1等級	3乗
3	100倍	5等級	2乗
4	50倍	2等級	3乗
5	10倍	5等級	2乗

解答・解説

解答・解説

第 1 章　地球の概観

No.1　正答　5

1　北極星はほぼ天の北極の方向に位置する。北極星の高度は観測地の緯度と同じ角度になる。

2　地球の自転軸が公転軌道面に対して，66.6° 傾いているためである。

3　地球が西から東へ自転しているためである。

4　地球の形が完全な球形，回転だ円体のどちらでも，高い所に昇れば地平線上の視界は広くなる。

No.2　正答　3

3　重力は万有引力と遠心力の合力である。極では遠心力が働かないが，赤道では万有引力の働く向きとは逆向きに遠心力が働く。このため，重力は赤道で最小になり，極で最大になる。

No.3　正答　4

1　潮の干満は通常 1 日に 2 回見られる。

2　潮の干満の差は満月と新月のとき最大となり大潮となる。また，上弦の月と下弦の月のとき最小となり小潮となる。

3　潮の干満をおこす原因は月と太陽の引力であるが，潮の干満に及ぼす影響は月の引力の方が大きい。

5　潮の干満の差は太平洋岸の方が日本海側より大きい。

No.4　正答　3

1　マントルは固体であるため，地震波の P 波や S 波を通す。

2　地殻を構成している岩石はおもに火成岩である。

4　地殻に含まれる元素のうち，重量比で最も多いのは酸素 O で，次いでケイ素 Si，アルミニウム Al の順である。

5　外核は液体，内核は固体である。

No.5　正答　2

A　上部地殻は花こう岩で構成されている。

B　下部地殻は玄武岩で構成されている。

C　上部マントルはおもにかんらん岩で構成されている。

D　核の主成分は鉄 Fe である。

E　内核は固体になっていると考えられている。

No.6　正答　3

プレートは海嶺で生成され，海溝で沈み込んでアセノスフェアの中で消滅する。また，プレートは地殻とマントルの上部からなり，厚さは 70～100 km である。プレートの移動距離は 1 年間に数 cm である。

第 2 章　地球内部のエネルギー

No.7　正答　5

1　P 波は音波のように波の進行方向と同じ向きに振動する縦波である。また，S 波は光波のように波の進行方向と垂直に振動する横波である。

2　P 波は固体と液体の中を伝わるが，S 波は固体の中だけを伝わる。

3　地震の揺れは，P 波より S 波の方が大きい。

4　震源では P 波，S 波が同時に発生する。

No.8　正答　4

観測地での P 波の到達した時刻と S 波の到達した時刻の差を初期微動継続時間といい，震源と観測地の距離に比例する。したがって，地震の震源地を特定するのに必要なデータは複数の地点での P 波の到達時刻と S 波の到達時刻である。

No.9　正答　5

1　震度とは，観測地点における地震の揺れの大きさを表すものである。マグニチュードは地震の規模を表すものである。

2　震度は 0，1，2，3，4，5 弱，5 強，6

弱，6強，7の10段階である。

3　地震の発生した地点が震源，震源の真上の地表の地点が震央である。

4　マグニチュードは地震の規模を表すものだから，震央からの距離に関係なく同じである。震度は観測地点における地震の揺れの大きさを表すものだから，一般に震央に近いほど大きくなる。

No.10　正答　2

1　規模の大きい地震は，太平洋をとりまく地域やアルプス－ヒマラヤ地域で起こることが多い。

3　観測地点が震央から離れるほど初期微動が続く時間は長くなる。

4　地盤がやわらかい所ほど地震による揺れが大きいので，家屋の倒壊のような被害も大きくなる。

5　火山の噴火の前に地震が発生することが多い。

No.11　正答　5

ア　S波よりP波の方が伝わる速度が速いので，観測地点に最初に到達するのは縦波であるP波である。

イ　地震波(P波，S波)が伝わる速度は地殻よりマントルの方が大きい。このため，震央からの距離がCを超えると，地殻中を観測地点に向かって直進して伝わる直接波(A)よりも地殻→マントル→地殻と遠回りして伝わる屈折波(B)の方が先に到達するので，走時曲線が折れ曲がる。

ウ　震央からの距離がCまでの観測地点には地殻中を直進するAの経路を通ってきた波が最初に到達する。

エ　震央からの距離がCより遠い観測地点には地殻→マントル→地殻と遠回りするBの経路を通ってきた波が最初に到達する。

第3章　地殻の構成物質

No.12　正答　2

溶岩に含まれている二酸化ケイ素 SiO_2 が多いと粘性が高く，火山の爆発も激しくなる。溶岩の粘性が高いと，溶岩が流れにくく，盛り上がり，火山の形は溶岩ドームになる。一方，溶岩に含まれている二酸化ケイ素 SiO_2 が少ないと粘性が低く，火山の爆発が穏やかになる。溶岩の粘性が低いと，溶岩が速く遠くまで流れるので，火山の形は平たい溶岩台地や盾状火山になる。

No.13　正答　1

A　マグマが地表近くで急速に冷えて固まった火成岩は火山岩である。

B　火山岩の組織は斑状組織である。

C　深成岩のうち，SiO_2 の含有率が最も高いのは花こう岩である。

D　SiO_2 の含有率が高いマグマからできた火成岩は一般に淡色である。

No.14　正答　1

A　造岩鉱物としてかんらん石を含む火山岩だから，玄武岩である。

B　造岩鉱物として角閃石を含む火山岩だから，安山岩である。

C　造岩鉱物としてカリ長石，斜長石，黒雲母を含む深成岩だから，花こう岩である。

D　無色鉱物だから，石英である。

E　有色鉱物だから，輝石である。

No.15　正答　2

1　泥岩や砂岩などが接触変成作用を受けると，かたくて緻密な岩石であるホルンフェルスになる。

3　石灰岩はサンゴ，貝などの炭酸カルシウムを成分とする殻をもつ生物の遺骸が集まってできた岩石である。二酸化ケイ素を成分とする殻をもつ生物の遺骸が集まってできた岩石はチャートである。

4　砂岩は，砂粒(粒径0.06 mm～2 mm)が固結した岩石である。細礫からなる岩石は礫岩である。

5　チャートは二酸化ケイ素を成分とする殻をもつ生物の遺骸が堆積したものである。

No.16　正答　1

2　火山灰が堆積してできた岩石は凝灰岩である。

3　安山岩は，マグマが地表または地表近くで急に冷やされて固まってできた火山岩である。
4　花こう岩は，マグマが地下深いところでゆっくり冷えて固まってできた深成岩である。
5　大理石(結晶質石灰岩)はマグマの貫入によって，まわりの石灰岩がマグマの熱による接触変成作用を受けることによってできた接触変成岩である。広域変成岩には結晶片岩，片麻岩などがある。

第4章　地球の歴史

No.17　正答　2

堆積岩(A)と花こう岩(C)の間に接触変成岩であるホルンフェルス(B)が存在しているので，堆積岩(A)が堆積した後，花こう岩(C)が貫入した。花こう岩を形成したマグマの熱によって，接する堆積岩(A)が接触変成作用を受け接触変成岩であるホルンフェルスが生じた。したがって，A，B，Cを形成過程の古い順に並べると，A→C→Bとなる。その後，花こう岩(C)にマグマが貫入し，安山岩(D)が生じた。堆積岩(A)，ホルンフェルス(B)，花こう岩(C)，安山岩(D)はすべて断層(E)によって切られているので，断層の方が後でできたことがわかる。したがって，A～Eを形成過程の古い順に並べると，A→C→B→D→Eとなる。

No.18　正答　5

フズリナ(紡錘虫)，三葉虫，クサリサンゴ，リンボクは古生代の示準化石である。

アンモナイトは中生代の示準化石である。

カヘイ石は新生代の示準化石である。

No.19　正答　2

1　先カンブリア時代の冥王代(約38億年前まで)では，地表は高温のマグマオーシャンであったが，始生代(約25億年前まで)になるとマグマは冷えて地表に岩石ができ，原核生物が現れたと考えられている。
3　アンモナイトは古生代のシルル紀末に出現し，中生代に栄え，白亜紀末に絶滅した。中生代の示準化石である。
4　中生代は，植物は裸子植物が繁栄し，動物では爬虫類が大型化した恐竜が大繁栄した。
5　人類が誕生したのは新第三紀である。

第5章　大気の構造

No.20　正答　2

A　中間圏についての記述である。
B　対流圏についての記述である。
C　熱圏についての記述である。
D　成層圏についての記述である。

したがって，地表に近いものから遠いものへ順に並べると，B(対流圏)→D(成層圏)→A(中間圏)→C(熱圏)である。

No.21　正答　4

1　対流圏では高度が高くなると温度が低くなるので，大気の対流が起こる。このため，雲の発生などの気象現象が起こる。
2　熱圏に関する記述である。
3　高度約100 kmまでは大気の組成はほぼ同じで，体積比で窒素が約78%，酸素が約21%を占める。さらに上層では酸素分子，窒素分子はそれぞれ酸素原子，窒素原子に解離し，さらに電離してイオンになっている。
5　電離層では無線通信などの電波(短波)は反射されるので，遠くまで届く。

No.22　正答　1

地表付近で水蒸気を多量に含む暖かい空気塊が冷却されると，水蒸気が凝結して水滴が生じ霧が発生する。

A　暖流上の空気塊は暖かく水蒸気を多量に含むので，寒流の上に流れると，冷却されて水蒸気が凝結し，水滴が生じ霧が発生する。
B　山を越え，斜面を沿って降りた空気塊は温度が高くなり，乾燥しているので，霧が発生することはない。
C　地表付近の空気塊が冷やされたので，空気塊に含まれる水蒸気が凝結し，水滴が生じ霧が発生する。

D　日射が強く地表付近の気温が高くなると，空気塊は上昇する。空気塊が上昇すると冷却され，空気塊に含まれる水蒸気が凝結し水滴が生じ，上空に雲が発生するが，地表付近に霧が発生することはない。

E　気温が上昇すれば，空気塊に含まれる水蒸気は凝結しないので，霧が発生することはない。気温が上昇すれば，霧は消える。

No.23　正答　1

ア　空気塊は温度が高いと密度が小さくなる。ある高度に達したとき，空気塊の温度が周囲の大気の温度より高ければ，空気塊の方が周囲の大気より密度が小さいので，空気塊はさらに上昇を続ける。

イ　高度とともに温度が低下する割合(減率)が周囲の大気より空気塊の方が小さい場合，空気塊の温度が周囲の大気の温度より高くなるので，空気塊はさらに上昇を続ける。

ウ　空気塊の温度の減率が周囲の大気の温度の減率より小さい場合，空気塊の温度の方が高く，密度が小さいので，大気は対流を起こしやすい。

No.24　正答　2

雲ができ始める高度をx〔m〕とすると

$$35-1.0\times\frac{x}{100}-0.5\times\frac{3000-x}{100}=9$$

$x=2200$〔m〕

No.25　正答　2

湿った空気塊が山脈の斜面を上昇すると，空気塊が断熱膨張し，空気塊の温度が低くなる。このため，空気塊に含まれる水蒸気が凝結し水滴が生じ，雲が発生し雨を降らせる。空気塊が山脈の斜面を上昇するとき，雲が発生し雨を降らせると空気塊は水蒸気で飽和されている。このため，湿潤断熱減率で空気塊が100 m上昇すると，空気塊の温度は0.5℃ 低くなる。空気塊が山脈を越え，風下側の斜面を下降するとき，空気塊は水蒸気で飽和されていないので，乾燥断熱減率で空気塊が100 m下降すると，空気塊の温度は1.0℃ 高くなる。したがって，風下側には高温で乾燥した風が吹きおりてくるので，フェーン現象が起こる。フェーン現象は季節に関係なく起こる。

第6章　大気の運動

No.26　正答　3

ア　地球から放出される地球放射量は低緯度地方でやや多くなるが，緯度による差はほとんどみられないので，B－B′である。

イ　pの面積は低緯度地方で過剰になる熱の総量，qの面積は高緯度地方で不足する熱量の総量を示している。したがって，pの面積はqの面積と等しい。

No.27　正答　1

地球は西から東へ自転しているので，自転の向きは左回り(反時計回り)である。

地球が自転しているため，地球上で運動する物体には地球の自転による見かけの力である転向力(コリオリの力)が働いている。転向力は北半球では運動方向に対して直角右向き，南半球では運動方向に対して直角左向きに働く。

緯度0°～30°の低緯度地方では地表近くを吹く風は緯度30°から0°に向かって吹く。緯度30°～60°の中緯度地方では地表近くを吹く風は緯度30°から60°に向かって吹く。緯度60°～90°の高緯度地方では地表近くを吹く風は緯度90°から60°に向かって吹く。これを大気の大循環といい，転向力を考えると，地上では図のように風が吹く。

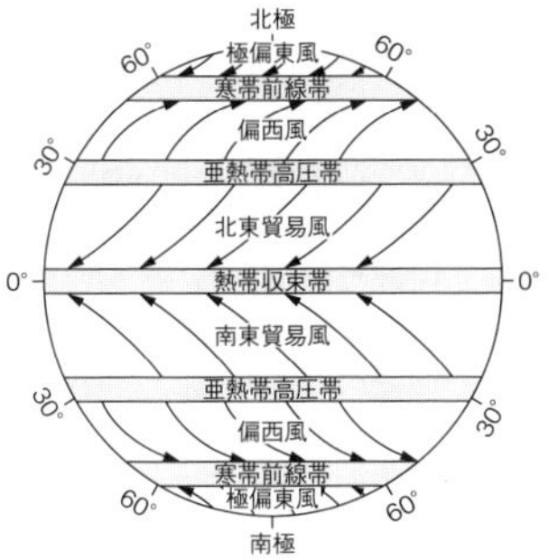

No.28　正答　1

A　岩石の比熱は水の比熱より小さい。

B・C　比熱の小さい岩石は暖まりやすく，冷めやすい。

D　1年を周期として吹く風は季節風である。

第7章　気象現象

No.29　正答　4

北半球の高気圧は中心から時計回り(右回り)に風が吹き出し，下降気流が生じている。一方，低気圧は中心に向かって反時計回り(左回り)に風が吹き込み，上昇気流が生じている。

No.30　正答　5

1　高気圧は前線を伴っていない。低気圧のうち，温帯低気圧は前線を伴うことが多い。

2　温暖前線では層状の雲が発生し，しとしとと穏やかな雨が長時間降る。

3　寒冷前線では積雲状の雲が発生し，激しい雨が降り，雷が起こることもあるが，雨は比較的短時間でやむ。

4　閉塞前線付近では暖気団が押し上げられ，上昇気流が発生するので，雨が降る。

No.31　正答　2

温暖前線は暖気団が寒気団の上にのし上ってできるので，Aは暖かい空気，Bは冷たい空気である。

暖気団と寒気団の境界付近には層雲が発生するので，Cは乱層雲，Dは高層雲，Eは巻層雲である。

No.32　正答　3

A　X地点に近づいてくる前線は寒冷前線である。寒冷前線は寒気団が暖気団の下にもぐり込んで生じ，前線面の傾斜が急だから，前線の断面図はイである。

B　X地点の天候は現在は暖かい空気におおわれているので，暖かい。寒冷前線が接近しているので，間もなく強い雨が降り始め，前線が通過すると気温が下がる。よって，アである。

C　暖気団が押し上げられ，上昇気流が生じるので，前線の上空にはウの積乱雲が発生しやすい。

No.33　正答　4

Aは冬の気象現象，Bは梅雨期の気象現象，Cは夏の気象現象，Dは春の気象現象，Eは秋雨期の気象現象に関する記述である。Aのあとに生ずるものを発生順に並べるとD(春)→B(梅雨期)→C(夏)→E(秋雨期)となる。

No.34　正答　2

1　春先に発達した低気圧が日本海を通過すると，低気圧の中心に向かって太平洋側から日本海側に風が吹く。このため，日本海側でフェーン現象が起こる。

3　梅雨の末期になると，オホーツク海高気圧と小笠原高気圧の間に形成された停滞前線(梅雨前線)に高温多湿の空気が流れ込み集中豪雨をもたらす。

4　秋の長雨はシベリア気団と小笠原気団の間に形成される停滞前線(秋雨前線)によってもたらされる。やませはオホーツク海高気圧から吹き出す北東の冷たい風で，夏になっても吹き続けると，東北地方や北海道地方に冷害をもたらす。

5　シベリア高気圧から吹き出す北西の季節風が日本海を通るとき，多量の水蒸気を取り込み，寒冷で多湿の空気塊となる。この空気塊が山脈を上昇するとき，日本海側に豪雪をもたらす。

No.35　正答　1

冷たく湿ったオホーツク海気団と暖かく湿った小笠原気団が日本付近でぶつかり合い，東西方向に伸びた停滞前線ができ，前線付近では曇りや雨の日が続く。

No.36　正答　5

西高東低の気圧配置で，日本付近では等圧線が南北方向に伸びる典型的な冬の天気図である。

第 8 章　地球の自転と公転

No.37　正答　2

B　地球の自転軸が，公転軌道面に対して 66.6° 傾いているため，季節の変化が生じる。

D　地球が公転しているため，天球上での恒星の位置が１年周期で小さな円を描くように変化する。

No.38　正答　2

ア・イ　北極上でフーコーの振り子を振らせると，本来は自転によって地面(地球)が回転しているが，回転体上ではその振り子の振動面が地球の自転と反対の方向にまわり，24 時間で１回転する。

ウ　赤道上でフーコーの振り子を振らせると，自転軸と赤道の地面は平行であり，振動面は回転しない。

No.39　正答　4

地球が太陽の周りを公転しているため，地球から見ると，太陽が天球の黄道上を１日に約 1° ずつ西から東へ移動し，１年で１周するように見える。このため，地球から見ると太陽の反対側(夜側)に見える星座が季節によって変わる。

第 9 章　太陽系と惑星の運動

No.40　正答　1

2　地球の形がほぼ球形だから，太陽の南中高度が場所によって異なる。

3　北極星が地球の自転軸の延長線と天球の交点である天の北極近くにあるため，いつも北の方向に見える。

4　月食が起こるとき，月食は地球の夜の半球全体で見られる。しかし，日食が起こるとき，日食は地球の昼の半球の一部の地域でしか見られない。

5　地球が西から東へ自転しているため，星座は東から昇り西に沈む。

No.41　正答　1

A　惑星が天球上を西から東へ動く現象を順行という。

B　惑星が天球上を東から西へ動く現象を逆行という。

C　逆行は，内惑星が地球を追い越す内合の頃に起こる。

D　逆行は，外惑星が地球に追い越される衝の頃に起こる。

No.42　正答　1

2　惑星Ａ(内惑星)が明け方東の空に見えるのは西方最大離角の頃だから，地球はカに位置する。

3　惑星Ｂ(外惑星)が一晩中見えるのは衝の位置のときだから，地球はアに位置する。

4　惑星Ａ(内惑星)が太陽と同時に出没するのは内合と外合の位置のときだから，地球はアまたはエに位置する。

5　惑星Ａ(内惑星)が東方最大離角にある状態では，地球はイに位置する。地球がカの位置にあるときは，惑星Ａ(内惑星)は西方最大離角の位置にある。

No.43　正答　2

1　地球型惑星は木星型惑星に比べて，密度は大きいが，質量，半径が小さい。

3　木星型惑星にも大気がある。

4　木星型惑星はリングをもち，地球型惑星よりも多くの衛星をもつ。

5　公転軌道上の速度は，軌道半径の大きい外側の惑星ほど小さい。

No.44　正答　3

1　水星は地球型惑星の１つであり，大気が存在しない。四季の変化が見られる惑星は火星である。

2　金星の大気の大部分は二酸化炭素である。イオとよばれる衛星をもつのは木星である。

4　木星の大気の主成分は水素とヘリウムである。多数のクレーターが見られる惑星は水星である。

5　土星は木星型惑星の１つであり，水素，メタン，アンモニアを含む大気が存在する。

No.45　正答　5

1　水星に関する記述である。
2　金星に関する記述である。
3　火星に関する記述である。
4　木星に関する記述である。

第10章　太陽と月

No.46　正答　3

1　太陽の平均密度は約 1.4 g/cm^3 で，地球の約 1/4 である。
2　太陽の自転周期は赤道で約 25 日，緯度 45° で 27 日と高緯度になるほど長くなる。
4　コロナは希薄な大気層であるため，皆既日食のときだけ観測できる。
5　太陽風はコロナから宇宙空間に向けて飛び出す電子，陽子など荷電粒子の流れである。

No.47　正答　4

1　太陽の表面でまわりに比べて温度の低い所を黒点という。
2　太陽は自転している。
3　地球は 1 年に 1 回，太陽のまわりを公転している。
5　月の天球上の通り道は白道である。黄道は太陽の年周運動による天球上の通り道である。

No.48　正答　5

1　月食は，地球の影に月が入ると起こるので，太陽－地球－月の順に一直線上に並んだときに起こる。
2　日食は，太陽－月－地球の順に一直線上に並んだときに起こる。このとき，地球上に月の本影が届いている範囲では皆既日食になり，その周囲では部分日食になる。皆既日食か部分日食のどちらになるかは太陽と地球の距離と関係がない。
3　月の軌道は地球の公転面から約 5° 傾いている。このため，新月や満月のたびに日食や月食が起こるわけではない。
4　地球の公転軌道と月の公転軌道が交わったとき，新月であれば，月の影が地球に届き日食が起こる。また，満月であれば地球の影が月に届き月食が起こる。日食では月が地球より太陽に近い位置にあり，月食では月が地球より太陽から遠い位置にあるため，日食が起こる可能性のある月の位置の方が，月食が起こる可能性のある月の位置よりも広い。このため，月食の起こる回数が日食の起こる回数よりも少なくなる。

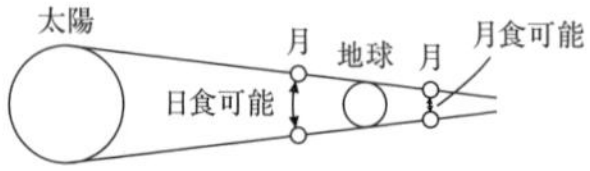

No.49　正答　2

天の北極側から見ると，地球は太陽のまわりを左回りに，月は地球のまわりを左回りに公転している。また，地球と月はどちらも左回りに自転している。太陽－地球－月と並ぶと満月である。月の公転周期は約 27.3 日だから，7 日間では左回りに約 90° 公転する。

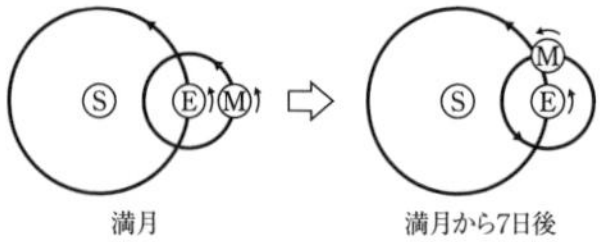

第11章　恒星

No.50　正答　4

HR 図は縦軸に絶対等級，横軸にスペクトル型をとった図である。図の左上から右下に主系列星が，その上方に巨星が表されている。

No.51　正答　3

恒星の明るさは等級で表されるが，等級が小さいものほど明るい。5 等級小さくなると，恒星の明るさは 100 倍明るくなる。また，恒星の明るさは距離の 2 乗に反比例している。

オープンセサミシリーズ　国家公務員・地方初級
④ 数学・理科

発　行　2023年12月１日　第１版第１刷

編　集　東京アカデミー
発行人　佐川　泰宏
発行所　株式会社ティーエーネットワーク
〒450-6306 名古屋市中村区名駅1-1-1
ＪＰタワー名古屋6F
電話：052-586-7805㈹
FAX：052-563-2109
発売元　東京アカデミー七賢出版株式会社
〒171-0021 東京都豊島区西池袋1-11-1
メトロポリタンプラザビル13F
電話：03-6852-0803
FAX：03-6852-0180

ISBN978-4-86455-654-5